El Acantilado, 483
DE UN MUNDO
A OTRO MUNDO

STEFAN ZWEIG
ROMAIN ROLLAND

DE UN MUNDO
A OTRO MUNDO
CORRESPONDENCIA
(1910-1918)

EDICIÓN, TRADUCCIÓN Y NOTAS
DE NÚRIA MOLINES
Y JOSÉ ANÍBAL CAMPOS

BARCELONA 2024   ACANTILADO

Publicado por
ACANTILADO
Quaderns Crema, S. A.

Muntaner, 462 - 08006 Barcelona
Tel. 934 144 906
correo@acantilado.es
www.acantilado.es

© Edición crítica de Núria Molines Galarza
© Edición, traducción y notas de Núria Molines Galarza
y José Aníbal Campos González
© de esta edición, 2024 by Quaderns Crema, S. A.

Derechos exclusivos de esta traducción:
Quaderns Crema, S. A.

ISBN: 978-84-19958-03-7
DEPÓSITO LEGAL: B. 10 243-2024

AIGUADEVIDRE *Gráfica*
QUADERNS CREMA *Composición*
ROMANYÀ-VALLS *Impresión y encuadernación*

PRIMERA EDICIÓN *junio de 2024*

CONTENIDO

INTRODUCCIÓN

Fue una casualidad descubrir a Romain Rolland a tiempo. En Florencia una escultora rusa me había invitado a tomar un té para mostrarme sus obras y también para intentar hacerme un boceto. Me presenté en su casa a las cuatro en punto, olvidando que era rusa y que, por lo tanto, no tenía sentido del tiempo ni de la puntualidad […] De modo que, para no perder el tiempo, cogí un libro o, mejor dicho, unos cuadernos parduzcos que estaban desperdigados por el estudio. *Cahiers de la Quinzaine* […] Hojeé el volumen *L'Aube* de Romain Rolland y empecé a leerlo, cada vez más asombrado e interesado. ¿Quién era aquel francés que conocía tan bien Alemania? Pronto agradecí a la bendita rusa su falta de puntualidad. Cuando finalmente apareció, mi primera pregunta fue: «¿Quién es ese Romain Rolland?» […] Lo primero que hice en París fue recabar información acerca de él, recordando las palabras de Goethe: «Él ha aprendido, él puede enseñarnos» […] Finalmente, con el propósito de encontrar un punto de contacto, le envié un libro mío. No tardé en recibir una carta que me invitaba a su casa y así inicié una amistad que, junto con la de Freud y la de Verhaeren, resultó la más fecunda de mi vida y, en algunos momentos, incluso decisiva.[1]

Así se refiere Stefan Zweig al inicio de una amistad y una correspondencia que acompañaría a ambos autores hasta la muerte del escritor austríaco. Treinta años de relación epistolar, rozando las mil cartas entre ambos, treinta años que nos cuentan no sólo la historia de una amistad, sino la historia de Europa en algunos de sus momentos cruciales. Para ambos, ésta fue la relación epistolar más prolífica de sus vidas, con diferencia: nadie le envió tantas cartas a Rolland

---

[1] Stefan Zweig, *El mundo de ayer*, trad. Agata Orzeszek y Joan Fontcuberta, Barcelona, Acantilado, 2001, pp. 259-260.

como Zweig. Este volumen abarca los comienzos de esta gran amistad, de 1910 a 1918, los años anteriores a la Gran Guerra y los sombríos años de enfrentamiento en Europa. La gran influencia que ejerce Rolland sobre Zweig como persona y como escritor se puede ver claramente en estas cartas; el aún joven escritor austríaco acude a su «maestro» en busca de consejo y consuelo, y dedicará gran parte de los años de la guerra y los posteriores a traducir sus obras y textos, como la novela de guerra *Clerambault*, así como a redactar una célebre biografía del Nobel galo; el austríaco confiesa en muchas ocasiones que no se ve con fuerzas para dedicarse a su propia obra y considera que su tiempo está mucho mejor empleado divulgando la de Rolland. El compromiso político del francés, su apuesta incansable por el pacifismo, la reconciliación y el humanismo se hacen patentes también en esta correspondencia, carta tras carta. Esto, sin duda, le pasaría factura, y probablemente tenga que ver con el hecho de que, en la actualidad, sea un autor prácticamente olvidado—incluso en su propio país—, cosa que a Stefan Zweig le costaría creer si hoy despertara.

Como podrá comprobar el lector, durante los primeros años de esta correspondencia las cartas son bastante esporádicas y muestran una gran cortesía y distancia entre ambos. Sin embargo, el inicio de la guerra propiciará uno de los momentos clave de esta amistad. Zweig se despide de sus amigos en un artículo titulado «A los amigos en tierra extranjera», pensando que la guerra significa decir adiós a muchos de ellos. Sin embargo, el gesto de Rolland de enviarle de vuelta su célebre artículo «Más allá de la contienda» junto con las palabras «yo no me despido de mis amigos» abren en el austríaco todo un horizonte de esperanza:

Aquella carta me proporcionó uno de los momentos más felices de mi vida: como una paloma blanca llegó del arca de la animalidad berreadora, pataleadora y vocinglera. No me sentía solo, sino de nuevo vinculado a una misma manera de pensar. Me sentí robustecido por la superior fuerza anímica de Rolland, porque sabía que, al otro lado de la frontera, él conservaba admirablemente bien su humanidad. Rolland había encontrado el único camino correcto que debe tomar personalmente el escritor en tiempos como aquéllos: no participar en la destrucción, en el asesinato, sino (siguiendo el grandioso ejemplo de Walt Whitman, que sirvió como enfermero en la Guerra de Secesión) colaborar en campañas de socorro y obras humanitarias.[1]

Aquí empieza realmente el grueso de esta correspondencia; un goteo de cartas prácticamente diario en ciertas fases, sobre todo por parte de Zweig, que anota en su diario escrupulosamente cada misiva que recibe de su amigo—el personaje que más veces aparece mencionado en los diarios de toda su vida—. Veremos, pues, la confrontación de dos visiones a veces muy dispares de un par de personas que provienen de contextos muy diferentes y que viven, en esos momentos, en ambientes nada comparables: Zweig pasa gran parte de la contienda en Viena, cumpliendo con tareas del servicio militar, mientras que Rolland se encuentra en Suiza, país neutral, con acceso a prensa y testimonios de todos los bandos, y allí colabora activamente con la Cruz Roja, en la Agencia de Prisioneros de Guerra.

Si algo mantiene la vigencia de Stefan Zweig en el contexto hispanohablante en la actualidad es su «europeísmo». El vienés ha llegado hasta nuestros días como el intelectual europeísta por antonomasia. Los interesados en la vida y la obra de Zweig encontrarán en estas páginas el germen y la consolidación de ese europeísmo que tanto debe al trato con alguien que ya lo era—y con creces—en su etapa de madurez. Tal vez esta correspondencia sirva para rescatar del olvido la obra de un autor como Romain Rolland.

[1] *Ibid.*, p. 305.

Abordar la traducción de estos documentos no ha sido tarea fácil por diversos motivos. En primer lugar, cabe señalar que los originales están en dos idiomas: francés y alemán. Al principio, ambos escriben en francés—con las dificultades que a veces le supone a Stefan Zweig expresarse en una lengua que no es la suya: aunque la domina, en muchos pasajes resulta algo oscura, como si se tradujese mentalmente del alemán—, hasta que, al estallar la guerra, por cuestiones de la censura, Zweig ha de empezar a escribir en su lengua materna. En esos casos, indicamos con la marca «/*/» que la carta se ha traducido directamente del alemán. Así, durante prácticamente toda la contienda, por increíble que parezca, ambos amigos, de bandos enfrentados, se sobreponen a las diferencias de sus países—que tanto critican—y, cada cual en su lengua, se escriben buscando consuelo en el otro, planeando cómo será la paz futura, atacando a los intelectuales que se han visto poseídos por el espíritu beligerante. No será hasta septiembre de 1917 cuando Zweig vuelva a escribir en francés una vez instalado en Suiza, igual que Rolland.

Por tanto, los traductores nos encontramos no sólo con dos autores—con dos voces profundamente diferentes—, sino también con una voz desdoblada en el caso de Zweig, muy diferente cuando se expresa en alemán de cuando lo hace en la lengua de su amigo. Para poder diferenciar esas dos voces, desde el inicio, decidimos traducir a cuatro manos, como si también nosotros estuviésemos manteniendo una correspondencia. A su vez, para diferenciar al Zweig que escribe en alemán del Zweig que escribe en francés, optamos por que quien traducía las cartas de Rolland se ocupara también de las escritas en francés por Zweig. Con esto, nuestra intención ha sido dotar a estas cartas de la polifonía y contrastes que hallamos en el original; Zweig, más enrevesado, entusiasta y jovial, pomposo en ocasiones, escribiendo a la alemana cuando se expresa en francés, y, por su parte, Rolland, más directo y sereno, quizá apaciguado por la edad. A veces cabe preguntarse si estas cartas son textos literarios o simplemente misivas entre amigos, si acaso ellos pensaban que algún día se publicarían, como así ha sucedido, igual que con los diarios de ambos.

Un elemento curioso, a partir del cual el lector puede captar de inmediato esas diferencias, es el de las fórmulas de despedida. Mientras que Rolland, mucho más sobrio pero contundente en su retórica, emplea con mayor frecuencia las fórmulas más próximas a nosotros «Con afecto» y «Afectuosamente»—o, en todo caso, las más rebuscadas «Tenga la certeza de...» o «Con la reiteración de mi afecto»—, Stefan Zweig, más joven y exaltado, e imbuido además (a pesar de ser austríaco, o precisamente por serlo en esa época en que abundaban dentro de Austria corrientes políticas deseosas de fundirse con Alemania) de una mentalidad castrense típica del expansionismo prusiano en la era guillermina, apenas usa una despedida en la que no aparezcan, en todas sus gradaciones, especialmente las superlativas, las palabras *lealtad* o *fidelidad*. Zweig, a su vez, siempre se dirige a Rolland como «maestro», y habrán de pasar años, hasta 1918, para que Rolland le diga finalmente: «Hace mucho tiempo que quería pedirle un favor: deje de llamarme *maestro*. Somos todos aprendices».

Para la presente edición, hemos empleado dos fuentes de originales: por una parte, la edición alemana de 1987, reeditada en 2014 en Aufbau con el prólogo de Peter Handke, que ha servido como base para las cartas en alemán (1910-1918, así como para introducir las cartas de Friderike von Winternitz, futura esposa de Zweig). Para las cartas en francés, hemos empleado la brillante edición francesa publicada en Albin Michel, que completa los tres tomos de este epistolario (de 1910 a 1940), anotada por Jean-Yves Brancy. Esta edición, más reciente, nos ha permitido subsanar algunos errores en las fechas de las cartas de la edición alemana y nos ha servido como fuente de documentación. Sin embargo, las notas de esta edición corren al cargo de los traductores. En la edición alemana apenas había notas y, en la francesa, al estar profusamente comentada, no todas las notas eran relevantes para el público hispano. Por esta razón, decidimos anotar la edición española en aras de facilitar la comprensión del contexto histórico—dada la ingente cantidad de personajes y referencias contextuales—. A su vez, consideramos que era especialmente importante incluir datos o reflexiones que ambos autores plasman en sus diarios de la época y en cartas con otras personas; en ocasiones, como se podrá comprobar durante la lectura del epistolario, la censura no les permite decir todo lo que querrían, pero sí que dejan constancia de ello en sus respectivos diarios.

Este trabajo de traducción e investigación no hubiese sido posible sin muchas instituciones y personas que han prestado su apoyo a distintas fases del proceso. Quisiéramos dar las gracias a varias instituciones que, con sus ofrecimientos de estancias, garantizaron las condiciones necesarias para traducir esta correspondencia: la Casa de Traductores de Looren (Suiza), la Sociedad Austríaca de Literatura (Viena), el Colegio Europeo de Traductores de Straelen (Alemania) y la Casa de Escritores y Traductores de Ventspils (Letonia). Asimismo, debemos un agradecimiento especial a Klemens Renoldner, experto en la obra de Zweig que nos sugirió bibliografía y enfoques muy útiles para abordar este trabajo, así como a Martine Liegeois, presidenta de la Asociación Romain Rolland, siempre dispuesta a investigar y encontrar lo que nadie encuentra. Y a Marta Martínez Carro, por su enorme generosidad. Y a todas las personas que trabajan para que las bibliotecas y hemerotecas nos den respuestas a tantas cosas.

NÚRIA MOLINES
JOSÉ ANÍBAL CAMPOS

CORRESPONDENCIA
(1910-1918)

1910

Boulevard Montparnasse, 162
Domingo, 1.º de mayo de 1910

Estimado señor:

Permítame manifestarle mi cordial agradecimiento por su hermoso libro sobre un poeta al que admiro y por las amables palabras que lo acompañan. No me sorprenden nuestras afinidades. Tras leer por primera vez algunos versos suyos, compruebo que hay muchas cosas que sentimos de manera similar: la poesía de las campanas, del agua, de la música y del silencio. Además, es usted europeo hasta la médula, como yo. No falta mucho para que Europa se convierta en una patria demasiado angosta y no nos baste. Entonces dejaremos que entren en nuestro poético coro las ideas de otros pueblos para restablecer la armoniosa síntesis del alma humana.

Tenga a bien recibir, estimado señor, mi devota simpatía,

ROMAIN ROLLAND

1911

Viena VIII. Kochgasse, 8
[Matasellos: 12.2.1911]

Estimado señor:

Estaré de paso en París los días 20 y 21 de febrero con motivo de un viaje a América y para mí sería un extraordinario placer poder verle. No se trata de simple curiosidad, sino más bien de una visita de negocios. En Alemania ya existe un círculo (todavía reducido) de personas que lo apreciamos mucho y nos esforzamos por convencer a los editores de que se publique íntegro en alemán su *Jean-Christophe*,[1] y nos gustaría pedirle a usted que dé una serie de conferencias en nuestro país. El público alemán todavía no conoce su obra (o la conoce poco), pero nosotros haremos de intermediarios. Me haría muy feliz poder contarle en persona que los mejores (¡sobre todo en Viena!) le aprecian mucho, así que le ruego que me dé la oportunidad de hacerlo. Si fuera posible, dígame dos horas diferentes en que podría verle, pues sin duda mis amigos Bazalgette y Verhaeren ya habrán dispuesto de mi tiempo cuando llegue y no me gustaría perder la ocasión de verle. Mi dirección es: Hotel du Louvre, boulevard de l'Opéra, París.

Tenga a bien recibir mis más distinguidos saludos,

STEFAN ZWEIG

---

[1] Teniendo en cuenta que la mayoría de las obras de Romain Rolland están descatalogadas, optaremos por citar los títulos de la edición original a menos que haya una edición actualizada.

Boulevard Montparnasse, 162
Sábado, 18 de febrero de 1911

Estimado señor:

Me encantaría poder verle el lunes 20 o el martes 21 hacia las cinco o las seis de la tarde, pero no en mi casa—boulevard Montparnasse, 162—, sino en la de mis padres, avenue de l'Observatoire, 29 (frente a la fuente de Carpeaux). Es ahí donde estoy viviendo desde hace tres meses a causa de un accidente bastante grave que sufrí a finales de octubre y que ha precisado de cuidados familiares, aunque ahora ya estoy prácticamente recuperado; de hecho, si me hubiera propuesto usted un día más tarde, ya no me habría encontrado en París, pues tengo previsto partir a Roma el miércoles o el jueves.

Le agradezco de todo corazón su amable carta, y le saluda cordialmente su devoto servidor,

ROMAIN ROLLAND

¿Le importaría avisarme si finalmente viene el martes? No es preciso que me escriba si le viene mejor el lunes, en ese caso le estaré esperando.

4. ROMAIN ROLLAND A STEFAN ZWEIG

Rapallo
Miércoles, 19 de abril de 1911

Estimado señor:

He sabido que, tras la publicación en el *Berliner Tageblatt* de fragmentos de *Jean-Christophe*, una gran editorial de Fráncfort se ha puesto en contacto con mi editor, Ollendorff, a propósito de la traducción de la obra. No olvido la conversación que tuvimos antes de que usted partiera a América. Mi mayor deseo sería que la traducción de *Jean-Christo-*

phe al alemán la hiciera usted, si fuera posible, o que ésta se hiciera bajo sus auspicios. Si no ha renunciado a la idea, éste sería el momento de retomar sin más tardanza sus negociaciones con la editorial Ollendorff. Acabo de escribir al director de la Société d'Éditions Littéraires et Artistiques (librería P. Ollendorff, chaussée d'Antin, 50), el señor Humblot. Le he rogado que, en caso de que recibiera al mismo tiempo su propuesta y las de otros editores alemanes, le otorgue a usted la preferencia. Le he insistido mucho para que procure llegar a un acuerdo con usted, aunque para ello sea necesario hacer ciertas concesiones. Debería escribirle sin más tardanza.

Reciba, estimado señor, mis más cordiales recuerdos,

ROMAIN ROLLAND

Estoy en Rapallo sólo de paso. Vengo de Roma y voy a encerrarme a trabajar en algún rincón del norte de Italia. No le puedo dar una dirección exacta, pero si me escribe a París, avenue de l'Observatoire, 29, me harán llegar su carta.

5. STEFAN ZWEIG A ROMAIN ROLLAND

Viena VIII. Kochgasse, 8
[Matasellos: 23.4.1911]

Estimado señor Rolland:

Acabo de regresar a Viena y estoy feliz de que, gracias a nuestros esfuerzos, finalmente vayamos a ocuparnos de *Jean-Christophe* en Alemania. Hoy mismo escribiré, no ya al señor Ollendorff, sino a la editorial de Fráncfort, que debe de ser, supongo, Rütten & Loening, que me ha ofrecido en reiteradas ocasiones que colabore con su sello. En ese caso, podré supervisar la elección de los traductores y quizá contribuir con un prefacio; me encantaría poder traducirlo yo mismo, pero en este momento no tengo tiempo. He perdido un año y medio de mi vida con la edición de Verhaeren (que ha sido un *gran* éxito) y debo pensar en mis propias obras durante algunos años. No obstante, puede estar seguro de que, aun a falta de compensación material, si el editor me lo permite, asumiré toda la responsabilidad moral a fin de que la edición alemana sea digna de su obra maestra.

Me han hablado muchísimo de usted en Boston. Tiene buenos amigos por allí y también en La Habana; he visto traducciones al español de *Jean-Christophe*. Me ha hecho feliz ver que el silencio de los demás nada puede hacer contra la voz de una gran obra, que el mérito acaba pesando más que la indiferencia o la envidia de los otros.

Recuerdo a menudo con enorme placer la visita que le hice en París y deseo de todo corazón que, al regresar de Venecia, pase usted por Viena y volvamos a vernos. Está tan sólo a una noche de camino y descubrirá una ciudad hermosa, con una excelente ópera (*Rosenkavalier*, *Elektra*), y repleta de recuerdos de los grandes maestros; no perderá el tiempo si, durante el viaje, hace una parada de un día en Salzburgo o en Múnich. Conocerá aquí a muchas personas que le estiman y le admiran.

En cuanto tenga noticias, le escribiré. Suyo, con toda mi lealtad,

STEFAN ZWEIG

6. STEFAN ZWEIG A ROMAIN ROLLAND

Viena
26 de abril de 1911

A vuelapluma.

Estimado señor Rolland:

Acabo de recibir respuesta del editor de Fráncfort. Me escribe que le complacería que yo me ocupara de la edición alemana de *Jean-Christophe*; estoy seguro de que juntos haremos un buen trabajo para presentarle dignamente ante los alemanes. Las reticencias vienen por las exigencias de Ollendorff, que pide nada menos que mil francos por volumen, a condición de que se adquieran todos, lo cual supone pagar diez mil francos de golpe, más los honorarios de los traductores (y sólo los admitiré si son excelentes). Creo que es demasiado, incluso para un editor intrépido como el de Fráncfort, así que le he aconsejado que primero le haga una propuesta a usted. Huelga decir que no tengo intención de hacerle cerrar un trato desfavorable, pero creo que la repercusión de una edición alemana tendrá una magnífica influencia en las ventas de las ediciones originales (lo mismo ocurrió con Verhaeren, y el editor finalmente comprendió el beneficio que podía obtener). No me atrevo a darle consejos, pero espero que lleguen a un acuerdo. El mismo editor podría publicar también *Beethoven*, *Miguel Ángel* y *Tolstói* y así concentrar toda su obra en sus manos.[1]

Espero que concluyan pronto las negociaciones materiales y que podamos ocuparnos de las cuestiones artísticas. Desde mi punto de vista, sería muy recomendable que escribiese usted un prefacio específicamente para la edición alemana; además, yo añadiría un ensayo sobre toda su obra. Pero todavía es demasiado pronto para hablar de esas cosas.

Reciba, muy estimado señor Rolland, mi más profunda simpatía, que espero que me permita llevar a cabo mi tarea correcta y concienzudamente. No hay fuerza más creativa que el amor y el respeto, y allí donde está presente, la inspiración no queda lejos.

Suyo, muy afectuosamente,

STEFAN ZWEIG

---

[1] En español: *Vida de Beethoven*, trad. Luis Echávarri, Buenos Aires, Losada, 2006; *Vida de Miguel Ángel*, México, Dante, 1987; *Vida de Tolstói*, trad. Selma Ancira y David Stacey, Barcelona, Acantilado, 2010.

1912

Viena VIII. Kochgasse, 8
17 de febrero de 1912

Estimado señor:

La editorial de Fráncfort Rütten & Loening me informa de que ha cerrado el trato con su editor en París para la edición de *Jean-Christophe*. Me alegra y le felicito por haber elegido al señor Otto Grautoff como editor y traductor, pues en estos momentos tal vez sea el alemán que más sabe de la literatura francesa moderna. ¡Por fin se publicará *Jean-Christophe*! Sobre este asunto, estaba yo ya en conversaciones con otros editores alemanes (sobre todo con S. Fischer, el mejor), pero, dada la vacilación de éste, será finalmente Rütten & Loening quien tenga el privilegio de publicar esta obra maestra.

En cualquier caso, ya le he prometido al señor Fischer que, en cuanto se publique el décimo volumen, escribiré un largo ensayo sobre *Jean-Christophe* para su revista, *Die Neue Rundschau*, la mejor de Alemania. Acabo de leer *Le Buisson ardent*[1] y no sabe cuánto lamento no tener la suficiente destreza en francés para expresar lo mucho que me ha conmovido la progresión moral que supone cada volumen. Espero con impaciencia el décimo para poder decirlo en alemán. Afortunadamente, es usted uno de los pocos escritores franceses que puede leer en alemán, sin intermediarios, lo que nosotros digamos.

Permítame que le recuerde el pequeño favor que antes le pedí y que usted tuvo a bien hacerme: un pasaje manuscrito

---

[1] Libro noveno de *Jean-Christophe*, «La zarza en llamas».

de *Jean-Christophe* o cualquier otro manuscrito suyo.[1] Tenga la certeza de que lo conservaré como oro en paño: formará parte de una colección de manuscritos de mis autores más queridos y estará en compañía de una novelita de Balzac y de otra de Flaubert.

Esta mañana me ha hecho inmensamente feliz saber que al fin se cumplirá mi deseo—el *regreso* de Jean-Christophe a Alemania—y no he podido evitar escribirle estas torpes palabras como testimonio de mi alegría e ilusión.

Suyo, muy afectuosamente,

STEFAN ZWEIG

8. ROMAIN ROLLAND A STEFAN ZWEIG

Boulevard Montparnasse, 162
Viernes, 23 de febrero de 1912

Estimado señor:

Le agradezco su amable carta. Me alegra mucho que se publique en alemán mi *Jean-Christophe* y que el señor Otto Grautoff haya aceptado encargarse de la traducción. Estoy seguro de que lo hará con todo el cuidado y el sentido artístico que deseo. Sin embargo, he de reconocerle que la editorial Rütten & Loening me despierta cierta preocupación. Las negociaciones han sido tan arduas que, a la espera de una respuesta durante varias semanas, la casa Ollendorff ha estado a punto de romperlas, y aún no están cerradas todas las formalidades del trato. No parece que Rütten & Loening tenga mucha prisa por publicar la obra.

He leído con vivo interés *Vier Geschichten aus Kinderland*,[2]

---

[1] Stefan Zweig era un ferviente coleccionista de manuscritos y autógrafos, uno de los más connotados en Austria y, en general, en el mundo de las letras europeas.

[2] Existe traducción en español: Stefan Zweig, *Primeras experiencias*, trad. Janos Peter, México, Colección Popular, 1946.

que usted ha tenido la amabilidad de enviarme. Me ha cautivado la manera en que logra penetrar en las almas de los jóvenes andróginos—eso somos entre los doce y los quince años—. Me gustan, sobre todo, los arrebatos de amor y de apasionados celos que experimentan los pequeños escoceses y el pequeño judío de Semmering.

No he olvidado mi promesa. Trataré de enviarle este mismo año un manuscrito que no sea demasiado indigno de su colección.

Permítame que le pida un favor. En estos últimos tiempos, muchos escritores se han ocupado de la vida de Beethoven, y, con la pasión política que se adueña de todo, unos quieren hacer de él un librepensador y los otros un religioso. Ambas opiniones me parecen igual de ridículas. Yo creo que Beethoven estaba imbuido, al mismo tiempo, del estoicismo heroico de un Plutarco, del deísmo del siglo XVIII y de los sentimientos católicos tradicionales. Pero he leído en alguna parte que su libertad de expresión atrajo la atención de la policía vienesa y que, en 1819, estuvieron a punto de arrestarlo por ciertos comentarios audaces sobre Cristo. Me gustaría saber si estos hechos son ciertos. ¿Sabe usted de alguien que esté muy familiarizado con el pensamiento de Beethoven? La gran biografía de Thayer, Deiters y Hugo Riemann es un poco superficial y timorata. Si por azar tiene usted contacto con alguien que esté bien informado sobre este asunto, le agradecería que me lo indicara.

Me sentiré muy honrado de que le dedique un ensayo a *Jean-Christophe*. Le enviaré el último volumen en cuanto se publique (es decir, creo, el próximo octubre).

Tenga a bien recibir, estimado señor, toda mi devota simpatía,

ROMAIN ROLLAND

[Tarjeta postal]
[Matasellos: Florencia, 1.4.1912]

Ahora que estamos juntos en la hermosa mansión de Galilli, lamentamos no tenerle con nosotros. Florencia sigue siendo tan bella como siempre, y en cada paseo siento resurgir los recuerdos de mis veinte años.

Suyo, fidelísimo,

STEFAN ZWEIG

Magnífico tener a Zweig por acá. Magnífico recordarle a usted en su compañía. Ese pensamiento fiel (y tan visionario) es tan igual al nuestro... Le abrazo. Y también Andrée.

ANDRÉE JOUVE & P. J. JOUVE

Con admiración, estimado señor Rolland, suya, devota,

FRIDERIKE M. V. WINTERNITZ

10. STEFAN ZWEIG A ROMAIN ROLLAND

[Tarjeta postal]
21 de agosto de 1912

Estimado señor:

Estoy ahora mismo en casa de Émile Verhaeren y lo tenemos muy presente. ¿Para cuándo el último volumen de *Jean-Christophe*? Lo aguardo con impaciencia, pues he prometido entregar mi ensayo dentro de poco. ¿Está ya todo arreglado para la edición alemana?

Con devota lealtad, se despide

STEFAN ZWEIG

Gratos recuerdos, en estos días de vacaciones, a Romain Rolland.

ÉMILE VERHAEREN

11. ROMAIN ROLLAND A STEFAN ZWEIG

[Tarjeta postal]
[Bad] *Schönbrunn (Zug, Suiza)*
Miércoles, 21 de agosto de 1912

Estimado señor:

Les agradezco que pensaran en mí. El último volumen del *Jean-Christophe* está terminado. El manuscrito fue enviado a la imprenta; la obra se publicará a principios de octubre en *Cahiers de la Quinzaine*, y a finales de ese mismo mes en Ollendorff. Le reservo un manuscrito.

Le ruego que trasmita mis mejores deseos a Émile Verhaeren. Afectuoso servidor suyo,

ROMAIN ROLLAND

Todo está dispuesto para la traducción alemana. El señor Otto Grautoff ya trabaja en ella.

12. ROMAIN ROLLAND A STEFAN ZWEIG

Boulevard Montparnasse, 162
Domingo, 29 de septiembre de 1912

Estimado señor:

¿Se encuentra usted en Viena en estos momentos? Pronto le enviaré un manuscrito de mi último volumen de *Jean-Christophe*, que está a punto de publicarse.

Con la reiteración de mi afecto,

ROMAIN ROLLAND

Viena VIII. Kochgasse, 8
1.º de octubre de 1912

Querido y estimado señor Rolland:

¡Qué alegría me produce su promesa de que me enviará el manuscrito del décimo volumen de *Jean-Christophe*! ¡Con cuánta impaciencia lo espero!

Ahora mismo me encuentro en negociaciones con un teatro popular para la representación de uno de sus dramas. Sé que usted estima al pueblo, a ese público genuinamente entusiasta, y espero conseguir que se represente su *Dantón* o *Los lobos*, con buenos actores para los papeles principales y estudiantes para los figurantes. En cuanto a la traducción, trataré el asunto directamente con usted o con Ollendorff en cuanto se tome una decisión: ya he informado al señor Grautoff de mis intenciones y estamos de acuerdo. Espero dar a *Jean-Christophe*, que por fin regresa a Alemania, la acogida que se merece.

Le ruego que acepte una pieza teatral mía que pronto se representará en todos los grandes teatros de Alemania (en el Teatro Imperial de Viena, en el de Max Reinhardt en Berlín, en el Teatro Real de Múnich, etcétera, etcétera). Lo cierto es que incluso a mí me ha sorprendido que la quisieran estrenar, porque—si tiene tiempo de leerla—verá que no se ocupa en absoluto de cuestiones eróticas o *fashionables*, sino al contrario, se esfuerza por evocar las fuerzas primitivas del hombre, la bondad, el dolor y el honor, en un medio muy restringido. Dudo que tenga éxito y, en todo caso, tampoco lo deseo tanto. Le adjunto otro drama que escribí hace años, *Tersites*, una tragedia sobre la fealdad.

Enviándole estos textos no pretendo exhortarle a que los lea—soy consciente de que su tiempo es muy valioso—, pero, como comprenderá, trato de encontrar la manera de demostrarle mi gratitud, mi admiración, y por el momento no he encontrado otra. Su manuscrito será cuidadosamente encuadernado y colocado junto a mi última adquisición, mi mayor tesoro, el capítulo de una novela de Dostoievski: *Humillados y ofendidos*. He escrito un libro sobre el escritor ruso que se publicará dentro de seis meses y que espero sea de su interés. El de Suarez[1] me parece muy hermoso, pero demasiado vago en la admiración y un poco flojo en la argumentación (en todo caso, no deja de ser la obra de un hombre profundo y sensible).

Le adjunto también un prolijo ensayo sobre la sordera de Beethoven que me encontré por casualidad en una revista, espero que le interese.

Suyo, fidelísimo,

STEFAN ZWEIG

14. ROMAIN ROLLAND A STEFAN ZWEIG

Martes, 15 de octubre de 1912

Estimado señor Zweig:

Le envío el manuscrito del último tomo de *Jean-Christophe*, en dos cuadernos, por carta certificada. Como verá, no son las notas preliminares, sino el texto pasado a limpio por primera vez. Puede quitar sin reparos las espantosas tapas de los cuadernos, indignas de formar parte de su colección.

Le agradezco la amabilidad de enviarme sus obras de teatro. Me reservo el placer de leerlas en cuanto tenga algo de tiempo. Estos últimos quince días he tenido que dedicarme a poner un poco de orden en la correspondencia que se había acumulado en mi casa tras una ausencia de medio año.

El volumen de *La Nouvelle Journée*[2] (es el título que, por

---

[1] Stefan Zweig, tanto en cartas como en sus diarios, escribe Suarez al referirse al poeta francés André Suarès, pseudónimo de Isaac Félix Suarès (1868-1948).

[2] Último volumen de *Jean-Christophe*.

razones prácticas, he tenido que escoger, en lugar de *L'Aube nouvelle*) saldrá dentro de dos semanas en la editorial Ollendorff. También se ha publicado recientemente en dos números de los *Cahiers de la Quinzaine*, hace una semana y hoy mismo.

Reciba mis afectuosos saludos,

ROMAIN ROLLAND

15. STEFAN ZWEIG A ROMAIN ROLLAND

[Tarjeta postal]
Viena VIII. Kochgasse, 8
8 de diciembre de 1912

Mi estimado maestro:

¡Que no le sorprenda mi silencio! Me ha llegado bien su envío, pero le he respondido en una carta abierta que se publicará en el *Berliner Tageblatt* y que, por desgracia, saldrá con retraso, porque hay abundancia de artículos políticos pendientes. ¡Pero pronto verá que no soy un ingrato, maestro querido!

Suyo, con lealtad,

STEFAN ZWEIG

16. STEFAN ZWEIG A ROMAIN ROLLAND

Viena VIII. Kochgasse 8
24 de diciembre de 1912

Estimado señor Romain Rolland:

He aquí por fin publicada la carta que le escribí, que está siendo muy comentada en Alemania. Su fervor es el suyo, su voz, la suya, son palabras de respuesta y agradecimiento.

He propuesto a Rütten & Loening una edición completa de sus piezas de teatro, el *Teatro de la revolución* y sus futuras obras. Por tener relación con todos los grandes teatros de Alemania, estoy seguro de que puedo conseguir que las representen. Quedo a la espera de sus propuestas (pues no pretendo hacer negocio con sus obras), y espero que el señor Grautoff no vea nada hostil en mi petición, pues mis relaciones con los teatros son mucho más amplias gracias a mis propias obras. ¡Dejemos que los editores establezcan las condiciones (para los libros y las representaciones) y sigamos siendo, como hasta ahora, amigos literarios, representantes de ideas comunes en países diferentes, activos en planos diversos gracias al mismo impulso vital y a la misma concepción del hombre y de la grandeza! Su fiel

STEFAN ZWEIG

17. STEFAN ZWEIG A ROMAIN ROLLAND /*/

[Publicada en el *Berliner Tageblatt* del 22 de diciembre de 1912]

No es en privado, en las páginas de una carta cerrada, sino en público, ante muchos, ante todos, que quisiera felicitarle hoy, querido y admirado Romain Rolland, por la culminación de su gran obra. El décimo y último tomo de su monumental ciclo novelístico *Jean-Christophe* ha llegado al mundo, tanto al mundo pequeño, fervoroso y joven que lo espera con amor, como al otro más grande y atareado, presuroso y mundano que aún desconoce la obra, pero al que ésta, a pesar de todo, conquistará. Antes, cuando se publicaron los primeros volúmenes, fueron pocos los que le apoyaron, pero ya en el cuarto y en el quinto tomo la expectativa se transformó en orgullo, la alegría en impaciencia, y ahora, cuando se ha publicado el décimo y último volumen de esa obra noble y responsable, toda la juventud seria de Francia se prepara para celebrarlo. Los grandes y honorables periódicos, los mismos que han convertido en un principio el andar a la zaga, están todavía mudos, ciertamente, y mientras todas las pequeñas revistas en las que palpita el idealismo de la nueva

Francia se ocupan no sólo mediante la palabra sonora, sino también con hechos, de que en ellas vean representadas sus ideas los jóvenes que no perciben honorarios, que apenas tienen un público, que a menudo hacen incluso grandes sacrificios materiales, y preparan ediciones especiales, dosieres y homenajes, la otra Francia, la ruidosa de los arribistas, guarda silencio. Pero tampoco Alemania debe permanecer callada en estos días, porque usted, Romain Rolland, ha intentado con generosidad y justicia, como ningún otro francés, acercar el alma alemana, la cultura artística alemana, a los intelectuales franceses. Nunca, ni antes ni después del «año funesto», hubo individuo alguno que, con tal cariño, sin programa alguno, intentara promover la reconciliación espiritual, y no conozco a nadie en Francia a quien el arte alemán tenga tanto que agradecer como a usted, silencioso maestro, que sin duda rechazará este agradecimiento del mismo modo que rechaza toda la gloria que pretenda concedérsele. La culminación de su *Jean-Christophe* constituye para mí un acontecimiento más ético que literario. En una época de inquietud, cuando todos tienden al éxito inmediato y alzan los ojos impacientes, desde el trabajo, en busca del efecto—como un tirador que, tras cada disparo, deja su puesto y su arma para, presa de la vanidad, examinar el blanco—, usted, el individuo solitario que no pertenece a ningún grupo, ha dedicado casi toda su juventud a una obra a la que, por su mera forma externa, le tendría que estar vedado todo efecto apresurado o impetuoso. Diez volúmenes. Cuántas veces me habrá sucedido que editores y amigos a los que recomendé el libro lo rechazaran temerosos de dedicar su tiempo a una obra tan extensa. «Cuán atareados están—solía mofarse Dostoievski—; no tienen tiempo para vivir, no tienen tiempo para pensar en Dios. Tienen tiempo para todo, menos para lo importante». De modo que esta obra estuvo desde el principio destinada únicamente a unos pocos lectores, a esos lectores sosegados y leales que viven con un libro, que no lo devoran como una comida tomada con prisa, sin masticarla ni digerirla. Pero esa reticencia externa me parece todavía poca frente a otra aún mayor que usted mismo se ha agenciado de forma deliberada. En la Francia chauvinista se ha entregado usted a la tarea de convertir a un músico alemán imaginario, un Beethoven redivivo, en el héroe de su obra ética, no el personaje irónico ni cómico que todo alemán ha de representar en las novelas francesas, incluso en las de Balzac, sino un héroe verdadero y sin mácula, un héroe del genio y las ideas. Usted ha enfrentado a Francia y Alemania, pero no ya como enemigas, sino en una esfera de justicia elevada en la que sólo hay comparaciones, no contienda. Ha hablado usted en contra de su propia época, de la vida pública en Francia, de sus mentiras y vanidades, de la corrupción de sus periódicos y su arte, pero al mismo tiempo ha hablado usted siempre para su nación, porque entre todo el ruido y los gestos enfáticos, ha querido usted desvelar la Francia real, la Francia callada y creativa, y así ha tenido que retirar antes los escombros, a fin de mostrar el botón de esa flor sagrada y oculta.

Porque, en efecto, existen dos Francias, hoy más que nunca: la ruidosa y la callada. Y ese dilema atraviesa hoy todos los círculos, todos los esfuerzos. Existe la Francia de los periódicos, la de los que producen obras teatrales en serie, los Bernstein, los Croisset, los Bataille, la de los intelectuales vanidosos y los políticos ávidos de honores; una Francia que acalla con sus gritos a la nación y que constituye la Francia real para las masas ingenuas. De ahí que los extranjeros vean París como la ciudad del derroche más escandaloso, sin sospechar que existe otra Francia más ahorrativa y meritoria; para ellos la *cocotte* es la encarnación de la mujer francesa, y en todas partes sólo ven fachadas, las vocingleras fachadas francesas, siempre sobrecargadas de anuncios estridentes, y nada sospechan de las grandes vidas espirituales que hay detrás de sus muros. Falsa es la información con la que se cuenta en Alemania tanto sobre la vida como sobre la literatura [francesas]. Cada grito, cada gemido salido de la sala de partos del señor Rostand llega por telégrafo con la mayor celeridad. Los grandes escritores, en cambio, los creadores de obras verdaderas, ¿cuándo oímos hablar de ellos, de los integrantes de esa fervorosa y joven generación, la de un Charles-Louis Philippe, un Jules Romain, un Suarès, un Claudel, por tan sólo mencionar unos nombres, y sobre todo el suyo, Romain Rolland? A decir verdad, no estamos obligados a ser justos en temas en los que los propios franceses se muestran rezagados, pero en eso deberíamos estar orgullosos de anticiparnos a ellos. Gobineau, Maeterlinck, Verhaeren y hasta el propio Verlaine gozan en Alemania de una fama pujante, han gozado allí de una verdadera repercusión antes que en la propia Francia, y nada sería más justo que recibiera usted aquí plenos honores antes que en su propia patria, porque antes que a nadie su libro pertenece a Alemania, al país de la música. Ese libro es, en muchos sentidos, un libro alemán, una novela de aprendizaje como *Enrique el Verde* o *Wilhelm Meister*, y al mismo tiempo sigue siendo un libro francés, porque con él se adscribe usted a la gran tradición de aquellos que, con una obra novelística, no sólo esbozan un destino individual y sus particularidades, sino que pretenden diseccionar la sociedad contemporánea. La línea parte directamente de Jean-Jacques Rousseau, pasando por Balzac o Zola, y por la *Histoire contemporaine* de Anatole France, y llega hasta usted. Y mientras que los sabios caballeros de la Sorbona se quejan de la crisis de la novela moderna en Francia, incapaz ya de abarcar su época y su presente, usted, con su *Jean-Christophe*, con toda discreción, ha consumado delante de sus narices—y ni por ésas lo tienen en cuenta—esta nueva obra. Una obra en la que se amontona la vida entera, todos los problemas de nuestra época, tanto los estéticos como los políticos, los relacionados con el antimilitarismo o con la cuestión judía, con el teatro y con la corte. En ella se han abordado todos los aspectos de la vida, se han importado imágenes y personas de todos los países. Su novela se desarrolla en todos los círculos parisinos, los aristócratas y los proletarios; tres volúmenes corresponden a Alemania, uno a Suiza y otro a Italia, y en esa variedad inmensa sólo existe un eslabón capaz de unificar todo ese material abrumador: Jean-Christophe, el héroe, tanto el protagonista visible como ese otro real e invisible, la música, símbolo supremo de la unión de todos los opuestos.

La música nutre esta novela con su eterna fuente. Lenguaje que está por encima de todos los demás lenguajes, la música sobrevuela todas las lindes nacionales. Voz del sentimiento, también comprensible allí donde el intelecto ya no sabe el modo de complementarse. Jean-Christophe o, como reza su nombre en alemán, Johann Christoph Krafft, por muy vivo que esté en los libros, es sólo un símbolo. Su juventud es la de un Beethoven o un Mozart; su huida de Alemania, su lucha en París es la historia transfigurada de un Richard Wagner, y no será difícil descubrir en ciertas ideas de su música algunas tendencias recientes de un Richard Strauss o, sobre todo, de un Gustav Mahler. Ha sido noble y justo por su parte, Romain Rolland, dar vida a un artista alemán que es maestro en ese arte en el que Alemania fue la más grande en todas las épocas, el único en el que Francia no osó jamás mantener en pie su superioridad, la música: el creador de su propio sentimiento desbordante. La música alemana, que ha hecho que este país se gane las simpatías del mundo, le ha elegido a usted también como su portavoz, fue ella la que le llevó a la lengua alemana y a amar a Goethe, a quien usted, en su obra, ha erigido un monumento de amor y veneración de maneras muy diversas.

Aunque tal vez no fuera demasiado difícil conquistarle, porque la grandeza creativa de su esencia enraíza en una voluntad de admiración. Su primera obra literaria celebraba a los héroes de la Revolución francesa en osados y ardorosos dramas, y más tarde, siendo ya conocido y famoso como historiador de la música, creó usted aquellas tres grandes obras que mostraban su admiración por una vida, las biografías poéticas de Beethoven, Miguel Ángel y Tolstói. Usted conoce la dicha que proporciona la admiración, sabe que uno no se pierde cada vez que la entrega llena de entusiasmo, sino que gana diez veces más en sensibilidad. Usted siente aquella dicha de la ebriedad universal que Walt Whitman y Verhaeren han fundido en versos, y que hoy bulle alegremente en la juventud. Esa voluntad de admiración y esa bondad han engrandecido su obra, que pretende ser justa en un sentido más elevado que el de la crítica y que, por sí misma, da lugar a una nueva generación, precisamente por haber amado tanto a la anterior, de la que tomó todo lo bueno que, todavía inmaduro y confuso, crecía en ella, para entregárselo como fruto y posesión a la siguiente, a la generación nueva.

Yo mismo me siento abrumado ante la variedad de cosas que debo realmente agradecerle. Todos los hombres que viven en mí—el hombre, el sibarita, el artista, el alemán y el cosmopolita—, cada uno de ellos da un paso adelante con la intención de dedicarle unas palabras. Pero será en otra ocasión en la que el artista hable de esta novela; y otra ocasión habrá en la que le hablará el sibarita, mientras que el hombre sólo pretende ahora esperar el momento de poder estrecharle de nuevo la mano. Hoy únicamente le está permitido agradecer al alemán, porque tengo la sensación de que la juventud francesa se halla ahora mucho más cerca de nosotros gracias a este libro, que ha hecho más que todos los diplomáticos, banquetes y asociaciones. La mayor valía de un país puede entenderse siempre a través de un único hombre. Y es eso lo que ha sabido usted representar con profundidad en el destino de su *Jean-Christophe*. Un hombre que viene a París, que se siente allí solo y no ama la ciudad. Sólo ve la falsa Francia, los oídos le duelen a causa del ruido de los periódicos, el odio con que se recibe a los alemanes le quema los ojos, la falsedad de las palabras le hiere el corazón. Y entonces, en el culmen de su soledad (y de qué manera grandiosa y conmovedora se describe esto en el quinto tomo), conoce a un francés, a un joven y auténtico francés, y se convierte en su amigo. Y entonces, a través de sus conversaciones, de la amorosa explicación, cobra conciencia de las obras verdaderas, la llama resplandece entre el humo y cobra noción del enorme idealismo que palpita en Francia hoy como siempre y que sólo se oculta con pudor para que no se le confunda con los gritos de pregoneros y charlatanes; conoce a mujeres con una capacidad de sacrificio infinita, y de repente siente desaparecer el dilema latente entre él y aquel mundo. Sólo sabe que, tanto de un lado como del otro, existe una elite, seres humanos que se entienden entre sí, por encima de todos los errores y los acontecimientos de las naciones, porque esos seres se buscan en los valores más nobles y no en asuntos nimios y mezquinos. Usted ha visto a Alemania en su grandeza, porque ha puesto su mirada en Goethe y en Beethoven, y con sus ojos queremos y tenemos nosotros ahora que ver a Francia, y en ella podemos confiar, ya que aún hoy es capaz de crear hombres con tan alto sentido de la justicia como el suyo, con un espíritu de sacrificio tan puro como el que representa su obra. El amor siempre tiene una única respuesta: amor. Y ésa será la respuesta de Alemania—no lo dude—cuando ahora en primavera se publiquen aquí los primeros volúmenes de su obra y la gente reconozca con asombro al amigo desconocido que tiene al otro lado de la frontera. ¡Qué alegre me siento hoy, qué satisfacción de saber terminada su obra! Uno es siempre consciente de que el silencio vence sobre el ruido, que el esfuerzo noble triunfa sobre el afanoso ajetreo, pero es siempre hermoso experimentar de nuevo el triunfo de las obras puras, ver cómo hoy entre nosotros, en Alemania, la admiración por la obra de Gerhart Hauptmann, semejante a una catedral, es común a todo el país, o cómo los más reservados, como Rainer Maria Rilke, tienen ahora voz y palabra, y cómo lo quedo y silencioso resuena en los corazones. ¡Con qué rapidez tienen lu-

35

gar estos cambios! Aún recuerdo cómo hace un par de años, en París, a Verlaine se le consideraba un talento pervertido, al punto de que *Le Figaro* publicó una airada protesta cuando la juventud quiso erigirle un monumento. A Verhaeren lo consideraban un decadente patético, y apenas se vendía una cuarta parte de sus ediciones, y nombres como el suyo, o como el de Claudel o Suarès, ni siquiera se mencionaban. Sin embargo, todos nosotros sabíamos—porque la juventud siempre tiene razón—dónde estaban las verdaderas obras, ya entonces estábamos todos convencidos, aun sin conocerle, de que de usted nos llegaría una obra y que, tras esa obra, llegaría la fama. Es algo que uno sabe de siempre, pero resulta hermoso ver cómo se reafirman las propias convicciones.

Jean-Christophe está ahora terminada, pero usted, Romain Rolland, es demasiado joven para celebrarlo, demasiado serio para alegrarse por lo conseguido, demasiado fervoroso como para no querer ganar un nuevo público para sus convicciones. En aquella ocasión en la que tuve el honor de verle personalmente, me dijo usted que tras acabar *Jean-Christophe* pretendía regresar al teatro, ya que allí la voz llegaba a la gente con más fuerza y de forma más directa. A mí me alegraría, porque nada necesita con más urgencia el teatro francés de hoy que alguien con ideas firmes y honestidad, alguien que no se dedique a poner en escena un par de muñecos ni aborde problemas artificiales, alguien que actúe en Francia en el mismo sentido al que también van dirigidos nuestros esfuerzos, aunque tal vez con fuerzas insuficientes: sustituir los problemas meramente sociales, eróticos y políticos por los éticos y los puramente humanos. Quizá el público no le siga con la misma asiduidad con la que sigue a Bernstein, el aplicado creador de autómatas, o a Bataille, el técnico en fuegos de artificio. Quizá también a usted la crítica le eche en cara su excesiva profusión de palabras, su artificiosidad (esa crítica ignorante que vive ella misma de la palabra), pero la llama prenderá aquí y allí, y desatará en cada individuo un incendio interior. Su fe es la fe en una elite, en una pequeña estirpe situada en lo más alto, la de la bondad y la justicia conscientes: y quizá consiga usted tender un puente entre ambas, por encima de ese mundo carcomido y mundano. No conozco a nadie mejor en Francia hoy en día.

Y ahora, con renovada gratitud por la obra creada, le saludo y felicito.

[STEFAN ZWEIG]

18. ROMAIN ROLLAND A STEFAN ZWEIG

Boulevard Montparnasse, 162
Jueves, 26 de diciembre de 1912

Queridísimo amigo:

Al leer su carta en el *Berliner Tageblatt* se me llenaron los ojos de lágrimas. No sólo es el artículo más magnífico que se ha escrito sobre mi obra, sino también un abrazo fraterno. Le respondo con todo mi corazón. Sienta bien saber que, en medio de las tormentas de esta Europa en la que resuenan ya las amenazas de guerra, existe esa íntima unión de unos espíritus que se comprenden y estiman. ¡Ojalá podamos trabajar juntos para acercar nuestras estirpes, esos dos hermanos enemistados! ¡Nadie ha hecho más que usted por esa sagrada obra!

No hace falta que le diga lo feliz y honrado que me siento de que quiera hacerse cargo de la edición de mis obras de teatro. Rütten & Loening acaba de adquirir los derechos de traducción de mis tres *Vies des hommes illustres* y (con apetito insaciable) están negociando con Hachette para traducir *Musiciens d'autrefois*, *Musiciens d'aujourd'hui* y *Teatro de la revolución*. Les escribo para que le reserven esta última. El traductor que ha propuesto la traducción de *Vies des hommes illustres* es el señor Wilhelm Herzog,[1] autor de una

---

[1] Wilhelm Herzog (1884-1960) fue uno de los traductores de Romain Rolland y editor de la revista *Das Forum*.

biografía de *Heinrich von Kleist* publicada recientemente.
¿Lo conoce?

Justo ahora ando ocupado revisando tres de mis antiguas
obras teatrales para Hachette: *Aërt*, *Saint-Louis* y *Le Siège de
Mantoue* ['El asedio de Mantua']; la primera, representada
en el Théâtre de l'Œuvre; la segunda, publicada antaño en la
Revue de Paris, y la tercera, inédita. Tienen un carácter muy
distinto al de las obras del *Teatro de la revolución*, son más
líricas, más shakespearianas, con mucha labor de puesta en
escena (salvo *Aërt*, que, por el contrario, se desarrolla en un
marco lo más sencillo posible). Al grupo de obras del *Teatro
de la revolución* pertenece una cuarta pieza que no cupo en
aquel volumen, que ya era bastante amplio: *Le Triomphe de
la Raison*, representada en el Théâtre de l'Œuvre; tuvo una
edición de tirada muy corta que, por el momento, está agotada. (Uno de los personajes es el maguntino Adam Lux, el
místico enamorado de Charlote Corday).

Pero todo eso, para mí, es historia antigua.

Le reitero mi agradecimiento, querido amigo. Con saludos afectuosos,

ROMAIN ROLLAND

¿Tiene mi librito *El teatro del pueblo*?[1] (Son mis teorías sobre el teatro popular. En esencia, se trata de un libro combativo que refleja las encendidas pasiones de una generación).
Ahora mismo está agotado, pero se reeditará y aún tengo dos
o tres ejemplares de la primera edición.

---

[1] Romain Rolland, *El teatro del pueblo*, en: Romain Rolland y Jean-Richard Bloch, *«El teatro del pueblo» y «Un teatro comprometido»*, ed. Rosa
de Diego, Madrid, Asociación de Directores de Escena de España, 2007.

1913

19. ROMAIN ROLLAND A STEFAN ZWEIG

Boulevard Montparnasse, 162
Jueves, 2 de enero de 1913

Mi querido amigo:

Si le fuera posible enviarme los datos de los que me hablaba sobre los teatros populares de Austria (o que indicarme las fuentes), le quedaría profundamente agradecido. Pero que ello no le suponga la menor molestia, de lo contrario preferiría descartarlo.

Gracias por su última carta. Le saluda cordialmente su devoto servidor

ROMAIN ROLLAND

20. ROMAIN ROLLAND A STEFAN ZWEIG

Boulevard Montparnasse, 162
Jueves, 16 de enero de 1913

Estimado amigo:

¿Podrá disculparme acaso que le moleste de nuevo? Es que estoy corrigiendo en este momento las galeradas de mi viejo libro sobre *El teatro del pueblo*, que Hachette va a reeditar. Aunque el tema de mi obra es el teatro popular en Francia, ¿le importaría decirme si las líneas que le adjunto son exactas y si hay algo esencial que añadir? (Lo más brevemente posible, a menos que tenga los documentos listos, en cuyo caso adjuntaré un apéndice al final del libro).

Me disculpa, ¿verdad? Los amigos que han leído su hermoso artículo del *Berliner Tageblatt*, tanto en Francia como en Alemania, se han conmovido tanto como yo. Muchos franceses responden a su fraterna mano tendida.

Con los mejores deseos para usted,

ROMAIN ROLLAND

Mi último volumen de *Jean-Christophe* ha conseguido romper el hielo que aún hubiese podido quedar (o que, en todo caso, parecía existir) entre un sector de la juventud francesa y yo. Ahora me siento muy unido a ella gracias al conjunto de mi obra. En cambio, Italia no perdona las críticas (muy moderadas) que le he dedicado. El amor propio nacional no tolera que se lo juzgue, aun si lo hace un amigo.

21. STEFAN ZWEIG A ROMAIN ROLLAND

Semmering, cerca de Viena
24 de enero de 1913

Estimado maestro y amigo:

He recibido su carta y he preguntado ya a varios amigos sobre el teatro popular. He aquí los resultados provisionales:

En *Berlín*, el Teatro Schiller, que representa clásicos y las mejores obras modernas (después de su estreno en los grandes teatros). Es un teatro *popular* de precios asequibles; ahora mismo hay tres en Berlín, y se está construyendo un cuarto, de modo que sea posible presentar una pieza para sus abonados, y conseguir llenar siempre el teatro, *50-100 funciones.*

En *Viena* hemos seguido el ejemplo con la fundación, primeramente, de una *Freie Volksbühne*, una sociedad que adquiría al resto de teatros sus montajes para luego presentarlos los domingos por la tarde. Ventaja para el teatro: tener siempre unos ingresos fijos ese día; ventaja para los abonados de la *Volksbühne*: ver las obras a buen precio. Ahora ya tienen dinero y abonados suficientes como para montar su propio teatro (en cuyo escenario, estoy seguro, estará también Romain Rolland).

En *toda Alemania* se ofrecen *representaciones de los clásicos* para el pueblo, todas por un módico precio; incluso el Teatro Imperial de Berlín [Schauspielhaus] brinda funciones para obreros. Y en las universidades populares también se organizan recitales con actores de primera.

En resumen, se organiza todo en Alemania y luego los teatros populares se establecen por todas las grandes ciudades. Desde el punto de vista artístico, tiene ventajas, pero también peligros: el público es *demasiado* bueno; se lo traga todo, carece de gusto porque le da miedo mostrarlo, aterrado ante la idea de no ser «intelectual». Así, el éxito de estos experimentos depende de los gerentes, y como éstos se hallan bajo el control de los periódicos y de su partido (el socialista, sobre todo), hasta el momento resultan de gran utilidad. Se intenta igualar los precios para que los asientos, tanto los de platea como los restantes, se asignen por número y no por precio. Hasta ahora hemos obtenido excelentes resultados. Creo que el precio de una entrada en Berlín ronda un marco; en Viena cuesta algo más, pero, en cualquier caso, son precios muy asequibles.

Y esto es todo lo que sé. Espero verle en París a finales de febrero.

Hasta entonces, le envía sus mejores deseos

STEFAN ZWEIG

22. STEFAN ZWEIG A ROMAIN ROLLAND

París, Hotel Beaujolais
5 de marzo de 1913

Estimado maestro y amigo:

Ya estoy en París, me quedo tres o cuatro semanas y tengo muchísimas ganas de volver a verle. Fije usted mismo el día y la fecha (salvo el sábado por la noche), que yo estoy siempre a su disposición, feliz de poder estrecharle la mano muy pronto.

Su leal y devoto

STEFAN ZWEIG

23. ROMAIN ROLLAND A STEFAN ZWEIG

Boulevard Montparnasse, 162
Jueves, 6 de marzo de 1913

Estimado amigo:

Me voy tres días a Auxerre, donde acabo de perder a un pariente. Pero volveré el domingo por la noche y podré ir a visitarle el lunes o el martes a la hora que me diga (salvo el lunes por la mañana). Me alegra saber que se quedará en París unas cuantas semanas.

Saludos para usted,

ROMAIN ROLLAND

24. STEFAN ZWEIG A ROMAIN ROLLAND

París, Hotel Beaujolais
Rue Beaujolais, 15
[Entre el 5 y el 9 de marzo de 1913]

Estimado maestro y amigo:

El lunes estaré en casa a partir de las cinco, así que le propongo que vayamos a cenar por ahí. Si mi hotel le queda muy lejos, estaré encantado de pasar por su casa a recogerle. ¡Hasta pronto!

Su devoto y leal,

STEFAN ZWEIG

Venga cuando quiera, estaré esperándole hasta las ocho.

Domingo, 9 de marzo de 1913

Estimado amigo:

Iré a verle mañana lunes sobre las cinco, pero no podré quedarme a cenar. Le estrecho afectuosamente la mano.

Suyo,

ROMAIN ROLLAND

Salvo un pequeño círculo de amigos, todos suponen que ya no estoy en París. Tengo que ausentarme en abril durante cinco o seis meses. No diga a nadie que se reunirá conmigo.

26. ROMAIN ROLLAND A STEFAN ZWEIG

Martes, 11 de marzo de 1913

Mi querido amigo:

Le envío, junto a unas palabras para Suarès, el folleto en que se ha publicado la carta de Tolstói de la que hablábamos ayer. (Está un poco estropeado, disculpe que no tenga un ejemplar más nuevo que ofrecerle: la edición debe de estar agotada). Le adjunto también mi última crónica, publicada en la *Bibliothèque universelle*. Versa sobre las investigaciones de Agathon, etcétera,[1] que, en muchos puntos, coinciden con las observaciones de mi *Nouvelle Journée*. Doy mucha importancia a la violencia de las corrientes políticas y sociales que sacuden el pensamiento francés. Creo que nuestro arte tiene con ellas la deuda de seguir siendo más humano y firme.

---

[1] Pseudónimo de Alfred de Tarde y Henri Massis para publicar sus investigaciones sobre los jóvenes de la época. Hay confusión con el pseudónimo, ya que se atribuye a ambos tanto juntos como por separado, por eso ese *etcétera* podría ser un «*et al.*» si Rolland pensó que Agathon se refería sólo a uno de ellos. Es importante tener en mente que fueron financiados por el nacionalista Maurras y por Action Française.

Me alegré mucho de poder conversar un buen rato con usted ayer por la tarde.[1] Espero que tengamos más ocasiones.

Suyo, con afecto,

ROMAIN ROLLAND

¿Hay algún otro escritor al que le gustaría conocer?

Si pasa por mi barrio el sábado por la tarde, ¿me daría la alegría de acercarse a verme? Tal vez coincida en mi casa con Jean-Richard Bloch.

27. STEFAN ZWEIG A ROMAIN ROLLAND

[Tarjeta postal]
Hotel Beaujolais, rue Beaujolais, 15
12 de marzo de 1913

Querido maestro y amigo:

Le doy las gracias de todo corazón por el valioso envío que me ha hecho y la bondad que tan generosamente muestra conmigo.[2] ¡No es casualidad ni cosa de la fortuna que Tols-

---

[1] Zweig relata este encuentro: «Entonces llegó Romain Rolland. Ha envejecido, muy frágil y dulce, todo es fino en su rostro, un poco débil, como él mismo. Su voz, muy bajita y cautelosa, sin insistencia, pero justo por su tibieza, llena de fuerza. Sus ojos de un gris fino, el monóculo que no turba, la nariz muy afilada, él mismo flaco, un poco ascético. Hablamos de muchas cosas. Me habló de Tolstói [...] y de una carta que éste le escribió en una ocasión, cuando aquél aún iba a l'École Normale y se dirigió a él asediado por un problema de conciencia. Por eso, y como autor del *J. C.*, siente la obligación de responder siempre, de no dejar a nadie esperando, de ayudar [...] Admirables las múltiples facetas de este hombre, su entrega a tantos intereses que creo —mucho me temo— que paga con su propia salud» (DZ, pp. 45-46). La carta que le envió Tolstói el 21 de octubre de 1887 la publicó más tarde Charles Péguy en *Cahiers de la Quinzaine* (serie III, n.º 9, 25 de febrero de 1902).

[2] «Cuando llego al hotel me espera un sobre de Romain Rolland que me llena de felicidad: me manda la carta de Tolstói (imponente, seria y solemne), además de su ensayo sobre la juventud y una recomendación para Suarès» (DZ, p. 57).

tói le haya escrito esa carta (¡imperecedera!)! Con la intuición del genio, sabía que se dirigía a un hombre de corazón y pensamiento fervorosos. También yo he leído de inmediato su llamamiento a la juventud y lamento que unas palabras tan importantes aparezcan en una revista cuya influencia es tan limitada. En mi caso, intento que las cosas que me parecen realmente importantes tengan la mayor repercusión posible. Qué tristeza pensar que mucha gente en Francia no leerá jamás esas páginas que usted les dirige, las cuales podrían, quizá, convertirse en guía para sus vidas, para su espíritu. Espero que pronto tenga la autoridad para publicar por sus propios medios, y no ya una revista, sino un cuaderno propio con *su* opinión sobre todas las corrientes modernas, el cual reúna (publicado a buen precio) a toda la juventud de Francia y de Europa como lectores asiduos y fervientes.

Verhaeren está contentísimo de comer con usted el lunes. Le esperamos en mi casa hacia las doce o doce y media, y luego iremos a comer juntos.

Fielmente suyo, estimado y gran amigo,

STEFAN ZWEIG

28. ROMAIN ROLLAND A STEFAN ZWEIG

Jueves, 13 de marzo de 1913

Mi querido amigo:

Suarès me ha dicho que podrá encontrarle en su casa (rue Cassette, 20) por la noche después de cenar, el sábado después de las cinco o el domingo, de dos a cuatro. Pero será mejor que le anuncie antes su visita.

Gracias por su amable carta, nos vemos el lunes a mediodía. Estaré encantado de comer con usted y con Verhaeren.

Un saludo muy afectuoso, suyo,

ROMAIN ROLLAND

Me gustaría hablarle de un profesor de Viena (el señor Paul Amann, doctor en Filosofía y profesor en la Realschule II), con quien mantengo correspondencia desde hace uno o dos años. Un hombre, según mi parecer, interesantísimo, un espíritu de pensamiento muy libre y con una vasta cultura, aunque me lo imagino tímido y algo abatido por la vida. Me haría muy feliz si pudiera ir a visitarlo y animarlo cuando esté en Viena. Su dirección actual es II. Schütelstrasse, 75 (pero a partir del 1.º de mayo estará en XIII.[1] Speisingerstrasse, 4).

29. STEFAN ZWEIG A ROMAIN ROLLAND

Hotel Beaujolais
15 de marzo de 1913

Mi estimado maestro y amigo:

Me honra comunicarle que el lunes encontrará aquí, en mi hotel, al poeta Rainer Maria Rilke, que comerá con nosotros. No sé si conoce su obra: a mi juicio, es el poeta más puro, dulce y artístico que poseemos; un hombre magnífico y modesto, un ejemplo para todos nosotros por su arte y su vida. Lo admiro desde hace mucho, desde la infancia, y me alegra que tenga la ocasión de conocerlo en persona. He recibido un aviso de Suarez e iré a verlo muy pronto. ¡Hasta mañana, pues, maestro y amigo![2]

Fielmente suyo,

STEFAN ZWEIG

[1] Se refiere a los distritos vieneses, el 2 y el 13.
[2] Sobre este encuentro en el hotel de Zweig, éste anota: «Vienen a recogerme al hotel Verhaeren, Bazalgette, Romain Rolland y Rilke y vamos a almorzar [...] Rolland me recuerda mucho al retrato de Jens Peter Jacobsen. Su forma de hablar es increíblemente sosegada, apenas gesticula, sólo mueve los labios (muy pálidos y perfectamente delineados), y habla con un francés límpido, en absoluto afectado. Rilke, recién llegado de Ronda, está completamente bronceado, parece un chiquillo [...] Su rostro es ordinario—la nariz de patata; los claros ojos, inexpresivos; la boca, sensualmente

Boulevard Montparnasse, 162
Miércoles, 26 de marzo de 1913

Querido amigo:

E. Bertaux me propone ir a visitar su museo el sábado a eso de las tres. Si está usted libre, ¿quiere que pase a recogerlo por el Hotel Beaujolais el sábado hacia las dos y media?

Muy cordialmente, suyo,

ROMAIN ROLLAND

Ellen Key me ha escrito diciéndome que le ha enviado una carta a Viena. Quería el artículo que usted escribió sobre mí, publicado en el *Berliner Tageblatt*. Le he enviado mi ejemplar: se supone que el número de marras está agotado.

31. STEFAN ZWEIG A ROMAIN ROLLAND

[Tarjeta postal escrita a bordo del dirigible *Dupuy de Lôme*]
[Probablemente entre el 26 y el 29 de marzo de 1913]

Estimado maestro y amigo:

Con gusto, me alegrará esperarle en casa este sábado sobre las dos y media y le doy las gracias de antemano por su amable mediación ante el señor Bertaux.

Fielmente suyo,

STEFAN ZWEIG

---

carnosa—, sólo las manos son muy delicadas. Al hablar usa imágenes poderosas. Nos cuenta su visita a la casa de Tolstói […] Magníficas las anécdotas de España que cuenta Verhaeren […] También hablamos de la necesidad de crear una alianza europea. [El] sueño [de Romain Rolland] es crear una revista internacional, pero nos oponemos a ello porque nosotros ya somos internacionales, sólo Francia está mal informada» (DZ, pp. 62-63).

Rue de Beaujolais, 15
15 de abril de 1913

Estimado maestro:

Marcho de París a finales de esta semana y no me gustaría irme de la ciudad sin haberle dado las gracias por las enormes muestras de bondad y amistad que me ha dado. Si tiene a bien indicarme una hora, iré con gusto, cuando usted me lo permita, a estrecharle la mano.

Muy fielmente suyo, querido maestro y amigo,

STEFAN ZWEIG

33. ROMAIN ROLLAND A STEFAN ZWEIG

Miércoles, 16 de abril de 1913[2]

Querido amigo:

Yo también me marcho en unos días. Estaré encantado de

---

[1] Entre el 29 de marzo y el 2 de abril de 1913, ambos escritores se ven en París. El 2 de abril, Zweig apunta: «A mediodía voy a ver a Romain Rolland a su buhardilla en una quinta planta, austeramente angosta pero con vistas al jardín. Vive como un estudiante en ese cuartito [...] La habitación tiene algo monacal, pero dada la cantidad de cartas y periódicos uno se da cuenta de que en ella el mundo confluye en una especie de centro que lo aglutina todo. Rolland me enseña la carta de Tolstói y una de Nietzsche a Malwida von Meysenbug que ella misma le regaló [...] Después de comer, paseamos por los jardines de Luxemburgo y Rolland me cuenta qué ama de Italia y, sobre todo, cómo le gustan todos sus paisajes: "*J'aime la terre*", ['Amo la tierra'], me confiesa [...] A veces me preocupa, cuando veo su rostro tan delgado y cómo se anuda el chal negro alrededor del cuello, porque temo que esté enfermo; sin embargo, Tharaud me dice que siempre ha tenido ese aspecto y que es muy robusto» (DZ, pp. 73-75).

[2] Anota Zweig: «Trabajo un poco. Por la tarde salgo a pasear por los jardines de Luxemburgo y después voy a casa de Romain Rolland, con quien converso largo rato con mucha intimidad. Me pregunta por Hauptmann y Bahr, y es conmovedor comprobar que sólo le interesa la dimensión

verle. Si mañana jueves, hacia las cinco, tiene un momento, le espero con gusto.

Muy cordialmente, suyo,

ROMAIN ROLLAND

Suba directamente a mi casa (el 4.º, puerta de la derecha) sin llamar al portero, que tiene instrucciones de responder que ya me he marchado.

34. STEFAN ZWEIG A ROMAIN ROLLAND

18 de abril de 1913

Aquí tiene, amigo mío, el poema que no me atreví a darle en persona. ¡Consérvelo como prueba de lo bien que se le lee en Alemania! De nuevo, muchas gracias por todo y que tenga un buen viaje.

Su fiel

STEFAN ZWEIG

A ROMAIN ROLLAND

Oh, Dieu, la femme qui crée est ton égale, et tu ne connais pas une joie pareille à la sienne, car tu n'as pas souffert... (Les Amies)

['Oh, Dios, la mujer que crea es tu igual, y no conoces una dicha pareja a la suya, pues tú no has sufrido...']¹

---

humana. Conozco a pocas personas con su elevado sentido de la justicia [...] A raíz de su obra ha empezado a recibir muchas cartas de personas que le piden consejo y él acepta esa carga con gratitud y con ese elevado concepto del poeta como persona que consuela y ayuda a poner orden en los sentimientos. La sensación de cercanía que siento con él rara vez la he experimentado con nadie, y esa habitación pequeña con amplias vistas al jardín [...] me tiene cautivado [...] Nuestra despedida es muy sentida y me cuesta ocultar mi emoción» (DZ, pp. 80-81).

¹ En el libro octavo de *Jean-Christophe*, *Les Amies*.

Gran bien nos has hecho con tu obra, tú,
que cantas desde el corazón de las cosas,
penetrando con luz en lo oscuro del alma; tú,
que jamás nos miraste cual juego o animal.

¿No es más bello que un canto de trovadores
que con Dios y con el mundo nos iguales?
«Pero él—dijiste—descendió sin dolor».
Y es nuestro tormento el sostén de la existencia.

No más que avidez e imagen huera para otros,
tú nos cubres con lo honroso de nuestro sufrir,
aunque debas usar el cruel y sabio escalpelo.

Porque, lo que digáis de nosotros, eso seremos.
¡No nos deis, pues, la mullida calidez del deseo!
¡Iluminad con vuestra bondad las tinieblas!

M. V. W. [INTERNITZ][1]

35. STEFAN ZWEIG A ROMAIN ROLLAND

[Tarjeta postal]
Viena VIII. Kochgasse, 8
27 de mayo de 1913

Querido maestro y amigo:

Le envío hoy el libro de Gerhart Hauptmann del que le
he hablado, y espero que éste le encuentre bien de salud y

---

[1] *Du hast in Deinem Werk uns wohlgetan. | Du, der Du tief vom Herz der Dinge singst | Und klärend in der Seele Dunkel dringst, Du | sahst uns nie wie Spiel und Tier nur an. || Ist es nicht schöner als die Minnelieder, | Dass Du uns gleichgestellt mit Gott und Welt, | «Doch Er», sprachst Du, «kam ohne Schmerzen nieder». Und | unsere Qual ist es, die das Dasein hält. || Den andern nur ein flaches Bild und Gier, | Bedeckst Du uns mit unsres Leiden Ehren selbst | unterm grausam wissenden Skalpell. || Denn – was Ihr von uns sagt, das werden wir. | Gebt uns nicht nur die Wärme im Begehren, | Macht Dunkelheit durch Eure Güte hell!*

trabajando a gusto en algún rincón de Italia. Le ruego que no olvide sus intenciones de venir a Austria durante el otoño; allí le espero, con mi sentir más amistoso.

Su fidelísimo

STEFAN ZWEIG

36. STEFAN ZWEIG A ROMAIN ROLLAND

[Tarjeta postal]
Viena
Junio de 1913

Querido maestro y amigo:

Acabo de leer que le han concedido el Gran Premio de la Academia Francesa. ¡Qué alegría! Estoy feliz, porque será de ayuda—no tanto pues a usted, que no precisa de alabanzas oficiales—para difundir belleza y bondad por medio de su obra.

Suyo, fielmente,

STEFAN ZWEIG

37. ROMAIN ROLLAND A STEFAN ZWEIG

Vevey, Hotel Mooser
Domingo, 15 de junio de 1913

Gracias, querido amigo.

Parece que la batalla ha sido fragorosa, tanto la política como la literaria. El más enconado en mi contra ha sido Bourget, pero mis amigos no han sido menos fervorosos que mis enemigos. Creo que el informe de Lavisse, que hizo que se le concediera el premio a *Jean-Christophe*, se publicará en el número de hoy de la *Revue de Paris*.[1] Me alegra mucho ha-

---

[1] Ernest Lavisse, «Le Grand Prix de Littérature», *Revue de Paris*, 15, mayo-junio de 1913, pp. 725-733. En este informe, Lavisse relata que, si bien se barajaron otros nombres para el premio (Claudel, Clermont, Psichari), finalmente la mayoría votó por Rolland. En el texto se alaba espe-

ber estado lejos de París durante esas luchas académicas que
la prensa se ha encargado de emponzoñar aún más. Tengo la
satisfacción de estar trabajando en un nuevo libro que espero que sea gallardo y alegre.

Saludos afectuosos de

ROMAIN ROLLAND

38. STEFAN ZWEIG A ROMAIN ROLLAND

Viena VIII. Kochgasse, 8
28 de junio de 1913

Querido maestro y amigo:

Acabo de recibir el libro del profesor Seippel,[1] verdaderamente encantador por su calidez y comprensión. Lo único que no me gusta de su ensayo es que cite cartas privadas
(cosa que me parece indiscreta, sobre todo cuando se trata
de alguien vivo), y también su retrato, que solamente muestra
una mirada ansiosa, una mirada totalmente fabricada por el
fotógrafo y no captada de la vida. El libro llega en buen momento: ahora *Jean-Christophe* echará a andar con paso firme
por todos los países.

Le envío también el nuevo libro de Verhaeren sobre Ru-
bens, publicado primero en Alemania, en una edición magnífica que no cuesta más que tres francos y medio. Yo, por
mi parte, sigo trabajando en mi «Dostoievski» y he terminado dos *nouvelles*, una de las cuales me parece lograda. Pronto emprenderé el viaje a Hellerau para asistir al estreno de

---

cialmente *La Nouvelle Journée*, el último volumen de *Jean-Christophe*. En
el informe se hace referencia a lo ajustadas que estuvieron en un principio las votaciones, ya que la comisión parecía querer conceder el premio
a un escritor joven.

[1] Paul Seippel (1858-1926), escritor suizo, autor de una de las primeras
biografías de Rolland, *Romain Rolland, l'homme et l'œuvre*, París, Ollendorff, 1913.

La anunciación a María en el teatro de Dalcroze;[1] después iré a Weimar. En otoño estaré en Tirol, en Merano, y nada me complacería más que usted cumpla su promesa de venir. Allí encontrará una calma única, un paisaje admirable y un otoño preñado de frutos, como nunca lo ha visto. Llevaré conmigo bastantes libros que le resultarán interesantes, y podría encargarme de procurarle, si bien no en la ciudad misma, al menos cerca de Merano, un alojamiento pequeño pero exquisito, y en absoluto caro. En ninguna otra parte del mundo—y mire que he viajado—he visto un otoño tan hermoso como el de Merano, porque allí todo el paisaje está teñido de frutos diferentes y el aire es suave y benévolo.

Me alegra saber que está trabajando, y también lo que me comenta sobre su novela; el hecho de que sea alegre es algo que ya me atrae mucho. Ahora más que nunca necesitamos obras que no nos entristezcan, y el hombre más necesario en estos tiempos será aquel capaz de escribir una auténtica comedia. Lo psicológico pesa sobre nosotros, y también el libre juego de los instintos, aún sin desmenuzar, se me antoja a menudo hermoso, como un combate entre jóvenes efebos griegos.

Le he enviado a París la obra teatral de Hauptmann *Gabriel Schillings Flucht* ['La fuga de Gabriel Schilling']. Sin duda habrá leído que, por deseo de los nacionalistas y del emperador, han prohibido las representaciones de su *Festpiel*, el festival que organiza en Breslavia. Toda la Alemania intelectual ha protestado: es una derrota terrible para la libertad del artista en Alemania. Se creen más fuertes que el poeta—y, en el plano real, lo son—, pero el efecto moral ha

[1] *L'Annonce faite à Marie*, obra de Paul Claudel estrenada en el teatro de la *Gartenstadt* ('ciudad jardín') de Hellerau, en las afueras de Dresde, una comuna de artistas con uno de los conceptos teatrales más modernos de su época y en la que confluyó lo más granado de las artes en el período anterior a la Primera Guerra Mundial.

sido fulminante, y Hauptmann ha recibido felicitaciones de todo el país.[1]

Y ahora, querido maestro y amigo, le deseo lo mejor para su trabajo. Le enviaré lo que escriba sobre el libro de Paul Seippel.

Y no se olvide de su siempre fiel

STEFAN ZWEIG

39. STEFAN ZWEIG A ROMAIN ROLLAND

Viena VIII. Kochgasse, 8
27 de agosto de 1913

Querido maestro y amigo:

Una buena noticia para usted y para nosotros. He conseguido que acepten *Los lobos* (en traducción de Herzog) en la *Volksbühne*, el excelente teatro artístico-popular que tenemos aquí. Se montará esta temporada, y nos encantaría que asistiera al estreno. La programaríamos para el día siguiente a su llegada y haríamos todos los esfuerzos posibles por ofrecer una representación perfecta. Si acepta venir, podría alojarse—conozco su manera de ser, sencilla y tranquila—en mi casa (Verhaeren hacía lo mismo), y no cabría en mí de gozo al poder ofrecerle la hospitalidad simple pero cordial de mi piso de soltero. ¡Venga, querido maestro, venga, que aquí lo estimamos desde la distancia y lo esperamos!

¿Y qué me dice de Merano, de Bolzano? ¿Quiere venir? Estaré en Merano en octubre y, si le apetece venir, podríamos hacer que montasen *Los lobos* a finales de octubre o en noviembre, e ir directamente a Viena desde allí. El otoño es

---

[1] Los estudiantes de la Universidad de Breslavia habían pedido a Hauptmann una obra para conmemorar el centenario de la batalla de Leipzig. La obra, *Festspiel in deutschen Reimen* la montó Max Rheinardt en mayo de 1913, pero sufrió la censura del príncipe heredero Guillermo de Prusia a causa de las presiones nacionalistas y católicas.

tan delicioso en Tirol, el paisaje todo colorido de frutos y el sol aún suave.

Estoy acabando mi obra sobre Dostoievski. Estará lista para Navidad, y creo que será definitiva. Ahora, querido maestro, ¡una pregunta! Voy a editar los tres ensayos *Balzac*, *Dickens* y *Dostoievski* en un solo volumen (los tres grandes novelistas de la sociedad, la familia, el individuo y la humanidad) y me atrevo a decir que será un buen libro. Pues bien, ¿me permitiría dedicárselo? Siento la necesidad de darle las gracias públicamente por su admirable esfuerzo moral y artístico, y no encuentro otro homenaje más espontáneo entre artistas que la dedicatoria de un libro que uno considera bastante logrado. ¿Me permite pues, querido maestro y amigo, que inscriba su nombre en la primera página y le obsequie precisamente este libro?

Aguardo la publicación del *Jean-Christophe* en alemán para aclamarlo una vez más. Se habla mucho del libro, tiene éxito antes incluso de ver la luz. Estoy impaciente por que vuelva a Alemania, pues tengo la certeza de que su patria lo reconocerá.

¿Y su trabajo? Si no le parece que estoy siendo demasiado curioso, dígame en pocas palabras si la novela[1] avanza, pues me gustan sus obras incluso antes de que nazcan. El señor Grautoff quiere enviarme una foto suya; me hará feliz tenerla.

¿Ha recibido la pieza de Gerhart Hauptmann que le envié a París? Es muy bella y humana, más que las demás creaciones de nuestro país.

Ahora, querido maestro, le estrecho la mano y espero poder hacerlo en persona dentro de poco, ya sea en Tirol, en Viena o en París. Pero qué feliz me haría si nos hiciese una visita a sus admiradores alemanes y austríacos.

Fielmente suyo,

STEFAN ZWEIG

[1] Por fechas, el futuro *Colás Breugnon*. En la carta 272 se explica el motivo de la modificación del apellido del protagonista.

He visto al señor Paul Amann y he hablado con él. Está realmente muy bien.

40. ROMAIN ROLLAND A STEFAN ZWEIG

[Bad] *Schönbrunn* [Suiza]
Martes, 2 de septiembre de 1913

Querido amigo:

Nada me complacería tanto como que me dedique usted su volumen sobre estos tres hombres a los que admiro y estimo como a pocos. Me emociona más de lo que soy capaz de expresar. Muchas gracias. ¡Ahora tendré que tomar la revancha!

Me hace muy feliz saber que montarán *Los lobos* en Viena gracias a sus esfuerzos, pero no creo que pueda ir. No he estado demasiado bien estos últimos meses. Hoy le escribo tras haber pasado cuarenta y ocho horas en cama, con fiebre. Nada grave, creo; pero el cuerpo se venga tras un largo período de tensión. Es un año de crisis física para mí. *Jean-Christophe*, al abandonarme, me ha dejado más expuesto a las enfermedades—y a las pasiones—. Pero yo jamás he temido la lucha. Cada diez años, me sumerjo de nuevo en ella y me renuevo.

Entretanto, la nueva novela (*Bonhomme vit encore* o *Le Calendrier de Colas Brugnon*) se ha visto interrumpida, con demasiada frecuencia, por asuntos de la vida. Creo que los capítulos ya escritos no están del todo mal y que le divertirían igual que me divirtieron a mí mientras los escribía. Pero la obra no está todo lo avanzada que debería. Recuperaremos el tiempo perdido (nunca perdido del todo).

Una de las razones que me obligan a pasar en París el mes de octubre es el compromiso contraído de escribir un prefacio para uno de los volúmenes de la gran edición de las obras completas de Stendhal (en la editorial Champion): *Les Vies de Haydn, Mozart et Métastase*, y necesito tener a mano mi biblioteca y las de París. Por el momento, necesitaría pasar quince días en Borgoña y en el Nivernés para refrescar mis recuerdos del campo con vistas a mi *Colas Brugnon*. (¡No se inquiete! No será una novela de cariz regional, sino, créame, algo universal). Haré ese viajecillo en cuanto la salud me lo permita.

Hasta la vista, querido amigo, esto no es más que un aplazamiento, nos veremos un poco más tarde.

Suyo, afectuosamente,

ROMAIN ROLLAND

He leído la obra de Hauptmann; es conmovedora.

Me alegra que haya visto a Paul Amann. Usted puede hacerle mucho bien. Es un alma generosa que se viene abajo con facilidad y que desconfía demasiado de sí mismo.

41. ROMAIN ROLLAND A STEFAN ZWEIG

[Tarjeta postal]
Clamecy (Nièvre)
Jueves, 24 de septiembre [de 1913]

Le mando recuerdos afectuosos desde mi pueblecito natal.

ROMAIN ROLLAND

42. ROMAIN ROLLAND A STEFAN ZWEIG

Jueves, 30 de octubre de 1913

Querido amigo:

Le agradezco mucho su gestión para que me enviasen la obra musical de Oskar Fried[1] sobre su hermosa traducción

---

[1] Oskar Fried (1871-1941), compositor y director de orquesta alemán; en 1913 compuso *Die Auswanderer* ('Los emigrantes') a partir de un poe-

de Verhaeren. Me ha interesado muchísimo ya que, como bien sabe, tengo un gusto especial por el género del melodrama (*Sprechtonstimme*), totalmente abandonado y despreciado en Francia. Por lo general, me cuesta poder emitir un juicio sobre el efecto de la declamación alemana y su maridaje con la orquesta, pero la música en sí misma me ha gustado, y me parece que se ha transmitido bien el sentimiento general.

No conozco la dirección del señor Oskar Fried, pero le escribiré a la dirección de su editor para mostrarle mi agradecimiento.

Me hubiese gustado visitarle en Merano, pero en esta época del año es cuando con más urgencia se requiere mi presencia en París. Tras cinco meses de ausencia, como puede imaginar, se me acumula un sinfín de asuntos atrasados y pendientes, y ahora es preciso que me libre de ellos.

Mi salud no es muy buena desde hace meses, o, mejor dicho, se comporta de un modo extraño; padezco una especie de exagerada plenitud de fuerzas; tengo una sensación de renovación física y moral, y necesito algo de tiempo para hallar el equilibrio entre esos nuevos elementos. Este año me he visto asediado por repetidas crisis de insomnio total. Por lo demás, nunca he tenido la cabeza tan lúcida y mi pensamiento nunca había estado tan alegre. Lo único es que la máquina se calienta demasiado y, por prudencia, debo frenar un poco de vez en cuando. Por este motivo, mi nueva obra va con retraso. Pero escribo con entusiasmo, el hilo de la creación no se ha roto en ningún momento.

En esta quincena acabo también un prefacio que me han encargado para uno de los volúmenes de la gran edición de las obras de Stendhal (en Champion): *Les Vies de Haydn, Mozart et Métastase*. El trabajo me depara una gran satisfacción.

----

mario de Verhaeren que había traducido el propio Zweig, *Les Campagnes Hallucinées* ('Los campos alucinados').

Debe de haber recibido en estos días, igual que yo, la copia de la furibunda carta de Rütten & Loening al pobre Grautoff. Admiro la conciencia escrupulosa de los editores alemanes, pero me parece que han sido muy severos con Grautoff. La mayor parte de sus pecados son veniales. Mi traductor inglés, Gilbert Cannan, ¡me ha hecho ver muchos otros! Si pudiese usted interceder entre el feroz editor y los Grautoff, que están desconsolados, creo que haría una buena obra.

Hasta pronto, querido amigo. Mis mejores deseos para la salud y el trabajo. Suyo, con devoto afecto,

ROMAIN ROLLAND

43. ROMAIN ROLLAND A STEFAN ZWEIG

París, sábado, 21 de marzo de 1914

Querido amigo:

¡Cuánto me alegra saber que pronto volverá a París! Con estas breves líneas le deseo una calurosa bienvenida.

Si el lunes está usted libre, me podrá encontrar a las cinco en mi nuevo piso, en el que me acabo de instalar (y en el que todo está patas arriba todavía); está en la rue Boissonade, 3, justo al lado de mi vieja casa.

Suyo, de todo corazón,

ROMAIN ROLLAND

44. STEFAN ZWEIG A ROMAIN ROLLAND

[Tarjeta postal]
Hotel Beaujolais, rue Beaujolais, 15
18 de abril de 1914

Querido maestro y amigo:

¡Qué pena! Se termina mi estancia en París. ¡Me marcho la semana próxima! Le pido que me depare la gran alegría de comer conmigo el miércoles; acabo de escribirle a Rainer Maria Rilke y también a una dama[1] que está de paso en París,

---

[1] Friderike Maria von Winternitz (1882-1971), escritora, periodista y traductora. Divorciada en 1914 de su primer marido, Felix Edler von Winternitz, en 1920 se casaría en segundas nupcias con Stefan Zweig. Al divorciarse de Zweig en 1938, emigró primero a Francia y, al cabo de tres años, a Estados Unidos, donde fundó el Writers Service Center para ayudar a los refugiados. También mantuvo correspondencia con Romain Rolland, a quien admiraba profundamente y de quien tradujo algunos textos.

la cual, además, aprecia muchísimo su obra y es, a su vez, uno de nuestros mayores talentos. ¡Estoy seguro de que pasaremos un rato magnífico todos juntos! Le esperaré en mi casa entre las doce y la una del miércoles para enseñarle mi precioso Balzac; espero que me honre con su presencia.

Su leal y devoto servidor,

STEFAN ZWEIG

45. ROMAIN ROLLAND A STEFAN ZWEIG

Rue Boissonade, 3
Domingo por la mañana, 19 de abril de 1914

Querido amigo:

Lo siento muchísimo, pero ya he aceptado una invitación para comer el miércoles y me resultará imposible ir a su casa ese día. Me pesa todavía más sabiendo que estará allí Rainer Maria Rilke. Espero que nos podamos ver el jueves, si está libre.

Con saludos cordiales,

ROMAIN ROLLAND

46. ROMAIN ROLLAND A STEFAN ZWEIG

[Tarjeta postal]
Rue Boissonade, 3
Lunes, 20 de abril de 1914

Querido amigo:

Cuente conmigo para comer el jueves; mil disculpas por el cambio de día.

Suyo, con afecto,

ROMAIN ROLLAND

Rue Boissonade, 3
Lunes, 18 de mayo de 1914

Querido amigo:

Muchas gracias por enviarme el artículo—demasiado entusiasta—de su amable amigo. Acabo de darle a mi editor el
manuscrito de mi nueva novela: *Colas Brugnon* o *Bonhomme
vit encore* (es un proverbio francés). Como usted colecciona
manuscritos, debo anunciarle que tal vez haya uno que, más
pronto que tarde, acabe en sus manos. Hace unas dos semanas me olvidé en un taxi el manuscrito de una pieza llamada
Le Siège de Mantoue. Lleva mi nombre y dirección, pero se
han cuidado muy bien de no devolvérmelo. Lo más enojoso
es que era el único manuscrito completo, revisado y corregido de esta antigua obra, que significa mucho para mí. Mi intención era publicarla en una buena revista. Si en algún momento llega hasta usted, guárdelo. Lo único que le pido es
que me haga llegar una copia.

Hasta pronto, querido amigo. Me voy de París uno de estos días, ya aliviado por haber entregado mi nueva obra. Voy
a renovarme con los viajes y la soledad. Siga escribiéndome a
esta dirección, me harán llegar sus cartas.

Suyo, afectuosamente,

ROMAIN ROLLAND

48. ROMAIN ROLLAND A STEFAN ZWEIG

Vevey (Suiza), Park-Hotel-Mooser
28 de septiembre de 1914

Soy más fiel que usted a nuestra Europa, querido Stefan
Zweig, y no me despido de ninguno de mis amigos.

ROMAIN ROLLAND[1]

[1] Rolland anota en su diario: «Stefan Zweig me ha enviado un artícu-

49. ROMAIN ROLLAND A STEFAN ZWEIG

[Tarjeta postal]
Hotel Mooser, Vevey
29 de septiembre de 1914

El *Journal de Genève* me transmite su envío, querido Stefan Zweig. Por mi parte, yo me he dirigido a usted estos días con mi artículo, publicado en el suplemento del *Journal de Genève* (22-23 de septiembre), titulado: «Más allá de la contienda».[1] Es mi particular «A los amigos». Pero, al contrario que usted, yo no digo adiós a mis amigos. Harían falta otros cataclismos bien diferentes para cambiar mi alma y mi corazón. *Impavidum ferient ruinæ...*[2]

Suyo,

ROMAIN ROLLAND

50. STEFAN ZWEIG A ROMAIN ROLLAND /*/

Viena VIII. Kochgasse, 8
[Matasellos: 6.10.1914]

Le escribo en alemán, porque las cartas al extranjero están sujetas a una eventual revisión.

¡Cuánto le agradezco, querido y estimado amigo, su saludo en estos tiempos! Nunca había pensado en usted con tanta frecuencia y con tanto afecto como en estos días, nunca sentí como ahora que sólo en la determinación de ser justos, con una sinceridad absoluta, reside la importancia que ambos concedemos a nuestra relación. Y qué extraño: ambos

---

lo suyo, publicado en el *Berliner Tageblatt* (20 de septiembre): "An die Freunde in Fremdland" ['A los amigos en tierra extranjera']. En él, se despide de sus amigos extranjeros para seguir a la patria. Yo le envío mi artículo "Más allá de la contienda" con estas palabras [las referidas en la carta]» (JAG, p. 63).

[1] En MP, pp. 34-45.
[2] Horacio, *Odas*, III, 3 («impávido, las ruinas lo golpearán»).

hemos mencionado casi al unísono el grado en que, en contra de nuestra voluntad, hemos caído en un frenético apasionamiento. Sin embargo, por ninguna parte encuentro en sus líneas —y ojalá usted tampoco en las mías— la palabra *odio*, ni nada que se le parezca. Cuando ayer leí que Charles Péguy había caído en combate, lo *único* que sentí fue tristeza, *únicamente* consternación, en ningún rincón de mi alma su nombre se asoció a esa palabra: ¡enemigo! ¡Qué pena por este hombre tan noble y puro! Y cuántos ha perdido ya el mundo en esos días, hombres en los que tal vez se ocultaba un gran artista —quizá un Beethoven, un Balzac—, ahora para siempre debido a la precocidad de su muerte. ¡Jamás sabrá Europa lo que ha perdido en esas batallas! ¡Las listas de muertos, a fin de cuentas, son sólo nombres!

Es igual de un lado que del otro: como bien dice usted, no pretendemos comparar nuestro dolor. Tampoco quiero, querido y apreciado amigo, dirigirme a usted en público, como hicieron algunos cuando apareció su primera carta —una carta que a mí me pareció, en sus propósitos, tan noble como cabía esperar de usted—, la cual, en mi opinión, sólo se equivocaba en su premisa. Lovaina no *ha sido* destruida, sus monumentos arquitectónicos, sobre todo el ayuntamiento, han sido salvados de las llamas gracias al indecible esfuerzo de los oficiales; todos excepto la biblioteca: tengo información de primera mano, he visto un plano que muestra las secciones del edificio destruidas y las conservadas. No puedo determinar qué parte de culpa corresponde a la prensa francesa, que ya en tiempos de paz no conocía límites en su fomento del odio y su propagación de falsedades, informando de que se había prendido fuego a Lovaina por mera sed de venganza, casi medio en broma: en todo caso, sí sé que, en esa ciudad, salvo el edificio mencionado, no hubo otro que sufriera daños, y también que se salvaron todos los cuadros. Lo sé por un amigo que estuvo presente en el ataque (atroz, por cierto) y me escribió contándome todos los detalles: en cualquier caso, también hubiese creído a nuestros periódicos. No sé si lee usted ahora periódicos alemanes, pero a mí me parecen de una dignidad extraordinaria. En ninguna parte se leen noticias falsas, en ningún momento se nota el intento de mofarse de la nación francesa o de presentar a su ejército como una banda de sádicos. Dígame —¡sinceramente!—, ¿no le duele a usted, Romain Rolland, ver en los periódicos franceses extensos debates sobre si se debe prestar auxilio o no a los heridos alemanes? ¿Estamos de verdad en Europa y en el siglo XX, cuando hasta Clemenceau exige en público que no se les preste auxilio? ¡Se me hiela la sangre en las venas cuando pienso que, por causa del odio, tantos seres desamparados, con heridas supurantes y extremidades desgarradas, habrán de pudrirse sin recibir ayuda! No creo que haya un solo francés que obedezca tales recomendaciones, pero ¡que un tema como ése llegue a discutirse, Romain Rolland, y que se haga públicamente! ¡Menuda deshonra! En mi opinión, allí donde hay guerra estamos obligados a callar—y así lo he escrito—, pero los heridos, los enfermos, los prisioneros, eso ya no es la guerra, eso no es más que miseria, la infinita y trágica miseria humana que el escritor ha de defender. Por los heridos y por los enfermos, es por ellos que espero una palabra suya. ¡Porque en vista de que no podemos ayudar a los otros, a los que están obligados a matar y a dejarse matar, en vista de que no pudimos retrasar ni una sola hora la atrocidad de los actos, deberíamos, al menos, estar del lado de las víctimas y pedir amor para los desamparados! He estado visitando en los hospitales a varios heridos rusos, acompañado por una dama que conoce su idioma. He visto lo dichosos que se muestran esos pobres hombres con tan sólo oír su lengua, he visto cómo el *amor es doblemente necesario* para aquellos que convalecen en un país enemigo. Usted mismo, Romain Rolland, ha estado enfermo, y sabe que, en esas horas, cuando más vigilante está el alma debido a los padecimientos del cuerpo, la bondad y la ternura constituyen un bálsamo infinito, mientras que la hostilidad, aun la de una simple mirada o la de una palabra, intensifica el ardor de las heridas y centuplica el tormento. Por eso exhorto no al hombre que es mi amigo, sino a usted, al escritor, al ser humano: *¡ayude a los que carecen de ayuda! ¡Reclame bondad para los enfermos y ponga fin a esa discusión miserable que deshonra a Francia!* Me sabrá usted también dispuesto a actuar en Alemania en aras de algo que es mera cuestión de humanidad: si usted, como yo, es de la opinión de que en la guerra el que no combate ha de estar callado, hable entonces a las mujeres, ¡pero hable usted, Romain Rolland, hable! Dentro de unos años, cuando recordemos esta guerra, se preguntará usted: ¿Qué hice entonces? Y aunque sólo consiguiera que *un* enfermo en territorio enemigo recibiese un ápice de bondad, podrá decirse: ¡No fui del todo inútil! Walt Whitman partió como soldado a la guerra y allí se hizo enfermero: nada hubo más grande en su vida que aquella transformación, nada más hermoso que sus cartas de aquella época. Que sean otros quienes compongan cantos de guerra. ¡Usted, Romain Rolland, debería hacer un llamamiento a la bondad, a las mujeres, sobre todo; usted debería proteger a los heridos alemanes de miradas malévolas y palabras duras! ¡Recuérdeles que las heridas son más dolorosas cuando uno se ve abandonado en territorio enemigo que cuando está en tierra patria, recuérdeles que un enfermo ya no libra guerra alguna! ¡Ahórreles tormentos a los que sufren, y ahórrele una infamia a su patria! De mí no voy a escribirle nada: ¡estoy como trastornado por los acontecimientos! Todo lo que me he propuesto en términos de trabajo se ha visto interrumpido, los nervios ya no me obedecen. Tengo muchos amigos en el campo de batalla, en un bando y en el otro—me pregunto si Bazalgette, Mercereau o Guilbeaux no correrán también peligro—, ¡¡¡y de personas queridas como Verhaeren no sé una sola palabra!!! Su tarjeta me ha proporcionado una alegría inmensa; había cierta distancia en ella, pero sin animosidad.[1] ¡Y para los alemanes todo lo que está hoy fuera de sus fronteras es enemigo, el mundo entero! ¡Son tiempos terribles, y esos tiempos nos exigen que saquemos a relucir al hombre íntegro que llevamos dentro, para de ese modo no ser indignos de tal nombre!

Que le vaya bien, querido y apreciado amigo, con mi lealtad de siempre,

STEFAN ZWEIG

51. ROMAIN ROLLAND A STEFAN ZWEIG

Ginebra-Champel, Hotel Beau-Séjour
Domingo, 10 de octubre de 1914

Estimado Stefan Zweig:

Su carta me ha dado una enorme alegría. ¡Ojalá pudiésemos vernos! Creo que el mayor servicio que prestarán al mundo los hombres como nosotros, aquellos que quieran trabajar para disipar los letales malentendidos entre las naciones y menguar los horrores de la guerra, será el de reunirse en un país neutral para compartir lealmente los reproches y errores mutuos. Si desde el principio de la guerra nosotros—usted, Gerhart Hauptmann, Dehmel, Verhaeren, Frederik van Eeden, Bazalgette y yo mismo—[2] hubiésemos es-

---

[1] Los días 5 y 6 de octubre de 1914, Stefan Zweig anota en su diario: «El envío de Romain Rolland en días como éstos es todo un acontecimiento. Veo que la carta que le escribí se publicó en ese número, ahora histórico, del *Journal de Genève*, de modo que soy testigo de su sentido de la justicia. Piensa en mí desde la distancia y me envía su segundo ensayo, que me parece maravilloso. Adjunto los dos escritos en estas páginas. En estos tiempos es importante haberse pronunciado y levantar la voz [...] Una cosa que menciona Romain Rolland, y a mí también me ha llamado la atención, es que la gente aún no está cansada de la guerra, y hasta se enfurecen si a alguien se le ocurre ponerse a hablar ya de la paz» (DZ, p. 131).

[2] NF: El único de todos estos escritores que podría haberse unido a Rolland en Ginebra era el neerlandés Frederik van Eeden (1860-1932); el

tado en Ginebra o en Berna, ¡cuántas mentiras hubiésemos
podido evitar y con qué eficacia hubiésemos podido combatir el odio! Tenemos que desempeñar—tanto en medio
como más allá del combate—un gran papel de «moderado-
res». Y poco podremos hacer si cada cual se queda en su país,
pues así jamás lograremos hacernos entender. No podemos
escribírnoslo todo, y si no lo hacemos, seguimos ignorando
de manera lamentable las razones del adversario. Por eso sucede que los *llamamientos*—como el de los intelectuales alemanes a las *naciones civilizadas*—[1] no hayan tenido el efecto
deseado, sino más bien el contrario.

   ¿Qué puedo decirle sobre lo que atañe a los heridos alemanes? Que me parecen abominables esas incitaciones al
odio contra esos pobres seres indefensos. También le digo
que no las he leído, ya que los sucesos criminales que realzan
y subrayan sus periódicos con tanto esmero, en los nuestros
(¿acaso no ve que en esto reside también su parcialidad?)
pasan inadvertidos en la masa de periódicos. ¿Hay alguien
que se haya tomado en serio en nuestro país los artículos de
Clemenceau?[2] Están escritos para un puñado de diletantes

---

resto bien se alistaron, bien defendieron posturas más belicistas, como fue
el caso de Hauptmann.

   [1] Se refiere al «Manifiesto de los 93» en el que 93 intelectuales alemanes
se defendieron de los ataques recibidos por el resto de Europa tras la actuación de Alemania en la Primera Guerra Mundial. En él, haciendo alarde
de nacionalismo y belicismo, se afirma que Alemania llegará «hasta el final de esta lucha como nación civilizada, como pueblo para el que el legado de Goethe, Beethoven y Kant es tan sagrado como su tierra y su hogar».
Romain Rolland escribió furibundos artículos en contra de este manifiesto
y sus autores. Véase, por ejemplo «Los ídolos» (MP, pp. 73-83). Puede encontrarse también traducido el «Manifiesto de los 93» en MP, pp. 127-131.

   [2] Se refiere a Georges Clemenceau (1841-1929), periodista, hombre
de Estado, socialista radical y presidente del Consejo (1906-1909, 1917-
1920). Fundó el periódico *L'Homme Libre*, que fue censurado por el gobierno, y al que luego rebautizó como *L'Homme Enchâiné*, ['el hombre
encadenado']. En su editorial eran habituales las soflamas belicistas y las

de la literatura por un diletante de la política que hace malabarismos con las paradojas del pensamiento y de la acción. (Por lo demás, en este mismo momento, nuestro gobierno de Burdeos le ha puesto una mordaza).

Ese mismo gobierno ha decretado públicamente que si un médico o enfermero francés estaba convencido de no cumplir debidamente con su trabajo ante los heridos alemanes, el gobierno prescindiría de sus servicios, por valiosos que fueran. ¿Han mencionado algo de esto sus periódicos? Sucede muy a menudo que nuestra censura suprime las incitaciones al odio de nuestros diarios, de ahí los espacios en blanco que quedan a mitad de algunas frases.

El gobierno francés cumple con su deber. Y quienes lo cumplen todavía mejor son nuestros humildes y buenos soldados. ¡No son pocos los ejemplos que me han llegado de su fraternidad con los heridos alemanes! Conozco a algunos que no dejan que les venden las heridas antes que al enemigo.[1]

Cuando me habla de la dignidad de sus periódicos (esos que usted lee y que también yo leo), no duda de la cantidad de frases crueles o insultantes que publican los diarios alemanes que usted no lee: siempre hay algún periodista francés que los lee y los reproduce en primera plana. Por darle un ejemplo nimio, nada nos ha indignado tanto como un suelto de un periódico de Múnich que se mofaba con una grosera indecencia de los prisioneros de guerra, como si se tratase de una exhibición de animales en una casa de fieras. (Parece que en Múnich hayan sido expuestos de este modo).

---

críticas a la ineficacia del gobierno, motivo por el cual suspenden su publicación del 29 de septiembre al 7 de octubre en virtud de la ley del 5 de agosto contra las «indiscreciones de la prensa en tiempos de guerra». Curiosamente, en la novela *Clerambault* del propio Rolland, al personaje principal lo enjuician en virtud de esa misma ley por sus artículos pacifistas.

[1] Se recoge este testimonio de manera más detallada en «Inter arma caritas», *Journal de Genève*, 30 de octubre de 1914 (MP, pp. 57-66).

Otra causa de indignación son los testimonios de los refugiados belgas o los procedentes de la región de Lorena. Querido Zweig, me discute usted lo que ha pasado en Lovaina, pero no fueron nuestros diarios, sino la agencia telegráfica de Wolff la que anunció antes que nadie, *urbi et orbi*, que «Lovaina había quedado reducida a un montón de cenizas».

¡Proteste, pues, contra la estulticia mendaz de ese brutal comunicado! No obstante, los parisinos no necesitan ir a sus puertas para ver lo que queda de Senlis y de tantos lugares encantadores que ninguna culpa tienen de haberse defendido.

¿Me podría enviar, si puede, los pasajes de los artículos franceses a los que acusa? Yo, por mi parte, trataré de encontrar artículos alemanes del mismo estilo. Y escribiré en el *Journal de Genève* lo que pienso del papel nefasto de la prensa de ambos países.[1] Haga usted lo propio. Unámonos para que la guerra, al menos, se libre sin odio.

Estoy en Ginebra, trabajando en la Agencia Internacional de Prisioneros de Guerra (bajo la dirección de la Cruz Roja Internacional), que sirve de intermediaria entre los prisioneros alemanes, austríacos, rusos o franceses, y las familias que los buscan. Más de cuatro mil cartas diarias. Todas las angustias del mundo pasan por nuestras manos. Pobres y ricos, grandes señores y campesinos. La igualdad ante el dolor.

Una situación particularmente cruel es la de los prisioneros civiles, ya que no estaba prevista en ningún reglamento anterior y todas las representaciones de la Cruz Roja se niegan a ocuparse del asunto.[2] Usted sabe que, desde que esta-

---

[1] En su artículo «Inter arma caritas» (*ibid.*) se puede leer: «Pues, tanto en un bando como en el otro, circulan a la ligera leyendas odiosas, difundidas por una prensa sin escrúpulos que tiende a hacer creer a la gente que el adversario pisotea las leyes más elementales de la humanidad. Un amigo austríaco me escribió hace no mucho alarmado por las mentiras de no sé qué periódicos para suplicarme que protegiera a los heridos alemanes que había en Francia, abandonados a su suerte» (p. 59).

[2] En «Inter arma caritas» (*ibid.*, pp. 60-66) se explica la situación de

lló la guerra, miles de esas pobres gentes de todos los bandos han sido capturadas, arrancadas súbitamente de sus familias sin darles tiempo siquiera de reunir algo de dinero o una muda para cambiarse. (¿Quién sabe si nuestro Verhaeren se encuentra entre ellos?). De ellos no se sabe nada, ni siquiera dónde han sido internados. Me parece, querido Stefan Zweig, que, en este caso, a falta de actuación oficial, una iniciativa privada de índole caritativa podría hacer mucho. Si hombres y mujeres generosos de Austria, Alemania y Francia quisieran investigar esos campos de internos civiles, confeccionar listas y presentarlas, de un país al otro, por mediación de la Cruz Roja Internacional, eso supondría una gran obra humana. Además, no veo en qué podría contrariar los objetivos de nuestros gobiernos—ya que, en el intercambio de informaciones se regiría siempre por una reciprocidad exacta.

Pero ¿no le parece a usted que nuestros grandes intelectuales de los cuatro países beligerantes encontrarían, en tareas de esa índole, el mejor modo de emplear su tiempo?

Hasta pronto, querido Stefan Zweig. Pienso en usted con afecto.

ROMAIN ROLLAND

Mi dirección en Ginebra es: Hotel Beau-Séjour, Ginebra-Champel.

La dirección de la Agencia Internacional de Prisioneros de Guerra es la del Museo Rath, Ginebra.

Me acaba de llegar el desmentido formal que Clemenceau ha publicado para responder a las ideas criminales que se le atribuían. Escribe que jamás ha aconsejado abandonar a los heridos alemanes, sino que se debería atender *primero*

---

estos prisioneros y el trabajo voluntario de Rolland por ayudarlos. Al no estar regulado por ninguna legislación militar, las agencias internacionales se lavaron las manos al respecto y tuvieron que ser iniciativas surgidas de particulares, como la Agencia Internacional de Prisioneros de Guerra, las que tomaran cartas en el asunto.

ROLLAND A ZWEIG

a los heridos franceses. Es discutible. En todo caso, ya no puede ser acusado de bárbaro. Sus periódicos se han cuidado de no publicar dicho desmentido.

52. ROMAIN ROLLAND A STEFAN ZWEIG

Ginebra-Champel, Hotel Beau-Séjour
Domingo, 10 de octubre de 1914

Querido Stefan Zweig:

Gracias por su carta, que me ha dado una enorme alegría. Le he respondido por carta certificada. Dígame si ha recibido esta respuesta.

Me he instalado en Ginebra, donde trabajo en la Agencia Internacional de Prisioneros de Guerra, bajo la dirección de la Cruz Roja Internacional.

Me gustaría que pudiésemos vernos, en Suiza, y hablar de todo lo que es difícil decirse por escrito.

Suyo, con saludos afectuosos,

ROMAIN ROLLAND

Resulta imposible tener noticias de Verhaeren, que estaba en Bélgica. Sus amigos están inquietos.

Aquí nos ocupamos también de la cuestión de los heridos. Puede estar seguro de que hacemos todo lo posible para que tanto los suyos como los nuestros estén bien atendidos. Deje de creerse las maldades de los periódicos que usted me pide que no crea. Tengo numerosos ejemplos de la afectuosa fraternidad entre los heridos de ambos ejércitos. Por desgracia, su número es tan grande que faltan enfermeros en muchos lugares. Justo la semana pasada hice un llamamiento aquí al sacrificio de las diferentes representaciones de la Cruz Roja y de las organizaciones de ambulancias.

Comité Internacional de la Cruz Roja
Agencia de Prisioneros de Guerra
Ginebra, 13 de octubre de 1914

Querido Stefan Zweig:

Le vuelvo a escribir desde la Agencia en la que trabajo. Es absolutamente necesario que nos ayude con nuestra labor humanitaria. Usted sabe que, tanto de una parte como de la otra, tanto en Alemania como en Francia, hay un número considerable de prisioneros *civiles* de todas las edades: niños, mujeres, ancianos. Miles y miles de infelices que han sido internados no se sabe dónde, en campos de concentración, en el interior de Alemania y de Francia. A la espera de poder hacer intercambios o repatriaciones de estos desdichados, a todos los países les interesa saber, en primer lugar, dónde están, mantener correspondencia con ellos, enviar auxilio. Para complementar las actuaciones oficiales (actualmente desbordadas, y que, además, se limitan sólo a actuar en los casos de prisioneros *militares*), es imprescindible recurrir a la iniciativa particular. ¿Podría usted, por medio de sus conocidos en Austria y Alemania, intentar confeccionar una lista de los prisioneros civiles que están internados en esos dos países? Yo me encargo de hacer las mismas pesquisas en Francia en relación con los prisioneros civiles alemanes.

Sepa, estimado Stefan Zweig, que tiene aquí un afectuoso servidor,

ROMAIN ROLLAND

Le encomiendo en especial el caso de los prisioneros civiles de Amiens, entre 1500 y 1800. Se dice que los han enviado a Aquisgrán, pero no se sabe nada más.

Baden, cerca de Viena, 19 de octubre de 1914[1]

Le agradezco de todo corazón, apreciado y admirado amigo, sus amables palabras. Son pocos los que sufren tan intensamente por culpa de todo lo presente, tan sólo por el infinito rencor que inunda hoy el mundo. Le ruego que confíe en mí de manera incondicional, sepa que haré todo lo que esté en mi mano en aras, al menos, de contribuir a una reconciliación espiritual. El silencio y la indiferencia son un crimen en estos días.

No sé si aún podré escribirle con la misma frecuencia. El mes próximo—aunque hace tiempo que me declararon no apto para el ejército—van a examinarme otra vez para verificar mi aptitud. Sería para mí una suerte ver cumplido mi deseo de ser asignado al servicio de hospitales: curar heridas me resultaría mil veces preferible que causarlas. Siento que allí podría aportar mucho, y muy poco en el frente, pues uno es plenamente valioso donde el esfuerzo se corresponde con la inclinación profunda de su carácter.

Pero mientras esté aún en casa, emplearé todas mis energías en aliviar esta lucha y despojarla de amargura. Y creo que su sugerencia sobre la posibilidad de que se reuniesen en Ginebra los mejores hombres de cada nación, a fin de crear una especie de parlamento moral, es lo más noble y urgente que puede hacerse. Eso sí, tendrían que ser personalidades *decisivas* (yo mismo, por ejemplo, no he creado aún la obra que me dé derecho a hablar por Alemania y por Austria):

---

[1] Dos días antes de escribir esta carta, Zweig anota: «La masacre es horrenda. Cuánta falta harían ahora personas que pusieran término a esto. Lo que Romain Rolland y yo intentamos en este momento en nuestra correspondencia podría servir de ejemplo: algún día tiene que pronunciarse la palabra ¡basta!, ¿por qué no hacerlo cuando aún se está a tiempo de evitar lo peor?» (DZ, p. 133).

Gerhart Hauptmann por Alemania, Bahr por nuestro país, Eeden por Holanda, Ellen Key por Suecia, Gorki por Rusia, Benedetto Croce por Italia, Verhaeren por Bélgica, Carl Spitteler por Suiza, Sienkiewicz por Polonia, Shaw o Wells por Inglaterra. No son más que propuestas, pero creo que podría conseguirse. Y ahora mi pregunta: *¿no querría usted dirigir el llamamiento a los escritores?* Yo estoy dispuesto a representarle en Alemania. ¿O debería publicarlo yo antes en Alemania como si fuera una sugerencia suya? ¡Estoy seguro de que Hauptmann respondería al llamamiento! ¿Y cuánto más habría que hacer? Pienso en una especie de revista que el *comité* publicara allí cada semana, que desmintiera las calumnias, informara al mundo de las crueldades demostradas y publicara cualquier sugerencia sobre cómo actuar con humanismo en la guerra, cómo aliviar las *miserias innecesarias.* ¿No sería posible, por ejemplo, como ocurría en las guerras mucho más bárbaras de antaño, establecer un intercambio de soldados y oficiales bajo palabra de honor? ¿O dejar que los civiles puedan viajar a países neutrales y permanecer allí bajo responsabilidad de esos gobiernos? Lo he visto con mis propios ojos: el sufrimiento de los soldados es poco comparado con el de los familiares que se consumen en la espera infructuosa, con el espanto de los refugiados que han visto destruidas sus casas, sus hogares. Nosotros, aquí, también tenemos expatriados de Galitzia, mujeres que han perdido a sus hijos durante la huida. Miles han ido hacia Prusia Oriental tras la llegada de los rusos, y los relatos de lo ocurrido a su regreso son horribles. ¿Qué somos, Romain Rolland, y qué utilidad tendríamos si no hacemos uso ahora de la palabra y nos servimos del poder que ésta nos otorga? Su propuesta es noble y bella: ahora le toca materializarla. Tal vez no se consiga. Pero ha de mostrarse que en el mundo no todo es nacionalismo, también hay idealismo. Todos nosotros, en efecto, hemos pagado por creer en la madurez de la humanidad. Yo, como usted y como todos, he creído que esta guerra hubiese podido evitarse, y *sólo* por eso no la combatimos lo suficiente cuando aún estábamos a tiempo. Recuerdo a veces a la buena de Bertha von Suttner diciéndome: «Sé que todos me tenéis por una mujer tonta y ridícula. Quiera Dios que tengáis razón».

Sí, Romain Rolland, es hora de actuar contra el rencor. No importa que esos ociosos periodistas de pacotilla se burlen de los soldados que pasan semanas tumbados sobre la tierra mojada, arriesgando su vida a diario, para que luego esos escritorzuelos vengan y los calumnien. Estoy convencido de que todavía hay mucho por hacer, porque en Alemania —¡créame!—aún no hay rencor contra Francia. *Francia ha experimentado un enorme triunfo moral en esta guerra: las simpatías del mundo entero fluyen hacia ella en torrentes y, lo más maravilloso, hasta la propia Alemania muestra cierta inclinación por su enemigo.* Sentimos que hay aquí un enfrentamiento entre iguales, entre un país y otro país; cada uno ha expuesto a sus mejores hombres, su fervor más sagrado. Todo el *odio* de Alemania se dirige contra Inglaterra, que compra pueblos como reses para el matadero, contra la Inglaterra cuyo pueblo se sienta junto a una estufa caliente a fumar su pipa y se entera de la guerra por la prensa, una guerra que hacen sus mercenarios, los hindúes y los sijes. ¡Todo en nombre del derecho y la dignidad humana, por supuesto! Contra Francia se dirigen sólo las armas, no el corazón. Sigue siendo el sueño alemán crear una alianza con Francia, ser su amiga. Sé muy bien que ese amor es unilateral, pero no por ello debe negarse. Y creo que en esos aspectos del espíritu a los que nos referimos es posible antes el entendimiento entre Francia y Alemania. Nosotros—Francia y Alemania—somos, a fin de cuentas, el corazón de Europa. ¡Y algún día esos dos países *tendrán* que entenderse! Por eso, todo lo que envenene esas relaciones—lo mismo allí que aquí—constituye un crimen. Nadie sabe cómo acabará esta guerra, pero sé que después vendrá la paz, y preparar *desde ahora* esa paz es la tarea que debe ocupar a todos los que no combaten.

Usted, Romain Rolland, me encontrará siempre dispuesto a trabajar en aras de la pureza y la decencia en esta contienda. Envíeme, por favor, documentos sobre comportamientos inmorales por parte de los alemanes; yo le enviaré hoy, respondiendo a su deseo, una prueba, la infamia del señor Richepin. ¡Que nos muestre ese *Immortel* «de la Academia» a uno de esos cuatro mil adolescentes a los que les han cortado las manos! Me alegra recordar a Dehmel, que en sus poemas sólo da voz al entusiasmo, nunca al odio, y quien (a diferencia de Maeterlinck y Richepin) da prueba máxima de su honestidad mientras combate como voluntario, en calidad de soldado raso, en las filas del ejército. Tanto aquí como allá tenemos que salir al paso de quienes, siendo demasiado cobardes como para combatir, calumnian al adversario, se limitan a agitar los ánimos, pero sin ayudar, ni a sí mismos ni a su patria. Un soldado siempre respeta a otro soldado, y me creo con gusto lo que dice usted sobre la bondad de unos soldados de la Infantería francesa ante unos prisioneros alemanes: sólo en el pueblo llano encontramos esa noble fraternidad de sentimientos que surge de un exceso de sufrimiento.

La oficina para localizar a civiles no tiene en Austria, por suerte, ninguna referencia. No hay aquí campos de concentración; salvo algunos sospechosos aislados, no hay gente internada. Entre Rusia y nuestro país están ya en marcha o se han cerrado algunas negociaciones sobre el intercambio de ciudadanos, sobre todo mujeres y hombres de cierta edad. En relación con esto, Austria ha actuado con suma corrección, y puedo *asegurarle* que—salvo algunos serbios—ningún extranjero ha sido reclamado (*por la policía*). Yo, en todo caso, sugeriré la creación de un comité que proporcione información de toda índole: *pondré en marcha todo lo que usted me propone, Romain Rolland*. Me siento feliz de estar de algún modo activo en estos tiempos: he intentado algunas cosas aquí en Viena, y con éxito. Pero nuestra gran obra, la verdadera obra en estos momentos es, sin duda, hacer que esta guerra sea menos cruel, por lo menos en un ámbito espiritual, y allanar el camino para una reconciliación que será absolutamente necesaria. Me horrorizan casi tanto más los pequeños rencores *posteriores* a la guerra que los que existían antes de su actual ferocidad, porque aquéllos incluían cierta dosis de belleza, mientras que estos otros son sólo mezquinos sentimientos de odio. Lo escribí ya en mi despedida: «Nunca nuestra amistad, nuestra mutua confianza será más necesaria que una vez acabada la guerra». Por desgracia, en aquel texto me suprimieron una frase importante, ya que yo había escrito: «Ganemos o perdamos, nos enfrentamos a un mismo peligro, el odio o la arrogancia, de modo que tendremos que luchar contra ambos en ambos lados».

Le saludo muy sinceramente, estimado amigo. Jamás le sentí más necesario para mi vida y para todos nosotros como ahora. Que todos mis buenos deseos le lleguen y lleguen a ese gran mundo de Europa que ahora padece, un mundo al que juntos pertenecemos, hermanados, *¡a pesar de todo!* Muy lealmente,

STEFAN ZWEIG

¡Es posible que Bazalgette también esté en el ejército! ¡Cuántas veces y con cuánta estima pienso en él! ¡Si le escribe, dele saludos de mi parte! Mi consuelo, si me obligasen a combatir, es que por lo menos esta lucha no se dirige contra las personas que desde hace una década me resultan queridas y cercanas. Y conozco a muchos que ahora tienen que luchar contra hermanos y familiares. De Verhaeren no sé nada, pero acabo de enviar una carta a Bruselas.

[Matasellos: Viena, 21.10.1914]

Muy estimado y admirado Romain Rolland:

He dado ya los primeros pasos. En Alemania me he dirigido a Walter Rathenau, hombre sumamente eficaz e influyente, y él me responderá pronto si es posible presentar las listas alemanas. En Viena he establecido contacto con la Cruz Roja y, por otro lado, con las instancias oficiales. Un amigo mío que trabaja en la Cruz Roja y tiene muchos contactos se ocupará del asunto. Para ello sería necesaria una carta *de la Cruz Roja en Ginebra que pida oficialmente las listas de los prisioneros civiles y prometa entregar a cambio las suyas.* Esa carta tendría que ser absolutamente oficial y no venir de usted, porque—y en eso le soy totalmente sincero—la sensibilidad nacional ve en su persona a un enemigo desde que pronunciara aquellas palabras sobre los «hijos de Atila».[1] Entenderá que en una época de hipertrofia del sentimiento nacional se tome, de una declaración, sólo una frase, y precisamente esa palabra se ha convertido entre nosotros en una especie de consigna para todos. Yo, sin duda, aprovecharé alguna ocasión que tenga para aclararlo, pues entendí su carta en su recto sentido y en toda su belleza. Pero para las instancias oficiales es usted un «enemigo», y es mejor que el cometido se lleve a cabo sin su nombre, sólo de un modo oficial por parte de la Croix Rouge de Ginebra. Haga llegar esa carta oficial al doctor Paul Zifferer, Viena III., Marokkanergasse, 11, y diga que yo le he dado su contacto y plantee formalmente

---

[1] En la «Carta abierta a Gerhart Hauptmann», Rolland, enfurecido por la destrucción de Lovaina y de sus tesoros históricos, pregunta airadamente: «Pero ¿quiénes sois vosotros? ¿Con qué nombre queréis que os llamemos ahora, Hauptmann, si rechazáis el de bárbaros? ¿Sois los nietos de Goethe o de Atila? ¿Lucháis contra los ejércitos o contra el espíritu humano? ¡Matad a los hombres, pero un respeto por las obras! Son el patrimonio de la humanidad» (MP, p. 23).

el propósito. Yo, obviamente, apoyaré esta iniciativa ante las instancias adecuadas.

La cuestión, únicamente, es si todavía existen los prisioneros civiles. Toda persona que no sea varón en edad militar puede ya salir de Austria y regresar sin restricciones a territorio neutral. Tal vez haya alguna gente internada por sospechosa, pero no lo creo, por lo menos no serán franceses. Aquí en Austria se ha tratado con moderación a los extranjeros; algunas francesas, por ejemplo, continúan impartiendo sus clases de idiomas sin impedimento alguno. Lo que más hay son prisioneros militares, y sólo para ellos, según creo, está vigente el convenio. *En cualquier caso, dentro de unos días tendré información más precisa*, y con mi amigo la acción queda en buenas manos.

El destino de Verhaeren me afecta muy de cerca, por supuesto. He escrito a Bélgica pidiendo información, y en caso de que no reciba noticia alguna de allí, haré algunas pesquisas públicas a través del *Berliner Tageblatt*. Supongo que se ha quedado en Bélgica: no se corresponde con su manera de ser el huir cuando está en juego el destino de su pueblo.

Pienso todavía en su hermosa propuesta de reunir en Ginebra a los mejores hombres de cada una de las naciones, y hoy mismo le he preguntado a Hauptmann, a través de Rathenau, qué piensa de la idea. Ha sido una consulta del todo informal, pero estoy casi seguro de que Hauptmann comprende el sentido y la urgencia de una acción conjunta. Qué magnífico sería contar con una revista que comunique allí al mundo, semana tras semana, la opinión de los mejores hombres de Europa: sería un monumento de humanitarismo válido para todas las épocas, una isla de paz en este mar revuelto del odio. De usted querría ahora, en estos tiempos difíciles, que llevara, como Dostoievski, una especie de diario público que pudiera hacerse llegar, en forma de folleto barato, a un público más amplio. Esta época, como ninguna otra, necesita del sentido de la justicia: todo el que desee servir a ello debe abandonar sus reticencias e intentar garantizar a su palabra la mayor difusión posible. Todos nosotros, los que deseábamos la paz, hemos sido castigados hoy por no haberla exigido tan alto como otros reclamaron la guerra. ¡Eso debería ser una señal para nosotros!

Con cordial afecto y admiración, siempre fiel,

STEFAN ZWEIG

Me hubiera gustado viajar personalmente a Ginebra, muchísimo, pero tengo obligaciones militares, por lo que mi deber es permanecer en el país.

56. STEFAN ZWEIG A ROMAIN ROLLAND /*/

Viena VIII. Kochgasse, 8
23 de octubre de 1914

Admirado, querido Romain Rolland:

Unas palabras antes de comunicarle las decisiones en relación con las dos acciones que he emprendido. Hasta ahora no he podido averiguar nada concreto, me han dicho que los prisioneros civiles ya han sido objeto de intercambio y que sólo han retenido a los militarmente aptos. Conseguir esa lista y tenerla en mis manos es lo que ocupa hoy mis más sinceros esfuerzos.

Pero me gustaría informarle hoy acerca de otra sugerencia encaminada a suprimir una *parte* de los temores y del sufrimiento de algunos familiares. En esta guerra—¡por desgracia!—no es costumbre, como sí lo fue en las anteriores, intercambiar prisioneros, tal vez porque se teme que con el flujo de retorno a los ejércitos de hombres capacitados para el combate la contienda se prolongue hasta el infinito. Pero a mí me gustaría preguntarle ahora si no podría usted ocuparse de presentar a la Cruz Roja la iniciativa de que por lo menos se establezca un intercambio de aquellos soldados y oficiales que han caído prisioneros estando gravemente heridos, teniendo en cuenta que ya no podrán volver a combatir. Hoy mismo en Viena me hablan de un caso semejante: un joven, hijo de una de las familias más ricas de la monarquía, les escribe a sus padres que está prisionero en Siberia y que han tenido que amputarle el brazo derecho. Un oficial al que le falta el brazo derecho es menos apto para la guerra que un niño de siete años, y no veo impedimento alguno para que esas personas no sean entregadas a sus familias mediante un intercambio, o por lo menos a un país neutral, donde sus parientes puedan velar por su cuidado y su completa recuperación. En los casos en los que las personas han perdido *toda* aptitud para el combate, mantenerlas internadas se me antoja una crueldad innecesaria, ¿y no es cierto acaso, Romain Rolland, que ése debería ser el sentido de nuestra humana colaboración: intentar aliviar con nuestra iniciativa los rigores *innecesarios* de la contienda actual? ¿No podría usted informar en Ginebra a la Cruz Roja de esta propuesta, y tal vez animar a que, suponiendo que se llegue a un acuerdo de principios, la Cruz Roja pregunte a cada gobierno, por vías diplomáticas, su disposición a un intercambio de esa índole?

Probablemente mañana recibirá usted, querido y estimado amigo, noticias sobre las posibilidades de una acción conjunta en Ginebra, y pronto quizá también sobre la lista de prisioneros civiles. Tenga la certeza de que no escatimaré esfuerzo alguno, y piense usted amablemente en su devoto y fiel

STEFAN ZWEIG

Le menciono sólo un ejemplo, pero son miles los que están retenidos de manera innecesaria; la angustia y la preocupación por ellos pesan como torres sobre millones de corazones. Destruir esas torres sería un acto que podríamos recordar siempre con orgullo.

Ginebra-Champel, Hotel Beau-Séjour
Martes, 27 de octubre de 1914

Estimado amigo:

Gracias por sus espléndidas cartas. Hoy no puedo responderle como querría, pues, desde hace una semana, una gripe me envenena y me fatiga.

He pedido a la Cruz Roja que envíe la carta oficial al doctor Paul Zifferer.

Sobre el intercambio de prisioneros gravemente heridos, he estado comentando el asunto, pero sin recibir la respuesta esperada. A decir verdad, la tarea actual de la Cruz Roja Internacional resulta tan gigantesca que es imposible que llegue a todo, y cualquier nuevo cometido la asusta. Además, creo que sus intentos, en este tipo de casos, no siempre cuentan con una buena acogida por parte de los gobiernos. Se trata sobre todo de influir sobre la opinión por medio de artículos. Por mi parte, trataré de contribuir a ello.

En cuanto al otro asunto—la reunión en Suiza de intelectuales de todos los países—, tanteé el terreno en Alemania. Yo, por mi parte, estoy a su entera disposición, pero me temo que cada cual llega con sus ideas preconcebidas y sin voluntad de cambiar. No se hace una idea de cuánto ha perjudicado a Alemania el *Manifiesto* de los intelectuales alemanes: «*No es verdad que... No es verdad que...*». Si al menos hubiesen dicho: «*¡No creemos que sea verdad...!*». Pero es imposible discutir con quien ya está convencido de no estar equivocado. Ojalá hubiera un poco de humildad intelectual, por una parte y por la otra. Es la virtud de la que más carente está el mundo. Empiezo a echar de menos al viejo Renan. Las generaciones actuales están enfermas de orgullo. No saben dudar.

Creo que el cataclismo actual es una prueba dura pero necesaria.

La gran dificultad consistirá en llegar también a los intelectuales de los países más lejanos. ¿Cómo haremos venir a Gorki? Aparte de eso, un buen alemán, que me escribe desde Berlín, me ha expresado su deseo de que yo vaya allí a debatir con él. ¡Hasta me ofrece alojamiento! ¡Qué gente más buena! ¡Parece que ignoren la existencia de la guerra!

Volveré a escribirle dentro de unos días, cuando esté mejor de salud. Hasta pronto, Stefan Zweig, deseo y espero que no le envíen al campo de batalla a usted también.

Suyo, afectuosamente,

ROMAIN ROLLAND

¡Cuántas cosas quisiera escribirle... pero no puedo!

Para los intercambios de prisioneros civiles entre Austria y Francia sólo se admiten los casos de mujeres, niños, u hombres de menos de diecisiete años o de más de sesenta. Los demás siguen retenidos.

58. STEFAN ZWEIG A ROMAIN ROLLAND /*/

Viena VIII. Kochgasse, 8
[Matasellos: 29.10.1914]

Querido y admirado amigo:

Acabo de enterarme de que el *Indépendance Belge* se publica ahora en Londres y anuncia entre sus colaboradores a Émile Verhaeren. Por lo tanto, nuestro gran y buen amigo está bien. Yo estaba ya preocupado porque, semanas atrás, algunos periódicos de los Balcanes habían reproducido una noticia tomada de periódicos rusos en la que se decía que Verhaeren había sido fusilado por los alemanes. A mí mismo me mostraron el periódico búlgaro que contenía esa cruel mentira. Estoy muy feliz de saber que está bien, he pedido ya que me averigüen su dirección y se la enviaré en cuanto la tenga.

Dos queridos amigos míos han caído en estos días. La esposa de uno tuvo que ser internada el año pasado en una clínica psiquiátrica al perder a su único hijo en un accidente de tráfico: no soy capaz de imaginar cómo conseguirá soportar esto ahora. ¡Y los desdichados polacos, cuyo país es desde hace tres meses el escenario de los combates entre ejércitos de millones de hombres, teniendo que soportar hasta ahora todas las penurias de la guerra! ¿Podrá la compasión ser de nuevo una fuerza humana y hacerse valer?

El intercambio de prisioneros civiles, por lo que oigo, ya está organizado. Me han prometido informarme con más detalle en los días siguientes. Le escribiré de nuevo entonces: es para mí una enorme satisfacción poder escribirle en estos días. Vuelvo a respirar aires de mundo y de esa esfera pura de la justicia, mientras que, ahí abajo, todo amenaza con ahogarse en un torbellino de rencor y en la bruma de las frases vacías. Suyo, fidelísimo,

STEFAN ZWEIG

59. ROMAIN ROLLAND A STEFAN ZWEIG

Comité Internacional de la Cruz Roja
Agencia de Prisioneros de Guerra
Ginebra, 30 de octubre de 1914

Querido amigo mío:

Le envío adjunto el recorte sobre la suerte que han corrido los prisioneros de guerra en Francia. Es la circular ministerial publicada en *Le Temps*. Verá que el espíritu general es justo y humano, como el que rige el trato a nuestros prisioneros franceses en Alemania.

Añado también, a modo de curiosidad, un recorte de periódico con el que puede hacerse una idea del tono violento de las polémicas que se han levantado contra mi persona en París.[1] El

---

[1] El 25 de octubre de 1914, el diario *La Croix* publica el breve artículo «Un pilier de la civilisation» ('Un pilar de la civilización') en el que se acusa al «suizo» Romain Rolland de regañar suavemente a sus «amigos ale-

caso es que los diarios alemanes me injurian, pero los franceses también me injurian. Es de justicia, pues me he propuesto seguir siendo libre y no odiar a nadie. Eso no se perdona.

Le ruego que se guarde esto para usted y que *no lo comente con nadie de su entorno*. No me parecería digno, hacia mí, *en este momento*. Pero más tarde, cuando la guerra haya acabado... recuerde entonces estos momentos tan difíciles.

Suyo, afectuosamente,

ROMAIN ROLLAND

Verhaeren está en Londres y acaba de publicar unos cantos sobre Reims y su país devastado. Esta misma mañana me ha llegado una carta suya. ¡Ahora, por desgracia, también él conoce el odio! Pero ¿acaso puede ser de otro modo? ¿Ha leído el artículo del general Von Disfurth en *Der Tag*? Léalo.[1]

60. ROMAIN ROLLAND A STEFAN ZWEIG

[Tarjeta postal]
Domingo, 1.º de noviembre [de 1914]

Verhaeren: Matheson Road, 18, Kensington, London. ¿Tiene usted la dirección de Rainer Maria Rilke?

Suyo, muy lealmente,

ROMAIN ROLLAND

---

manes» y lo critica por reprochar a los Aliados que se valgan de tropas extranjeras, de países asiáticos y africanos, para la contienda. Aquí, el breve de *La Croix* hace referencia al artículo «Más allá de la contienda» y su título viene de la pregunta de Rolland en éste a los Aliados: «¿Acaso es tan sólida nuestra civilización que no teméis destruir sus pilares? ¿Acaso no sois capaces de ver que si una sola columna acaba en ruinas, todo el edificio caerá sobre vosotros?» (MP, pp. 36-37).

[1] Tras la polémica que se generó después del bombardeo de la catedral de Reims, el general Von Disfurth declaró en *Der Tag* que tenía más valor hasta el túmulo funerario más modesto que se levantara por los soldados caídos que todas las catedrales y tesoros del mundo.

[Matasellos: 3.11.1914]

Querido, admirado amigo:

¡Tras la gratitud por su magnífica y edificante carta, una petición! El doctor Paul Amann, al que conozco gracias a usted, tiene en su trinchera en Galitzia, donde se enfrenta a las balas rusas, otra preocupación: la que le embarga por el manuscrito de una novela que le confiara Jean-Richard Bloch. Poco antes de que se iniciara la guerra, él se lo envió a Jean-R. B., que por esa fecha se lo había pedido, pero luego el correo se lo devolvió. Ahora a Amann le preocupa que a Jean-R. B. le inquiete este asunto, y me gustaría pedirle que informe a Jean-R. B. de que su manuscrito está a buen recaudo. Me parece un síntoma de humanitarismo verdaderamente tranquilizador que un hombre que está en Galitzia se acuerde todavía de las preocupaciones de un francés. ¡Ojalá que ese sentimiento presente en nuestro círculo, esa verdadera fraternidad del alma tan escasa en estos días, tenga efecto, por fin, en las masas! Después de tres meses de guerra, entre nuestros soldados y los rusos ha surgido ya una suerte de camaradería, los prisioneros son tratados como hermanos, y los periódicos y cartas están repletos de esas pequeñas y conmovedoras historias. También los soldados franceses y alemanes (más que los ingleses y los alemanes u otros cualquiera) han trabado amistad con frecuencia: nada me conmueve más que esos modestos episodios de amor fraterno que de pronto emergen en medio del mar de sangre de las batallas. Creo que, más tarde, se debería reunir en un libro todos esos ejemplos de humanitarismo surgidos de forma espontánea en medio del sufrimiento común, el cual es más fuerte que todas las diferencias de idioma o de palabra.

Con vistas a la acción en Ginebra, he estado preguntando (aunque no a Hauptmann directamente), pero creo que es demasiado tarde o demasiado temprano. Aquí entre nosotros predomina el firme convencimiento de lo inútiles que resultan las discusiones, ya que nada capaz de romper el férreo círculo que la prensa inglesa ha construido alrededor de Alemania, gracias a su monopolio de la telegrafía. Recibimos aquí, llegadas de América, cartas que horrorizan; las envían familiares que han leído acerca de hambrunas o de un ejército austríaco desmembrado, que creen a los rusos ya en Hungría o incluso a las puertas de Viena. En Alemania, por ahora, están decididos a no librar ninguna otra batalla en aras de la verdad de los hechos, salvo a través de los hechos mismos.

Entiendo la amargura de un pueblo al que en la historia universal se le ha negado la evidencia de algunas victorias, como la de Tannenberg, donde se aniquiló a un cuarto de millón de rusos, hasta el último hombre, y que el odio pretenda despojarles de su gloria. Pero, bien mirado, ¿qué es la gloria? En Tannenberg, miles de rusos pasaron días hundidos, aún con vida, en los pantanos, se los oía llorar y gritar sin que nadie pudiera acercárseles, porque de otro modo uno también se habría hundido en el fango. ¡Se consideró entonces un gesto de bondad liberarlos de tales sufrimientos, desde lejos, con un disparo! ¡Triste tiene que haber sido para los oficiales alemanes presenciar aquella calamidad, aunque fuera la de sus enemigos! Amigos míos que estuvieron en Przemyśl me han contado cómo allí, delante de los fuertes, vieron a rusos atrapados en el alambre electrificado, sacudiéndose como moscas en una telaraña. Y las múltiples calamidades de tanta gente anónima, de lo que nadie sabe ni cuenta nada. ¡Quizá no deberíamos usar la palabra gloria en este contexto si luego la usamos para hablar de lo que honra a hombres como Goethe y a Beethoven, porque no es lo mismo…!

Si no me llaman a filas—aunque cabe esperarlo casi con seguridad—iré a verle unos días a Ginebra. A veces me resulta difícil hablar con la gente de aquí: el esfuerzo por conseguir el máximo de justicia lo entienden como desaliento, y el miedo ante las frases hechas, como pusilanimidad. No sospechan que esa manera de autoafirmarse constantemente, aunque los fortalece, también los embriaga, y que sólo actúa de un modo correcto quien mantiene su apasionamiento con mente clara. Sé que con usted, a pesar de las grandes diferencias de nuestras connaturales y doblemente marcadas simpatías, podría hablar de todo. Sé que nadie tiene poder para escapar a la psicosis de las masas, que la sangre en usted y en mí no fluye al mismo ritmo. Pero carezco de esa rigidez de voluntad de quien no desea ser convencido: predomina hoy, en la mayoría de las personas, la peligrosa inclinación de decir sólo aquello que casa con la opinión general y asfixiar toda opinión propia (en parte también porque no se permite decirla). Nosotros, en cambio, que aspiramos a la libertad de nuestro juicio, tenemos—pienso yo—que estar abiertos a toda opinión y no saltar siempre a la primera, en una conversación, cuando una palabra nos incita. Alemania experimenta ahora (demasiado repentinamente como para asimilarlo) la desconfianza universal que ya conozco del judaísmo, esa irritabilidad en cada discusión, y pone el sello de *enemigo* a cualquiera que la reprenda a la mínima ocasión. De modo que ahora tanto usted como Hodler[1] son, para la masa, «enemigos» de Alemania, y pasarán años para que se enmiende ese error. Sobre este asunto, algunos ensayos fueron muy justos, especialmente el que abordaba su toma de posición en la revista *Der Kunstwart*. A mí personalmente me pareció que el tono de Hauptmann, por desgracia, se volvió más rudo en su respuesta, si bien la segunda carta enviada por usted era también de una virulencia que a mí, en estos tiempos—precisamente en ellos—, me pareció poco adecua-

---

[1] Ferdinand Hodler (1853-1918), pintor simbolista suizo, adscrito también a la corriente del *Jugendstil*. En su momento fue muy apreciado en Alemania, pero, a raíz de haber firmado una carta de protesta contra los bombardeos de la artillería alemana sobre la catedral de Reims, fue excluido de casi todas las asociaciones de artistas a las que pertenecía en ese país.

da.[1] Aun así: ¡cómo podría yo hablar con usted, aun cuando hubiera usted dicho algo que me hubiera parecido extremo e incomprensible! Estoy del todo convencido de que la voluntad de entendimiento—la que es sincera, como la que mostramos usted y yo—constituye en sí misma el entendimiento. Ojalá pronto se apodere de Europa.

Le saludo muy sinceramente, recordándole con lealtad, suyo,

STEFAN ZWEIG

Una cosa le pido que me diga: ¿cómo están Bazalgette, Guilbeaux, Romain, André Spire, Mercereau? He perdido ya a algunos amigos, ¡de modo que sé bien lo que significan los otros para mí! Rilke no está entre ellos, pero Dehmel combate como voluntario en el frente, y con él muchos de nuestros mejores hombres. La acción por los prisioneros civiles está en marcha, pronto le informaré sobre esto. ¡Mis mejores deseos para su salud!

62. STEFAN ZWEIG A ROMAIN ROLLAND /*/

Viena VIII. Kochgasse, 8
[Matasellos: 4.11.1914]

Estimado y admirado amigo:

Ayer me extendí escribiéndole, y hoy sólo lo hago para agradecerle cordialmente las noticias de Verhaeren. Estoy feliz de saber que está bien, y le ruego encarecidamente que le escriba haciéndole llegar mis saludos, con mi deseo de que el

---

[1] Anota Zweig en su diario con respecto a la «Carta abierta a Gerhart Hauptmann»: «Yo estoy inquieto desde que invadieron Bélgica, y estoy completamente de acuerdo con Romain Rolland, cuya carta tiene mucha más fuerza y razón que la respuesta de Hauptmann, quien simplemente se ocupa de los argumentos políticos, pero no de los culturales» (DZ, p. 99).

dolor que lo mueve no me haga sentir una merma de su amistad. Su libro sobre el destino de su patria será grande y conmovedor, pero adviértale que no debería emplear la fuerza de su poesía para esculpir en piedra, para toda la eternidad, noticias de las que no tenga certeza. Las mentiras son ya lo suficientemente despreciables y peligrosas mientras zumban como moscas efímeras por los periódicos; ojalá que no use su arte y su nombre para dar amparo a las calumnias. ¡La realidad, los hechos mismos son ya de por sí terribles! Por favor, querido y estimado amigo, sea *usted* quien se lo advierta. *Yo* no debería, en mi caso parecería una toma de partido, el posicionamiento de un país frente a otro, y en mi sentir más profundo no puedo sino darle la razón a su cólera. Tal vez entienda a lo que me refiero: en este momento, aún no podría decírselo. Creo que V. me conoce, y también conoce lo suficiente a nuestros mejores hombres como para saber que hemos sufrido a causa del destino de Bélgica. Lo de Reims fue una calumnia—eso me atrevo a afirmarlo desde la distancia—, pero a mí lo de Bélgica también me causó dolor. Bélgica, ese país al que en Alemania se le profesa un amor infinitamente mayor que en Francia. Nunca se vieron aquí burlas sobre esa tierra, jamás se dejó de lado a sus escritores, y nada me parece más trágico que saber que uno de nuestros mejores actores, Bernhard von Jacobi, el primero en representar el *Felipe II* de Verhaeren en toda Alemania, que declamó sus versos cuando V. estuvo en Múnich (a quien tal vez el propio V. conozca), ha caído enfrentándose a tales «enemigos». Entenderé todo lo que V. diga en contra de Alemania, y sólo desearía, por él mismo, que su ira sea la *justa*, la que yo podría honrar atendiendo al amor que él siente por su patria, pero no poetizaciones de calumnias infundadas extraídas de los periódicos.

Leí sin asombro los ataques que le hacen a usted en Francia tildándolo de «amigo de los alemanes»; por mi parte, sólo puedo decirle que yo también he sido atacado aquí por haberle introducido y haber enfatizado siempre su sentido de la justicia. Es un honor en estos días no compartir del todo la opinión de la masa y oponer a tanta frase huera la palabra verdadera. Nunca he sentido de un modo tan intenso lo que el mundo ha perdido con hombres como Björnson [Bjørnstjerne Bjørnson], Tolstói y Renan, hombres que, a pesar de su imparcialidad, conseguían que en todos los países su voz tuviera la misma resonancia. América, que podría hacer las veces de juez, no tiene a nadie que resulte válido para *todos* nosotros, y todos los demás Estados europeos atienden primero a sus intereses y consideran luego los hechos a partir de ese punto de vista. Nada más que eso, la generalizada cobardía política de las naciones ha bastado para destruir esta vez la «opinión pública», y sólo el futuro será tal vez capaz de reconstruirla.

Reciba mis reiterados saludos, con lealtad y gratitud, suyo,

STEFAN ZWEIG

63. STEFAN ZWEIG A ROMAIN ROLLAND /*/

[Tarjeta postal]
Viena VIII. Kochgasse, 8
6 de noviembre de 1914

Muchas gracias por la dirección de Verhaeren; yo, por desgracia, no puedo escribirle, pues se encuentra en territorio enemigo y mis cartas nunca le llegarían. Rainer Maria Rilke estaba en Múnich, en el Hotel Marienbad, pero será mejor enviarle cualquier correspondencia a Leipzig, a la dirección de la editorial Insel, Kurzestrasse, 7. Estuve tiempo sin saber nada de él, pero he podido imaginar cómo se siente a partir de cómo me siento yo. Con gratitud y lealtad,

STEFAN ZWEIG

64. ROMAIN ROLLAND A STEFAN ZWEIG

Comité Internacional de la Cruz Roja
Agencia de Prisioneros de Guerra
Ginebra, 7 de noviembre de 1914

Querido amigo:

Le transcribo esta admirable carta de uno de mis mejores amigos, además de notable escritor,[1] que actualmente está, como teniente del bando francés, en primera línea de fuego:

Querido amigo:

Créame si le digo que mi corazón, al igual que el suyo, no alberga odio. Siento compasión por el pobre Schulz,[2] siento piedad, como nuestra santa Juana, tanto por los vencedores como por los vencidos. He visto la guerra de cerca, vivo en este infierno que a cualquiera le haría creer en la violencia desatada de un castigo o de alguna plaga sobrenatural. El viejo Rodin tiene razón. (Alude aquí a las cartas que he recibido del artista). Y usted también, amigo mío, que trabaja para aliviar a todos esos desdichados, a los que menos se llora y los más desgraciados de todos. Esta mañana he recogido a algunos heridos alemanes; uno de ellos me ha dado, como muestra de agradecimiento, su pequeño Evangelio con el texto de Lutero. Para mí es una reliquia sagrada, la verdadera lección que extraeré de estos tiempos inhumanos. Los hombres, que prometían no tener compasión y arrasar con todo, han resultado tener una exquisita bondad. Los alemanes los abrazaban. Pero, por eso, más que nunca, hay que destruir ese poder infernal, la máquina más terrorífica que se haya inventado para destruir el mundo, para mecanizar y administrar la guerra. Hay que liberar al viejo Schulz, re-

[1] Louis Gillet (1876-1943), escritor e historiador del arte, miembro de la Académie française. Asistió a los cursos de historia del arte que Rolland impartía en la École Normale Supérieure.

[2] Se trata de uno de los personajes de *Jean-Christophe*, un catedrático de Música de Turingia, que destaca por su espíritu internacionalista, de ciudadano del mundo, que, si bien amaba Alemania, se negaba a cerrarse a una sola patria (en «La Révolte», libro cuarto).

sucitar la antigua poesía, el alma de la ciega melodiosa, el alma alemana...

Ya ve, amigo mío: tienen ustedes adversarios nobles.

Me parece inaceptable que diga que lo de Reims *ist eine Verleumdung* ['es una calumnia'].[1] ¿Cómo puede usted, con su espíritu crítico, aceptar solamente los testimonios de una de las partes, que, naturalmente, está interesada en desmentir lo sucedido? He reunido testimonios de todos los bandos. Ayer mismo estuve hablando largo y tendido con un suizo que viene de Reims; tengo entre mis manos la declaración de una hermana de la caridad alemana que se hallaba en el interior de la catedral durante el bombardeo.

Sabemos mejor que usted, mi pobre Stefan Zweig, lo que ha sucedido en Francia. Estuve dudando durante mucho tiempo. Al final tuve que rendirme a la evidencia de los testimonios: lo sucedido en diversos lugares, en especial en la Lorena francesa al inicio de la guerra, ha sido horrendo. No puedo hablarle de esto aquí. Si estuviera usted en Suiza y conociese los hechos exactos, vertería lágrimas de arrepentimiento por haber aprobado o aceptado sin denuncia alguna—quizá por confiar demasiado en los líderes de opinión en Alemania—estos actos tan terribles que nadie en el mundo excusará jamás. Le aseguro, querido amigo, que los intelectuales alemanes están siendo traicionados por sus gobernantes. No conocen la verdad. Y, más tarde, se les considerará cómplices, aunque ése no sea el caso.

Tenga en cuenta que le escribo desde Suiza, donde nos llegan *todas* las noticias de *todos* los países. Conocemos tanto su verdad como la de los franceses, ingleses, etcétera. Tenemos la posibilidad de comparar y escoger.

Suyo, muy afectuosamente,

ROMAIN ROLLAND

[1] Véase la carta de Zweig del 4 de noviembre de 1914.

Viena VIII. Kochgasse, 8
9 de noviembre de 1914

Mi querido y admirado amigo:

Le escribo en una de las horas más difíciles de mi vida. No ha sido hasta hoy que he cobrado plena conciencia de la espantosa devastación que ha causado la guerra en mi entorno humano e intelectual: como un fugitivo, desnudo y sin recursos, debo salir huyendo de la morada en llamas de mi vida interior sin saber adónde ir. Antes que a nadie me dirijo a usted para lamentarme, para expresarle todo mi horror. He leído un poema de Verhaeren (que le envío, junto con su obtuso comentario) y he sentido como si me despeñara en un abismo.[1] En fin, usted sabe perfectamente lo que significa Verhaeren para mí: un hombre cuya bondad amé por ser tan infinita que en algún momento me creí en la obligación de censurarla por no tener límite alguno. Jamás le oí una palabra de odio, un enojo desmesurado, porque su gran entendimiento lo apaciguaba ante su propia cólera. ¡Y ahora esto!

---

[1] Se refiere al poema «La Belgique sanglante». Con el titular de «Un panfleto de Verhaeren», el diario vienés *Neue Freie Presse* daba a conocer la versión alemana de ese poema el día 10 de noviembre de 1914. Antes había sido publicado en inglés en el londinense *The Observer* y, poco después, en versión original, en un periódico francés publicado en Londres, *L'Écho de France*. Es evidente que Zweig, asiduo colaborador del *Neue Freie Presse*, pudo leer el texto antes de que fuera publicado por el periódico austríaco. El mismo día 9 de noviembre anota en su diario: «Pequeña catástrofe de mi existencia: Verhaeren ha publicado un poema que es lo más necio e infame que pueda uno imaginar. Me siento inerme, también emocionalmente: ¿qué hacer para entenderlo, por mucho que comprenda su ira y su rabia? Pero hacerse eco de mentiras tan deplorables en un poema... No sé si algún día me armaré de valor para hablarle de ello» (DZ, p. 138). Al día siguiente: «Aún bajo el filo de la guillotina de ese poema. *He tenido* que escribir a Romain Rolland, no he podido evitarlo, necesitaba desahogarme con un amigo» (DZ, p. 138).

No me lo esperaba, el mero sentido de la justicia me hacía desear incluso que Verhaeren no fuera un testigo silencioso de la tragedia vivida por su país. ¡Él es la voz de su pueblo, y esa voz *tenía* que brotar en un grito de desesperación y odio! Esperaba de él alguna blasfemia, una negativa. ¡Pero lo que ha escrito es tan terrible para *él* mismo! ¿Cree realmente que unos soldados alemanes van a llenar sus mochilas, para su aprovisionamiento, con las piernas amputadas a unos niños? Si cuentos de comadres de tan mal gusto han conseguido abrirse camino hasta corazones como el suyo, entonces no hay rabia ni odio demasiado grandes para quienes suelen envenenar las fuentes de la verdad. Tengo la lucidez suficiente como para saber que se han producido actos brutales, porque aun en momentos en los que cientos de miles de hombres conviven pacíficamente en una ciudad cualquiera se producen a diario asesinatos, robos o violaciones, no hablemos ya en una guerra en la que participan millones. ¡Contra eso no hay disciplina ni ley que valga! Pero me estremece que él pretenda ver en esto algo sistemático y, sobre todo, un rasgo inherente a nuestro pueblo. ¿Acaso ha olvidado del todo a sus amigos, a Rilke, a Dehmel, a mí y, sobre todo, a la gran mártir de estos días, la reina, ante la cual mi compasión se prosterna una y otra vez? Créame, queridísimo amigo, esas líneas me han marcado como un hierro al rojo vivo, y jamás creí que una mano tan querida podría causarme tanto dolor. Y *no* me ha dolido porque nos injurie, sino por ver a una persona cuya vida tenía por intachable dominada ahora por un espíritu que le es ajeno, por ver cómo su odio es en él más fuerte que la voluntad de justicia. Si lo tuviera ahora delante—como le he tenido cientos de veces—y preguntara a lo más hondo de su corazón si realmente cree en tales hechos o si sólo *quiere* creerlos, sé que tendría que negarlos. Pero no, con sus propias manos eleva esas insípidas mentiras, que habrían acabado entre el estiércol de los chismorreos diarios, y las muestra al mundo entero poniendo su nombre por testigo, les otorga carta de nobleza con su arte, mientras cubre con una pátina de oro la sucia gusanera de infames fantasías y de rencores desmesurados.

Yo, por mi parte, sólo puedo padecer y callar. Si ahora en Alemania—donde se le ha amado más, infinitamente más que en Francia o en cualquier otra parte—se levantara una ola de protestas, a mí sólo me quedaría la opción de bajar la cabeza. No sería de mi agrado *intervenir*, porque quiero demasiado a ese gran hombre y apreciado amigo. ¿Cómo, además, justificar lo que no tiene explicación? Esos versos han destruido en mí una de las cosas más preciadas de mi vida: la certidumbre de tener más de una patria diversa. Creí haber encontrado cobijo para siempre en su corazón, y ahora me veo abocado a sentir que no significaba tanto para él: de lo contrario no debería haberme causado tal dolor.

Me horroriza la perspectiva de estos días, y me horrorizan los años por venir. ¿Cómo será mi vida, que hasta ahora se movió libremente evitando los prejuicios, cómo podré respirar en medio de todo este rencor? Fuera de Alemania reinará el odio por todas partes, durante años y años; dentro de Alemania, una vez más, viviremos el odio contra los demás, y yo mismo temo sucumbir de forma inconsciente a ese veneno. Ahora siento mi vida partida por la mitad, despojada de su máximo regocijo intelectual. ¿Quién—me pregunto—habrá de devolverme ese sentimiento europeo, universalmente humano? ¡Los centenares de miles de muertos elevaran sus voces, despojándonos en exceso de espacio y dicha a nosotros, los vivos! Siento que he disfrutado lo mejor de mi existencia, y ahora no dejo de preguntarme si no sería preferible lanzarme—aunque sin entusiasmo—a la contienda y sucumbir en ella. Al fin y al cabo, mi mundo, el mundo que amaba, ha sido reducido a escombros, se ha pisoteado todo lo que sembramos. ¿Para qué empezar otra vez?

No puedo decirle, querido amigo, lo que significa para mí, en estos días, su noble postura. El hecho de que aún pueda hablar con alguien que no habla mi lengua es una especie de satisfacción que no sabría hacer comprender a nadie. Siendo consciente de todo este horror, reciba usted lo anterior como una hazaña suya, la de haber ayudado al menos *a un* hombre en estos tiempos, y todo gracias al mero gesto de haberle hablado, de haberle escuchado, de no haberle cortado a ese hombre todas las vías de comunicación, y a que el francés que habita en usted guarde todavía el recuerdo del ser humano universal, el elevado sentido de la justicia para con los últimos aspectos que tiene en común con él. Cada uno de nosotros, queriendo ser fieles a nosotros mismos y a nuestro pasado, siente recaer sobre sí exigencias que son más dolorosas de lo que jamás pudimos esperar. Pero que yo pueda ahora seguir llamándole mi amigo a pesar de todo, que usted no me retire su mano, significa para mí más de lo que puedo expresarle, de manera especial hoy, cuando esa otra mano amada me ha causado tanto dolor. Adiós, y reciba la más sincera gratitud de su fiel

STEFAN ZWEIG

66. STEFAN ZWEIG A ROMAIN ROLLAND /*/

Viena VIII. Kochgasse, 8
[Matasellos: 11.11.1914]

Querido y admirado amigo:

Su carta me ha alarmado: creía estar seguro de algunas cosas, como las que incumben a Reims. Lo que yo llamaba «calumnia» se refería a la acusación vertida contra los alemanes de haber bombardeado la catedral «por pura maldad», cosa que todavía hoy no creo. Porque los alemanes ocuparon R. tras su primer avance: ¿acaso dañaron allí alguna piedra, algún arabesco? Más tarde la bombardearon, pero—según afirman—por necesidad de índole militar, porque el edificio estaba siendo usado como parapeto, como muro de defensa de unas baterías.

Si lo que se pregunta es si se bombardeó una obra arquitectónica de esa índole con tal de conseguir una mínima ventaja militar, entonces hay que quitar la razón a los alemanes. ¡Pero tanto menos la tienen los franceses! Ellos erigieron un baluarte en torno a esa joya de su arte, prefirieron que se bombardeara la ciudad, *junto con* la catedral, en lugar de retirarse cinco kilómetros. No creo en la maldad de los alemanes en lo que atañe a la destrucción de obras artísticas: la guerra produce inevitables devastaciones, *pero no conozco a ningún pueblo que se preocupe más por conservar los monumentos artísticos que el alemán.* Francia no tiene ni la mitad de las publicaciones que edita Alemania, el país extranjero, sobre los *propios* tesoros de Francia, el otro país foráneo; el más humilde ciudadano alemán, cualquier miliciano, por así decirlo, ha viajado a Italia, cualquier jovencita ha estudiado Historia del Arte. ¡Por no hablar ya de los comandantes y los generales! Cualquiera conoce la catedral de Reims, y me niego a creer—aun atendiendo a su opinión—que el edificio fuera bombardeado «por maldad», como dice el comunicado francés. Considero que la obligación del comandante alemán era lanzar un aviso antes de empezar a bombardear, en vistas de que estaban allí las baterías, pero quizá no hubo tiempo para hacerlo. Lo que yo llamo calumnia se refiere al *motivo*, y ningún testimonio civil, ninguna monja, sólo el ejército, puede determinar lo peligroso que puede ser para un ataque un puesto de vigilancia instalado en una torre.

Le digo esto, querido amigo, no para forzar su opinión, sino para mostrarle que mi propio criterio sólo se hace manifiesto cuando parte de una convicción íntima, no de afirmaciones de fuera. En el caso de Bélgica, *no* comparto los argumentos probatorios expuestos por el bando alemán; tampoco me convencen los documentos aportados. En eso no puedo ser más alemán, pero usted me entiende y ve quizá que no admito sin reservas, como una ley moral, la máxima de que «la necesidad no conoce leyes». Lo único que niego es que *la*

crueldad y el desprecio de valores culturales sean rasgos de ca-
rácter del pueblo alemán, y es a eso a lo que llamo calumnias
de la más baja especie. Afirmo y juro que, en lo concerniente
a educación y humanitarismo, el soldado alemán medio no
está a la zaga del francés o del inglés, y supera con creces al
austríaco, el belga o el ruso. Y me parece bochornoso querer
presentarlos de buenas a primeras como bestias cuyas crueldades, si se comparan con las de los serbios, los turcos y los
búlgaros en la última guerra, son un juego de niños.

Le envío un excelente reportaje de guerra sobre Lieja publicado en la *Neue Rundschau*. Verá usted cómo ahí se habla
de mujeres asesinadas, incluso de mujeres embarazadas. ¡Claro que también verá usted ahí, con espantosa violencia, la situación de emergencia! El artículo es de un sanitario. Nada
ha irritado más al ejército alemán que el asesinato de médicos
y de personal sanitario por parte de francotiradores. También
fueron el blanco predilecto de los soldados peor entrenados,
ya que ellos permanecían en la retaguardia, en los pueblos.
Eso no lo han vivido todavía los franceses en esta guerra: ver
a sus enfermeros, sus heridos, atacados pérfidamente, entre
tormentos, por civiles y mujeres. ¡El enojo *es* comprensible!
¡Y los franceses se quejan de que les hayan matado a mujeres
y niños, pero nadie dice por qué! ¡Compare las listas de bajas de médicos alemanes con las de bajas francesas y lo comprenderá todo!

Usted me entiende, querido amigo: no pretendo negar las
crueldades, pero ellas mismas explican y reafirman que no
pueden ser atribuidas al pueblo alemán, tampoco a una orden militar, sino únicamente a la contienda y a las circunstancias especialmente peligrosas de una guerra en territorio
enemigo. ¡Ésta siempre es más dura para el país atacado que
para el contrario, ¡pero también más dura para quienes lo
invaden! ¡Mucho más dura! Niego, y volveré a negarlo, que
los soldados alemanes hayan sido o sean más crueles que los
de otra nación civilizada en iguales condiciones. Por eso me

afectó tanto el poema de Verhaeren, porque a él, de repente, el *sadismo* le parece un rasgo esencial de la nación entera (¡debería volver a leer los discursos del Parlamento inglés sobre los actos de crueldad de los belgas en el Congo!); y por ese motivo estamos todos tan consternados con esos versos, porque *generalizan*. Eso es lo que usted no ha hecho, Romain Rolland, lo que no hace nunca un hombre justo o que piense con lucidez: pretender ver algo sistemático en acciones aisladas, condenar a todo un pueblo a partir de lo que hagan algunos individuos. Y, sobre todo, llamar a la crueldad inherente a la guerra, al asesinato, heroísmo cuando se trata del país propio y crimen si se habla del país foráneo; llamar heroínas a las mujeres que escaldan a los soldados y asesinos a esos mismos soldados porque han disparado contra tales heroínas: en ello reside el error del que, con todo el esfuerzo moral del que soy capaz, trato de liberarme en estos días.

Aprovecho para informarle de que se intentará publicar en Suiza una revista neutral bilingüe. El profesor Brockhausen, un conocido economista y amigo de la paz, ha sido enviado como delegado desde Viena para este asunto, y seguramente intentará conseguir su colaboración en Suiza. Yo sólo puedo decirle que es un hombre al que todos consideran justo y eficiente, y que nadie duda de sus magníficas intenciones. No puedo juzgar el tema de la organización; espero que sea él quien se la explique en detalle. A mi parecer, es ya demasiado tarde con vistas a un entendimiento. Hombres como Verhaeren, Maeterlinck, France o Gerhart Hauptmann se han empecinado demasiado en sus convicciones y prefieren la devastación a la paz. Creo que, como siempre, será el pueblo—el glorioso pueblo, que es el que más ama y sufre y, en cambio, el que menos odia—el que impondrá su voluntad en todos los países, dando mejores pruebas que los poetas y los intelectuales, que buscan material y problemas allí donde sólo hay sufrimiento, una infinita desgracia terrena. Creo que esta vez no serán los diplomáticos quienes decidan el destino de los pueblos, sino fuerzas opuestas que surjan del pueblo, que al final abandonará su pasividad y transformará su sufrimiento en un acto de afirmación de su voluntad. Y esos pueblos conseguirán volver a entenderse cuando aún perduren las odiosas rencillas entre sus poetas. Porque *sólo* los que combaten (y en esa situación se halla esta vez el pueblo entero) conocen la verdad y darán testimonio de ella. Sólo los que combaten se vuelven más humanos. Hoy me escribe un amigo desde Serbia y me cuenta que el Día de Todos los Santos se celebró una misa, y que todos los soldados, salvo los que estaban en la primera línea, se confesaron y cantaron. Los serbios, nuestros enemigos más acérrimos, oyeron los cánticos, contemplaron las largas filas de hombres arrodillados, ¡pero no dispararon ni un tiro! Y eso a pesar de que sus sacerdotes aborrecen a los nuestros. Al principio, eso habría sido imposible. Y el destino de Bélgica era oponerse rabiosamente a la primera rabia.

Si le escribe a Verhaeren, dígale que ayer Ernst Stadler,[1] profesor en la Université Libre de Bruselas, cayó en combate. Él lo apreciaba mucho, era un poeta excelente y traductor de Péguy y de Jammes. No sé si habrán encontrado algún pie cortado en su macuto; confío en que Verhaeren no piense así de él también, sino que le conceda al pobre hombre una muerte digna y justa. ¡Había recibido una postal suya enviada desde el frente en la que se refería a una traducción de Verlaine que me había prometido para una edición de la obra completa! ¿No resulta raro que algunos de nosotros, al partir al frente, todavía pensemos en la posibilidad de divulgar en Alemania la cultura del enemigo?

He encontrado ahora más sosiego interior que al principio. Creo que nuestra claridad, si así lo quisiéramos, debería abrirse paso ahora en nosotros, pasada la conmoción inicial.

---

[1] Ernst Stadler murió el 30 de octubre de 1914 cerca de Zanvoorde, Ypres.

Claro que antes tenemos que *quererlo*, y *yo lo quiero*, por peligroso que sea saber lo que es justo y, al mismo tiempo, ser impotente ante los acontecimientos. Pero debo cumplir con mi parte y ayudar donde se pueda: al menos ya he *impedido* algo, y hasta eso es hoy una hazaña.

¡Muchas gracias por acordarse tan generosamente de mí! Me siento tan próximo a usted; más, mucho más en mi fuero interno que a muchos otros que hasta ahora me resultaban más cercanos. Un saludo afectuoso de su fiel

STEFAN ZWEIG

67. ROMAIN ROLLAND A STEFAN ZWEIG

Ginebra-Champel, Hotel Beau-Séjour
Jueves, 12 de noviembre de 1914

Mi pobre y querido Stefan Zweig:

Su dolorosa carta me ha emocionado profundamente. Comprendo su pena. ¡Valor, querido amigo! Le diría que no padeciera (lo cual es del todo imposible, yo padezco mucho también), pero, en vez de eso, suframos virilmente e intentemos que este dolor nos eleve y nos purifique.

Conocía el poema de Verhaeren. No quise decirle nada al respecto; me hubiese gustado poder ocultárselo, pues sabía el pesar que le causaría. Pero, amigo mío, tiene que entender a ese pobre hombre. Ni se imagina usted todo lo que ha padecido. En la carta que me ha escrito, decía: «Estoy lleno de tristeza y de odio. Jamás había sentido esto último; ahora lo conozco. No puedo apartarlo de mí, y, sin embargo, me considero un hombre honesto para quien antaño el odio era un sentimiento lleno de bajeza».

¡Piense usted en la cantidad de dolor que representan estas líneas y que han podido causar en este hombre tan bueno e indulgente la transformación que incluso a él lo horroriza! Querido Zweig, es evidente que los versos de Verhaeren son una deformación pasional de la verdad; pero la verdad misma es horrenda por sí sola y me atrevo a decir que usted no la conoce. Yo no puedo hablarle de ella. Estuve dudando durante mucho mucho tiempo. Pero ahora ya no. No acuso a ningún pueblo. Pero, durante dos o tres semanas, al inicio de la guerra (que ahora se ha calmado), ¡tuvieron lugar hechos atroces en regiones que conozco! Puede que haya sido una especie de locura o exaltación provocada por la visión de tantas atrocidades individuales. (Supongo que son los habitantes de Bélgica quienes desencadenaron ese aterrador movimiento). Usted conoce el efecto contagioso que desatan ciertos actos en naturalezas desequilibradas por la fiebre y el horror de la contienda. Es aún demasiado pronto para pretender explicar o determinar quién ha tenido la responsabilidad primera. Pero los hechos están ahí, en Bélgica, en Lorena. En Francia se evita aún hacerlos públicos para no aterrorizar a la población. Pero yo sí que estoy al tanto; al menos de manera parcial. Amigo mío, se lo repito, no estoy acusando a nadie, sólo acuso a la guerra y me lamento por todos los pobres trastornados que se ha cobrado como víctimas, los que infligen el mal tanto como los que lo padecen. Pero tiene que abandonar usted, por sí mismo, su estado de confianza unilateral. Lo trágico de la situación actual es que, en todos los bandos, en todos los campos de batalla hay bastantes cosas que legitiman los peores reproches mutuos y también el entusiasmo que cada pueblo siente por su causa.

No hay que desanimarse. Son días grandes, plagados de duras pruebas, tiempos heroicos para hombres como nosotros. ¿En qué se convertirá el mundo tras el paso de estos huracanes de odio? ¿Qué quedará de esta Europa nuestra? No sé qué quedará fuera de nosotros, pero sí que, sea lo que sea, seguiremos existiendo *nosotros*. Se trata de salvar, en nosotros, el espíritu europeo—y me quedo corto—, el espíritu universal. Antes de salvar el mundo (e incluso para salvarlo) es preciso salvarse uno mismo. En los tiempos que han precedido a esta catástrofe (inevitable), no han faltado los apóstoles de la fraternidad universal. Pero a éstos sí que les ha faltado aquello que poseían los humildes apóstoles de Galilea, la fe que hace caminar sobre el agua y la ocasión de demostrarla. Pues bien, ahora que las aguas están revueltas, y mientras tantos y tantos falsos apóstoles se han salvado en sus barcas, hay que caminar sobre el mar. Demos ejemplo, Zweig, de hombres que no abdican, que no reniegan de sí mismos. No se influye sobre el mundo con razonamientos, sino con ejemplos. No pretendo convertir a los hombres. Trato de salvar de la tormenta el tesoro divino que custodio. Su salvación es la salvación de los hombres. Pero no necesito mirar tan lejos. Basta con el dolor diario. El de hoy nos pesa.

¿Qué será de mí tras esta guerra? ¿Puede que, durante algunos años, deje de haber sitio para personas como nosotros en Francia y en Alemania? Quién sabe si nos tendremos que marchar a América. Acabo de leer el manifiesto estadounidense, firmado por Charles W. Eliot, antiguo rector de la Universidad de Harvard, publicado por el *New York Times* del 2 de octubre y en el *Journal de Genève* del 12 de noviembre. Desde que estalló la guerra, no he leído nada que exprese mejor mis ideas, algo que me habría gustado expresar con mis propias palabras.

Si algo hay cierto es que lo primero debe ser agrupar, en el mundo, a los individuos fuertes y libres, ajenos a los prejuicios de todas las patrias y todos los bandos. Desde el momento presente, trabajo en ello. No volveré a encerrarme jamás en el círculo de una patria (ni en el de dos, como en *Jean-Christophe*). Esta terrible guerra habrá tenido sobre mí el efecto de romper todos los barrotes de mi jaula.

Querido Zweig, no sé si podré seguir escribiéndole durante mucho tiempo. Mi familia y mis amigos me animan a que vuelva a París para responder a los ataques. Personalmente, siento que debería pasarlos por alto, pero puede que el afecto me obligue a dar a los míos, al menos por un tiempo, esa satisfacción. En todo caso, no está decidido aún. Me siento muy bien aquí, en el lugar que verdaderamente me corresponde, pudiendo conversar con Europa entera y con la posibilidad de llevar a cabo una obra útil para todos.

En todo caso, si me ausento de Ginebra le avisaré.

Créame cuando le digo que, pase lo que pase, soy y seguiré siendo su amigo, tanto e incluso más que en el pasado.

Le estrecho la mano, de todo corazón.

Su devoto,

ROMAIN ROLLAND

En estos momentos, ¿cuál es su situación con respecto al ejército? ¿Ya le han concedido la exención de manera definitiva?

Disculpe que le escriba a vuelapluma. Estoy atareadísimo.

68. STEFAN ZWEIG A ROMAIN ROLLAND /*/

Viena VIII. Kochgasse, 8
21 de noviembre de 1914

Mi querido y admirado amigo:

Le agradezco, no sabe lo mucho que le agradezco su magnífica carta.[1] Si al recibirla hubiera estado todavía lleno de amargura, ésta hubiese desaparecido. Pero milagrosamente hay algo que me ha servido de consuelo en relación con los versos de Verhaeren: el rencor de algunas respuestas en Ale-

---

[1] La carta anterior de Rolland emociona profundamente a Zweig, quien anota en su diario: «Una carta preciosa de Romain Rolland me libera de toda mi tristeza. Me habla de Verhaeren, del elevado precio que ha pagado emocionalmente por su odio y de cómo se debate para seguir siendo un *honnête homme* ['hombre honesto'] [...] Casi se me saltan las lágrimas al leerlo, me he sentido tan ínfimo y mezquino ante su nobleza y su espíritu de sacrificio. En su persona está presente todo lo que me habría gustado transformar en bondad en mi interior, todo lo que en mí absorben las pasiones, y en buena medida su existencia es un estímulo para dar vida a lo que de valioso pueda haber en mí» (DZ, p. 143).

mania. No fue hasta ver el contrataque que cobré conciencia del cariño indestructible que profeso a esa persona magnífica que tantos años llevaba deshabituada al dolor y que tan alto había llegado en las más ricas cotas del sentimiento, ya no sujetas a las fluctuaciones de la sangre. Ahora, en cambio, ha tenido que descender hasta el infierno del odio, él, que desde hace tiempo creía haberse liberado del pecado que éste supone. Sospecho lo que tiene que haberle costado esa demostración de odio. ¡Fue la forma lo que me dolió, la indigna forma de la injuria! De poder hablarle, le diría que se cuide ahora de quienes lo cubren de aplausos: en la literatura, sus enemigos, los que antes se burlaban llamándolo poeta, los que menospreciaron su lenguaje, y, en el extranjero, los ingleses, que nunca conocieron su nombre, muchísimo menos su obra. Esto, usted ya lo sabe, y lo sabe también cada uno de nosotros: ese horror secreto cuando de pronto aparece gente que nos aplaude, gente que, en su fuero interno, no entiende una palabra del lenguaje de nuestra alma: suelo examinarme con recelo en esos casos, sintiendo que en algo habré errado. Tal vez hoy lo elija la Académie de la que él mismo se mofaba hasta ahora en lo más íntimo, tal vez ahora los franceses descubran que el francés de su escritura no era tan malo y que, a fin de cuentas, siempre ha sido un gran poeta europeo. Sólo debe recordar dónde se le odiaba y dónde se le quería hasta ahora, para quién escribía y para quién escribe ahora: a mí me bastaría con eso. Nada temo para él más que el aplauso de los bulevares: ese aplauso hoy ya no vale nada, cualquier embustero se lo embolsa.

Usted, que tiene el don de la simpatía, comprende cuánto dolor puede causar la calumnia salida de una boca como la suya. En Alemania hemos sufrido únicamente con las palabras de tres hombres: primero las suyas, luego las de Maeterlinck y las de Verhaeren (y las de Hodler, por supuesto). Sólo sus palabras nos dolieron, porque conocían Alemania, y a través de los otros sólo hablaba el odio ciego. Y mire que se ha calumniado a Alemania en estos días. Usted, querido y apreciado amigo, me alertó de los riesgos de prestar oídos sólo a una de las partes, y le juro que nada colma más mi alma que ser justo y dar testimonio únicamente de lo que he visto. Y doy fe: en un periódico estadounidense apareció en octubre un artículo que llevaba por título, con letras enormes, VIENNA IN DESPAIR, y como prueba añadían: «*Stefan Zweig writes*», para ofrecer a continuación un texto que es lo más infame que se haya visto en términos de falsificación y mistificación. Doy testimonio de ello, y le pregunto si acaso somos unos idiotas redomados cuando gritamos que nos calumnian. Yo mismo acabo de experimentarlo. Y de algunas infamias—como «las piernas amputadas de niños» encontradas «con frecuencia» en las mochilas alemanas, o los robos del aspirante alemán a la corona—puedo decir con orgullo que jamás se han dicho de nuestros enemigos en Alemania. Y esas mentiras dan la vuelta al mundo a través de los cables del telégrafo, una atmósfera cargada de calumnias rodea al planeta entero. ¿Quién puede seguir el rastro de tales mentiras? Ni siquiera la historia puede ya alcanzarlas.

Y le digo todo esto sólo para explicar por qué hasta yo, que trato de reunir toda la fuerza interior con el fin de continuar pensando de forma clara y justa, me siento también irritable en algunos instantes. La amargura de las masas acaba contaminando también al individuo: en París, seguramente, le resultará imposible eludirla, o por lo menos le resultará más difícil que en Suiza. No obstante, sé que conseguiré salvar todo mi patrimonio espiritual, el más preciado—esa trinidad formada por la alegría entusiasta, el amor a la humanidad y la capacidad de sacrificio—, para llevarlo conmigo incólume a los nuevos tiempos. Yo también permaneceré fiel a Europa, a todas las naciones y a todos los hombres. Ay, cómo me invade la impaciencia con cada día que pasa al ver cómo las cosas se vienen abajo y se convierten en escombros, lleno de ganas de ayudar a reconstruirlas. ¡Y tenemos que empezar pronto, Romain Rolland! En la *primera* hora de la guerra el odio estaba allí, impregnándolo todo: en la *primera* hora de la paz nuestro amor debe estar en su sitio, a fin de trabajar.

Usted, hombre bondadoso, siempre me ha mostrado su afecto. Lo único que no sé es si ese afecto iba dedicado a mí, pues el amor emana de usted torrencialmente y fluye hacia todas las personas. Le digo esto porque me gustaría poner a prueba su confianza en mí haciéndole una propuesta que, por sus ideas, tendría que agradarle. Lo único que no sé es si soy para usted lo suficientemente digno de confianza.

Creo que, una vez alcanzada la paz, sin importar a quién corresponda la victoria, nosotros—pienso en usted y en mí—tendríamos que empezar a editar *de inmediato* una revista que dure dos o tres años y que se publique en dos idiomas con el título de *Versöhnung / Réconciliation*. Lo que me quede de mi patrimonio lo sacrificaré con gusto en aras de esa idea, también toda mi capacidad de trabajo. Todo vestigio de odio entre los pueblos ha de aplacarse a partir del ejemplo de sus mejores hombres. Por lo general, no creo en la necesidad imperiosa de las revistas, y tampoco desearía que ésta subsistiera un día más de lo que fuera necesario. ¡Ni un solo día! Pero sé que sería imprescindible en los primeros meses, tanto allá como aquí. Yo podría contar con la colaboración de los mejores espíritus de Alemania, sé que me ayudarían, y a usted le está asegurado el apoyo de todos los hombres justos de Francia y del mundo entero.

Tengo la sensación de que todos los hombres de sensibilidad de nuestra época han tenido que callarse muchas cosas. Y tal vez después no haya una tribuna para la palabra más urgente. Las bases de esa obra sólo pueden crearse hoy, sólo hoy, cuando la lucha aún no está decidida. Me sentiría feliz de poder sacrificar mi tiempo, mis capacidades y mi patrimonio a una labor tan sagrada: pero ese templo de la reconciliación tendría que construirse de tal modo que su cúpula pueda verse en todo el mundo. Concibo una revista en dos idiomas que incluya artículos de escritores invitados en inglés, italiano y holandés; imagino a Suiza como el país idóneo para publicarla, en medio de las naciones y en el corazón mismo de la libertad. Siento una y otra vez que sólo el entusiasmo y el sacrificio propio pueden acercar lo que el odio desaforado ha logrado separar: la idea europea ha de enarbolarse ahora o nunca. Mucho de lo que quiere decirse no encuentra lugar apropiado, y sólo con el diálogo podremos hacer visible todo el dolor sagrado de quienes sufren a causa de tal división. Ya no temo a los ataques, sé que mi obra más segura no es la propia, sino la capacidad para decir no, la pasión por la bondad y la reconciliación. Ni siquiera en estos días, mientras el mundo es pasto de las llamas, puedo odiar de forma absoluta a nadie, y en mi fuero interno siento que alguna vez me será dada la fuerza para ayudar a aplacar el odio de los demás. Comprendo perfectamente lo que me dice acerca de las exigencias de la entrega y del ejemplo, y estoy felizmente dispuesto a posponer durante años todos los planes propios en aras de esta obra (del mismo modo que ya en una ocasión dediqué dos años a dar pasos concretos a fin de ganar para Verhaeren las simpatías del mundo alemán; y las *gané*). Estoy ahora en esa edad de la resolución, en la que, en el ámbito moral, *puede* uno hacer lo que quiere, y me siento del todo a la altura para llevar adelante la tarea que le he expuesto. Su ayuda para el sagrado y serio propósito de esta empresa sería, por supuesto, imprescindible, porque esa ayuda representa un ilustre aval en lo que a Francia respecta. En lo que atañe al trabajo concreto, lo asumo yo de buen grado—su obra es más importante que la mía—, pero, eso sí, no podría prescindir de su ayuda.

El momento es éste, y existe también la voluntad. La acción me llama, puedo sentirlo. Tal vez otros, una vez terminada la guerra, regresen con egoísmo a sus labores habituales. Yo, por mi parte, siento que será entonces cuando empiece la *labor* por el bien común. No habrá sosiego por mucho tiempo, porque me temo que el odio siempre sobrevive a la guerra, y por tanto no será menor cuando ella acabe, sino sólo más encarnizado. Nuestra guerra será combatirlo, y para ello siento un coraje tan intenso como el de quienes ahora se arrojan delante de los cañones y avanzan a pesar de padecer cientos de privaciones.

Le deseo fuerza para resistir en París en estos tiempos: espero al menos que la necesidad imperiosa de mostrarse hostil ante ideas de baja ralea y palabras envenenadas no le llene de asco. Le agradezco cada uno de sus actos con un afecto más fuerte que el odio que puedan abrigar todos los demás. ¡Y tal vez eso para usted sea poco!

Con toda mi lealtad,

STEFAN ZWEIG

69. ROMAIN ROLLAND A STEFAN ZWEIG[1]

22 de noviembre de 1914

Querido amigo:

¿Cuál ha sido su propósito al enviarme este número de la *Neue Rundschau*? ¿Demostrarme que los chovinistas de Francia, los Barrès, los Bourget, tienen razón al ir en mi contra? Que no le quepa la menor duda de que el artículo[2] de Thomas Mann le hace (y le hará) daño a Alemania. No dude del desastroso efecto de semejante lectura para alguien que no sea alemán. Sería capaz (si no reaccionara, si no conociera almas como la suya) de romper los últimos vínculos que me unen

[1] No se ha encontrado la carta original, sin duda, confiscada por la censura, ya que Stefan Zweig nunca tuvo conocimiento de ella. Reproducimos aquí el extracto que transcribió el escritor en su diario (*Journal de Romain Rolland, La Guerre*, carnet II «otoño de 1914 », 5 de octubre al 24 de noviembre de 1914, Biblioteca de Basilea). Hay un extracto más corto en la edición de este diario (JAG, pp. 135-136).

[2] «Gedanken im Kriege» ('Pensamientos en la guerra'), *Die neue Rundschau*, noviembre de 1914.

al pensamiento alemán. Ni el peor enemigo de Alemania hubiese escrito algo más terrible contra ella que esa distinción de la *Kultur* alemana y la civilización, tal proclamación de la identidad ideal de la Alemania intelectual y el militarismo o la cita insolente de la poesía alemana: «*Das Gesetz ist der Freund des Schwachen*».[1] Por el honor de Alemania, ¿no se alzará ni una sola voz contra semejantes pensamientos?

Es una vergüenza lo que T. Mann dice de Francia. Nunca le perdonaré la odiosa ligereza con la que habla de la devastación causada por Alemania. Nunca le perdonaré la ultrajante ironía con la que este intelectual, tan cómodo tras su escritorio, se mofa del pueblo francés en combate, que se sacrifica con un estoicismo y una dicha heroicas. La victoria de ese pueblo será la respuesta a tales insultos. Pero, cuando me cruce con Thomas Mann dentro de veinte años, me negaré a darle la mano. Páginas como ésas deshonran a un hombre, en mayor medida, si cabe, cuanto más talento tiene.

En cuanto a los relatos acerca de los combates en la zona de Lieja, hay, sobre todo al principio, apuntes interesantes que recuerdan a Tolstói. ¿Pero cómo puede usted aceptar un testimonio prestado bajo coacción? Proviene de una de las partes interesadas, es anónimo, su carácter es del todo ten-

[1] 'La ley es amiga del débil', Schiller, *La novia de Messina*, I, 8. Véase la encendida reacción de Rolland a este artículo de Thomas Mann en «Los ídolos»: «¡Tamaño síntoma de la demencia en la que el orgullo y la lucha han sumido a la inteligencia alemana, y de la anarquía moral del Imperio, cuya organización es sólo imponente a ojos de aquellos que únicamente se dignan a mirar la fachada!» (MP, p. 77). Además, en este artículo refiere las palabras que le envía Miguel de Unamuno a propósito de la «Kultur», en una carta del 9 de octubre de ese mismo año: «La *Kultur* con una K mayúscula, rectilínea y con cuatro puntas, como un caballo de Frisia, la *Kultur*, que, según los catedráticos prusianos, necesita el apoyo de los cañones, no es más que tecnicismo, estadística, cuantitativismo, antiespiritualidad, pedantería de energía y de brutalidad deseadas—en el fondo, una negación del espíritu y de la esperanza eterna del alma humana que quiere ser inmortal» (MP, p. 126).

dencioso y, aquella anécdota, como esa otra del herido francés, apesta a mentira. En Francia todos sabemos lo que hay que pensar de esa invención pérfida y descabellada: ¿un supuesto oficial francés instructor del ejército belga en Lieja? ¡Que nos lo traigan, en carne y hueso! Espero que sepa hablar francés mejor que aquel *Sanität-Soldat* ['sanitario'] suyo que ya se inventaron en su momento. Dónde se ha visto un francés que se exprese así: «*Oh grand malheur... Oh grand malheur...*» ['Oh, desgracia... Oh, desgracia...'] y un oficial francés pidiendo «perdón» ante un revólver y, con una «*liebenswürdiges Lächeln*» ['adorable sonrisa'], repitiendo «*braves Prussiens... braves Prussiens*» ['valientes prusianos... valientes prusianos'].

Amigo, ¡todas esas mentiras alemanas son torpes y dan fe de su ignorancia sobre el alma de otros pueblos! No ven ni los vicios ni las verdaderas virtudes. En Alemania caen siempre en el mismo tópico del oficial francés amable, afeminado, sensible, etcétera. Ésa es una especie fósil, desaparecida desde 1870, si es que existió alguna vez. La Alemania de hoy aprenderá a conocer otra especie. Cada Estado miente en esta guerra, pero las patrañas alemanas son tan torpes que indignan al mundo entero. Estoy seguro de que las peores acusaciones vertidas por sus adversarios la han dañado menos que sus burdas apologías. Quédese tranquilo: los malvados versos de Verhaeren causan menos mal que las apologías de Ostwald y de Thomas Mann.

Le respondo de inmediato a las alegaciones alemanas sobre el asunto de la catedral de Reims, usada, según ellos, con fines militares. Ante eso, le planteo el cuádruple desmentido oficial del gobierno francés, del alto mando militar, del arzobispo y del alcalde de Reims, así como la declaración de la hermana de la caridad, alemana, que da fe de la continuidad del bombardeo. «Incluso en el caso de que se hubiese apostado una vigía en lo alto de la torre, el mando alemán debería haber actuado como en 1870 con la catedral de Estras-

burgo; o contentarse con lanzar un obús a modo de advertencia. Pero hacer que, durante veinticuatro horas, caiga sobre una catedral una lluvia de obuses incendiarios indica la
voluntad decretada de destruir el edificio [...] Mi pobre amigo, usted alega, para defender a Alemania, sus publicaciones
de arte, sus cursos de Estética y demás. ¡Como si yo estuviese acusando a Alemania! ¡Como si no supiéramos que en todas las naciones (y sobre todo en la suya, donde las clases están más separadas que en la nuestra) hay especies diversas de
personas: la respetuosa, por naturaleza, de la moral, del arte,
de la ley, de todas las leyes; y la otra, ¡la especie de presa que
piensa que está por encima de las leyes! Y, además, no se olvide de que la guerra es desvarío, una intoxicación del espíritu, temible tanto en los seres dotados de una vitalidad material más fuerte como en los más dóciles, más débiles de voluntad. Es innegable que las tropas alemanas (sobre todo las
bávaras) han cometido atrocidades en la Lorena francesa,
que se ha asesinado a niños hasta en la zona del Marne, a las
puertas de París. (Hoy mismo, una investigación sobre el terreno del director del *Journal de Genève* lo ha reconocido).
Tengo testimonios directos de amigos que no son fanáticos;
es terrible que ignore todo eso. Pues, ante la opinión del
mundo, algún día serán ustedes responsables. Lo que más me
ha hecho sufrir desde el principio de la guerra no han sido
los diversos actos violentos de los ejércitos alemanes, sino
que ni un solo alemán honesto (y mira que los hay en Alemania) haya dicho públicamente: «Está mal no cumplir con la
palabra dada y la neutralidad de un pueblo que ha sido reco-
nocida» (sean cuales sean los motivos alegados). Que ni un
solo artista alemán haya escrito: «Estamos en duelo por la
destrucción de la catedral de Reims, pesa sobre todos nosotros». ¿Cree usted que no protestaría yo si los ejércitos franceses destruyeran San Sebaldo de Núremberg o la catedral
de Espira o la de Worms? ¿Cree que no seríamos muchos los
franceses que alzaríamos la voz, fuesen cuales fuesen las ex-

cusas estratégicas a las que recurriesen? Pero, en vez de eso, alzan la voz para responder torpemente como Thomas Mann o como otros intelectuales que reivindican rabiosamente el derecho a destruir y que aprueban los bombarderos. ¿De qué modo podemos todavía defender a Alemania todos los que aún la amamos frente a los que la odian? Son los propios alemanes quienes echan por tierra nuestros esfuerzos. He visto a un suizo francés, que detestaba Alemania, leer con júbilo el artículo de T. Mann: «¡Mire—me dijo triunfal—, ¿aún tiene dudas? ¡Está bien para usted! ¡Mírelos cómo se retratan ellos mismos, tal y como yo se los había descrito!». Que no le quepa duda, amigo mío, de que el famoso manifiesto de Ostwald ha alejado a más espíritus de Alemania que una ciudad quemada.[1]

Hasta pronto. Dejo ya mi labor de Casandra, pues nadie me escucha. He escrito a Verhaeren para hacerle los mismos reproches que dirijo a los escritores alemanes, pero estoy convencido de que en él, por lo menos, el odio no durará mucho.

ROMAIN ROLLAND

70. ROMAIN ROLLAND A STEFAN ZWEIG

Ginebra-Champel, Hotel Beau-Séjour
Martes, 24 de noviembre de 1914

Querido amigo:

Disculpe el acceso de indignación que me llevó a escribirle la carta de ayer. Creo que me hizo ir demasiado lejos. Créame, nada ha cambiado en el fondo de mi alma por lo que al

---

[1] Friedrich Wilhelm Ostwald (1853-1932), químico y filósofo alemán, premio Nobel de química en 1909. En su diario, Rolland recoge algunas de sus palabras, que muestran la visión pangermanista de Ostwald: «Alemania, gracias a sus facultades de organización, ha alcanzado una etapa de civilización superior que los demás pueblos» (JAG, p. 150).

deseo—a nuestro deseo común de *Versöhnung* ['reconciliación']—se refiere. Pero me indignó ver que todos mis esfuerzos por defender ante mis compatriotas la causa de la mejor Alemania hayan acabado arruinados, de golpe, por aquel
enajenado artículo de Thomas Mann.

¿Sabe, amigo mío?, lo que realmente serviría para disipar la atmósfera de hostilidad general, fuera de sus fronteras, es que algunas personalidades alemanas—una o dos, al
menos—no se empecinaran en negar o en defender hechos
tan evidentes. En las acusaciones contra Alemania hay un
buen puñado de mentiras, pero nos resultaría más fácil hacer justicia si ustedes no callan ante los reproches que, por
desgracia, están más que justificados (o, peor aún, si no se
otorgan un título honorífico, como han hecho ciertos intelectuales que han perdido el juicio). He escrito a Verhaeren, trataré de que borre o cambie algunos de sus versos. (A
decir verdad, no son fruto de sus días más inspirados; los
lamento, en todos los sentidos. Al mismo tiempo, me parece reseñable el odioso artículo de Thomas Mann: mis sentimientos personales jamás me impedirán ser justo con el
talento).

Seré de los suyos más tarde para su «Reconciliación». Pero
el movimiento de mi alma, fatídicamente (ahora soy consciente de ello), me llevará más allá del acercamiento de las
dos patrias, pues me llevará *más allá de las patrias mismas,
de toda patria.*

Suyo, con afecto; y no se enfade conmigo por la carta de
ayer. Temo afligir a las personas que estimo, aunque no puedo reprimir los impulsos de mi corazón cuando una injusticia lo hiere.

ROMAIN ROLLAND

71. ROMAIN ROLLAND A STEFAN ZWEIG

Ginebra, 27 de noviembre de 1914

Querido amigo:

¿Podría enviarme otro ejemplar de *Schaubühne*? Le pido que, cada vez que lea algún artículo con ese espíritu grande y humano, me lo comunique, se lo ruego. Trataré de darlos a conocer y será la única manera de combatir la deplorable impresión provocada por los escritos exaltados que *se han difundido por sí solos* en el extranjero.

Suyo, afectuosamente,

R. ROLLAND

Tengo el número de octubre de *Das Forum* donde Herzog dice también cosas magníficas.[1]

72. STEFAN ZWEIG A ROMAIN ROLLAND /*/

Viena VIII. Kochgasse, 8
[Matasellos: 30.11.1914]

Querido y admirado amigo:

Siento cierto embarazo al escribirle: su carta del 24 de noviembre anuncia otra anterior, muy airada, que jamás llegó a mis manos.[2] Ya puede imaginar dónde se ha quedado, cosa que lamento de todo corazón, pues estoy tan seguro de su bondad y su gran sentido de la justicia, que aprecio su apa-

---

[1] Wilhem Herzog, amigo y traductor de Rolland, dirigía la revista *Das Forum*. Rolland, en su diario (JAG, pp. 154-56), recoge tanto las aportaciones de Herzog como de otros autores alemanes que rechazaron el espíritu chauvinista imperante.

[2] Unos días más tarde, el 5 de diciembre de 1914, Zweig apuntaría en su diario: «Recibo una carta de Romain Rolland donde se disculpa por haberme escrito otra anterior, muy airada, que jamás llegué a recibir. ¡Evidentemente confiscada!» (DZ, p. 145).

sionamiento tanto como su moderación: sé que los dos bro-
tan de la misma fuente. A mí tampoco me gusta el artículo de
Thomas Mann por esa extraña equiparación entre guerra y
cultura. De algún modo, él es de esas personas que nunca han
cobrado conciencia de lo grande y hermosa que es la democracia, de la voluntad del pueblo, y que por mor de ciertos so-
fismas intelectuales no hacen caso de lo más sagrado y valioso
que tiene el pueblo, su derecho a expresar esa voluntad. Pero
Thomas Mann—eso no se le puede negar—es un hombre
esencialmente honesto, porque es valiente y aguerrido, y se
siente un representante de todas las fuerzas beligerantes. Me
gusta menos como creador que como luchador: hay demasiada dureza en él y carece de toda bondad. Y a mí ahora, en
lo personal, no hay nada en este mundo que me parezca más
valioso que una bondad que supere la pasividad y la indulgencia que le es inherente y se vuelve exaltada, tanto como el
odio y la ira de otros. Verhaeren tiene esa bondad, y también
usted. Y yo sólo aprecio ese lado *activo* de los sentimientos.

Usted, querido amigo, siente que hoy en día el sentido de
la justicia no debe limitarse a callar, sino que también obliga
a luchar. Y yo siento que usted, en su fuero interno—y entre
líneas—me pregunta por qué no me levanto y digo abiertamente todo lo que me preocupa. Créame, querido y admirado amigo, se lo ruego, *créame*: es imposible. Y no por mí, porque no tengo miedo, sino por razones meramente prácticas,
ya que no existe ahora mismo el lugar donde yo pueda hacer
uso de la palabra. Mi artículo «A los amigos en tierra extranjera» (que tantas enemistades me ha creado) fue modificado
ligeramente por el periódico. En mi caso, no encontraría el
púlpito en el que hablar. En privado he hecho lo que he podido, reprender a alguno que ha ido demasiado lejos, a amigos
como Lissauer, cuyo poema «Canto de odio a Inglaterra» se
hizo tan popular,[1] y al que he alertado sobre el daño que tal

---

[1] Ernst Lissauer (1882-1937), dramaturgo, poeta y periodista alemán

popularidad puede causar a los verdaderos intereses del pueblo. No es nuestra obligación ahondar la brecha, sino tender puentes intelectuales: la carta de Bab a Verhaeren fue uno de esos intentos de posponer *discusiones para las que tanto a unos como a otros nos faltan pruebas de lo que realmente ha sucedido*, hasta que reinen de nuevo el tiempo y la claridad.

Por otra parte, obviamente, me he retirado de toda discusión pública debido a mi situación. Aunque hasta ahora nunca había hecho el servicio militar, me han llamado a filas, llevo uniforme y estoy sujeto, para cualquier manifestación pública, a la aprobación de mis superiores. No me han destinado al campo de batalla, sino a una importante oficina militar aquí en Viena, y me alegra sinceramente poder llevar a cabo una actividad concreta que reclamará de todas mis fuerzas intelectuales. Puede que consiga usted comprender el alivio que siento de poder estar vinculado *activamente* a los acontecimientos: la mera condición de observador debilita e indigna, en lugar de estimular. Usted debe de saberlo, pues presta sus servicios en la Cruz Roja de Ginebra: sería terrible emplear el tiempo, en estos días, sólo para uno.

De la confianza que, a pesar de todos los ataques, goza usted aquí entre los mejores hombres recibirá en los próximos días un nuevo testimonio. Arthur Schnitzler, el escritor más grande que tenemos en términos humanos, se ha enterado, con indignación, de que unos periódicos rusos han publicado una entrevista con él en la que supuestamente desbarra contra Tolstói, France y Maeterlinck. Su intención es ahora hacer una declaración pública, diciendo que ni siquiera la

---

de origen judío. Como muchos integrantes de las comunidades de judíos alemanes asimilados, Lissauer se presentó voluntariamente a filas al inicio de la Primera Guerra Mundial, pero fue declarado no apto. Su decisión de «servir a la causa» por otros medios se reflejó en poemas de encendido cariz patriótico, como «Canto de odio a Inglaterra» (1914), en el que las palabras *odio* y *odiar* se repiten diecinueve veces.

guerra le hará sacrificar su admiración por los grandes escritores, y le hará llegar a usted, a través de mí, el ruego de publicarla en el *Journal de Genève*. Él comparte absolutamente nuestra opinión de que son precisamente las instancias intelectuales las que están obligadas a conservar la máxima imparcialidad, y que jamás debe destruirse el supremo vínculo de unión entre las cumbres de lo que llamamos cultura europea. Ya le he contado que en América también me han presentado falsamente como testigo de afirmaciones ajenas a la verdad, y quién sabe cuántas declaraciones existen de France y de Maeterlinck que conocemos en su versión falseada. Por desgracia, los versos de Verhaeren eran auténticos.

La semana pasada perdí a otras dos personas. Usted, querido y estimado Rolland, está ya en esos años en que los amigos, en su mayoría, ya no están entre nosotros: yo tengo a varios compañeros de infancia y de juventud que han caído bajo las armas. Y es curioso: cuando oigo hablar de sus muertes, vuelvo a verlos de niños, sentados en el pupitre, siempre con un aspecto infantil, juguetones, nunca los veo como hombres adultos. Desconozco los motivos de esta íntima visión: tal vez se deba a que con ella me veo obligado a sentir con mayor fuerza lo indeseado, el desastre que implica su muerte. Quizá como entre ellos no se encuentra ninguno de mis más *allegados*—un hermano, un padre o un hijo—, sienta el sufrimiento de un modo menos egoísta, más como tormento humano general que como desgracia propia. En el caso de los amigos, me atormenta sobre todo una cosa: no haberles dado muestras suficientes de mi cariño. Lo peor ha sido perder a un compañero de juventud con el que me enemisté en los tiempos de la universidad: sentí cómo se me desgarraba el corazón por no haberle estrechado la mano antes de que partiera, por el hecho de que muriera alguien a quien yo, con una sola palabra enviada al campo de batalla, podría haber deparado una enorme alegría. He aprendido la lección: a partir de este momento, no escatimaré en bondad e indulgencia con nadie, y habré de ahogar en mí todo cuanto haya de orgullo y obstinación. ¡Cuánta bondad y cuánta abnegación necesitaremos todos después de esta guerra! Desde hoy hago acopio de toda mi fuerza interior, preparándola con vistas a ese objetivo. ¡Y yo sé que entonces contaré con su ayuda, Romain Rolland! Suyo, fidelísimo y sumamente agradecido,

STEFAN ZWEIG

73. STEFAN ZWEIG A ROMAIN ROLLAND /*/

[Matasellos: 5.12.1914]

Querido y apreciado amigo:

Le envío con esta carta el escrito de Arthur Schnitzler, que, a mi parecer, es representativo de ese elevado punto de vista que añoramos ver en todos los escritores de nuestro tiempo. ¿Sería demasiado rogarle que lo traduzca al francés y lo publique en el *Journal de Genève*? Cualquier otro traductor que no sea usted podría cambiar, si no el sentido, sí el tono, que a mí me parece incomparablemente hermoso y justo. Arthur Schnitzler aprovecha para enviarle sus saludos respetuosos (su dirección, si deseara responderle, es: Viena XVIII. Sternwartestrasse, 71). Me alegra que tenga usted en sus manos una nueva prueba del esfuerzo que hacen nuestros mejores hombres por seguir siendo justos. Que no le empañen el ánimo las manifestaciones aisladas de odio: son precisamente las naturalezas extremas las que, en estos tiempos, pierden con mayor facilidad el equilibrio interior. ¡Y se requiere de una enorme estabilidad moral para mantenerse en pie en estas tormentas!

Pronto le escribiré: acabo de volver del servicio y me apresuro a escuchar la *Missa solemnis*. La música es, a decir verdad, el único consuelo que queda en estos días, la música que mana de los instrumentos y la de esa humana armonía interior que pone ahora en consonancia la palabra y los hechos.

Recuerde usted con bondad, querido y estimado amigo,
a su fiel

STEFAN ZWEIG

P.D.: ¡El original de Schnitzler podría aparecer también en
algún periódico suizo de lengua alemana! ¡Le ruego que me
envíe, en ese caso, un ejemplar!

74. STEFAN ZWEIG A ROMAIN ROLLAND /*/

[Tarjeta postal]
Viena VIII. Kochgasse, 8
[Matasellos: 8.12.1914]

Querido amigo:

Su carta parece haberme sido escamoteada de manera
irreversible, lo cual me hace sentir muy desdichado. Escríbame siempre por correo certificado, que yo haré lo mismo. Espero que haya recibido la corrección de Schnitzler:
le envío hoy en galeradas, como impreso, el ensayo de Julius
Bab sobre *Jean-Christophe*, cuya publicación ha sido aplaza-
da muy en contra de la voluntad de Bab, que deseaba ofrecerle a usted, precisamente ahora, una prueba de su cariño
y su admiración.

Muy afectuosamente, suyo,

STEFAN ZWEIG

Hay aquí mucha indignación en torno a la condena de los
médicos alemanes. ¡Una condena a la Dreyfus, me parece!
¡Hasta ahora sólo he leído algunos extractos y no las actas
del proceso! ¡Pero me parece un acto de violencia en toda
regla!

Ginebra-Champel, Hotel Beau-Séjour
Miércoles, 9 de diciembre de 1914

Querido amigo:

Para estar seguro de que le llega mi respuesta, se la adjunto a ésta (carta n.º 2).

He recibido el artículo de Schnitzler. Lo traduciré con gusto y le pediré a Seippel que lo publique en el *Journal de Genève*. Envíeme un segundo ejemplar para un diario de la Suiza alemana.

Jean-Richard Bloch, quien, entre dos batallas, publicará su nueva novela en la *Nouvelle Revue Française*, desearía tener el manuscrito que le prestó a Amann. ¿Podría volvérselo a pedir a la señora Amann y hacer que me lo envíen?

Verhaeren, en respuesta a mi petición, suprime el «a menudo» que le puso a usted los pelos de punta y lo reemplaza por «a veces». Suyo, con afecto,

ROMAIN ROLLAND

¿Sabe, amigo mío, que por sus últimas cartas ya se percibe que lleva el uniforme?

¿Qué quiere decir exactamente *«auf einen Umweg»*, 'por casualidad'?[1]

Comité Internacional de la Cruz Roja
Agencia de Prisioneros de Guerra
Ginebra, 9 de diciembre de 1914

Querido amigo:

He recibido el noble escrito de Arthur Schnitzler. Lo traduciré con mucho gusto y le pediré a Seippel que lo publique

---

[1] Véase la respuesta en la postdata de la carta 78.

en el *Journal de Genève*.[1] (Envíeme un segundo ejemplar para un diario de la Suiza alemana). Lo único que temo es que se objete que nadie, ni aquí ni en Francia, ha tenido conocimiento de estas mentiras; nadie por aquí ha formulado, ni ha pensado formular semejantes acusaciones contra Arthur Schnitzler, ni contra alguno de los principales escritores alemanes.

A decir verdad, los reproches que les dirigimos son de otro talante y ciertamente graves. No estamos en paz con una apología de Tolstói o de Shakespeare, del mismo modo que ustedes tampoco estarían en paz con nosotros con una apología de Goethe o de J. S. Bach.

Comprendo perfectamente las razones *personales* de su silencio, querido amigo, pero deploro su silencio *universal*. Todo lo que puedo decir es que, si se prolonga, será una catástrofe moral, sea cual sea el resultado material de los acontecimientos. A este respecto, estoy de acuerdo con las mentes imparciales de los países neutrales, como Georg Brandes.[2] Esperamos… Seguimos esperando…

El hecho de que no haya recibido mi antepenúltima carta [véase la carta 69] es muy característico de lo que sucede en su país con todas las protestas escritas. En Francia, la censura retiene las cartas cinco días, pero al final llegan, todas cerradas, sin excepción.

En una carta que seguramente no ha recibido le decía que

[1] Se publicaría con traducción de Rolland el 21 de diciembre de 1914 en el *Journal de Genève* con el título «Une protestation d'Arthur Schnitzler». El texto termina con este hermoso párrafo: «Más tarde, cuando regrese la paz, recordaremos con dolor que hubo un tiempo en que tuvimos que gritarnos, por encima de las fronteras, la promesa de que, aun amando nuestra patria, no habíamos perdido el sentido de la justicia, el juicio, la admiración o, por decirlo de manera más simple, que nunca perdimos del todo la razón».

[2] Georg Brandes (1842-1927): filósofo, crítico literario, ensayista y periodista danés. Durante la guerra se mostró contrario a los excesos nacionalistas e imperialistas.

Jean-Richard Bloch ha resultado herido, pero no de demasiada gravedad, y que, mientras espera para volver a la batalla, publicará en la *Nouvelle Revue Française* su última novela. ¿Se acuerda de que Amann tiene un manuscrito? ¿Le podría pedir a su mujer que me lo haga llegar por envío certificado? Yo se lo reenviaré a Bloch, quien me encarga también que le transmita a usted, así como a Amann, un saludo cordial.

Verhaeren me ha respondido con una amable carta en la que, aun manteniendo el relato de las escenas que ha presenciado o que sus amigos han visto personalmente, suprime, a petición mía, el celebérrimo «a menudo», o lo remplaza por un «a veces».

Suyo, afectuosamente,

ROMAIN ROLLAND

77. ROMAIN ROLLAND A STEFAN ZWEIG

Ginebra, 10 de diciembre de 1914

Querido amigo:

¿Conoce usted *Das Kulturideal und der Krieg*, de Adolf Lasson[1] (Deutsche Bücherei, vol. 57)?

Léalo, se lo ruego.

Cordialmente suyo,

ROMAIN ROLLAND

---

[1] Adolf Lasson (1832-1917): ferviente belicista alemán y profesor de Filosofía. Rolland lo critica duramente, y recoge las palabras de otros alemanes indignados con Lasson, como Wilhelm Herzog, quien lo llama «viejo momificado y dos veces centenario» (MP, p. 107). El propio Rolland se refiere a su obra *Das Kultur Ideal und der Krieg* ('El ideal de la cultura y la guerra') como «cínico catecismo de la Fuerza» (MP, p. 192).

Viena VIII. Kochgasse, 8
12 de diciembre [de 1914]

Mi querido y admirado amigo:

Le agradezco de corazón las dos cartas, que me han llegado bien (¡tanto más lamento ahora la pérdida de las otras!). Mañana veo a Amann, que ha regresado con una herida bastante grave y está en el hospital. También quiero pedirle el manuscrito de la novela, aunque me pregunto si es aconsejable fiárselo a correos en estos tiempos, sobre todo ahora en Navidad, cuando el servicio de paquetes para los soldados sale para el frente. ¡Los pobres! Se merecen esas dotes de amor que tanto el más rico como el más pobre envían al invernal e ignoto mundo de Polonia. Así que la literatura bien puede esperar un día.

¡Y ahora una cosa, querido amigo! ¡Le ruego y le exijo su confianza! No crea que, con lo que le escribo en mis cartas, puede usted conocer todo lo que siento, cada uno de mis puntos de vista—los decisivos, los liberadores—. Eso es sólo una parte, lo que me está *permitido* decirle. Acerca de Bélgica no puedo escribirle lo que quisiera, pero usted, amigo mío, tendría que *inferir* lo que omitía. Estoy dispuesto a cualquier sacrificio menos a uno: ¡a un sacrificio absurdo o inútil! Recuerde nuestra conversación donde Grautoff: mis sentimientos no han cambiado desde entonces, más bien se han profundizado y confirmado, pero entonces no existía ningún impedimento externo (del que usted ha visto una prueba que le ruego no comentar, tampoco con otras personas). Ninguna vestimenta, ningún domicilio puede destruir lo que constituye en mí el fundamento y la raíz de mi sentido de la vida. Todo mi pensamiento va dirigido contra una libertad del juicio;[1] no he vivido en países tan diversos por

---

[1] Desde el punto de vista de la traducción, ésta es una de las frases de Zweig más complejas en toda la correspondencia, pero, a la vez, es una de las

un negligente instinto de peregrinación, sino por la necesidad de aclararme a mí mismo, para cobrar conciencia de mi amor y proporcionar un fundamento a mis cavilaciones. Nosotros—lo sé—nos entenderemos del todo en la primera conversación, y usted verá que ni siquiera los padecimientos de índole personal—la pérdida de amigos queridos, la ira y la irritación—han conseguido alterar en mí ese sentimiento de invariable fraternidad. Su desconfianza tiene algo de ofensivo para mí: si sospechara usted la soledad en que se halla mi modo de sentir, el dolor que me embarga, un dolor que es ahora precisamente más intenso que nunca, sabría que no necesita convencerme. Pero mi *actividad* sólo puede llevarse a cabo de manera invisible, y tal vez por ahora sólo consiga crear a su alrededor una pequeña atmósfera, ya que la tormenta de estos tiempos extingue toda calidez, arrasa con todas las palabras. A pesar del filo del metal, el arado aún no ha conseguido penetrar en la tierra lo suficiente como para poder esparcir la semilla. Pero la tierra ya es gleba y pronto estaremos en condiciones de sembrar. Lo más importante, sin embargo, es que nosotros—aunque en los detalles tengamos opiniones distintas—no perdamos ni por un instante la confianza mutua, aun cuando las apariencias hablen en nuestra contra. Son horas de una excesiva intensidad, la época levanta olas a gran altura, y tal vez en algún momento una de esas marejadas de excitación inunde nuestro corazón:

---

más elocuentes sobre su pensamiento, en esta época temprana de su evolución intelectual. El texto original dice así: «*All mein Sinn ist gegen eine Freiheit des Urteils gerichtet*». Por el contexto, no parece caber duda de que es precisamente eso, lo que hemos traducido, lo que el autor vienés quiere decir. Resulta elocuente que aquí la libertad se emplee en sentido negativo. Más bien parece querer decir que está en contra de los juicios «deliberados», gratuitos, apresurados, injustos, esencialistas, pero en un entorno de mentalidad todavía monárquica, en guerra, en una sociedad en la que prima todavía la mentalidad antidemocrática, mucho más en las condiciones de censura de una guerra, la libertad se vuelve un arma arrojadiza.

pero como éste, en sus convicciones, tiene un arraigo tan firme como el de una roca, la marea no podrá moverlo de su sitio. Y el mío está firme, no lo dude: si usted, *después* de esta guerra, depositase sobre él la carga más pesada, él sabrá llevarla con regocijo. Se lo prometo ahora, en el momento presente. Gracias a su bondad y amistad, se ha ganado usted el derecho de exigir de mí, más tarde, la prueba más dura. Yo no la rehuiré, al contrario, la espero con los brazos abiertos. Sin embargo, ahora mismo ni la voluntad más ardorosa podría conseguir nada, salvo inmolarse inútilmente, desperdiciar de manera apenas perceptible una energía que será luego muy preciada y fructífera. De Georg Brandes en Dinamarca y de Frederik van Eeden espero palabras y hechos. No sé si sus voces llegarán hasta mí, pero su llamamiento al mundo no quedará desatendido. He escrito sólo un poema en estos meses, fue anteayer por la noche, cuando supe de la muerte de un querido amigo. ¡Es una invocación a Lev Tolstói allá en su tumba! Ahora que nos falta, percibo toda su grandeza, la urgencia de tenerlo: nunca había entendido tan bien su obsequiosa bondad y su amor por el Salvador. Tengo intención de enviárselo, pero aún no es seguro que se publique. También nos falta Björnson, y todos esos puestos están vacíos, puestos que hoy necesitarían las lenguas de los ángeles. América es pobre en grandes hombres y Europa no tiene a nadie que no esté implicado. Ningún bando puede ser justo, ni siquiera con la más ferviente voluntad.

¡Usted tampoco lo es, mi querido y admirado Romain Rolland! Me cuesta escribir esto, pero percibo con suma claridad, tras las palabras—en cierto modo en lo no dicho—, una exigencia. Y usted no presta oídos a lo no dicho en las mías, sólo oye lo que se dice. Usted exige algo cuya imposibilidad práctica yo podría explicarle de inmediato si estuviéramos juntos en Suiza.[1] Pero no puedo viajar a Suiza, no puedo aho-

---

[1] Un día antes, Zweig anota en su diario: «Dos cartas de Rolland con

ra—a pesar de lo mucho que lo anhelo—sentarme frente a usted a charlar amigablemente, me veo obligado a posponerlo, como tantas otras cosas. Le hice la propuesta de aquella revista en la que podríamos explicar al mundo, de forma clara y sin censuras, con argumentos y réplicas a esos argumentos, nuestras mutuas reivindicaciones. No recibí su respuesta entonces, eso ya lo sabe. Pero no dude ahora de una voluntad enfrentada a obstáculos que usted no conoce. ¡Tenga fe y confíe, aun cuando no vea pruebas! ¡Nada me parecería más ajeno a su humana imagen que la desconfianza! Usted, quien como poeta tendría que sentir de un modo más hondo que todos nosotros, sabe lo mucho que padecemos en el ámbito moral nosotros, los que estamos hermanados con el mundo. Y no lo digo sólo por mí, sino por todos los que son blanco de su desconfianza, todos a quienes usted observa y cuyas palabras no le llegan.

Grautoff me escribió ayer diciéndome que, aun en plena guerra, sigue adelante la preparación de su novela traducida al alemán—una señal, sin duda, de la justa postura de Alemania, país al que le costaría hallar una actitud similar en el extranjero (la impresión en inglés de mi libro sobre Verhaeren, en la editorial Constable, se terminó en junio, pero dudo mucho que se haya publicado o que se publique nunca)—. A Grautoff sólo le he insinuado que no me ha sentado bien que publicase una carta privada suya: yo jamás lo haría, salvo que usted me hiciera llegar expresamente una palabra al respecto. Sabe cuánto me satisfaría poder, de algún modo, retorcerles el pescuezo a rencores y mentiras, del mis-

---

un evidente tono incisivo. Me insta a que "rompamos el silencio" porque es nuestro deber. Pero ¿qué debemos decir? ¿Qué podemos decir? ¡Nada! De ningún modo: aunque quisiéramos, cualquier cosa que dijéramos sería tergiversada y mutilada, ¿de qué serviría? […] Rolland es sensible no por debilidad, sino por fortaleza, y se obliga a dominarse. Por eso no puedo tomarle nada a mal» (DZ, p. 147).

mo modo que ayudó usted en el caso de Schnitzler. Hasta ahí llega el poder de un individuo: pero sobre la situación general ya nadie tiene poder ni responsabilidad alguna. La rueda sigue girando y ya nadie puede detenerla, sólo el tiempo y su propia inercia. Espero que no se enfade conmigo porque exprese de forma tan clara cómo me siento, no ha confiado usted lo suficiente en mí y en todos nosotros, y espero que comprenda el sentido profundo de mi excusa. Su amistad significa mucho para mí en estos días, y es por ello que debe ser una amistad a sabiendas. Muy cordialmente, su fiel

s. z.

p. d.: «*Auf Umwegen*» significa en francés '*par un détour*' ['por un desvío'].[1]

79. STEFAN ZWEIG A ROMAIN ROLLAND /*/

[Tarjeta postal]
Viena VIII. Kochgasse, 8
14 de diciembre de 1914

Querido y admirado amigo:

Quiero leer el opúsculo de Lasson: sé, en efecto, lo que debo esperar de él. Los señores profesores creen todos que deberían representar el papel de Fichte,[2] pero sólo tienen el *pathos* de aquellos discursos, no su humanidad.

Al doctor Amann lo visité ayer, y le va muy bien, le darán el alta dentro de dos meses. Pensamos en usted con afecto y lealtad. Creo que aún no ha visto usted hospitales en Suiza, el país neutral: pero es necesario, porque luego, a menu-

---

[1] Referencia a la pregunta de la carta 75.

[2] Alusión a *Reden an die deutsche Nation* ('Discursos a la nación alemana', 1808), célebre llamamiento de espíritu nacionalista formulado por el filósofo alemán Johann Gottlieb Fichte durante la ocupación napoleónica.

do, todas las disputas intelectuales nos parecen nimiedades cuando se las compara con la cruda realidad del sufrimiento terrenal. ¡Qué somos nosotros, los sanos, ante estos mártires! ¡Cuán indulgentes hemos de ser! Suyo,

ST. Z.

80. ROMAIN ROLLAND A STEFAN ZWEIG

Comité International de la Cruz Roja
Ginebra, 16 de diciembre de 1914

Querido amigo:

Ni acuso su sentir ni sospecho de él. De sus acciones es usted el único capacitado para juzgarlas. Sólo le digo que si, sea por la razón que sea, las mejores personas esperan, para hablar, a que la paz vuelva, será ya entonces demasiado tarde y podrá ponerse de luto por la revista que estaba planeando: *Versöhnung*. Toda reconciliación se habrá vuelto imposible, pues sea quien sea el vencedor, la paz habrá sido injusta. Habrá sido injusta si, desde ahora hasta que llegue, los justos guardan silencio.

No sospecha usted ni por asomo cuál es el estado de nuestras poblaciones francesas en las regiones del Este y del Norte, porque tampoco sabe lo que han sufrido—en contra de toda ley vigente no sólo en tiempos de paz, sino también de guerra—durante las tres primeras semanas de agosto. Y no sabe, además, que la metódica destrucción de gloriosos monumentos como Reims e Ypres (¡y allí aún no han terminado!) deja en el corazón de las naciones una herida que seguirá sangrando incluso siglos después (como en su caso, Heidelberg).[1]

Que los mejores entre los alemanes hayan permitido y sigan permitiendo todo esto, en silencio, se explica, sin duda

---

[1] Heidelberg fue destruida en 1693 por tropas francesas en la guerra de los Nueve Años.

alguna, por imperiosas razones de orden material. Pero entonces es preciso decirlo bien claro: no queda esperanza en un futuro de equidad entre ambas naciones. Pues, ¿de qué me servirá a mi «tener fe y confiar» en usted, como usted me pide, «aun cuando no vea pruebas»?

Usted, para mi pueblo, es como si no existiera. Mi pueblo sólo ve de Alemania los peores actos de violencia, en hechos y en escritos. Y, como dice Hamlet: «Todo lo demás es… silencio».

Le escribe usted un poema a Tolstói. ¿Cree que Tolstói ha estado en algún momento a favor de dejar que la rueda gire hasta que «el tiempo y su propia inercia» acaben por detenerla? Jamás dio muestras de ese parecer, como puede verse en sus constantes intervenciones en los asuntos sociales, incluso en los trágicos momentos de la revolución rusa, cuando se hallaba aislado.

Pero, se lo repito, amigo mío, no le estoy haciendo reproches—ni de manera abierta, ni encubierta—ni a usted ni a nadie. Soy sincero con usted, *yo digo todo lo que pienso y todos mis pensamientos hacia usted son afectuosos y fraternales.* No, no me compadezco de nadie. Pero *nos compadezco*, me compadezco de Europa y *sobre todo de Alemania*, pues sé, *sin atisbo de duda*, que acabará sufriendo enormemente ese silencio ante la opinión pública del futuro.

Estimado Stefan Zweig, suyo, de todo corazón,

ROMAIN ROLLAND

¿Por qué piensa que la edición inglesa de su *Verhaeren* no se publicará a causa de la guerra? Si ya se ha publicado.[1] ¡Encontrará el anuncio en la primera plana del suplemento literario del *Times* del 4 de diciembre!

---

[1] Stefan Zweig, *Émile Verhaeren*, trad. Jethro Bithell, Londres, Constable, 1914. Existe traducción de Roberto Bravo de la Varga en: Stefan Zweig, *Biografías*, 2 vols., Barcelona, Acantilado, 2021.

Por lo demás, poco más tiene de admirable la libertad de expresión inglesa. Se ha publicado su obra porque Verhaeren es una figura popular en Inglaterra. Del mismo modo que se publicará el siguiente volumen de *Jean-Christophe* en alemán porque es una sátira de París. ¿Podría facilitarme la dirección de Grautoff y decirme dónde ha publicado (un poco a la ligera) una carta mía?

He recibido el hermoso ensayo de Julius Bab.[1] Me ha conmovido muchísimo.

81. ROMAIN ROLLAND A STEFAN ZWEIG

[Tarjeta postal]
Ginebra, 22 de diciembre de 1914

Se ha publicado la protesta de Schnitzler en el *Journal de Genève* de ayer (lunes 21 de diciembre).[2] Se la he mandado a usted y a Schnitzler.

No sé si lo habrán recibido.

Afectuosamente,

R. ROLLAND

---

[1] Julius Bab (1880-1955), dramaturgo y crítico teatral alemán. Aquí se refiere a *Fortinbras, oder der Kampf des 19. Jahrhundert mit dem Geiste der Romantik. Sechs Reden* ('Fortinbrás o la lucha del siglo XIX con el espíritu del Romanticismo. Seis discursos'), Berlín, G. Bondi, 1914.

[2] Un breve artículo no firmado y publicado en la prensa austríaca el 22 de diciembre de 1914 con el título de «Kunst und Krieg» ('Arte y guerra')—el cual, seguramente, vio la luz a instancias del propio Zweig—confirmaba la publicación de la protesta de Schnitzler en un país neutral como Suiza. Entre otras cosas, en esa declaración traducida por Rolland al francés el autor austríaco decía: «Más tarde, cuando vuelva la paz, recordaremos con dolor que fue una época en la que debimos gritarnos, por encima de las fronteras, que, aunque amamos nuestra patria, jamás hemos perdido el sentido de la justicia, el juicio, el reconocimiento mutuo, en definitiva, que jamás hemos perdido por completo la razón». Véase el *Wiener Allgemeine Zeitung*, 22 de diciembre de 1914, p. 3.

Viena VIII. Kochgasse, 8
[Matasellos: 23.12.1914]

Mi querido y admirado amigo:

Recién he leído en periódicos alemanes que la declaración de Schnitzler ha sido publicada junto a unas muy bellas palabras suyas,[1] y se lo agradezco. Tal vez nosotros—usted y yo—tengamos instantes en los que nos domina lo más inmediato, en los que la simpatía por la patria y el idioma desata en nosotros tal apasionamiento que nuestros puntos de vista no consiguen hallar la consonancia, aunque la *voluntad* para ello—y eso lo constato sin cesar—siga en pie, inamovible. Ayer leí de nuevo *Nikolaus Stockmann*,[2] de Tolstói, y es la primera vez que he sentido verdaderamente lo que quería decir. Me ha dado seguridad ese libro preciso, ahora, en el momento preciso. Es tan inmensamente sencillo y evidente lo que dice en él este gran hombre, que uno no entiende que los hombres no hagan suya esa verdad. Pero cada vez tengo más claro que la mayoría de las personas sólo sienten tranquilidad en medio de la ilusión y la mentira, ya que ciertas convenciones se han vuelto demasiado rígidas, firmes e invariables. Sin embargo, las verdades supremas, las genuinas, florecen y se marchitan, han de renovarse una y otra vez en la parcela propia por medio del amor y del trabajo. Cuando uno examina en esta guerra las raíces de lo «heroi-

[1] En la introducción a la declaración de Schnitzler, Rolland decía: «Es para nosotros un fraterno deber publicar su protesta, como lo será siempre contribuir, cada vez que podamos, a cualquier acto que demuestre, en medio de la demencia de las naciones en conflicto, la persistente unidad del pensamiento humano y la secreta unión de sus mejores representantes».

[2] Se refiere al texto *Nikolai Palkin* (escrito en 1887), aunque aquí se ha traducido literalmente el apellido del protagonista (también en español, en ediciones de la época, se encuentra como *Nicolás Garrote*). Se trata de una obra contra el poder del Estado y contra el zar Nicolás I.

co», lo «bello» y lo «noble», cuando reúne en sí mismo esa peligrosa firmeza, encuentra resultados bastante raros. En cualquier caso yo, personalmente, tengo algo absolutamente claro: de hoy en adelante, no volveré a escribir una sola línea que pueda ser interpretada mínimamente como una señal de apoyo a la guerra, mientras que, contra ésta, escribiré cuanto me sea posible. En los próximos días le enviaré mi ensayo sobre los prisioneros civiles. No es en ningún modo señal de parcialidad que me vea obligado a reconocer en ese texto el triste derecho de prioridad que tienen Inglaterra y Francia: hace apenas un mes, ingleses y franceses se movían libremente por Alemania y Austria, e incluso hoy se autorizan ciertos casos excepcionales. Ya verá usted que mis palabras sólo pretenden ayudar, a pesar de todo, y que a nadie condenan más que a los países neutrales, que han desatendido de forma imperdonable toda labor humanitaria (excepto Holanda para con los belgas). Que figuras como Ellen Key o Frederik van Eeden—por sólo mencionar a dos personas que me son muy queridas—callen y vuelvan a callar en relación con todo esto constituye para mí una decepción humana que no se borrará jamás. En Alemania, Ostwald se ha atrevido a mucho y, al igual que Liebknecht,[1] sólo ha cosechado ira, pero dentro de una nación es preciso ahogar toda voluntad que se oponga: en cambio, quienes residen en países que no están amenazados ni en guerra, tienen el deber de salir al paso a los desmanes y reducir la tensión, por lo menos, en la esfera intelectual. Creo que Tolstói llevaba razón tam-

---

[1] Karl Liebknecht (1871-1919), uno de los políticos pacifistas más destacados de la socialdemocracia alemana. El 2 de diciembre de 1914 fue el único diputado que no dio su voto a la aprobación de créditos de guerra en el Reichstag, lo que condujo a su aislamiento dentro de las filas de su propio partido y a su expulsión definitiva de la organización en 1916. En noviembre de 1918 proclamaría desde el balcón del Palacio Real de Berlín la República Socialista Libre de Alemania. Fue asesinado junto a Rosa Luxemburg por fuerzas del ejército prusiano el 15 de enero de 1919.

bién en otro sentido cuando atacaba la insignificancia de la literatura: ella genera escritores, pero pocas veces hombres. Porque si los poetas se identificaran con la forma más elevada del ser humano, el mundo estaría escuchando ahora el eco de sus gritos. Sin embargo, lo único que hacen es política y escriben en hermosos versos lo que comentan en la taberna, ante una cerveza, quienes se han quedado en casa; y eso lo hacen todos: desde D'Annunzio hasta Verhaeren (sí, precisamente él, ÉL, al único al que reconozco su dolor. Sé del fanatismo con el que amaba a Bélgica, por lo que ahora también *ha* de mostrarse fanático). Por segunda vez siento lo inútiles que son, porque hay muy pocos libros que yo pueda leer ahora. Todavía me quedan Goethe, Shakespeare, Hölderlin, Dostoievski, Tolstói y algunos libros de historia. De los vivos, apenas ninguno. Sólo *Jean-Christophe* me ha servido recientemente de consuelo. He sentido de nuevo con él quién es usted para nosotros y para nuestro tiempo, y no abrigo deseo más ardiente que quiera usted seguir siéndolo por siempre. No abandone la comunidad (humana) por nadie, por ninguna pasión: como ejemplo y como amigo le necesitamos nosotros, los más jóvenes y más fácilmente injustos. ¡Que le vaya bien! ¡Le estimo mucho! Suyo,

STEFAN ZWEIG[1]

---

[1] Anota ese mismo día en su diario: «Escribo a Romain Rolland, que en los últimos días está recibiendo ataques feroces en Francia. Cada vez le tengo más cariño» (DZ, pp. 150-151). Por otra parte, a su amigo Hermann Bahr le escribe: «Un solo hombre me ha dado consuelo de verdad en estos días: Romain Rolland. Su obra será un día una leyenda, un ejemplo durante siglos […] Las cartas que he recibido de su parte en estos tiempos han sido las que me han proporcionado las horas más puras y felices en esta guerra: sólo ellas prenden en mí la esperanza de la reconciliación, de la posibilidad de una continuación de la unidad moral y espiritual» (BF, pp. 42-44).

1915

83. STEFAN ZWEIG A ROMAIN ROLLAND /*/

Viena, 2 de enero de 1915

Mi querido y admirado amigo:

Espero que haya recibido mis dos cartas con las felicitaciones de Navidad: llevo dos semanas alegrándome en vano
por la llegada de alguna suya, pero sólo recibí la tarjeta que
me anuncia el envío del *Journal de G[enève]* (que no he recibido, por cierto, aunque conozco su contenido). Hoy sólo
me gustaría decirle que el artículo de Spitteler[1] me ha producido una impresión enorme. En lo fundamental (indepen-
dientemente de que algunos detalles no me han gustado) ha

---

[1] Carl Spitteler (1845-1924), poeta, escritor, crítico y ensayista suizo,
Premio Nobel de Literatura en 1919. Spitteler defendió de manera decidida la idea de la neutralidad suiza durante la Primera Guerra Mundial, opo-
niéndose públicamente a la polarización reinante entonces en su país entre la población germanohablante, que simpatizaba con el Reich alemán, y
las regiones francófonas, más afines a Francia. El 14 de diciembre de 1914
pronunció en Zúrich un discurso titulado «Unser Schweizer Standpunkt»
('Nuestro punto de vista suizo'), el texto al que se refiere aquí Zweig, el
cual le ganaría muchas antipatías dentro de Alemania. En ese discurso, entre otras cosas, Spitteler decía: «¿Queremos o no queremos seguir siendo
un Estado suizo que represente una unidad política de cara al exterior?
Si no queremos, si cada cual quiere dejarse empujar hacia donde le lleven
sus simpatías personales y hacia donde le tiren desde el exterior, no tengo
entonces nada más que decir [...] Pero si tenemos la firme voluntad de seguir siendo un Estado suizo, hemos de persuadirnos de que las fronteras
de nuestro país son también líneas de demarcación de nuestros sentimientos políticos. Todos los que viven más allá de nuestras fronteras son nuestros
vecinos y, hasta nuevo aviso, nuestros queridos vecinos; todos los que viven dentro de nuestras fronteras son más que vecinos, son hermanos. Y la
diferencia entre vecino y hermano es inmensa...».

sido tan claro y humano, ha dado muestras tan nobles de una sensibilidad insobornable, que mucho he deseado que fuese más conocido entre nosotros. Ha sido hermoso sobre todo lo que ha dicho sobre lo fácil que resulta hoy hacerse popular de por vida entre la izquierda o la derecha con tan sólo seis líneas de aprobación, y también romperse la crisma con una única línea de íntima independencia. Precisamente ese vuelco suyo será para muchos aquí una amarga decepción, ya que a Spitteler se le ha venerado hasta ahora, en determinados círculos, como a un oráculo de lo alemán. Estimo que es un escritor generoso de una gran fuerza ética interior que se ha acreditado también esta vez de forma extraordinaria en medio de este conflicto.

Aún no he publicado el ensayo que le anuncié. He llegado a la siguiente conclusión: cualquier publicación en nuestra época implica una responsabilidad multiplicada por diez, y todo hombre justo ha de mantener sus planteamientos en el cajón al menos durante una semana. Yo casi me atrevería a aconsejarle que hiciese usted lo mismo: todos somos ahora juguetes de nuestras pasiones más de lo que imaginamos, y cualquier nimiedad puede inflamarlas. Una carta que he recibido del frente en Bélgica, por ejemplo, ha templado mi ánimo, y me alegró que esas líneas—que vibraban de indignación por el encarcelamiento de prisioneros civiles emprendido por Francia e Inglaterra, algo que ni siquiera un país como Turquía ha secundado hoy—no llegasen a publicarse. En ellas pretendía también hacer un llamamiento a Georg Brandes, y acabo de leer que él ya se ha pronunciado, pero de un modo diferente al esperado, como si fuera una disputa literaria. El odio que le profesa a Jensen y a los demás jóvenes va tan lejos como para odiar también a Alemania, que ha hecho «grandes» a estos poetas (ya en una ocasión me escribió él mismo, indignado por el hecho de que yo pudiera llamar poeta a un don nadie como Jensen). Esta gente es tan estrecha de miras. Para eludirla he leído mucho a Tolstói en estos días, y también *Resurrección*, un libro que empiezo a entender sólo hoy en día y que me ha colmado de una infinita felicidad. Estoy ahora íntimamente convencido de la anónima *sencillez* de nuestras tareas y sé que seré capaz de cumplir con ellas, aunque más tarde, ya que ahora es todo imposible. Ni siquiera está en nuestras manos hacer entrar en razón a uno solo de estos vocingleros, teniendo en cuenta que no estamos de acuerdo entre nosotros y que, en los años en que el peligro tomaba forma, no supimos—*nostra culpa, nostra maxima culpa!*—determinar de un modo preventivo nuestra actividad reconciliadora. Tal vez sean las mujeres las primeras en hablar, o tal vez algún gobernante: nuestras voces no alcanzan nuestros respectivos oídos, y es una dicha que al menos oigamos nuestros corazones latir al unísono. Es un milagro resistir durante toda una vida a solas, manteniendo con independencia la propia opinión, y es posible, como en su caso, estar seguro de ejercer una fuerte influencia moral en una comunidad. Sólo que los efectos de un individuo son siempre paulatinos, lentos, y quien quiera ejercer influencia directa en su época necesita de una organización, ha de estar integrado en una asociación. Su influencia será visible por su belleza y sus valores… Diez años después de la guerra. Pero si hubiéramos estado preparados, listos para este tipo de discordias, hubiésemos podido transmitir antes a todos los escritores la consigna de la cautela, de la contención, evitando esta situación tan repulsiva, a resultas de la cual vemos a hombres serios insultándose por encima de las fronteras y los ejércitos, empleando el método de llamarse «¡Burros!», para luego responder: «¡Más burro eres tú!», sin que con ello sirvan de ayuda *a nadie*. Sólo una organización habría podido evitar tal cosa: la influencia del individuo infiltra con demasiada lentitud en la turbia opinión de las masas.

Mi servicio militar me proporciona una gran alegría, y resulta raro que, desde que trabajo para la comunidad, haya recuperado el valor y las ganas de trabajar en mi propia obra.

Hasta ahora me lo había impedido un ardiente sentimiento de vergüenza, me sentía egoísta cuando creaba una línea para mi propia satisfacción. Ahora, en cambio, sintiéndome, a última hora de la tarde, legitimado para ello por el trabajo realizado durante el día, tengo más fuerzas y puedo incluso retomar cosas que habían quedado relegadas, como el *Dostoievski*, por ejemplo, que sigue estando dedicado a usted (y lo seguiría estando aun cuando nos hubiéramos perdido en este ambiente de discordia general). Ojalá le sea dado poder alegrarse pronto de nuevo ante algún trabajo propio; cuando acabe la guerra tendremos tanto que hacer y que construir, que no podremos mostrarnos cansados, sino curtidos en el trabajo y eficientes en nuestra labor.

Le saluda, con lealtad, su devoto

STEFAN ZWEIG

84. STEFAN ZWEIG A ROMAIN ROLLAND /*/

[Tarjeta postal]
[Viena VIII. Kochgasse, 8]
[Matasellos: 8.1.1915]

Querido y admirado amigo:

Recibí los dos recortes con la protesta de Schnitzler,[1] pero sin una palabra suya. Le he escrito tres cartas que espero le hayan llegado. Me gustaría ser más explícito, pero antes debo cerciorarme de que mis palabras le lleguen: pretendo presentar una reclamación oficial para determinar quién tiene la culpa de esta demora. La norma por la que le escribí, según me informan en el Ministerio de Exteriores, ha sido suprimida por fin, ahora ya es posible escribirles a nuestros prisioneros en Francia. Su leal servidor,

STEFAN ZWEIG

---

[1] Véase carta 82.

85. ROMAIN ROLLAND A STEFAN ZWEIG

Comité Internacional de la Cruz Roja
Agencia de Prisioneros de Guerra
Ginebra, 11 de enero de 1915

Querido amigo:

Le escribo simplemente para decirle que siempre ha habido posibilidad de mantener correspondencia, por medio de nuestro intermediario, con los prisioneros civiles austríacos que están en Francia. He remitido con frecuencia cartas de y para ellos.

Le hemos enviado tres cartas en estos últimos quince días, pero nos las han devuelto. Así que tenemos que limitarnos a estas breves líneas.

ROMAIN ROLLAND

86. STEFAN ZWEIG A ROMAIN ROLLAND /*/

[Viena VIII. Kochgasse, 8]
· [Matasellos: 15.1.1915]

Querido y admirado amigo:

Antes de que le escribiera sobre el destino de los prisioneros civiles, hice presentar aquella carta devuelta ante el Ministerio de Asuntos Exteriores de Viena. Allí se mostraron muy amables y me invitaron para explicarme que la devolución había sido un error y que aquella prohibición francesa de escribir a los prisioneros civiles había sido levantada. Me ha servido de severa advertencia para escribir y afirmar sólo cuando uno se ha cerciorado en todas las instancias de lo que afirma, no a partir de una única prueba: si los demás fueran así de escrupulosos en esto, muchas calumnias jamás saldrían a la luz pública. Pronto tendrá más noticias mías. ¡Muy pronto! Le saluda cordialmente, suyo,

STEFAN ZWEIG

Viena, 17 de enero de 1915

Mi querido y admirado amigo:

Le entrego esta carta a un amigo que marcha hacia Italia, porque quiero asegurarme de que ésta sí llegue por fin a sus manos. Ya encontraré otras oportunidades (ya sea a través de alguna embajada o del Ministerio de Asuntos Exteriores en Viena, que me ha ofrecido pasar mis cartas directamente por la censura) de enviarle noticia. Tal vez encuentre usted también alguna posibilidad a través de alguna embajada en Viena, en caso de que necesite comunicarme algo con mayor libertad.

No sabe cuánto lamento la interrupción de nuestra correspondencia—le ruego que guarde las cartas que me escribió,[1] en caso de que se las hayan devuelto, y que me las entregue cuando acabe la guerra—, sin embargo, tal vez entienda usted ahora *por qué* no podemos decir en público algunas de las cosas que nos resultan importantes. Nuestros periódicos publican, triunfantes, las acusaciones de Hervé y Clemenceau contra el gobierno francés y los paradójicos ataques de Shaw contra Grey, pero no piensan en el enorme triunfo moral que implica que, en tiempos de guerra, uno pueda decir su opinión con tal libertad. Y si los periódicos franceses—no sólo ahora, sino desde siempre—estuvieran infectados por la mentira y la corrupción, ¡cuán superiores a los nuestros podrían ser, gracias a su libertad!

Veo con satisfacción que el odio en Alemania y en mi país ha ido disminuyendo. La indignación por causa de Inglaterra sigue en estado latente, pero ya no es tan ruidosa; tal vez des-

---

[1] El 20 de enero de 1915, Zweig anota en su diario: «Por mi parte, tengo que lamentar la pérdida de tres cartas de Romain Rolland que me fueron confiscadas, pero, como soldado, no me atrevo a protestar. Nos sentimos realmente oprimidos» (DZ, p. 160).

de que se sabe que el sueño de una expedición hacia esas costas seguirá siendo eso, un sueño, la gente suele contenerse un poco más. Pero la indignación contra Inglaterra en Alemania es realmente de tipo *moral*: no es animadversión de raza ni envidia por su predominio, sino únicamente un *asco* sincero ante la pérfida e interesada política usurera bajo la máscara de la moral y, sobre todo, por su forma de hacer la guerra con indios y mongoles. Contra Francia—lo repito—no existe ni ápice de odio. Nada sería para cualquier alemán más grato que una reconciliación definitiva, y yo confío en que algún día ésta tenga lugar. Me da la impresión de que al gobierno francés esa simpatía le resulta de algún modo molesta, porque hace lo posible por incitar ese odio. La condena de los médicos, el expediente de crueldades, la falsificación del Libro Rojo (con la desgracia añadida del fallecido Kiderlen-Wächter),[1] las eternas bravuconadas que hablan de «aplastamiento», todo eso que se ha pergeñado para envenenar las relaciones ha podido levantar ampollas en Alemania, pero no ha podido generar confusión en el sentimiento esencial. Sí, los soldados en el frente se han entendido tan bien que los gobiernos se vieron obligados a prohibir con toda urgencia cualquier muestra de «camaradería en las trincheras»: se daban cuenta de que era fácil que se forjara allí una unión del proletariado sin su consentimiento, porque cuando los soldados de un lado y del otro vieran que lo único que deseaban era la paz, ¿qué iban a hacer? Se lo repito, el veneno del odio inoculado artificialmente a las masas en los comienzos de la guerra ha sido absorbido por el organismo y ya no *surte* efecto. ¿Me creería si le dijera que anteayer, en Viena, presentaron *Lakmé*, de Delibes?[2] ¡Y en la Ópera de la Cor-

---

[1] Alfred von Kiderlen-Wächter (1852-1912), diplomático alemán y ministro de Asuntos Exteriores durante la crisis de Agadir con Francia (1911).

[2] Léo Delibes (1836-1891), compositor romántico francés. Su ópera

te, el Teatro Imperial! En París, quizá, eso sería imposible, pero yo le respondo por la verdad de ese hecho: también se han representado *Carmen* y *Fausto*. Sé que son nimiedades, pero también síntomas. Y, sobre todo, se autoriza a imprimir en nuestros periódicos la palabra *paz*. Es cierto que se hace ocultándola tras ciertas máscaras: anhelos de paz en Rusia y en Francia, pero la palabra puede aparecer, y eso ya es muchísimo para nosotros. Creo que pronto llegará el momento: puede que todos los pueblos se habrán persuadido ya del hecho banal de que no se puede «aplastar» a imperios de cincuenta o cien millones de habitantes, y en lo que se refiere a la división de Alemania, es probable que no haya ya nadie en Francia que crea en algo semejante desde el *échec* ['fracaso'] de la «Gran Ofensiva» y la marcha sobre Varsovia. El sueño de los rusos en Berlín, de los ingleses en Hamburgo, de los franceses en Colonia tal vez se haya enfriado un poco, al igual que los sueños de los alemanes en París y Londres. Hasta nosotros, aquí, nos hemos mantenido en una situación favorable a pesar de las inmensas dificultades—catorce etnias que deben hacer gala de un solo patriotismo—y aún estamos lejos del *summum* de lo que puede lograr el ser humano. ¡Ojalá se supiese aprovechar el momento! En Galitzia y en Polonia yacen más de un millón de cadáveres mal sepultados, de hombres, caballos, animales domésticos, y en primavera lo que espera allí a los ejércitos es una epidemia frente a la cual todos los horrores de la guerra no habrán sido más que un juego de niños. La población está medio muerta de hambre, los cultivos han sido devastados, los animales sacrificados: cuatro millones han cruzado tres veces de un lado a otro esa pobre región sobre la que, en primavera, la peste y el cólera, la disentería y el tifus harán ondear su bandera amarilla. ¡Será esa epidemia—me lo dicen todos los médicos—la que

---

Lakmé, basada en la novela *Rarahu o El matrimonio*, de Pierre Loti, está ambientada en la India británica, a mediados del siglo XIX.

acabará con la guerra! Pero ¿por qué esperar a que suceda esto último, lo más horrendo? La guerra *tiene* un límite, las epidemias no; ellas seguirán propagándose por toda Europa y hasta los países neutrales sufrirán sus efectos. Y esa epidemia en nuestros territorios de Galitzia es tan cierta como que el sol se levanta y se pone cada día. Ante ella no hay vencedores ni vencidos: los alemanes, gracias a su higiene, sabrán defenderse, atajarla y contenerla, pero los soldados rusos y los nuestros... ¡Ya en otoño tuvimos algunas pruebas! ¡Y eso ya no es una «muerte heroica», sino una muerte absurda, bestial entre los espumarajos de la propia sangre, entre babas y bilis! ¡Quien anunciase *esto* en un país libre, Romain Rolland, quien lo anunciase en toda su amplitud, quien tuviera la fuerza para pintar sin contemplaciones este cuadro de horror, tal vez pudiera hacer algo importante para nuestra época! Nosotros estamos obligados a callar, a pesar de que las epidemias, sin duda, arrojarán sus oleadas, a pesar de todas las barracas, hasta muy adentro del territorio austríaco. ¡Pero ustedes, los libres, ustedes deberían anunciar la primavera que espera *esta vez* a Europa!

¡Los neutrales, sin embargo, se alegran de estar al otro lado y de leer en los periódicos cada mañana la cháchara sobre otro par de miles de muertos, o cada tarde acerca de un nuevo barco hundido! Yo intento escuchar y escuchar para ver si alguno de ellos habla en nombre de la *humanidad*, pero no oigo nada. Las palabras de Spitteler, que causaron un gran encono en Alemania—en parte con razón, porque ¿qué es un «escritor suizo»?, ¿en qué lengua escribe?—, me parecieron muy serias y bellas cuando habló de la idea de la neutralidad, pero ¿por qué esa frialdad para con las dos naciones y no cierta calidez para la humanidad, para esta Europa jadeante que sufre tan indeciblemente? Esa Europa que, tras la guerra, se hundirá todavía más. Porque sé muy bien lo que vendrá después: la mentira heroica.

Todos los que ahora están ahí fuera maldiciendo la guerra, luego—por causa de una curiosa mendacidad de la memoria que sólo retiene el lado «bello» de los recuerdos, por causa también de la vanagloria, de una deshonestidad íntima—les cantarán a los niños las *loas* de la guerra, presentándola como algo hermoso y deseable. Y es así como la guerra, en lugar de servir de advertencia hecha por la generación que la vivió, engendra una glorificación a través *precisamente* de sus testigos; y aquellos que la ven de lejos, horrorizados como nosotros, han sucumbido y plantado en una joven generación la simiente del falso entusiasmo. Lo que ha posibilitado esta guerra es la simiente de 1870, porque son los hijos de aquellos combatientes los que hoy están en el poder, no ya los que participaron en ella. Sé que las personas que ahora me cuentan sus tragedias y claman entre gemidos que acabe (¡que acabe!) me hablarán, dentro de diez años, de esa «hermosa» y «grandiosa» época, y habrán quedado absortos en los himnos y las leyendas. *¡Qué hacer contra eso*, mi querido y admirado amigo! Todos los editores de Alemania, y probablemente también los de Francia e Inglaterra, están ya preparando obras sobre la guerra, los escritores cantan sus loas, los pintores la embellecen, los escultores pulen sus aristas; pero ¿quién mantendrá vivo su horror, la gran advertencia? ¿Quién evitará que otra vez un hombre—lea *Nicolás Garrote*, de Tolstói—se vea obligado a matar a otro en contra de su voluntad? Será necesaria la veracidad a fin de poder contrarrestar la avalancha de mentiras, y sé que tendremos que obrar. Nunca como ahora me pareció tan importante una revista, una publicación libre en territorio libre, y aún confío en que usted me ayude. Nosotros, usted y yo, podemos estar demasiado cautivos en nuestros respectivos orígenes como para poder tener una misma opinión en torno a la razón o a la falta de razón de los bandos, pero, en lo *esencial*—y de eso estoy convencido—, en lo humano, somos aquello que es común a todas las naciones. ¡Qué hermoso sería trabajar en aras de esa «reconciliación»!

Me alegra poder escribirle de nuevo, y me tranquiliza saber por fin que una carta ha llegado a sus manos. Ayer le escribí directamente que el Ministerio de Exteriores—ante el que hice presentar aquella carta devuelta dirigida a los prisioneros de guerra—me citó para explicarme que los franceses habían suprimido la norma. Me complace también no haber publicado mi ensayo, aun teniendo el documento en las manos, pues hay que ser muy precavido con lo que uno afirma. Si por lo menos los demás también lo fueran...

Reciba o no ahora noticias suyas, me satisface contar con su amistad. Para mí es algo tan hermoso en estos tiempos difíciles, algo hermoso que deseo recordar siempre con gratitud. Muy afectuosamente, con toda la lealtad de su

STEFAN ZWEIG

88. STEFAN ZWEIG A ROMAIN ROLLAND /*/

[Tarjeta postal][1]
[Viena VIII. Kochgasse, 8]
[Matasellos: 25.1.1915]

Estimado y querido amigo:

El doctor P. Amann y yo le recordamos con afecto. Recibirá pronto noticias mías más detalladas; hoy solamente esta muestra de profundo afecto y admiración. Muy cordialmente, suyo,

STEFAN ZWEIG

[1] Tarjeta postal escrita conjuntamente con Paul Amann, traductor de varias obras de Rolland, y enviada con motivo del cuadragésimo noveno cumpleaños del autor francés. La nota de Amann decía lo siguiente: «Le escribo con mano torpe—una bala me ha alcanzado en el brazo—; gracias a la amabilidad del doctor Zweig, he sabido hasta qué punto comparte usted con nosotros este período crítico, y se lo agradezco. No esperaba menos de usted. Pronto le escribiré más, tanto como sea posible en estos tiempos. Cuando esté seguro de que le llegará y de que no habrá de extraviarse, enviaré su manuscrito al señor J.-R. Bloch. Atentamente. Dr. P. Amann».

[Matasellos: 29.1.1915]

Querido y admirado amigo:

Encuentro de nuevo una oportunidad de hacerle llegar una carta, y me apresuro a aprovecharla.[1] La censura parece haberse endurecido sobremanera en los últimos tiempos sin que exista para ello un motivo real, y hasta nuestros periódicos han acabado rebelándose contra ello, el *Neue Freie Presse*, de un modo muy hábil, publicando en primera plana un ensayo de Ludwig Börne, del año 1843,[2] sobre la «censura en Austria». Las autoridades no pudieron hacer nada ante eso y se consiguió el efecto buscado. Que sus últimas cartas nunca me hayan llegado me ha causado un gran dolor: en caso de que pueda recuperarlas—preguntando directamente en la oficina de censura, por ejemplo—, le ruego que me las guarde. O no, mejor deje lo de la interpelación, ahora soy un subalterno y tengo la obligación de ocultar todo lo relacionado con mi vida privada. El Ministerio de Exteriores me ha ofrecido, de manera amabilísima, censurarme directamente las cartas antes de enviarlas al extranjero: pero ¿qué hacer con las cartas dirigidas a mí? ¡Tal vez encuentre usted un intermediario, alguna embajada, algún particular o quizá un banco! No me resulta grato prescindir de su confianza y su bondad en estos tiempos.

Sería erróneo que, a la vista de esta severidad repentina de la censura, concluya usted que predomina aquí cierta si-

---

[1] Ese mismo día, Zweig escribe en su diario: «Rolland vuelve a dar señales de vida, aunque para las cartas de verdad han cerrado el grifo» (DZ, p. 163).

[2] Stefan Zweig indica mal la fecha de publicación de este ensayo del escritor alemán Ludwig Börne (1786-1837), titulado «Aus den Denkwürdigkeiten der Zensur» ('Del carácter memorable de la censura'), escrito originalmente en 1819, y aparecido en el *Neue Freie Presse* el 20 de enero de 1915.

tuación anormal: aquí todo sigue su curso habitual; bien al contrario, la guerra ha demostrado ser una gran fuente de empleo y, por desgracia, lo que para miles de hombres en el frente será una desgracia resultará ventajoso para centenares acomodados junto a un hogar caliente. Mientras aquéllos se desangran, otros se enriquecen; sólo este hecho hace que aborrezca la idea, esa espantosa injusticia que tal vez sea inevitable, pero que tiene en sí misma algo terriblemente irritante. Que la guerra no constituya, como todos esperábamos, un desorden, un estremecimiento del Estado, sino sólo un nuevo orden, ha hecho que muchos consigan acostumbrarse a ella, y que algunos incluso prefieran esta nueva vida a la anterior. De modo que sólo hubo falsos profetas entre los que hablaron de agitación e indignación en algún otro país: la gente se mantiene ocupada, y sólo los hambrientos y los ociosos son peligrosos. En lo moral, experimentamos cierto relajamiento, la poesía de la guerra se hace menos frecuente, cada vez escasea más y más, y el fanatismo parece debilitarse. La fiebre baja. Ojalá sea un síntoma de curación.

Oigo decir que Frederik van Eeden va a publicar una revista en Holanda. Por desgracia, me resulta inaccesible. También en Suiza se va a fundar una revista neutral; sólo quiero recomendarle que se cerciore primero de que sea verdaderamente neutral. Los nombres de los editores parecen ser pseudónimos: antes de colaborar, se me tendría que asegurar bajo juramento que la publicación no está subvencionada ni protegida por ningún gobierno. Existen algunos libros y revistas, especialmente en Italia y Rumanía, que otros editan por encargo de algunas personalidades o gobiernos interesados. Y lo único que no me gustaría es ver mancillada por parte de gente chapucera la idea de una revista realmente neutral.

De Verhaeren no sé nada, ni de ningún otro amigo de Bélgica. Parecen afectados en lo más hondo, y me duele no poder decirles en qué medida mis sentimientos los acompañan. Me temo que nunca nos será permitido alzar la voz: los gobiernos por acá han prohibido a los periódicos toda discusión sobre las formas de alcanzar la paz, las indemnizaciones, etcétera, lo cual es bastante inteligente, ya que así nos evitan las ridiculeces de la prensa francesa, que ya «dividen» Alemania de antemano y se adjudican sus miembros desgajados: si se nos permite hablar, seré yo el primero que exija que a Bélgica no se la *integre a la fuerza* en el Reich de ninguna forma. Tiene que llegar por fin una época en la que la voluntad de los pueblos para elegir sea un hecho. La separación de Suecia de Noruega, ese acto moral de Europa, supremo en su discreción y su grandeza, fue un ejemplo de que la separación de un pueblo del conjunto del Estado no siempre tiene que ser una «revolución» o un «crimen», sino que también puede llegar a ser un acto moral de rara belleza. Pero aun si las naciones que desde hace siglos pertenecen a organismos mayores tienen una responsabilidad histórica —como en Austria, donde son tantas—y si se puede exigir su existencia al menos de acuerdo con un derecho vital, no me parece que ninguna víctima pueda justificar el intento por encadenar en contra de su voluntad a un pueblo (ni siquiera uno que no esté cohesionado) a un imperio vecino. Creo también que en Alemania el gobierno no está pensando en ninguna forma de atadura, sino en una relación flexible: yo personalmente estoy en contra de poner a cualquier nación ataduras que no sean las del amor y el magnetismo de los intereses comunes. Pero Bélgica seguramente esté predispuesta contra Alemania con una hostilidad irreconciliable. ¡Ay de los culpables de esto, tanto aquí como allá!

Esto es lo que opino, y se lo digo en privado, ya que no puedo ni pensar en hacerlo público—ya conoce usted mis obligaciones—, y también le pido no decirles nada a nuestros amigos belgas. Que nadie vaya a pensar allí que hago propaganda en su favor, tampoco el momento es favorable para iniciar esta suerte de discusiones; pero en cuanto sea posible expresarse en público, no vacilaré, no le quepa duda. Ha sido suficiente con una Polonia, con una Alsacia: todos esos países despedazados con violencia han vengado de manera espantosa el carácter contra natura de las anexiones. ¡Cuántas simpatías no le ha costado a Alemania lo de Bélgica! ¡Muchas! ¡Muchas más de las que pueden reconquistar jamás sus minas de carbón y de mineral de hierro! Y aunque Bélgica se haya enredado en alianzas con Inglaterra y Francia, la garantía mutua de neutralidad—en mi opinión—sólo podría haberse obtenido mediante una consulta abierta y a tiempo de un Parlamento a otro. Personalmente sé que el país y el pueblo no han deseado otra cosa que tranquilidad. Pero nuestros Parlamentos parecen estar hechos expresamente para hallarse de vacaciones cuando se avecina la tormenta de la guerra. En julio de 1908, en el verano de 1912, en todos los momentos de peligro, nuestros Parlamentos han sido desactivados por políticos ambiciosos que se veían limitados en su irresponsabilidad, y luego fueron convocados tan sólo para expresar el sí y el amén. ¿Acaso cambiará esto alguna vez?

Casi me avergüenza decirlo, pero mis nervios están más templados, estoy más tranquilo en lugar de más irritado. Vuelvo a trabajar un poco, sobre todo en mi obra sobre Dostoievski, pues quiero demostrarme a mí mismo la neutralidad que siento en relación con las naciones, el horror de esta época ha pasado a ser, en cierto modo, un acompañante permanente de nuestra conciencia: intuyo la presencia de una sombra detrás de todo lo que hago, pero no me horroriza. La conciencia de que hemos de mantenernos fuertes y decididos para todo lo que habrá que hacer después no flaquea. También ahora realizo aquí un trabajo enorme. Y con gusto lo hago.

¡Hasta la vista, querido y admirado amigo! No sé si habrá pronto una nueva oportunidad de escribirle: me siento más aliviado cuando he podido hablarle, pues me aleja del odio que aquí me rodea por todas partes, ¡y que tan a menudo se vuelve en mi contra en cuanto intento mostrarle la inutilidad de su furor! Pero son los que se han quedado en casa los únicos que muestran ese rencor: los que regresan del frente y han visto el horror se muestran más moderados y entienden el sentido y el propósito más profundo de estos días.

Muy afectuosamente, suyo,

STEFAN ZWEIG

90. ROMAIN ROLLAND A STEFAN ZWEIG

Comité Internacional de la Cruz Roja
Agencia de los Prisioneros de Guerra
Ginebra, 5 de febrero de 1915

Querido amigo:

Cómo me ha alegrado recibir sus cartas, pero la partida entre ambos no está igualada, pues no puedo responderle. Es una pena, creo que no se da realmente cuenta del verdadero espíritu que reina en Suiza, y más allá de sus fronteras.

Por otra parte, me parece que no conoce ciertas corrientes análogas a la suya que existen también en el norte de Alemania, de donde recibo muchas cartas y revistas.

En estos momentos, hay mucha vida intelectual y moral en el universo. Me salpica desde todas partes. En ningún otro momento he sentido que la conciencia de la humanidad luchaba con tal ahínco. La guerra (que no está cercana a su fin) no hace sino azuzarla.

Me parece que la revista suiza de la que me habla ofrece todas las garantías de absoluta neutralidad política y solidez material y moral. Los dos directores son suizos, uno de los cuales, De Reynold, suizo de la Romandía, es uno de los profesores y escritores más respetables y distinguidos. Es un conocido mío. Se entiende que su revista no se ocupa de política, sólo intenta reconstituir la unidad intelectual de la elite. Es una tendencia saludable en estos momentos, común a muchos espíritus y agrupaciones. (Debo decirle que en Francia es donde menos frecuente es y donde tiene menos posibilidades de desarrollarse, al menos hasta que no pase mucho tiempo).

¿Y qué me dice de lo que le ha acaecido a nuestro pobre Arthur Schnitzler?[1] ¡Ahí lo tiene, remando, en Alemania, en la misma galera en la que yo he de remar en Francia! Exprésele de mi parte toda mi fraterna simpatía; bueno, si es que eso no lo compromete aún más. ¡Ay, la gente ha enloquecido! Resulta casi cómico.

Suyo, afectuosamente,

ROMAIN ROLLAND[2]

Henri Guilbeaux me pide que le transmita recuerdos.

91. ROMAIN ROLLAND A STEFAN ZWEIG

[Tarjeta postal]
Ginebra, martes, 2 de marzo de 1915

Querido amigo:

Recibí (hace algunas semanas) una carta con la que me anunciaba un envío (carta o fascículo) que no me ha llegado.

---

[1] Tras la publicación en Suiza del texto de Arthur Schnitzler, traducido por Rolland (véase la carta 76), Schnitzler sufrió durísimas críticas. Rolland anota en su diario: «Esta polémica se prolonga en la prensa alemana con una violencia extrema, contra el desdichado Schnitzler, que ha tenido el descaro de dirigirse a un enemigo de Alemania como yo y a publicar su protesta en el *Journal de Genève* [...] Nos meten en el mismo saco a Schnitzler y a mí, y añaden también a Liebknecht y a Georg Brandes como traidores. El último pasaje de mi introducción a la protesta de Schnitzler es lo que más se ha destacado, "La unión secreta de los mejores espíritus" (*"die geheime Verbindung der besten Geister"*). Creen ver una especie de conjura francmasónica contra la santa Alemania. Esta locura de los nacionalistas, en ambos bandos, se torna un espectáculo de lo más cómico» (JAG, p. 247).

[2] Zweig recibe esta carta al cabo de unos días y apunta en su diario: «Carta de Romain Rolland, cautelosa pero muy cordial. Sigue en Ginebra, fiel a sí mismo. ¡Cuánto lo quiero!» (DZ, p. 165).

También le he mandado diversas cartas, así como una respuesta a la señora F[riderike] M[arie] v[on] W[internitz], a fin de agradecerle con todo respeto sus palabras, que me emocionaron profundamente. Me temo, tras su carta de hoy, que nada de esto le ha llegado. Sin embargo, no había nada en mis palabras que pudiese inquietar a nadie. Ya no sé qué hacer. Es un silencio forzado.[1]

Mantengo correspondencia con la maravillosa Ellen Key desde el inicio de la guerra. Mercereau me ha vuelto a escribir. Me manda recuerdos para usted.

Suyo, con afecto,

ROMAIN ROLLAND

92. STEFAN ZWEIG A ROMAIN ROLLAND /*/

Viena VIII. Kochgasse, 8
12 de marzo de 1915

Querido y admirado amigo:

Hoy traigo una buena noticia. A resultas de mi solicitud, he recibido hoy de la oficina de censura de la Dirección de Correos la noticia de que, a partir de ahora, mis cartas a usted, así como las suyas dirigidas a mí, pueden circular sin restricciones. Tal vez pueda usted añadir a su carta siempre una nota en alemán: «Según carta de la Dirección de Correos

---

[1] Zweig se lamenta en su diario en diversas ocasiones por lo difícil que está resultando mantener correspondencia. El viernes 5 de marzo, anota: «La censura me ha vuelto a arrebatar una carta de Rolland. Me pondría a gritar de rabia, estamos indefensos ante la estupidez de un puñado de oficiales que han huido del frente para guarecerse en cómodas oficinas. Cuánta bondad en las palabras de Rolland. Me he enterado de que ha hecho las paces con Hauptmann, ¡¿dónde queda alguien como él hoy en día?!» (DZ, p. 172). Más tarde, el sábado 20 de ese mismo mes, añade: «Me inquieta no recibir carta de Rolland, me temo que correos no haya cumplido su palabra. ¡Haré todo lo que esté en mi mano por saber qué ha ocurrido!» (DZ, p. 149).

del 11 de marzo, debe entregarse sin restricciones al Dr. Stefan Zweig. Romain Rolland», de modo que si algún funcionario aún no está informado pueda al menos preguntar. La inocuidad de nuestra amistosa correspondencia ya la conocen aquí también en el Ministerio de Asuntos Exteriores.

He visto hoy en nuestros periódicos que ha tenido lugar una nueva protesta de autores franceses por lo ocurrido en Reims, Senlins, etcétera, y me ha alegrado no encontrar entre los firmantes ni su nombre ni el de Verhaeren. No he leído el texto, pero creo que esas protestas ruidosas, por mucho que hayan influido al comienzo, causan cada vez más una impresión vergonzosa: se dice aquí, y con razón, que ha sido un modo de reconocer que los franceses, en siete meses, no han conseguido que el frente alemán retroceda de Reims y Soissons, y que esas quejas permanentes sólo perjudican a la nación. No se trata, creo yo—y esto habría que decirlo alguna vez en público—, de lamentarse siempre y únicamente por Bélgica, teniendo en cuenta que allí, desde hace meses, reina el orden, y todo el que lo desee puede vivir en paz en su propia casa, y luego guardar absoluto silencio en relación con Galitzia, donde desde el primer día ejércitos multitudinarios han estado aplastándose mutuamente y donde los rusos han causado destrozos que no tienen parangón. O bien negamos que un pueblo, una vida humana tiene tanto valor como cualquier otra, que constituye una sustancia eterna en su forma terrena, o no deberíamos reservar la compasión sólo para aquel que a uno le conviene en un momento dado. No será hasta que acabe la guerra que pueda describirse el martirio de los judíos y polacos de Galitzia, el infinito sufrimiento de esos seres ya de por sí pobres en tiempos de paz y que, según la ley rusa, viven como proscritos, expuestos a la arbitrariedad de los cosacos. No oigo, de fuera, ninguna voz que clame por ellos: siempre es sólo Bélgica la que sufre, como si el sufrimiento que impera hoy en el mundo tuviera su sitio sólo en ese reducido espacio, un sufrimiento inefable que hoy

inunda toda Europa. Es cierto que leo muy pocas revistas extranjeras, pero ¿realmente no existe nadie, Romain Rolland,
que se oponga a este acaparamiento de la compasión con fines
políticos? Me gustaría mucho escribir un artículo, sin sentimientos de odio, como bien puede imaginar: «¿Por qué sólo
Bélgica? ¿Por qué no también Polonia?». ¿Cree usted que la
Internationale Rundschau o su *Journal* ginebrino lo publicarían? Repito: no contendría ninguna palabra ponzoñosa contra Bélgica, sólo intentaría encauzar esa compasión hacia otro
lugar del mundo, y créame, Romain Rolland, que aun sin acusar a nadie podría contar muchas cosas capaces, tal vez, de
conmoverle a usted y a otros. Y no contaría nada de oídas: yo
mismo he visto aquí a las multitudes de desplazados, de gente aterrorizada. Como yo, tal vez usted también piense que,
de la compasión, esa suprema entidad del sentimiento humano, no debería abusarse con el fin de generar divisiones políticas: es algo que ha de pertenecer *a todos*, a todos cuantos sufren en el mundo, y nosotros tenemos que influir para que se
cumpla este último y tan necesario acto de justicia. Si pudiera usted ayudarme a publicar allí, en un país neutral, algunas
ideas en ese sentido—aquí, entre nosotros, se conoce el destino de los polacos y judíos, pero los *otros* tendrían que oírlo por lo menos una vez—, le estaría sumamente agradecido.

Le alegrará saber que en Alemania—sin menoscabo del espíritu de confianza en el porvenir—ha surgido una corriente que se opone a esas *horribles* expresiones de odio. Algunos de nuestros mejores hombres se han opuesto al ensayo
de Thomas Mann. El poema de Lissauer se recita cada vez
con menos frecuencia; bueno sería que en Francia se perci-
biera también esta atenuación del tono en el plano literario.
¿No hay allí nadie, realmente, que se oponga públicamente
a Maurice Barrès,[1] cuyos «aplastamientos» de Alemania, so-

---

[1] Maurice Barrès (1862-1923), político, escritor francés e hispanista.
Formó parte de la Liga de los Patriotas (creada para aunar a los detrac-

bre el papel, resultan tan comprometedores? Aquí nos suena casi hasta ridículo, y si bien es cierto que sólo he leído fragmentos, esas pruebas apuntan a una confusión que podría tener efectos devastadores si ejercieran su poder sobre las masas. ¡Qué miserables nos parecen estos hombres comparados con quienes desde hace meses resisten humildemente en la nieve de los Cárpatos y en los lodazales del Yser, dando muestras de un heroísmo indescriptible! ¡A mí me avergonzaría decir tales baladronadas desde una habitación bien caldeada!

Ellen Key me envía desde Suecia una buena noticia. Me ha prometido seguir actuando: en este momento las mujeres pueden hacer un bien mayor que nunca, y ella posee la dignidad que proporciona la senectud y la resonancia del éxito. De Verhaeren no sé nada: todo parece indicar que se ha dado por satisfecho con aquel único poema, pero eso ha sido suficiente para abrir entre él y yo (al menos mientras no aporte pruebas que demuestren la veracidad de los hechos, indicando nombre y lugar) una brecha que *yo* no cruzaré (aunque apenas existe otra persona a la que haya querido más y de un modo tan hondo). Pero esta guerra hace que miles de madres pierdan a sus hijos, y miles de mujeres a sus esposos. ¿Por qué no habré yo de sacrificar por ella a un amigo, por apreciado que sea? ¡Son tiempos en los que uno aprende a conformarse y a darse por satisfecho!

Espero que a pesar del enorme trabajo en la Cruz Roja le quede tiempo para sus obras. Su nueva novela tal vez no haya sido publicada todavía.[1] Yo escribo un poco: las siete horas de servicio diarias me roban un tiempo considerable, sobre todo por lo mucho que me esfuerzo por obrar honradamente. Ahora me siento muy tranquilo, porque sé cuál es la úni-

---

tores de Dreyfus), destacado pensador nacionalista de derechas y antisemita.

[1] El futuro *Colás Breugnon*, que se publicará ya acabada la guerra.

ca obligación que tenemos en estos días: usted, el mayor de nosotros dos, y con una maravillosa madurez, lo supo desde el primer momento en que se propuso trabajar para la Cruz Roja. ¡A cuántas personas no le habrá proporcionado consuelo! ¡Y cuándo ha sido el consuelo más necesario que ahora! Por mi parte, tampoco podré olvidar el modo en que usted, con sus cartas, me ha dado fuerzas, haciendo que no me aparte de mi camino, y si hubiera muchas personas como usted, uno bien que podría, a pesar de toda esta desgracia, confiar en los años venideros. La señora Von Winternitz lamenta la pérdida de su carta como si de un tesoro irremplazable se tratara: ella forma parte también de las personas que le están agradecidas por haber permanecido fiel a la imagen íntima que teníamos de usted y por haber hallado la grandeza en la grandeza de estos tiempos. Su comportamiento me ha servido de recordatorio y de exhortación. He hecho lo que he podido, y si eso ha tenido poca visibilidad no ha sido por mi culpa, y eso usted lo sabe ahora. Me he jurado en lo más íntimo mostrarme digno de la confianza y la amistad de las que usted me ha dado pruebas. Su generosidad para conmigo no será en balde: ¡si es que la bondad alguna vez lo es!

Suyo, afectuosamente, y con mi máxima expresión de lealtad,

STEFAN ZWEIG

¡Agradecimientos y saludos para los amigos!

93. ROMAIN ROLLAND A STEFAN ZWEIG

Ginebra, lunes 15 de marzo de 1915

Querido amigo:

He recibido su carta y esta mañana me ha llegado el librito de Hermann Bahr, *Kriegssegen*,[1] con una afectuosa dedicato-

---

[1] Hermann Bahr, *Kriegssegen*, Múnich, Delphin-Verlag, 1915.

ria. Me ha emocionado muchísimo, aunque no comparto sus ideas sobre la supuesta bendición de la guerra.

Le envío el nuevo artículo que el *Journal de Genève* me publica esta misma mañana.[1] Espero que le llegue, pues sólo tiene muestras de fraternidad para con todos y cita nobles palabras alemanas.

Me toca sufrir crueles ataques que se vuelven cada día más violentos, mientras que yo, cada día, estoy más aislado. Pero sigo mi camino.

La política no es asunto de mi incumbencia, pero sí que lo es el pensamiento, el amor. No lucho contra la guerra (que está fuera de mi alcance), sino contra el odio.

Suyo, afectuosamente,

ROMAIN ROLLAND

¿Conoce usted a Annette Kolb y lo que ha escrito en los *Weisse Blätter* y en *Zeit-Echo*? ¿Qué valor real tiene *Der Aufbruch* ['El resurgimiento'] de Ernst Stadler? ¿Y *Sebastián en sueños* de Georg Trakl? ¿Sabe dónde está Hofmannsthal? Discúlpeme por todas estas preguntas.

94. ROMAIN ROLLAND A STEFAN ZWEIG

Comité Internacional de la Cruz Roja
Agencia de Prisioneros de Guerra
Ginebra, 15 de marzo de 1915

Querido Stefan Zweig:

Justo acababa de meter la carta en el buzón cuando me he encontrado la suya en la Agencia. Gracias por sus palabras de

---

[1] «Notre prochain, l'ennemi», *Journal de Genève*, 15 de marzo de 1915. («Nuestro prójimo, el enemigo», MP, pp. 94-100). Zweig, al recibir esta carta, anota: «He recibido una carta de Rolland con un maravilloso artículo suyo que traduzco de inmediato para el *Neue Freie Presse*. Este hombre es lo más conmovedor y hermoso en estos días, me alegra que por fin haya recibido una carta mía» (DZ, p. 176).

afecto. No sé cómo expresar lo mucho que me emocionan todas las cosas buenas y amistosas que me dice. ¿Realmente lo merezco? Creo que es su generosidad la que me lo atribuye.

Me alegra oír lo que me cuenta sobre su correspondencia, pero, por mi parte, no quiero recurrir a ese privilegio. Debo ser extremadamente reservado. No se imagina lo mucho que me odian. Aguardan cualquier ocasión para ponerme en una situación comprometida. Por eso me toca escribir y hablar siempre de manera pública.

¡Cuántas cosas me gustaría contarle si pudiésemos vernos! Con su misiva me demuestra que sigue siendo casi imposible hablar por carta de asuntos políticos. Pues cada uno de nosotros conoce sólo un lado del asunto e ignora el otro por completo. Por mucho que haya hablado yo aquí con polacos y judíos rusos y de Galitzia, que me han proporcionado algunas informaciones, apenas conozco lo que pasa en su país. Del mismo modo que usted no sabe lo que sucede en el mío. No cabe reírse, amigo mío, de los artículos de Barrès. Es un asunto muy serio, demasiado serio. No sabe hasta qué punto se han caldeado los ánimos en F[rancia]. Es como en 1792 (o 1793). Desde octubre la cosa no ha dejado de empeorar (con un receso pasajero en diciembre).

Para comprender las razones profundas sería necesario que pudiéramos hablar a solas aunque fuese una hora. Del mismo modo que para darle verdadero sentido a la cuestión de B[élgica] haría falta que conversara una hora (como hago yo) con Waxweiler, el director del instituto Solvay, ese espíritu lúcido y tranquilo, situado «más allá de la contienda», pero que la ve muy bien y conoce todos sus detalles.

Estoy convencido de que más tarde, cuando podamos intercambiar libremente las diversas informaciones que tenemos, veremos las cosas de un modo más similar.

Por el momento, sin embargo, es imposible.

De modo que, dejando de lado la política, me limito ahora al terreno puramente humano, en el sentido más general.

No intento combatir la guerra, porque sé que es imposible; *más imposible ahora que nunca.*

Espero poder combatir el odio. Espero salvar de sus garras todo lo que se pueda salvar: la claridad de la razón, la piedad humana, la piedad cristiana; todo lo que al menos subsiste de esas grandes luces amenazadas por la tempestad. Y pago un precio muy alto por todos y cada uno de mis pobres esfuerzos.

Si Cristo resucitase hoy, no lo crucificarían por decir: «Soy el hijo de Dios», sino por exclamar: «¡Amaos los unos a los otros!».

¡Pero digámoslo nosotros por él!

Suyo, con afecto, mi querido amigo. Transmítale, por favor, a madame de Winternitz, lo mucho que le agradezco sus buenas palabras y dígale que trataré de volver a escribirle muy pronto.

Su devoto servidor,

ROMAIN ROLLAND

Aún no sé si la *Internat[ionale] Rundschau* se aventurará a meterse en las arenas movedizas de las cuestiones políticas. Me informaré. Avíseme si le llega bien la carta.

95. STEFAN ZWEIG A ROMAIN ROLLAND /*/

Viena VIII. Kochgasse, 8
17 de marzo de 1915

Querido y admirado amigo:

Esto no es una carta, sino tan sólo una apresurada respuesta a sus preguntas, que he recibido hoy, lleno de contento, de su carta del 15 de m[arzo]; me alegra mucho que la oficina de cesura me haya garantizado, a raíz de mi petición, dar vía libre a nuestra correspondencia. Es probable que entretanto mi carta también esté ya en sus manos.

Dicto, pues, esta carta con la mayor prisa, a fin de que

pueda salir hoy mismo y que las respuestas a sus preguntas, con todo lo que sé, no sufran dilación. El artículo de Annette Kolb, presentado en Dresde en el formato de una conferencia y topándose allí con una fortísima oposición, se lo envío aquí adjunto a modo de impreso. Los poemas de Ernst Stadler, quien, como sabe, ha muerto en Francia, eran extraordinariamente prometedores, y su autor era también uno de los mejores traductores del francés. En una de sus últimas tarjetas enviadas desde el frente me prometía colaborar en mi edición de Verlaine. Me resulta conmovedor leer esta postal de campaña de alguien que luchaba por la cultura francesa y que, alcanzado por una bala de esa nación, ha muerto ahora por Alemania. El libro *Sebastián en sueños*, de Georg Trakl, es la obra de un auténtico poeta lírico, pero fue escrito en la fase crepuscular de una mente trastornada. Trakl, por cierto, no ha muerto en combate, sino que se ha pegado un tiro en Cracovia,[1] teniendo el cerebro estremecido por todos los horrores vistos durante su servicio como sanitario en el frente. Pero la guerra ha sido el empujón que le faltaba, era un hombre que estaba ya perdido de antemano.

Hofmannsthal tiene su domicilio en Rodaun, en las afueras de Viena, pero él, por cierto, se muestra del todo indife-

[1] La información con la que cuenta Zweig es—como ahora sabemos—del todo inexacta. Georg Trakl no se disparó, sino que murió a causa de una sobredosis de cocaína. Véase la carta oficial que le fuera enviada al medio hermano del poeta, Wilhelm, desde el hospital militar de Cracovia: «Se le comunica que su hermano, el médico practicante Georg Trakl, estaba bajo tratamiento en este hospital por trastornos psíquicos (*Dement. praec.*), y que el 2 de noviembre por la noche realizó un intento de suicidio por intoxicación con cocaína (el medicamento, probablemente, lo trajo del dispensario de campaña en el que estaba antes como asistente, y lo guardó de tal modo que, a pesar de la minuciosa revisión, no se le encontró nada), y, a pesar de toda la asistencia médica posible, ya no pudo ser salvado. Murió el 3 de noviembre a las 9:00 de la noche y fue sepultado en el cementerio Rakovicz de esta ciudad. Cracovia, 15 de noviembre de 1914» (*Cf.* Otto Basil, *Trakl*, Reinbek, Rowohlt, 1987, p. 155).

rente ante nuestras convicciones. No creo que pueda contarse con él. El libro de Bahr no lo he leído aún; no me gustan sus puntos de vista, por mucho que, en otras cosas, lo tenga en tan alta estima. Los más fuertes han sido los que callan, no quienes se desfogaron vertiendo en libros su primera ofuscación.

Muchas gracias por su magnífico ensayo; pretendo hacer que lo publiquen aquí, y yo mismo lo traduciría.

Como ya le decía: esto no ha sido una carta, sino una rápida respuesta. Con la más profunda admiración, suyo,

STEFAN ZWEIG

P. D.: Una palabra en su carta, sin embargo, me obliga de inmediato a la réplica. Escribe usted que está aislado. No, mi querido amigo, en su vida estuvo usted tan unido a todo el sentir de la humanidad, nunca ha conquistado usted tantas almas como ahora. Será más tarde, sólo más tarde, cuando consiga sentirlo, cuando todos puedan responderle. Conozco a muchos en Alemania que se lo agradecerían públicamente, pero, por prudencia, se abstienen de hacerlo con tal de no dificultarle su situación en Francia.

Algo más: conserve todo este material. He pensado que sería bueno, una vez acabada la guerra, compilar en un libro todas las manifestaciones verdaderamente humanas y hermosas de los escritores y unirlas en un documento que sirva para todas las épocas. Usted sería la persona llamada a hacerlo, y yo me pongo en ese sentido a su entera disposición. Fielmente, suyo,

STEFAN ZWEIG

[Tarjeta postal]
[Viena VIII. Kochgasse, 8]
[Matasellos: 17.3.1915]

Querido y estimado amigo:

¡Una palabra más! Acabo de enterarme de que Rütten &
Loening está preparando un folleto sobre usted, y les he escrito diciéndoles que éste no puede contener ni una sola palabra que pueda servir de base a sus enemigos en Francia para
emprender nuevos ataques. En estos tiempos se cae fácilmente en los extremos, y consideré mi deber llamar la atención de la editorial para que, aunque vaya *en contra* de los
intereses de ésta, no publique nada que pueda ser interpretado como un ataque a Francia en favor de Alemania. Espero haber actuado en esto justamente: su noble actividad no
debe fracasar por malentendidos.

Muchos saludos de su fiel

STEFAN ZWEIG

97. ROMAIN ROLLAND A STEFAN ZWEIG

Comité Internacional de la Cruz Roja
Agencia de Prisioneros de Guerra
Ginebra, sábado, 20 de marzo de 1915

Justo a la vez que su magnífica carta, querido amigo, me llega una absurda carta de Grautoff en la que me acusa de «callarme, de traicionar el espíritu de mi raza, etcétera». Me niego a responder a semejantes necedades; pero le agradeceré
mucho que, si un día tiene tiempo, le abra los ojos a este ciego. Su entorno me parece tan deplorable como el de los periodistas parisinos, y sus informaciones valen lo mismo que
las de éstos.

¿Puede usted creer que me reprocha (entre otras cosas) no hacer nada por los prisioneros alemanes?

Suyo, afectuosamente,

ROMAIN ROLLAND

Gracias por lo que le ha escrito a Rütten & Loening. Ha hecho usted muy bien. En estos momentos, la gente ha perdido la cabeza de tal modo que no es capaz de oír una palabra justa sin transformarla en una declaración partidista. Tratan de arrastrar consigo, a la contienda, a todos los que se esfuerzan por mantenerse alejados de ella. ¿Qué sucede? Pues que quien se ve comprometido por sus desconsideradas exageraciones está obligado a castigarlos con un mentís público. Y es lo que me veré obligado a hacer si Rütten & Loening pretende servirse de mis ideas fraternales como arma de combate.

El pusilánime de Grautoff[1] es muy capaz de pasar de un extremo al otro y de abrumarme con sus loas tras haberme abrumado con sus reproches.

¡Ay Señor! ¡Razón, escaso tesoro!

Constato los mismos errores de juicio tanto en un bando como en el otro. Las mismas exageraciones. La misma visión unilateral. Cada cual es capaz de ver únicamente sus virtudes y las faltas de los demás.

Ayer (día 19, número sagrado del babismo) estuve en una reunión íntima de bahaístas (babistas) orientales y europeos. Un grupo reducido: entre diez y doce personas. Ha tenido sobre mí un efecto relajante, benefactor. Ya volveré a hablarle de esto.

---

[1] En su diario Rolland se muestra muy enfadado con Grautoff: «En el momento en que la prensa francesa me trata de cómplice de Alemania, ¡el pobre idiota de Otto Grautoff (de *Jean-Christophe*) me acusa de ser cómplice de las mentiras de la prensa francesa! El 16 de marzo me escribe una carta monumental, una verdadera tesis, *donde me acusa de traicionar el espíritu de mi raza, mi espíritu, mi corazón, al callarme sobre la conducta de mi país*» (JAG, p. 306).

[Tarjeta postal]
[Viena VIII. Kochgasse, 8
22 de marzo de 1915]

Querido, admirado amigo:

Su carta del 15 la recibí el 17 y la respondí a toda prisa; en cambio, no parece haberle llegado una larga carta del día 12 o su respuesta a mí. No me siento capaz de decirle cuánto lamento todo esto, pero en mi fuero interno soy consciente de que usted sigue estando próximo a mí en su manera de sentir. En los próximos días tendrá más noticias mías, siento el apremio de escribirle prolijamente sobre algunos asuntos.

He leído hoy la carta de Carlyle[1] al *Times* en 1870. Muchas cosas en ella son aterradoramente actuales. ¿Se la envío? Muy afectuosamente, su fiel

STEFAN ZWEIG

99. STEFAN ZWEIG A ROMAIN ROLLAND /*/

Viena VIII. Kochgasse, 8
23 de marzo de 1915

Mi querido y estimado amigo:

He recibido su carta del 20 (en respuesta a la mía del 17, escrita a vuelapluma). Permítame reiterarle lo que ya expresé en mi carta del 12 de marzo: mi gratitud. Me ha ayudado usted mucho en estos tiempos. No porque hubiese caído y

---

[1] Thomas Carlyle (1795-1881), historiador y ensayista escocés. En su carta al *Times* del 18 de noviembre de 1870, reeditada como «Latter Stage of the French-German War 1870-1», defendió el derecho de Alemania a imponer a Francia el castigo que considerase adecuado (*cf.* M. Cumming, *The Carlyle Encyclopaedia*, Cranbury, Farleigh Dickinson University Press, 2004).

alguien tuviese que levantarme, pero sí que he sentido precisamente lo que usted ha dicho: soledad y rechazo, el doloroso estado de alerta propio opuesto al delirio de los demás. Una palabra, una sola, puede ser salvífica en casos así, en el mismo sentido en que una nota, una única nota, puede deshacer una disonancia. No hay nada como la consciencia de hallarse en un grado superior de armonía con las personas más queridas para provocar ese vuelco embriagador de todo cuanto uno siente. Estos tiempos unen con más fuerza que nunca, los ruidosos se unen para gritar, los discretos se unen en su mutismo, pero todos, sabios o necios, necesitan del vínculo y de la hermandad. Verse solo ahora sería mucho más enojoso que nunca. ¡Por eso, gracias! ¡Gracias por cada una de sus palabras!

He leído las declaraciones de Verhaeren en [*Le*] *Temps* y en los *Annales*, nuestros periódicos las han reproducido. He leído el pasaje en el que reniega públicamente de mí («tuve amigos allí, pero ahora me desvinculo de todos ellos»), y lo he leído sin dolor. Si de verdad es ése su modo de sentir, si considera enemigo a todo individuo hablante de la lengua alemana, entonces la relación entre él y yo estaba ya disuelta, y no sólo por una disonancia de índole nacional, sino también humana. Bien sabe usted cuánto lo he estimado—como a un padre, a un maestro—; sin embargo, ahora ya no puedo sentir tristeza, pues no me veo capaz de permitirme sentir de un modo tan intenso el sufrimiento propio en esta época de compasión por todos y con todos. Me lo digo una y otra vez: miles de madres pierden a sus hijos, miles de hijos a sus padres. ¿Es legítimo que me lamente ahora porque esta guerra me prive de un amigo? Tengo, en mi fuero interno, la cabal conciencia de no ser culpable de hacer algo en su contra, ni de palabra ni de pensamiento, por ello me siento liberado con esa despedida, sin ápice de amargura. El destino de ser odiado como persona por pertenecer a una raza es algo que mi sangre judía me ha enseñado a sobrellevar desde hace años con una sonrisa, de modo que sabré soportarlo también ahora con tranquilidad en lo que concierne a otro lado de mi ser, el de alemán. Extraño resulta sentir, en la vehemencia de sus manifestaciones—que supera en insensatez la de los más enconados vociferantes de la prensa de bulevar—, un dolor profundo, una desesperación que yo sé honrar y atender, por despreciable que me parezca su manera de manifestarse (y bien que me cuesta, por el profundo respeto que le tengo, escribir esa palabra).

Le digo todo esto, amigo querido y estimado, por una necesidad interior, no con las segundas intenciones de que propicie usted un entendimiento entre él y yo. Tal vez Verhaeren se sienta inclinado a otorgarme un estatus excepcional, pero lo rechazo, del mismo modo que, en mi condición de judío, he rechazado siempre toda clase de indultos o favoritismos. Sé tan sólo que si aún es honesto (porque honesta es también su exaltación actual), habrá de percibir en el futuro lo injusto que ha sido: yo, sin duda, no, porque he guardado silencio (a pesar de que se me ha apremiado aquí para que responda, pero yo no admito de nadie ese tipo de apremio).

De Grautoff recibí también hace unas semanas una carta, la carta de un hombre «convencido». A él lo estimo muchísimo por su bondad, decencia e inteligencia, pero es fácilmente sugestionable. Para su obra sobre «poesía francesa», los «unanimistas», sencillamente, lo habían imbuido de sus teorías, de modo que ahora lucha por otras cosas.

Él le estima muchísimo, eso lo sé, pero no sin vanidad. Y, por otra parte—y esto ya se lo escribí al principio—, no estoy demasiado seguro de su discreción. Ya le había desaconsejado publicar cartas privadas suyas, y ahora, por si acaso, he hecho que se lo recordaran en relación con ese folleto sobre usted. Espero que haya servido de algo. En cuanto tenga una respuesta de la editorial le escribiré.

Por lo demás, mi vida aquí sigue su curso tranquilo y formal. Tengo mucho trabajo por hacer, y eso es bueno. Veo a muy pocas personas, lo que también es bueno. En breve le enviaré un artículo que pretendo publicar y que trata de los padecimientos de polacos y judíos: haré que lo publiquen, probablemente, en los días de Pascua. Planes tengo muchos, y también muchas ganas de trabajar, pero todo eso lo haré más tarde; ya percibo cómo bulle mi sangre ante la perspectiva de lo mucho que habrá que hacer. Cuento firmemente con su ayuda, y puede usted contar conmigo para lo que me pida que realice. ¿Qué piensa de ese libro que recopila testimonios de la guerra? Eso también habría que hacerlo. Pero por ahora es algo lejano, lo importante en este momento es que nuestras almas se purifiquen en el fuego de los días y que éste les proporcione el calor capaz de engendrar luego el amor. No puedo dejar de pensar en el malogrado Van der Stappen, en el modo en que, año tras año, me habló de ese gran monumento, *La bonté éternelle*, que pretendía crear para que fuese la obra de su vida, y recuerdo cómo se quejaba ante mí por ser ya demasiado viejo. Decía que era preciso empezar a construir ese monumento desde la juventud, y pensar sólo en ello día tras día. Murió sin haberlo acabado: eso me ha servido siempre de advertencia para no desperdiciar ni un solo día. También nosotros trabajamos en ese monumento eterno.

Le saluda su afectuoso y leal servidor,

STEFAN ZWEIG

100. STEFAN ZWEIG A ROMAIN ROLLAND /*/

Viena VIII. Kochgasse, 8
25 de marzo [de 1915]

Querido y admirado amigo:

Le envío aquí su magnífico artículo en traducción mía. Que haya pasado la censura sin sacrificar ni una sola palabra—las breves enmiendas son mías—puede que le demuestre que encontramos aquí la más profunda simpatía de quienes piensan de un modo humano.[1] Hoy sé que sus hermosas palabras han conmovido a muchos, y sé también de la confianza con la que podemos contemplar todas esas manifestaciones de bondad. Envíeme todo lo que escriba y que desee que yo saque a la luz pública.

En los próximos días le enviaré mi artículo sobre «Bélgica y Polonia», que sí voy a publicar en Viena. Verá usted que ni los para mí tan dolorosos excesos de Verhaeren han podido arrancarme una sola palabra en contra de aquel desdichado país, todo lo contrario: sólo exijo compasión para con *todos* y que se resista la voluntad que tiende a transformar la compasión, la fuerza humana más noble en una herramienta de guerra. También le enviaré, en cuanto se publique, un libro de Fritz von Unruh, el escritor y oficial que ha regresado a casa con tres heridas. Contiene pasajes maravillosos.

Le recuerdo cada día, siempre con mucho afecto. Si aceptase comprender lo importante que es usted ahora para Europa, dejaría de sentirse tan solo. Antes ya le queríamos, pero ahora se ha convertido en alguien *necesario*: ¿no se percata de la diferencia?

Con lealtad y admiración, suyo,

STEFAN ZWEIG

[1] Se refiere al artículo «Notre prochain, l'ennemi», traducido por Stefan Zweig y publicado en el diario vienés *Neue Freie Presse* el 25 de marzo de 1915 con el título de «Feindeshass und Nächstenliebe» ('Odio al enemigo y amor al prójimo'). En su diario, Rolland anota que la versión alemana de Zweig ha sufrido «modificaciones y supresiones» (JAG, p. 306). El texto se recogió en el volumen *Más allá de la contienda* (MAP, pp. 93-98).

Comité Internacional de la Cruz Roja
Agencia de Prisioneros de Guerra
Ginebra, 26 de marzo de 1915

Querido Stefan Zweig:

Me han llegado bien sus cartas del 22 y del 23. Sí, me siento próximo a usted, no lo dude. ¡Más cerca que nunca! Es en crisis como éstas cuando aprendemos a conocer las almas y a revisar todos los valores morales que poseemos. ¡En cuántos creímos antaño, para hoy descubrir que no tienen ni fuerza ni bondad profundas! Otros, de quienes jamás lo habríamos sospechado, se elevan por encima del resto. Pocos siguen siendo los mismos.

Querido amigo, en estos días he sentido más que nunca la generosidad de su corazón y de su pensamiento. Nada podrá borrar ese recuerdo.

Sufro con usted por la pérdida de *ese amigo* que ha tenido el triste coraje de renegar de *todas sus amistades*, de una nación, por el hecho de que ésta esté en guerra con la suya. Sufre una injusticia, ¡y no ve, el muy desdichado, que está cometiendo la peor de las injusticias! Lo lamento, y también él lo lamenta. Algún día se dará cuenta de su error.

Pero yo, mi querido Stefan Zweig, pienso sobre todo en usted, en su pena, porque sé que la sufre, aunque corra sobre ella un velo de dignidad. Conozco ese pesar, lo he padecido más de una vez en mi vida: ese abandono (no me atrevo a decir esa otra palabra demasiado fuerte: traición), ese abandono de las almas con las que hemos mantenido los lazos más íntimos y dulces, almas de hombres, pero sobre todo almas de mujeres—las más queridas y las más amadas—que, bruscamente, se separan (y nos damos cuenta a posteriori) sin que sepamos por qué. A mi entender, es el sufrimiento más cruel de la vida.

Pero hay que conocerlo todo y mantener el sosiego del

alma, serena, sin amargura. Sería injusto culpar a la debilidad humana, pues, en la mayoría de los casos, no es más que eso: debilidad que no alberga maldad alguna. Ocasiona más daños que la maldad, pero no es su culpa...

Gracias por confesarse conmigo con tal grado de intimidad. Soy consciente del precio de esa confianza. Se lo agradezco.

Tendremos grandes cosas por hacer en el futuro. Las estamos haciendo ya ahora (soy plenamente consciente de ello) por el mero hecho de ser quienes somos en medio de la tempestad.

Le escribiré con más calma en otro momento.

Suyo, de todo corazón,

ROMAIN ROLLAND

La semana próxima espero la visita de Annette Kolb. ¿Conoce usted, en Viena, a una joven pareja de profesores de apellido Furtmüller (Zentagasse, 3)? He recibido de su parte—o mejor dicho de la señora Aline Furtmüller—[1] magníficas y emotivas cartas. Ellos también sufren a causa del odio.

---

[1] Aline Furtmüller (1883-1941) era la hija mayor del revolucionario ruso refugiado en Viena Samuel Klatschko y su esposa Anna (de soltera Lvoff). Klatschko mantenía contacto no sólo con la emigración rusa, sino también con los círculos socialdemócratas austríacos en torno a la figura de Viktor Adler. Al concluir el bachillerato, Aline estudió francés en la Universidad de Viena entre 1903 y 1904. Miembro de la Asociación de Enseñanza de Estudios Sociológicos, pronto entró en contacto con destacados militantes del Partido Socialdemócrata como Karl Renner, Otto Bauer o Robert Danneberg. Fue en esa institución donde conoció a su futuro esposo, Carl Furtmüller (1880-1951), con el que se casó en 1904. Tanto ella como su marido abrazaron el ideal pacifista de la época. El día 29 de marzo, Stefan Zweig anota en su diario: «Recibo una carta de Rolland en la que me pregunta por una señora apellidada Furtmüller. La magia del azar quiere que estuviese en la velada de anoche y que hoy me la encuentre en la *Pasión de San Mateo*. Hablo un rato con ella, es una mujer sencilla y modesta. Es curioso, todos los conocidos de Rolland comparten un distintivo secreto» (DZ, p. 180).

En estos días he estado leyendo unas muy hermosas cartas (inéditas) de un soldado alemán a un profesor de Zúrich. Hacen gala de un elevado espíritu religioso y del mismo sentimiento que expreso yo con estas palabras: «Nuestro prójimo, el enemigo».[1]

¿Sigue usted la revista de Wilhelm Herzog? Es buena. Valiente.

102. ROMAIN ROLLAND A STEFAN ZWEIG

Comité Internacional de la Cruz Roja
Agencia de Prisioneros de Guerra
Ginebra, domingo, 28 de marzo de 1915

Queridísimo amigo:

Le agradezco la excelente traducción de mi artículo y sus amables palabras, que me han llegado al corazón. Puede estar seguro de que, mientras viva, permaneceré fiel a la sagrada causa de la humanidad. No habrá consideración personal o nacional que me haga desistir. Sabe usted que, incluso en los primeros días de esta guerra, peleé para estar a salvo del odio, limitándome, en mis primeros artículos, a dar rienda suelta a mi indignado dolor. Luego hasta esa indignación se esfumó, y ahora sólo siento piedad por todos los hombres. Todos la necesitan, y nosotros igual que los demás.

Le pongo sobre aviso en lo referente al modo de proceder de ciertas publicaciones sesgadas que, de vez en cuando, reeditan alguno de mis primeros artículos (como la carta a Hauptmann) sin indicación de fecha, como si los hubiese publicado hace poco. Por fortuna, los textos son lo bastante conocidos como para no generar demasiados equívocos.

Sin embargo, de manera general, puedo decirle que desde hace varios meses he abandonado por completo el terreno

---

[1] Título de un artículo de Romain Rolland (MP, pp. 94-99).

político para asentarme sobre el puramente humano. Siento con total claridad que *no* hay *una sola* política inocente, todas tienen, en mayor o menor grado, las manos manchadas de crímenes.

Ayer asistí a una conferencia con proyecciones del teniente coronel suizo De Marval y tuve ocasión de hablar en privado con él. Monsieur De Marval acababa de visitar, en calidad de delegado de la Cruz Roja Internacional, los campos de prisioneros alemanes en Francia, Córcega, Argelia y Túnez. (Dentro de poco culminará sus visitas por el sur pirenaico y Marruecos). Las visitas a los campos las ha llevado a cabo con total libertad, ha podido quedarse a solas (sin acompañante francés) *donde* ha querido y *cuando* ha querido. También ha tenido ocasión de conversar con los prisioneros de manera cercana, y su testimonio no puede ser objeto de sospecha: porque, además, este neuchatelés tiene a uno de sus hermanos como capitán del Ejército alemán.

Ojalá monsieur De Marval pueda repetir esta conferencia en Alemania y en Austria. Creo que ayudaría muchísimo a calmar los ánimos. Para mí ha sido todo un alivio. Me ha dado la prueba irrefutable de la buena voluntad de todas las autoridades civiles y militares en lo que atañe a los prisioneros y a las relaciones humanas entre ellos, a menudo plenas de una bonhomía cercana. Los contados casos de injusticias, debidos a dos o tres individuos aislados, han sido sancionados en cuanto monsieur De Marval dio parte al gobierno.

Deberíamos desconfiar mucho de ambas partes, de ciertas cartas de prisioneros, alemanes o franceses, que mienten sin pudor alguno. De Marval ha destapado algunas de estas falsedades; y lo mismo podría hacerse, sin duda, en Alemania.

Pronto le escribo una nueva carta; le estrecho la mano de todo corazón.

Su afectísimo servidor,

ROMAIN ROLLAND

Al final de mi artículo, cuando me dirijo a «mis amigos del pueblo de Francia», me refiero realmente a la gente «del pueblo», pues es allí donde se hallan todavía, tanto en París como en provincias, los más cálidos rescoldos de humanidad. (Lo sé por las cartas que recibo).

Me ocuparé de lo del doctor Otto Wittner. ¿Podría indicarme el número de su regimiento?

103. ROMAIN ROLLAND A STEFAN ZWEIG

Comité Internacional de la Cruz Roja
Agencia de Prisioneros de Guerra
Ginebra, 29 de marzo de 1915

Querido amigo:

La Cruz Roja de Copenhague es la que se ocupa de las investigaciones sobre el teatro de guerra oriental. He transmitido su petición sobre el doctor Otto Wittner y les he pedido que le escriban con los resultados de sus pesquisas. Si tiene alguna información adicional que pueda proporcionarles (región donde desapareció su amigo, el número de su regimiento), escríbales directamente, por favor.

Afectuosamente,

ROMAIN ROLLAND

104. STEFAN ZWEIG A ROMAIN ROLLAND /*/

Viena VIII. Kochgasse, 8
[Añadido por Rolland:
finales de marzo-principios de abril de 1915]

Querido y estimado amigo:

Hoy tengo la oportunidad de hacerle llegar una carta directamente, y la aprovecho para enviarle también una de la señora V. W., que desea pronunciarse en relación con esa hermosa carta de una madre francesa que usted publicó en

Coenobium. En esa revista he encontrado muchas ideas estimulantes, pero me parece que toda esa gente que reside en países neutrales se muestra demasiado tibia en su voluntad para ayudar. Dentro de ocho días recibirá un ensayo mío que también aborda esta cuestión: esa gente no paga con suficiente compasión por nosotros: ¡las cosas que podrían y tendrían que hacer esas personas! También le he escrito a Ellen Key al respecto. Pero nos falta uno: ¡Tolstói!

Casualmente ha caído en mis manos el diario de Ohnet,[1] que me ha provocado una profunda depresión. Porque, en efecto, eso es lo que *cree* el ciudadano francés de la burguesía: los robos del káiser, los paseos de Schwartzkoppen por París. Es realmente terrible el poder que tiene la prensa por allí: cualquier individuo sabe que esa prensa es mendaz, pero la mentira ejerce su poder sobre *todos*, sobre el colectivo. Se trata, por ser el más irresponsable, del poder más cruel de este planeta, el estigma de nuestro tiempo, esa inescrupulosa fabricación de rencor y mentiras que imposibilitan toda rectificación, todo desacuerdo. Es precisamente por ser Ohnet una mente de la burguesía que me parece tan típico, y creo que en París, en Francia, el pueblo realmente cree todo lo que se dice. ¡Es algo espantoso, un abismo que seguirá separándonos durante años! ¡Cuánta labor no será necesaria para rellenar la grieta que esos criminales han abierto entre las naciones, con sus cargas explosivas de maldad y mentira! Yo afirmo, sin embargo, que la credulidad es un vicio, implica una falta de educación, constituye un defecto; sólo el entendimiento puede matar el odio, sólo la educación puede disminuir los malentendidos entre las naciones. La chusma intelectual, la gente a medias instruida que hoy redacta los periódicos, es más peligrosa que aquella de los suburbios y los barrios proletarios, porque esta última tiene por lo menos,

---

[1] Alusión a Georges Ohnet, *Diario de un burgués de París durante la guerra de 1914*, Sociedad imprenta y litografía Universo, 1915.

en su moralidad o su amoralidad, cierto valor y cierta fuerza, mientras que aquellos cobardes de la pluma ocultan su rostro. ¡Sólo su incultura hace posible tanto odio! Y también Verhaeren, por cierto… ¡Pero de ello no quiero hablar más!

Querido, estimado amigo, cada vez que desciendo hasta esos miasmas de la opinión y hablo luego con usted siento que puedo respirar a plenitud. No sabe usted lo que su presencia moral significa actualmente para el mundo. Sólo quien ha permanecido fiel a sí mismo (tal vez también Liebknecht en Alemania) es grande en estos tiempos, y los tiempos venideros se lo agradecerán.

El portador de esta carta le dará también la oportunidad de enviarme directamente cualquier documento impreso, o lo que considere. Me satisface cualquier cosa que reafirme mi neutralidad: créame cuando le digo que mi posición aquí es también complicada. Me he arriesgado más de lo que la gente cree, porque estoy demasiado atado y comprometido. ¡Usted ya me entiende! Sin embargo, el ambiente aquí se ha relajado, y un artículo como el suyo—la primera palabra leal que se ha publicado—ha sido recibido con regocijo. Si no me equivoco, pronto nos encontraremos con una disposición más positiva del pensamiento, la niebla—por lo menos entre nosotros—empieza a disiparse. Muy afectuosamente, suyo,

STEFAN ZWEIG

El folleto de Rütten & L[oening] *no* será publicado todavía. ¡Y su segundo volumen [de *Jean-Christophe*] no aparecerá hasta octubre!

¿Le ha enviado Grautoff su (espantosamente pomposo) anuncio de una colección de documentos?[1] La voluntad, como siempre en él, es buena. ¡Pero vaya modo que tiene de banalizarlo todo el bueno de Grautoff!

[1] Alusión a Otto Grautoff, *Kunstverwaltung in Frankreich und Deutschland, im Urteil von A. Bartholomé, M. Barrès, J. Beauquier*, Berna, 1915.

Viena VIII. Kochgasse, 8
Domingo de Pascua [4 de abril de] *1915*

Querido y admirado amigo:

Me han dado dos días de permiso y me he ido a las afueras de Viena para, después de varias semanas y meses, ver de nuevo un árbol florecer a cielo abierto, respirar el paisaje y la naturaleza. Los asuntos humanos nos dominan, y un día al aire libre tal vez nos permita recuperar la dimensión más perfecta y pura de todo.

Le agradezco mucho su generosa garantía en lo que atañe a las pesquisas relacionadas con Wittner. El pobre lleva desaparecido desde septiembre y su destino pesa demasiado sobre todos los que le queríamos. No era un hombre demasiado notable, pero sí receptivo, alguien conciliador y capaz de entender. Y las personas como él, precisamente por la frecuencia con la que aparecen, son representativas de las cotas alcanzadas por la cultura del gusto en un país.

Hoy recibe usted mi artículo sobre Bélgica y Polonia.[1] Verá que ni siquiera los ataques de Verhaeren han podido arrancarme una sola palabra de despecho. Espero haber actuado con justicia en ese punto, y desearía realmente que el mundo ahí fuera recordase más a menudo a Polonia. Yo sólo he *insinuado* que la realidad es mucho más terrible, y, sobre todo, que el destino de los judíos no tiene parangón en términos de tormentos y privaciones. Sobre ello se escribirá muchas cosas en algún momento futuro, muchas y trágicas.

Le envío tres ejemplares del ensayo. Tal vez pueda usted enviarle uno, acompañado de saludos míos, a Sienkiewicz, cuya dirección desconozco. Su palabra aún tiene poder en

---

[1] «Warum nur Belgien, warum nicht auch Polen?» ('¿Por qué sólo Bélgica, por qué no también Polonia?'), publicado en el *Neue Freie Presse* el día 4 de abril de 1915, p. 65.

el mundo, ojalá haga uso de ella. El segundo puede dárselo a cualquiera que, en su opinión, esté en condiciones de ayudar. El tercero (o mejor dicho, el primero) es para usted.

Me avergüenza un poco causarle estas molestias. Sé cuánto pesa sobre usted, y no querría abusar de su bondad. Pero no quiero nada, absolutamente nada para mí, todo es para la causa, nuestra causa común, la causa humana universal, y sé que para usted constituye una humilde alegría poder servir y ayudar en estos tiempos de sufrimiento general. Yo, en ese sentido, sólo me siento, cuando le hablo y le pido ayuda, un mensajero entre espíritus hermanos. Y nada me reportaría mayor regocijo que verle exigirme un sacrificio a partir del cual pueda usted medir mi lealtad y mi buena disposición.

Y ahora le cuento algo bastante curioso. El domingo, al atardecer, estaba yo en una velada privada durante una lectura de Ernst Lissauer. Lissauer es un antiguo conocido mío y yo había consentido acudir a la velada después de que él me prometiera *no* leer en ella su «Canto de odio a Inglaterra». Conoce mi parecer y lo respeta. Entre los presentes había una dama—a la que no llegué a conocer—, pero oí por casualidad que su nombre era profesora Furtmüller. Y ahora viene lo extraño: el lunes por la mañana recibo la carta en la que usted me pregunta por esa dama. Pero lo más extraño de todo es que ese mismo lunes por la tarde, cuando acudí a escuchar la *Pasión según San Mateo*, la señora estaba sentada en la misma fila que yo. Pude entonces intercambiar algunas palabras y decirle que usted me había hablado de ella. ¿No es extraño? Oí ese nombre, por primera vez, el domingo al atardecer.

¡Le saludo una y otra vez! El tiempo pasa lenta y pesadamente, pero yo casi le temo más a lo otro, a lo que sobrevendrá, al *después*. Nuestra obra comenzará entonces: si es que el mundo no nos lo pone demasiado difícil. Con toda mi lealtad y admiración,

STEFAN ZWEIG

Comité Internacional de la Cruz Roja
Agencia de Prisioneros de Guerra
Ginebra, miércoles, 6 de abril de 1915

Querido amigo:

He recibido bien su artículo del *Neue Freie Presse* y hallado en él la habitual generosidad de su corazón. Sin embargo, me hace sentir de nuevo lo lamentable que resulta que no podamos vernos ni intercambiar ideas: porque entre ellas no median tanto los malentendidos como las lagunas; ignoramos mutuamente una parte de nuestros respectivos sentimientos y, sobre todo, los motivos de éstos.

La razón por la que en Francia y en Inglaterra nos interesamos más por la desdichada Bélgica que por la no menos infortunada Polonia es muy simple: tenemos con ella una deuda enorme, ya que Bélgica se ha sacrificado por nosotros. El estoico heroísmo con el que ese pequeño pueblo ha resistido durante casi tres semanas, mientras se organizaban las defensas francesas—con demasiada lentitud y pilladas por sorpresa—, ha arrancado vítores de admiración en todos nuestros pueblos de Occidente, y nunca creeremos haber manifestado lo suficiente nuestra gratitud.

Ello no es motivo, sin duda, para olvidarnos de Polonia. Pero, amigo mío, los recursos de la caridad no son ilimitados. No se imagina usted lo que sufre Francia y cuánto ha de gastar por los males de sus propios hijos, de todas las poblaciones del norte y el oeste del país que han refluido hacia el resto del territorio nacional huyendo de los ejércitos enemigos. ¿Sabe que no hay familia del Mediodía o del oeste, del norte o del este francés, que no haya adoptado a una familia de emigrados belgas?

Y, en Suiza, no han sido los polacos, por supuesto, a quienes hemos podido recibir y dar cobijo (si exceptuamos a una minoría de intelectuales), sino a centenares de belgas y franceses evacuados de los territorios ocupados por Alemania. ¿Cómo quiere que poblaciones que atraviesan momentos tan difíciles de esta crisis económica que asola Europa se practiquen sangrías en sus cuatro extremidades con el fin de socorrer no sólo a sus vecinos, sino a los pueblos que sufren en la otra punta del continente?

A cada cual lo que le toca. A nosotros, los belgas. A ustedes, los polacos.

(América la dejo en sus manos. Debería ser para todos, y creo que, en verdad, lo es y lo será. Ese país hace lo que puede, y sé que los polacos mantienen allí una activa propaganda).

Me gustaría añadir algo, querido Zweig. Tiene que ponerse en nuestro lugar y comprender cuál es nuestro estado de ánimo (que, por fuerza, es diferente al suyo en relación con Bélgica). *Todos* nosotros consideramos que el pueblo belga no ha temido morir *por el Derecho*. Por lo tanto, a este respecto, constituye para nosotros uno de los mejores ejemplos de la historia; y, en esa simpatía que nos inspira su sufrimiento, muchos sienten también una admiración casi religiosa. Es por ello que debe gozar de una situación privilegiada en nuestros corazones.

En absoluto pretendo, amigo mío, obligarle a compartir nuestra manera de sentir, sólo quiero que comprenda por qué nos sentimos de este modo.

En fin, creo que insiste demasiado en la escasa simpatía intelectual existente entre Bélgica y Francia antes de la guerra. No olvide que toda nuestra joven música francesa viene del liejés César Franck, «abuelo» de nuestra Schola Cantorum y maestro de todo lo que hay de relevante en nuestros compositores; que Maeterlink, a quien Mirbeau tilda de nuevo Shakespeare, se ha parisianizado hasta el punto de llegar casi a renegar de su origen flamenco; que nuestras jóvenes escuelas poéticas, que nuestra *Mercure de France* estaban dominados por los belgas (¡y bastante que se le ha reprochado!); que a lo largo del siglo XIX nuestros proscritos políticos buscaron refugio en Bruselas y estrecharon lazos con el país; que la comunidad lingüística siempre nos ha acercado, a pesar de todo, por no hablar ya de la cortísima distancia que hay entre nosotros.

No haga caso de las mofas contra los belgas; nunca han tenido un carácter malicioso y, a decir verdad, en ningún momento nos hemos burlado tanto de los compatriotas de Beulemans como de los de Tartarín de Tarascón, a quienes nunca les ha afectado, como bien sabe usted. En todo caso, siempre ha habido más afinidad entre los parisinos y los bruselenses que entre los parisinos y los ginebrinos, quienes ahora se muestran, sin embargo, ultrafranceses.

Ya ve lo complejas que son las cosas. Cada cual, desde su observatorio, sólo puede estudiar una parte del cielo.

Pronto le escribiré otra carta. Por favor, dígame si ha recibido ésta.

Su afectísimo servidor,

ROMAIN ROLLAND

¿Ha leído el hermoso artículo de Brandes sobre Polonia y los judíos (en el diario *Politiken*)?

107. STEFAN ZWEIG A ROMAIN ROLLAND /*/

Viena VIII. Kochgasse, 8
9 de abril [de 1915]

Mi querido y admirado amigo:

Puedo enviarle desde hoy la respuesta de nuestro centro de conferencias más importante. Como puede ver, en principio ésta se muestra de acuerdo, pero no estoy en condiciones de valorar si en nuestro caso, por distintas razones, sea posible darla. Lo mejor será que el coronel De Marval se ponga personalmente en contacto con la dirección, tal vez la embajada suiza pueda serle de ayuda ante cualquier dificultad. La condición previa es, naturalmente, que el idioma de la conferencia sea el alemán y que se mantenga la más absoluta imparcialidad, excluyendo todo comentario de índole política. El acto, además, sería patrocinado si una parte de lo recaudado se destina a la Cruz Roja.

He recibido hoy la carta de un amigo que está en el frente de los Cárpatos, donde el encarnizamiento de los combates es ahora más espantoso que antes: me escribe diciéndome que el respeto entre los adversarios ha alcanzado un grado tan alto que más tarde, cuando se depongan las armas, lo mismo que hoy los incita a enfrentarse los incitará a buscar el mutuo encuentro. Ya en una ocasión dijo Dostoievski que el enfrentamiento de los pueblos en la guerra incita en ellos el deseo de conocerse en tiempos de paz: y creo que hay mucho de verdad en esa frase. Raras veces se ha leído tanto entre nosotros y en Alemania a los autores rusos—en Francia no sucederá lo mismo con los autores alemanes—; mi librero me ha dicho que nunca había vendido tantos libros de Tolstói y Dostoievski. Me encanta ese rasgo de Alemania, que confía más en los escritores que en las revistas y periódicos, que los escoge a ellos, los únicos verdaderos (por intemporales), para indagar en el alma y la mente del adversario. Yo mismo he leído los dieciséis volúmenes de la *Historia del Estado Ruso*, de Karamzín, una obra insólita y una época insólita. Todos nosotros sabíamos muy poco del Este.

No sabe cuánto me ha alegrado que se aclarase el asunto del teniente Strachwitz:[1] fue terrible imaginarlo, y me ale-

---

[1] Hyazinth von Strachwitz (1893-1968), militar alemán, más tarde comandante de una división de tanques de la Wehrmacht. Con el estallido de la Primera Guerra Mundial, fue destinado a Francia con su regimiento de caballería. Durante una misión de exploración, había sido capturado casi a las puertas de París y condenado a trabajos forzados en Cayena. Ese traslado, sin embargo, nunca llegó a realizarse, y en su lugar fue encerrado en una cárcel de la Isla de Ré. Una comisión de médicos suizos del

gra que la noticia fuera falsa o estuviera manipulada, uno de esos aspectos enojosos e innecesarios que constituyen casi el capítulo más cruel de la guerra. Sería preciso compilar en el futuro todas esas cosas a fin de evitar situaciones parecidas.

No sé con qué frecuencia sigue usted los periódicos alemanes, pero ha sido *unánime* en *todos* el lamento y la solidaridad anímica por [Jules] Écorcheville. Usted seguramente lo conoció: yo sólo me lo encontré una vez, muy fugazmente, y no conozco su valía, pero tenía entre nosotros muchos amigos, de esos que, aun en estos días, han permanecido fieles a él. ¿No es significativo que sean ellos, los mediadores, los primeros en caer? ¡Stadler, Écorcheville! De los grandes nacionalistas no hay todavía ninguno que haya quedado tendido en el campo de batalla, ni uno solo de los cabecillas y agitadores. Casi parece cosa del cruel destino.

Pronto le escribiré de nuevo. ¿Me equivoco o siente usted ya que ahora *todo* es más seguro, sosegado y firme? Creo que durante los primeros días estábamos todos confundidos, pero cada nuevo día nos fortalece más y más. Ahora mismo no puedo imaginar nada capaz de afectarme o trastornarme más. Muy afectuosamente, con absoluta lealtad y admiración,

STEFAN ZWEIG

108. STEFAN ZWEIG A ROMAIN ROLLAND /*/

Viena VIII. Kochgasse, 8
13 de abril de 1915

Querido y apreciado amigo:

Le agradezco mucho su carta, que acabo de recibir. Si esta vez no compartimos la misma opinión es porque (creo) us-

---

Comité Internacional de la Cruz Roja lo encontró en pésimas condiciones físicas en una prisión de Carcasona, a raíz de lo cual sería trasladado a Suiza y, ya en 1918, puesto en libertad.

ted piensa que el artículo va dirigido contra los implicados, pero en realidad se dirige únicamente contra Estados Unidos, España, Suiza, es decir, contra los países neutrales. Que Bélgica, forzosamente, signifique para usted mucho más es algo que, sin duda, entiendo. Bien sabe cuánto he amado yo a ese país (y mi amor no confunde, ante los hechos externos, el presente con el pasado). Sabe que en la cuestión del derecho comparto del todo su opinión: no encontrará usted en ese texto ni una sola palabra de rencor, de indiferencia o ingratitud. Y en cuanto a lo que he dicho sobre la indiferencia intelectual de Francia: creo que nadie conoce mejor los *dossiers* que el biógrafo de Verhaeren. Nunca me he encontrado con un escritor en Francia (salvo usted y Bazalgette) que conociera el nombre de [Charles de] Coster, por no hablar ya de su obra, y sé muy bien que la fama de Maeterlinck le viene por [*Le*] *Figaro* y por su mujer.[1] Pero ésos son sólo comentarios al margen: el peso mayor recae sobre Polonia. Y ahí el mundo *sí* que se muestra indiferente. De lo contrario algo tendríamos que oír, algo tendría que llegarnos.

Le digo (y espero que sepa que detesto afirmar cosas a la ligera) que la tragedia que viven los judíos en estos tiempos es la más horrenda desde los inicios de su historia. Bélgica, cuando acabe la guerra, sea cual sea su final, podrá resurgir y curarse: la tragedia judía, en cambio, *empieza* cuando llegue la paz.[2] No puedo decirle más, pero apelo firmemente a su confianza para que me crea cuando le digo que esto ape-

[1] La soprano, actriz y escritora Marie Blanche Georgette Leblanc (1869-1941).

[2] En esta carta se pone de manifiesto la sagacidad de Zweig en sus reflexiones sobre el destino de los judíos europeos. En una carta dirigida a Abraham Schwadron en la primavera de 1915, decía: «Estoy convencido de que el encono que ahora sólo es latente se descargará tras la guerra no contra los belicistas o los instigadores de la contienda […] sino contra los judíos». Véase: Stefan Zweig, *Briefe zum Judentum* ('Cartas sobre el judaísmo'), Berlín, Jüdischer Verlag, 2020.

nas ha comenzado y que está lejos de acabar. No culpo a nadie al respecto, tal vez todo resida en el sino de ese pueblo, en alguna determinación mística que le hace ser expulsado de cualquier parte donde consigue volver a ser un pueblo, una nación, convertirse en el viejo Asuero. Brandes ha tocado el tema, pero está lejos, desconoce muchas cosas esenciales. Y mi ensayo ha partido hacia América—y ahora podrá usted entenderlo de forma más clara—, hacia la nueva patria, donde están esos otros hermanos, los que fueron expatriados antes, hace una generación. Allí también será difundido, he dado mi aprobación a varias solicitudes, ya que la conciencia ha de permanecer alerta ante esta tragedia. Ésa era mi intención. Que no todo se exprese con la claridad debida tiene sus motivos (que tal vez usted conozca, después de todas esas alusiones),[1] pero sé que era necesario. Bélgica ha servido únicamente de pretexto, y luego…, me creo en el deber de aportar un ejemplo y demostrar que es posible hablar del adversario sin odio, con emoción sincera, a la vista de un destino puramente humano.

Se lo repito: le ruego que deduzca lo que he querido decir, que no se limite a leer. No he exagerado, al contrario, he dejado fuera todos los horrores y las crueldades, pero condeno que esos terribles sufrimientos que vive Polonia se oculten de un modo tan absoluto y sistemático. Leo de vez en cuando los periódicos suizos, y nunca encuentro en ellos nada sobre este infortunado mundo del Este; Georg Brandes fue el único que se atrevió, y por ello se encuentra hoy —como todos los imparciales—condenado al ostracismo, tanto allí como aquí.

Lo más importante, en cambio, es y sigue siendo, mi muy

---

[1] En carta a Schwadron, Zweig escribía: «Le he prometido a mi amigo Romain Rolland enviarle noticias de la tragedia judía en Ginebra […] Por el momento, no puedo darle suficiente información; visto de uniforme y tengo que presentar cada línea que escribo a mis superiores».

querido y apreciado amigo, el llamamiento a la compasión humana universal. Debemos separar el sufrimiento de la política, ésa es la misión del poeta en estos tiempos. Somos nosotros, los dueños de una mayor sensibilidad, los que lo experimentamos todo con más intensidad: y ésa debe ser la experiencia *decisiva* para nosotros en esta época. He intentado comunicar a los demás esa experiencia tan personal e íntima, lo he intentado con todas mis fuerzas y todas las veces que he podido y se me ha permitido, y pretendo seguir haciéndolo hasta el último aliento. Cada día nos permite saber más, y cada uno de esos días debería incrementar nuestro fervor. Cada día que pasa siento que ello sucede en mí, que la necesidad de expresarme (reprimida durante tanto tiempo por la conciencia de no haber llegado aún el momento de hallar la palabra *verdadera*) ahora me desborda.

Ahora quiero (en la medida que pueda) escribir más a menudo, empezando tal vez por un artículo contra el repugnante libro del profesor Werner Sombart, *Traders and Heroes* ['Comerciantes y héroes'] (un folleto que hace trizas filosóficamente a Inglaterra). Es el mismo señor Sombart que escribió que nunca había considerado a los japoneses seres humanos, sino primates. Cuando este tipo de gente se inmiscuye en política, arrogándose el derecho de hablar como portavoz de la cultura alemana, es preciso salirle al paso. Los artículos de Lasson, etcétera, iban dirigidos sencillamente contra los escándalos generados por un enloquecido charlatán de salón. *Usted* entiende lo necesarias que son tales amonestaciones: los demás me estarán menos agradecidos. Pero nosotros no trabajamos ni actuamos esperando gratitud alguna.

Mi querido y generoso amigo, no sabe lo bien que me sienta poder hablarle, muy especialmente cuando su modo de sentir, que emerge de otra sangre y otra lengua, no se halla en consonancia con el mío, y es precisamente en esos momentos, cuando nuestros criterios no coinciden, cuando percibo la voluptuosidad del entendimiento. ¡Si todos fueran capaces de enfrentarse con el mismo respeto mutuo por sus distintos modos de sentir! Tengo tanto que agradecerle en estos tiempos, y su voz, por bajo que sea su tono, por lejano que me llegue su sonido, opaca toda la avalancha de palabras a través de las cuales han de abrirse paso cada día mi mirada y mi sentido del oído. El sueño de Europa vuelve a estar de nuevo presente en mí, siento la unidad en la algarabía, una unidad que está por encima de todo desacuerdo. Y nada deseo más entonces que también pueda sentir usted—como consuelo, como alegría, como legitimación de algún que otro reproche íntimo—la manera en que su bondad y su amistad me han aliviado y consolado en estos días. Muy afectuosamente, su leal servidor

STEFAN ZWEIG

109. ROMAIN ROLLAND A STEFAN ZWEIG

Comité Internacional de la Cruz Roja
Agencia de Prisioneros de Guerra
Ginebra, viernes, 16 de abril de 1915

Mi estimado y generoso Stefan Zweig:

Me acaba de llegar su carta del día 13. ¡No sabe cuánto aprecio su comprensión y su humanidad! Como a usted, me complacen incluso las divergencias de opinión que puedan darse entre nosotros, ya que nos hacen sentir con más fuerza si cabe la profunda unión que existe entre nosotros.

Temo haberme expresado inapropiadamente en mi última carta: en mi correspondencia (no en mis artículos) plasmo lo que siento sin detenerme a pensar, por lo que transmito sentimientos incompletos que tan sólo representan una parte de todo lo que pienso.

Apruebo sin reservas que defienda la causa de los desdichados polacos y de los aún más infortunados judíos (pues los persiguen hasta los perseguidos, los polacos, y no cuentan, para defenderse, con ricas asociaciones como las que tienen los polacos, con sus revistas, sus agencias, sus grandes señores, sus artistas y su infatigable propaganda).

Solamente me gustaría decirle una cosa: nuestro Occidente europeo (tanto Suiza como Francia) está demasiado obsesionado con males inmediatos como para encargarse también de males lejanos; a decir verdad, no es una cuestión de *política* que la piedad activa y caritativa se vea obligada a ocuparse solamente de los desdichados que tiene más cerca.

Creo haberle dicho que, por mi parte, he reunido un *dossier* doble sobre los polacos y los judíos (especialmente sobre los judíos), y estoy más que dispuesto a redactar un artículo riguroso y documentado sobre ellos, pero *no puedo, no puedo...* Todavía no creo que haya llegado el momento, mi propia conciencia me lo impide. ¿Con qué ojos me mirarán los que aquí sufren, tan cerca, o a nuestro alrededor, esos a los que no conseguimos socorrer a pesar de todos los esfuerzos de nuestra caridad y nuestra piedad? Ya le había señalado, si mal no recuerdo, este dato (sólo a modo de ejemplo, pero un ejemplo de terrible elocuencia): entre las poblaciones francesas del norte y del este, que huyen de sus tierras invadidas, *¡un setenta por ciento de los niños ha muerto!* ¡Esas inocentes criaturas se han extinguido sin sufrir heridas, sin enfermedad aparente, sólo a causa del sobrecogimiento y el terror! (Tengo cartas de doctores de los hospitales). ¿Cómo hablarles a esas madres golpeadas por Herodes de otros hogares de luto en Polonia o en Galitzia? No podemos sino inclinarnos ante el egoísmo de su dolor. Yo no he perdido a un hijo. No tengo derecho a hablar.

Sin embargo, lo haré, lo hago cada día, en voz baja, poco a poco, tratando de sanar esas almas destrozadas. Pero no hay que ser brusco.

Sé que su artículo no va dirigido a los franceses, pero muchos de sus lectores (los polacos y los israelitas) podrían aplicarse el cuento. Por desgracia, todo el mundo es egoísta y no ve más que sus miserias. En estos últimos tiempos, he tenido ocasión de hablar con judíos refugiados de Galitzia y de Polonia. No entienden que podamos ocuparnos de otras personas y no de ellos. La (terrible) injusticia que padecen les parece la única, como si no hubiera otras.

No se dan cuenta de que esa manera de pensar, expresada con vehemencia, los hace parecer injustos y sospechosos a ojos de las demás razas. Lo que vuelve tan compleja la cuestión judía es que se trata, en realidad, de dos pueblos distintos: uno que comprende a los *Weltbürger* ['ciudadanos del mundo'] más libres y desnacionalizados, como usted, mi querido Zweig, y como tantos otros de su raza a los que estimo; y otro, el nacionalismo hebreo, que se muestra más intratable y cerrado ante cualquier idea de comunión humana que los peores nacionalismos de los Estados ya constituidos. Francamente, si al final este último consigue materializar con fuerza suficiente su sueño político, será otro lobo más en la contienda. Y las primeras víctimas serán *sus* hermanos «europeos», *mis* hermanos los *Weltbürger*.

Hace poco llegó a mis oídos que madame de Noailles[1] se contaba entre las excepcionales almas que, en París, simpatizan con estos sentimientos. Me alegró oírlo.

Acabo de enviar al *Journal de Genève* un nuevo artículo[2]

---

[1] Rolland anota en su diario: «[Louise Cruppi] es una de las pocas mujeres de la sociedad de París que siente horror por la guerra, horror tanto en su razón como en su corazón. Sólo hay otra mujer de su mundo que siente de un modo similar y le ha encargado que me lo transmitiese, ¡la condesa de Noailles!» (JAG, p. 315). Anna de Noailles (1876-1933), condesa de origen rumano, poetisa y gran mecenas de la época, tenía un salón literario frecuentado por los grandes intelectuales y literatos de la época, como Cocteau, Valéry, Gide, Colette, etcétera. Destaca su contribución a las letras francesas por la creación, junto a otras mujeres, del premio Vie Hereuse (más tarde el célebre premio Fémina); además, fue la primera mujer en ingresar en la Real Academia Belga de la Lengua y Literatura Francesas, y recibió el Gran Premio de la Academia Francesa en 1921.

[2] Se refiere a «Literatura de guerra» (MP, pp. 100-109).

sobre las voces que, en Alemania, expresan en su joven literatura (en poemas y revistas) ideas libres y humanas.

También he enviado a un periódico de Suecia, *Svenska Dagbladet*, mi respuesta a una encuesta sobre la colaboración internacional después del inicio de la guerra en el ámbito de la cultura intelectual.[1]

No me inquieta demasiado el mañana. Si no fuera por el sufrimiento que me causan los millones de víctimas sacrificadas en el presente, estaría muy tranquilo. *Sé* que «el destino de la humanidad acabará por imponerse sobre el de las patrias». Y eso es lo que escribo.

Suyo de todo corazón,

ROMAIN ROLLAND

¿Quién es el tal Walter von Molo que nos ha dirigido una generosa y *confusa* carta abierta a F. van Eeden y a mí?[2]

110. STEFAN ZWEIG A ROMAIN ROLLAND /*/

Viena VIII. Kochgasse, 8
21 de abril [de 1915]

Querido y admirado amigo:

Con profunda gratitud recibí su amable y generosa carta del 16 de abril. Ojalá que haya recibido también, con retra-

---

[1] Esta carta está recogida en *Más allá de la contienda* y *Los precursores* (véase, MAP, p. 99). La carta vino motivada por una encuesta que envió la revista sueca a la intelectualidad europea en la que se preguntaba por el futuro tras la guerra en aras de fomentar una cooperación internacional del espíritu.

[2] Se trata de la carta «An Frederik van Eeden und Romain Rolland. Offener Brief» (Múnich, Hugo Schmidt, 1915), del escritor austríaco de origen checo Walter von Molo (1880-1958). Rolland anota en su diario al respecto: «El tono es tan enfático que no he llegado a comprender a razón de qué carta mía dirigida a Van Eeden había prendido su chimenea metafísica» (JAG, p. 317).

so, la mía en relación con el coronel De Marval. Me alegra profundamente, de un modo que ni sospecha, nuestro entendimiento en esas últimas cuestiones, y estoy convencido de que entiende usted que lo que he dicho sobre el sufrimiento de los habitantes de Galitzia es por fuerza fragmentario. Más tarde sabrá usted más cosas al respecto, hoy debe creerme cuando le digo que ese sufrimiento es infinito, y también *irremediable*, *irreparable*, por lo que lo diferencio de todos los demás. Esas personas no encuentran una patria en ninguna parte, ni siquiera en la propia. Sospecho que ello dará lugar a una tragedia enorme cuando acabe la guerra, y ahora ya nadie puede impedirla. La maldición de Babilonia se cumple de nuevo.

Siento una gran curiosidad por su ensayo sobre la poesía alemana de este año. No olvide, sin embargo, que en el silencio se expresa también una opinión. Rilke, Heinrich Mann, Schnitzler y otros muchos de nuestros mejores hombres han callado. Hablarán más tarde: en un momento en el que los pueblos se odian su palabra era inútil, pero cada vez se pone más claramente de manifiesto la resistencia moral al odio. Aquí, en Austria, no ha llegado a invadirnos del todo; en un país de buen gusto como el nuestro casi nunca se han portado pancartas ni blasones con consignas como «¡Que Dios castigue a Inglaterra!». Se sabe tan poco de nuestro valeroso pueblo, de toda esa magnífica gente humilde que, movida por la lealtad al emperador y no por el odio, acepta las privaciones sin rechistar. Pueden lanzarse contra Austria cuantas injurias se desee, pero esta gente nunca fue jactanciosa ni ruidosa. Creo que el mundo no sabe en absoluto lo que estos hombres han hecho allí arriba en los Cárpatos, atrapados en la nieve, sufriendo privaciones que ningún otro ejército (salvo los rusos, mejor acostumbrados a ello) ha tenido que soportar. Y veo en los hospitales a esas personas heridas, exhaustas. Sin embargo, no abrigan odio, se muestran leales y pacientes. A menudo me avergüenzo viéndolas, porque preservan esos sentimientos absolutamente primitivos y patriarcales de la lealtad del hijo para con su patria, esa infinita convicción despojada de odio que no exige justificaciones ni comentarios, para la que una orden, la voz de mando del káiser, constituye una fe, una ley, una necesidad moral. Poco se sabe en el mundo acerca de los tiroleses, de los campesinos estirios, de los croatas y los eslavos, pero resulta conmovedor verlos en medio de sus sacrificios anónimos. He hablado ahora con docenas de oficiales, y no hubo entre ellos ninguno que no los admirara. Y ése es para mí el primer beneficio verdadero de esta guerra: descubrir al pueblo, las inmensas fuerzas éticas que reposan en su existencia callada y oculta. Centenares han reconocido ahora tal vez por primera vez lo que une a la humanidad y se han avergonzado por su indiferencia de tantas décadas. También yo debo incluirme, avergonzado, entre ellos: siempre lo he sabido, por libros y por otros detalles, pero es ahora cuando he podido palparlo por primera vez. Aquí, en nuestro propio país, se ha descubierto por doquier un nuevo sentido de comunidad, y ojalá que se le una el de esa otra grande y añorada: Europa.

Tengo otro encargo para usted. El diario *Neue Freie Presse* estaría encantado de que les enviase directamente algo que desee expresarnos, preferiblemente, unas palabras sobre la necesaria preparación intelectual para la paz, sobre todo eso que usted siente con tanta intensidad: el destierro del rencor intelectual resultante del conflicto. De esta petición se desprende que en todo el país—porque ni siquiera las instancias oficiales han promovido o tolerado nunca, como en otros sitios, las palabras de rencor—sigue viva la voluntad de mantener una postura leal en lo intelectual. Recién hoy he recibido una tarjeta postal, editada por artistas alemanes, con el retrato de Charles Péguy, que cayó luchando contra Alemania con el fusil en la mano. Puede que hasta haya visto o saludado, desde su trinchera, a Ernst Stadler, lo cual sería tan trágico como sublime.

En los próximos días le enviaré un ensayo en memoria de Gustav Mahler, con unas palabras también sobre nuestra época que parten de nuestros sentimientos comunes. Su *Canción de la Tierra*, su última obra, ha sido para mí, en estos días, un profundo consuelo. Hube de lamentar la muerte de un querido amigo y—gracias a una misteriosa asociación, ya que ambos, sentados juntos, habíamos visto a menudo a Mahler desde el gallinero—sentí aquella música cual si se tratara de un réquiem. El paisaje, en cambio, no me conforta: si no tuviera la música, me volvería, probablemente, tan duro como los demás. ¡Y luego están los gratos saludos que me llegan de lejos! Ellen Key me ha servido de gran consuelo, y, por otra parte, ni me atrevo a confesarle todo lo que sus cartas significan para mí. Sólo siento que usted, Romain Rolland, con su mero contacto hace que aflore lo bueno que hay en mí (ciertamente mezclado con muchas cosas peligrosas y de cariz sensual). Sé que, pensando en usted, no cabe la posibilidad de que le haya escrito nada mezquino en estos días, nada fervorosamente desagradable (y espero no hacerlo nunca). Aun invisible, es usted para mí instancia y medida, pero, sobre todo, es un ejemplo máximo de justicia. Usted me ha ayudado mucho sin saberlo, y, a su vez, ha ayudado a muchos a través de mí. Nadie conoce, ciertamente, el efecto que provocan sus acciones, pero créame que, sólo con el hecho de que sepa dominar sus pasiones y las deje emanar únicamente de su sentimiento, ha infundido usted seguridad en miles de personas más débiles y celosas de sí mismas. Le ruego que persevere en estos últimos meses y no desfallezca: todos nosotros, el mundo y quienes le quieren, le necesitamos mucho. Muy afectuosamente, con admiración y lealtad, suyo,

STEFAN ZWEIG

P. D.: Walter von Molo es una persona valiente, bienintencionada y ambiciosa, tal vez sea también un gran escritor (eso no lo sé). Me pidió que le hiciera llegar esa carta, y yo no lo hice porque me pareció huera y sin relación alguna con usted.

III. FRIDERIKE VON WINTERNITZ
A ROMAIN ROLLAND /*/

Baden, cerca de Viena
22 de abril de 1915

Muy estimado señor Rolland:

¡Cuánto me ha confortado su esperanzadora y generosa carta! Como la propia primavera, ha despertado la tímida confianza que habitaba en mí y lo ha colmado todo de una nueva calidez. Mi gratitud ha partido cada día en su busca, mi admiradísimo señor Rolland, y le hubiese llegado bajo una forma más visible si una ardua tarea no me hubiese privado del sosiego necesario para sentarme a escribir. He tenido que organizar una mudanza (hasta ahora he vivido siempre aquí, a una hora de la gran ciudad) y atender sola a mis dos hijas pequeñas, ya que su niñera se ha casado. Mi ponencia ha sido tildada de *anacrónica* en la sesión de nuestro centro de conferencias más importante. La había titulado, por cierto, «Proteger el futuro». Yo, que normalmente me cohíbo hablando delante de muchas personas—ya que, en mi caso, y a menudo también en el de otras mujeres, lo he visto siempre como una forma de exhibicionismo—, hubiera podido ahora ofrecer lo que brota de lo más profundo de mi alma, pues todo se habría desbordado en un torrente: los sentimientos largo tiempo reprimidos en torno a las miserias y obligaciones de nuestra época y nuestro futuro—cosa que yo, como corresponde a una mujer, he tenido por costumbre refrenar dentro de mí—. Entretanto, sin embargo, todos los que sintieron lo mismo que yo han hallado un consuelo: la primavera. Es como si ahora todos se hubiesen vuelto más indulgentes y humildes a la vista de las energías emanadas de ese eterno y maravilloso renacer. Gracias al valor para mostrar humildad han ocurrido milagros, del mismo modo que (bien que debe saberlo usted, el más generosos de los hombres) los hombres naturalmente humildes consuman milagros cada día. La humildad, sobre todo la que uno se aplica a sí mismo, es fuerza, una victoria sobre el propio ser, y no en casos aislados, sino una victoria sobre uno mismo que se inocula en la sangre. «Y aunque era Hijo, por lo que padeció aprendió la obediencia». Falta haría que los hombres reconocieran lo que significa la humilde hermandad del sufrimiento, una savia más poderosa que la de la alegría y que, ciertamente—idea que me estremece—, se torna espantosa por el contraste que plantea: las varietés y el circo fueron siempre internacionales. Hace poco, después de un tiempo sin hacerlo, escuché la *Sonata de Primavera* de Beethoven, y mi fascinación casi se vio avasallada por el deseo, por el imperioso anhelo de que los hombres se vieran obligados a estar tan inseparablemente unidos en la eternidad de la belleza, en esa expansión que va más allá de todo límite, que ninguna tumescencia que separe a los pueblos pueda crecer tanto y engendrar excesos gigantescos como el de la guerra. De modo que tal vez el «cuidado de la capacidad de entusiasmarse» sea una nueva obligación por lo que a cuidar el alma se refiere. Yo tendría un favor que pedirle, mi admirado señor Rolland: ¿podría transmitirle en alguna ocasión mis sentimientos de gratitud al señor Mercereau? Y no sólo porque lo conozca personalmente, sino por sus *Paroles devant la vie* ['Palabras ante la vida']. Me han conmovido los capítulos dedicados a las mujeres y las madres. Por mi amistad con Stefan Zweig, quiero agradecerle el beneficio que le reportan sus cartas. Apenas nadie sabe, como lo sé yo, lo que esas cartas significan para él, cuánto merece ese sumo consuelo y, por desgracia, cuánta necesidad tiene de él. Su alma es como la de un niño, y por eso, precisamente, por esas oscuras aristas de su propia naturaleza, cree haber perdido el luminoso sosiego de su vida. Su trabajo se ve siempre asediado por la inquietud, y usted es para él como un rayo de luz. Hace poco me escribió diciéndome que sólo usted ha sabido ayudarlo y redimirlo en estos tiempos. Gracias, muchas gracias por su bondad, por ser la llama que enciende el faro que es usted para todos nosotros, los que corremos el riesgo de naufragar. Con la más profunda devoción e invariable lealtad, suya,

FRIDERIKE M. WINTERNITZ

112. ROMAIN ROLLAND A STEFAN ZWEIG

Comité Internacional de la Cruz Roja
Agencia de Prisioneros de Guerra
Ginebra, 29 de abril de 1915

Querido amigo:

¿Qué opinión le merece a usted Otto Borngräber?[1] Me ha enviado, para que lo lea, un manuscrito de pensamiento amplio y libre, pero cuya forma me ha parecido grandilocuente.

He tenido también un intercambio interesante sobre el asunto de Alfons Petzold. Parece que este hombre sincero lamenta de veras los versos que escribió en la primera etapa de la guerra. He leído su autobiografía, que me ha emocionado.[2]

Aunque nos atormente cada vez más el delirio de los hombres, hagamos como si éste no existiera y hablemos apaciblemente del porvenir.

---

[1] Otto Borngräber (1874-1916), escritor alemán, se mostró contrario a la guerra y defendió posturas pacifistas. Así lo refiere Rolland en su diario, además de su petición de que traduzca uno de sus artículos, cosa que no le acaba de convencer: «Lo malo es que [el artículo], cuyo manuscrito recibo, no me gusta nada: es una prédica grandilocuente al estilo de Zaratustra» (JAG, p. 331).

[2] Los versos de los que reniega Alfons Petzold (1882-1923) son los correspondientes a su poemario *Krieg* (1914), mientras que su autobiografía se titula *Aus dem Leben und der Werkstätte eines Werdenden* (1913).

Pasé la tarde del domingo en el campo, cerca de Ginebra, en la casita de un compositor ginebrino al que admiro, Ernest Bloch. Me parece una de las fuerzas más apasionadas y dramáticas de la música actual. Montó en París un *Macbeth* que se vio sometido a la hostilidad más innoble y que contiene escenas (sobre todo una coral) de extraordinario poderío. Aquí en Ginebra se asfixia entre el doble filisteísmo de los burgueses a los que alarma su vitalidad salvaje y los viejos calvinistas que no le perdonan que sea judío. Y judío es lo que es, lo que quiere ser en su arte. Estuvo dos o tres horas tocando para mí grandes salmos judíos, danzas judías, una sinfonía titulada *Yom Kipur* (la cual, con más tino, debería llamarse *Israel*), ardiente de dolor y de entusiasmo, de pasión. Hace poco lo escuché también dirigiendo en la orquesta otra sinfonía pletórica de ideas que tiene ya un decenio (fue la obra con la que debutó; él tiene treinta o treinta y cinco años).

Este hombre no podrá seguir viviendo aquí, y me temo que en París jamás simpatizarán con él: tiene una personalidad demasiado violenta; su verdadero medio es Alemania. Me encantaría que, tras la guerra, pudiera conocerlo y ayudarlo a darse a conocer en Viena. Un artista como él podría extender sus alas y echar a volar en un entorno favorable; podría llegar a convertirse en el gran músico judío. ¿Se imagina? Estoy seguro de que a Mahler le hubiese encantado.

Suyo, de todo corazón,

ROMAIN ROLLAND

113. STEFAN ZWEIG A ROMAIN ROLLAND /*/

Viena VIII. Kochgasse, 8
1.º de mayo de 1915

Querido y admirado amigo:

Llevo ya días privado del grato regocijo que implica recibir una carta suya; la última que me ha llegado tiene fecha del 16 de abril y respondí a ella de inmediato; le envié también un artículo sobre Gustav Mahler[1] que, en sus palabras finales, se dirige al público general. Espero que alguna carta suya esté ya en camino, pues suelen tardar bastante.

Tal vez haya leído los periódicos alemanes y visto—me temo—la edición de la revista *Simplicissimus* con esa ordinaria caricatura de Ellen Key que me ha causado un profundo enfado.[2] ¿No cree que nos volvemos insensibles ante la falta de gusto, aun cuando ésta parezca actuar con la mejor de las intenciones? A mí me ha avergonzado muchísimo ver a esa noble y distinguida mujer representada en las poses más repugnantes, y todo por culpa de unas palabras que han sido sacadas a la fuerza de su contexto. Desgraciadamente (por los motivos que le he mencionado antes) no puedo tomar la palabra para iniciar una polémica, pero le ruego que no interprete mi silencio como aprobación.

De usted he leído unas magníficas declaraciones en un reportaje de un periódico sueco: ojalá que lleguen a materializarse. Sin embargo, por lo poco que puedo ver, tengo dudas de que en Francia se afiance demasiado pronto un sentido de lo justo. Sería importante comparar los periódicos de 1870: estoy convencido de que son infinitamente más moderados y claros que lo que presencio ahora. Siempre había esperado que, en proporción a la duración de la guerra, surgiera un sentimiento de comunión a partir de unos destinos análogos, pero hasta ahora nada semejante ha sucedido; al menos no en Francia. Es el único país que no envió representante alguna al congreso de mujeres de La Haya[3] (del cual, por cierto, es-

[1] Alusión al artículo «Gustav Mahlers Wiederkehr» ('El retorno de Gustav Mahler'), publicado en el *Neue Freie Presse* el 25 de abril de 1915.

[2] Se trata de dos viñetas satíricas: en una Ellen Key pasa de largo ante una estatua de un soldado prusiano y, en la siguiente, aparece abrazando a un soldado soviético. La leyenda reza: «Para los que, como yo, aman el espíritu germánico dentro del pueblo alemán, Potsdam es un enemigo más peligroso que Moscú» (*Simplicissimus* 4, 1915, p. 47).

[3] Congreso Internacional de Mujeres por la Paz, celebrado en La Haya

peraba poco, sinceramente). Se trata de algo que pasa a menudo entre individuos que viven toda la vida en un eterno
desencuentro porque ninguno se atreve a decir las cosas por
primera vez. Entiendo ahora cada vez más—y no sólo gracias a Dostoievski, sino en mi fuero interno—la belleza de
toda humildad. La responsabilidad de la obstinación en el
individuo y en el colectivo es mayor que toda la maldad o la
enemistad de la Tierra: en ese sentido, debemos aprender a
amar el desparpajo que no teme la palabra ni la sorna de los
otros. Quien pronuncie la primera palabra en esta disputa
(sin verse *obligado* a ello) se ganará el amor del mundo: hoy
todavía resulta difícil, pero luego ya nadie entenderá que uno
no hallase antes el momento para hacerlo.

He pasado un par de días magníficos, con música y paisaje: el servicio militar me mantiene alejado de todo trabajo
propio. Vivo una vida que me resulta ajena, pero está bien
que así sea. Me avergonzaría no formar parte ahora, en estos
tiempos, del colectivo, y no sólo con mi modo de sentir, sino
también con mis actos.

Es todo por hoy; le escribo con prisa. Y muchos saludos
de su siempre leal,

STEFAN ZWEIG

114. STEFAN ZWEIG A ROMAIN ROLLAND /*/

[Tarjeta postal]
[3.5.1915]

Querido y admirado amigo:

Acabo de recibir una carta de Gerhart Hauptmann en la
que le recuerda con palabras de cariño. Qué bueno que esa
disputa verbal haya acabado y que los grandes corazones de
la época se encuentren otra vez próximos.

---

entre el 28 de abril y el 1.º de mayo de 1915, presidido por Jane Addams,
futura premio Nobel de la Paz.

¿Ha recibido ya mis tres cartas? Ahora todo tarda tanto; la carta de Hauptmann estuvo en camino catorce días para llegar hasta mí. Con afecto y lealtad,

STEFAN ZWEIG

115. ROMAIN ROLLAND A STEFAN ZWEIG

Comité Internacional de la Cruz Roja
Agencia de Prisioneros de Guerra
Ginebra, 4 de mayo de 1915

Querido amigo:

La correspondencia ha sufrido un retraso de una semana entre su país y Suiza. He recibido casi al mismo tiempo, ayer y hoy, sus cartas del 21 de abril y del 1.º de mayo, así como su admirable artículo sobre Mahler. Mi querido Stefan Zweig, qué gran corazón tiene usted, qué don para comprender y amar. ¡Para comprender a través del amor! Es usted ese espíritu europeo vasto y generoso que nuestra época necesita y cuya llegada llevaba yo esperando veinte años. ¡Ojalá tuviéramos en nuestros países latinos un crítico de su talla!

Le envío el artículo sobre la joven literatura alemana desde que empezó la guerra. No hablo de artistas vieneses. Sé que valen mucho y «que el silencio también es una opinión», pero no me he creído con el derecho de interpretar ese silencio. Evito comprometerme. Ya hablaré, pero más tarde, más tarde. No me faltarán los testimonios. Desde ahora puedo decirle, amigo mío, que en estos ocho meses he aprendido a apreciar el espíritu de humanidad que se ha preservado en Viena, sobre todo en una elite, quizá más que en cualquier otra capital de la Europa en armas. Si sigo vivo, le prometo pasar un tiempo en su país cuando llegue el momento.

No yerra al decir que Francia es el país en el que se rechazan con más violencia las ideas de reconciliación. Francia sufre por partida doble: sufre en su territorio invadido y al sentir que se han infringido las leyes. (Sabe usted bien la fuerza que han tenido las ideas en este país: justicia, libertad, etcétera. Por ellas Francia ha librado guerras y revoluciones. Ha habido siempre allí una estirpe dispuesta a sacrificarlo todo por las ideas: su vida y la vida de los demás. Cuántas veces mis amigos parisinos, *mis viejos amigos, ahora separados de mí*, me han recordado y reprochado la frase que termina uno de mis dramas revolucionarios, la exclamación de Saint-Just al final de *Dantón:* «¡Que mueran los hombres para que Dios viva!». Lo escribí hace veinte años. Desde entonces, he seguido mi camino. Pero el público es un rebaño perezoso que llega a pacer en la huella de nuestros pasos cuando hace ya mucho que nos marchamos, y que luego se queda rumiando nuestras palabras muertas).

En estos momentos estoy más aislado en mi Francia que en el resto del mundo. Para seguir viviendo y pensando allí, debo crear yo mismo el aire que respiro.

No me quejo. Entiendo que ha de ser así. Francia es heroica y sufre, no puede apartar la vista del combate; apenas puede detenerse a lamerse las heridas. El propio Daniel, si hubiese estado en la fosa con un león de ese tipo, habría acabado siendo su cena.

A menudo pienso en lo que tendremos que hacer cuando acabe la guerra—si es que aún estamos en este mundo—. Una gran obra que rebase todos los proyectos políticos y artísticos. Una obra apostólica de unión universal. El gran corazón de Tolstói con una razón más rica y potente, más tranquila también, más luminosa. Una Iglesia de todas las iglesias. Una elite de todas las elites (y de todas las clases). Siento surgir en todas partes (en algunos) las mismas aspiraciones fraternales. Tengo hermanos en todo el mundo a los que siento más cercanos que si fueran de mi propia sangre. Comienza una poderosa era religiosa (religiosa en su sentido original, *re-ligio, ligare*, de unir: «¡La que une a los hombres!»).

De todo corazón, su devoto amigo,

ROMAIN ROLLAND

Comprenderá usted que me resulte imposible publicar en el
N[eue] Freie Presse lo que escribo en el *J[ournal] de Genève*.

Mientras mi país esté invadido y sufra, debo someterme
a una disciplina común—no de pensamiento, pero sí de acción—. Se me reprocha con encono el mero hecho de escribir en periódicos «neutrales», cosa que no haría si pudiese
escribir en periódicos franceses. No me veo con el derecho
de hacer de parlamentario en el campo contrario sin que me
lo encarguen. Sobrepasaría mis potestades y perdería (justamente) toda autoridad moral sobre los míos.

Desde la publicación de mi artículo he mantenido contacto con Petzold. He comprobado lo profundamente que lamenta aquel poema de tono asesino (al que he aludido) y he
leído su conmovedora autobiografía. ¿Lo conoce usted personalmente?

La amistad entre Péguy y Stadler—sobre todo su encuentro en el campo de batalla—es una leyenda sin base alguna.
Fue desmentida en la prensa francesa a través de una carta
de la señora Péguy; y yo mismo puedo decirle, en efecto, que
el Péguy que yo conocía se había vuelto muy nacionalista en
lo que atañe a Alemania y jamás había pensado en leer literatura extranjera.

La señora Von Winternitz me ha respondido con excelentes palabras. Me ha conmovido mucho, y me ocuparé con
gusto del encargo ante Merc[ereau].

Ha de leer usted mi artículo del modo en que hay que leer
todo hoy en día: complementándolo usted mismo. En ocasiones, para ayudar a cristalizar una idea uno se ve obligado a atenuarla.

Viena, 4 de mayo de 1915

Querido y estimado amigo:

Le envío hoy el último número de [*Die*] *Tat*, con motivo de las cartas escritas en el frente por Albert Klein, que me han conmovido mucho. He oído ese nombre ahora por primera vez, no era un escritor ni un intelectual, sino un simple profesor de secundaria, *uno más*, pero es eso precisamente lo hermoso, el hecho de que en Alemania sea esa gente totalmente anónima la que alcance cotas medias de cultura, la que muestre un modo de sentir tan puro, claro y religioso. Espero que a usted también le gusten mucho esas líneas escritas por una persona sencilla, sobre todo porque este hombre, entretanto, ha encontrado la muerte en el campo de batalla. En sus cartas todo ello se presiente.

¿Se ha publicado ya su ensayo sobre la literatura alemana durante la guerra? Yo aún no lo he recibido, lo último que recibí fue su carta del 16 de abril, a la que he respondido ya en dos ocasiones. Hoy recibí una carta de Georg Brandes; también él ha de sufrir por la hostilidad reinante entre todos los países, porque quiere seguir siendo lo que fue toda su vida: un mediador entre todas las naciones. Conozco sus debilidades humanas, pero su actitud en estos días fue cabal y firme: eso no debería olvidarse.

De Hauptmann ya le he escrito. Estoy muy feliz de que se hayan reencontrado. Aunque haya hablado con dureza y fervor, no olvide que tiene dos de sus hijos en el frente. Sé también, por casualidad, cuál es la postura de [Frank] Wedekind, que, en lo esencial, coincide con la mía. En realidad, toda atmósfera de odio ha desaparecido de Alemania, y un libro como el de Werner Sombart, que meses antes habría sido glorificado, es hoy blanco de los ataques más vehementes desde todos los flancos. No sabe lo feliz que me haría si pudieran oírse ahora en Francia, por fin, las voces de la reflexión: si encuentra algo en ese sentido, le ruego que me lo envíe.

He visto, entretanto, la primera entrega de la publicación del coronel suizo acerca del cual usted me escribió, y también he hablado con un viejo amigo de nuestra familia que vive desde hace cuarenta y seis años en París y que ha estado internado. Lo trataron muy bien, pero él—que también estuvo en París en 1870—me confirma que el ambiente ahora es incomparablemente más hostil y fanático que el de entonces. Ojalá que se disipe tan pronto como ha surgido: debemos empeñar en ello todas nuestras fuerzas.

Con afectuosa admiración, suyo,

STEFAN ZWEIG

117. STEFAN ZWEIG A ROMAIN ROLLAND /*/

Viena VIII. Kochgasse, 8
5 de mayo de 1915

Querido y estimado amigo:

Dado que ya le escribí ayer, hoy tan sólo le envío unas breves palabras sobre su carta del 29 de abril, que he recibido hoy (con alegría). Borngräber es un poeta monista algo mediocre, superficial y patético, sin un gran fondo espiritual; Petzold es un milagro de la voluntad, un hombre nacido en el proletariado más humilde y que ha ascendido hacia la verdadera fuerza gracias a su bondad y su energía. Lo estimo como amigo y estoy orgulloso de haberlo ayudado mucho en sus días más amargos.

A Ernest Bloch creo poder promoverlo *mucho* en Alemania. Si viene a Viena o a cualquier otra parte, estoy en condiciones de apoyarlo o, tal vez, de facilitar representaciones de sus obras. Si existiera algún ensayo valioso sobre él, puedo colocarlo en alguna revista de aquí. Me basta con que usted lo estime para tenerle confianza. *Dígale, por favor, que cualquier cosa que desee de Alemania puede comentarla tranquila-*

mente conmigo: no tengo el poder de un cargo, pero sí amigos que confían en mí y con los que puedo contar. Tal vez el año próximo deba hacer por mí el pequeño sacrificio de llamarse Ernst en lugar de Ernest: una medida tal vez necesaria para que conste como suizo. Creo que Viena, precisamente, le parecería una ciudad realmente liberadora: en lo que atañe a la música, ha sido siempre, y sigue siendo, un paraíso.

La señora Von Winternitz ha recibido su carta y le ha escrito de vuelta, agradecida. Pero las cartas son ahora como palomas mensajeras: un par de la bandada se extravían siempre en algún territorio incierto. Muy afectuosamente, con admiración,

STEFAN ZWEIG

118. ROMAIN ROLLAND A STEFAN ZWEIG

[Tarjeta postal]
Ginebra
Viernes, 7 de mayo de 1915

Mi querido amigo:

Esta mañana me ha llegado su carta del 4 de mayo, junto con las conmovedoras cartas publicadas en *Die Tat*. Desde el 16 de abril le he escrito en dos ocasiones y le he enviado mi artículo del 19. ¿No los ha recibido?

No conozco *La canción de la Tierra* de Mahler. ¿Es una obra coral y sinfónica o simplemente instrumental?

Suyo, afectuosamente,

ROMAIN ROLLAND

119. STEFAN ZWEIG A ROMAIN ROLLAND /*/

Viena, 10 de mayo de 1915

Muy estimado y querido amigo:

Le debo unas palabras de agradecimiento por sus dos maravillosas cartas, pero no puedo honrarlas hoy. Me siento completamente incapaz de expresar con claridad idea u opinión alguna: las negociaciones con Italia han generado entre nosotros tal tensión que resulta indescriptible.[1] No puedo escribirle nada acerca del tema, sólo presiento que, ahora, estos minutos son decisivos de cara a siglos futuros, y siento todo su peso en el corazón. No puedo decirle más, apenas puedo respirar. Tal vez mañana o pasado mañana tenga usted noticias mías, pero hoy no sé qué decirle, soy un mar de sentimientos encontrados y necesito todas las fuerzas para ser justo. Puede que usted comprenda mi situación, nuestra situación íntima en este momento: tal vez cuando reciba esta carta ya haya ocurrido una cosa o la otra, tal vez la suerte haya sido echada, una suerte que no atañe sólo a uno de nosotros, sino a todos. No puedo esperar que tenga usted los mismos anhelos que nosotros, ni siquiera los de sus amigos, pero sé que nos comprende, que muestra comprensión para con todos.

Y eso quizá le explique el desasosiego y la pobreza de estas líneas.

Muy cordialmente, con toda mi lealtad,

STEFAN ZWEIG

120. STEFAN ZWEIG A ROMAIN ROLLAND /*/

Viena VIII. Kochgasse, 8
17 de mayo de 1915

Querido y admirado amigo:

No es hasta hoy que encuentro la disposición interior para escribirle, precisamente hoy, cuando la constelación políti-

---

[1] Con el Tratado de Londres, firmado en secreto en la capital inglesa el 26 de abril de 1915, Italia abandonaba la Triple Alianza que la unía a los imperios alemán y austrohúngaro y renunciaba a su neutralidad para entrar en la guerra del lado de la Entente. La noticia se conoce en Viena a principios de mayo de ese año.

ca de Italia está ya decidida.[1] Puede imaginarse el efecto que
tiene sobre nuestra sensibilidad moral el ser atacados en estos momentos por un aliado con el cual (a pesar de todas las
discrepancias) habíamos mantenido nuestra lealtad. Se trata
del primer caso en el que una nación ha querido la guerra y
nada más que la guerra, porque usted bien sabe lo que le ofre-
cimos a ese aliado a cambio de la neutralidad: regiones al sur
de las Dolomitas que eran el orgullo de nuestro país. Puede
imaginar la respuesta que encuentra tal apostasía en nuestros
ánimos. Tengo la visión demasiado despejada como para no
poder apreciar también el punto de vista nacional de los italianos, la gran idea latina, tan bella y verdadera como la ger-
mánica o la eslava. Pero no puedo, ni siquiera yo puedo superar el asco ante la huera palabrería con la que se pretende
adornar la acción—en francés se le la llamaría *louche*—. Me
repugna que en este asunto se predique el *heroísmo*, cuando
se trata de un asalto a alguien que lucha contra una superpo-
tencia, y me repugna la simulación que hace pasar todo esto
por un lance novelesco, cuando en realidad se trata de un
negocio. Y lo más terrible es la prolongación que se experimenta con ello; la guerra se prolonga para todas las naciones.

Me refiero, Romain Rolland, a que si ampliase usted su
modo de sentir podría apreciar lo trágico que es el destino
alemán—y *no* me refiero al militar, porque éste habrá de decidirse ahora, y tal vez lo haga de un modo distinto a como se
piensa—. Resulta terrible para nosotros, que siempre tuvimos proclividad por Occidente, ver ahora al mundo entero
en nuestra contra, y resulta espantosa también la idea de la
traición, precisamente la de Italia. Desde Goethe, ese país
ha sido la patria anhelada de todos nuestros artistas. No hay
ciudad, pintura o poeta que los alemanes no hayan celebrado. El amor por el paisaje italiano había impregnado desde

[1] El 23 de mayo de 1915 Italia le declaró la guerra al Imperio austrohúngaro.

hacía mucho tiempo el espíritu de la pequeña burguesía; apenas conseguía reunir unos pocos peniques, cualquier humilde maestro de escuela, cualquier estudiante bajaba en peregrinación hasta aquel país, tras las huellas de Goethe. Nunca hubo desavenencias, y ahora…

Pero aún en esta hora me mantengo sereno. Apenas ayer, ya con plena conciencia de los acontecimientos, le escribí a un amigo que tal vez mañana estará dirigiendo sus armas contra nosotros, tal vez incluso contra mí mismo, porque por imprescindible que me haya vuelto en mi puesto es probable que ahora se produzca algún cambio. Le escribí muy sincera y afectuosamente con motivo de la muerte de su hermana. Me niego a sentir cualquier tipo de odio personal, pero he percibido de nuevo, con horror y amargura, el poder de las frases vacías, las mentiras de los periódicos. Odiar en ese caso sí que resulta necesario, porque aquí lo vivo se sacrifica al instinto más bajo de la vanidad y del egoísmo. Ningún hombre es para mí menos religioso, ninguno está más perdido que el que no cree en sí mismo. Es ése el verdadero crimen contra el Espíritu Santo. ¡Y nunca se había atentado tanto contra él como en estos días! Han pisoteado de tal modo la verdad en todas partes—salvo en nuestro interior, donde nuestra voluntad rechaza con férrea firmeza los embistes de lo ajeno— que serán necesarias décadas para poder ayudar a levantarla de nuevo. Cuán vigilantes deberemos estar *después*—porque será entonces cuando aparezca la otra mentira, la mentira histórica, la académica, el endiosamiento que cada pueblo haga de *su* lucha.

En los próximos días le escribiré con más detalle. Ahora todo es desasosiego en mí: esperábamos estar próximos al fin, y ahora todo comienza de nuevo con mayor encono que antes. Una vez más tendremos que refrenar nuestros corazones esperanzados, Eurídice habrá de bajar otra vez al mundo del horror, luego de haber vislumbrado un primer rayo de luz. Y, sin embargo, la época del año es infernalmente hermosa, una primavera de exuberancia provocadora, que florece con desparpajo, con total menosprecio de nuestras miserias y nuestros tormentos del alma. Nunca comprendí de manera tan clara que la naturaleza no sabe nada de los hombres, sólo estos últimos lo saben todo de ella.

Su ensayo sobre la literatura alemana destacaba en especial una cosa *muy* importante: reprobaba toda escritura ociosa. Yo me mantengo ajeno y perplejo ante la avalancha de libros que manan de la sangre y las lágrimas —*detesto* a las personas con una *mirada* tan objetiva—. Puede que yo aparte la vista, que busque la introspección, pero me resulta repulsivo observar, describir. ¡Qué modo tan noble ha tenido usted de decirlo! Ganas tendría yo de poder decirlo más claramente.

¿Le ha escrito a Ernest Bloch? Si me envía sus trabajos o algún ensayo sobre su obra, tal vez pueda servir de ayuda a su ópera, y lo haría con gusto. ¿Cómo podría uno vivir ahora sin estar activo? Y viendo que el poeta que hay en mí se estremece ante la violencia de los acontecimientos, estando, además, coartado por las obligaciones del servicio militar, ¿qué mejor que ayudar? Es cierto que uno quisiera ayudar al mundo entero, pero debe conformarse e intentar hacerlo allí donde se lo permitan.

He recibido una excelente carta de Ellen Key. ¡Ah, los amigos! ¡Qué importantes son en estos tiempos! Uno los cuenta como cuenta las estrellas en un cielo nublado, y el amor por ellos tiene algo de devoción religiosa. También a usted le agradezco cada día, con algún pensamiento, el que esté ahí, y me alegraría que pudiera percibirlo en la distancia. Con toda mi lealtad,

STEFAN ZWEIG

Comité Internacional de la Cruz Roja
Agencia de Prisioneros de Guerra
Ginebra, 19 de mayo de 1915

Querido Stefan Zweig:

Comprendo su angustia, la siento como si fuera mía. Se lo aseguro: ya no existe mi *yo*, sólo cuento con el de todos los que sufren y, entre esos que sufren, antes que cualquier otro, el de aquellos a los que quiero.

Amigo mío, nuestra salvación está más allá de las patrias. Incluso en el fragor de la batalla, no perdamos de vista la Iglesia «triunfal» por encima de la «militante», como en *La disputa* de Rafael, esa serena asamblea de las almas eternas.

Le estrecho la mano, de todo corazón,

ROMAIN ROLLAND

122. STEFAN ZWEIG A ROMAIN ROLLAND /*/

Baden, cerca de Viena
[Matasellos: 30.5.1915]

Mi querido y apreciado amigo:

Petzold acaba de regresar de Tirol del Sur, estamos juntos y le hemos recordado con afecto. Una carta mía va de camino. Con admiración y lealtad, suyo,

STEFAN ZWEIG

123. STEFAN ZWEIG A ROMAIN ROLLAND /*/

[Probablemente a finales de mayo de 1915]

Querido amigo:

Tengo la oportunidad de escribirle hoy por vía directa y con mayor franqueza de lo que me es posible normalmente. Confío, como es obvio, en que esta carta quede sólo entre nosotros: es un suspiro, un grito. Y a nosotros, normalmente, no nos está permitido hablar. Somos, aquí, seres sin opinión ni poder alguno: no tenemos Parlamento, nadie ha tenido la oportunidad de que la guerra sea votada o rechazada por los representantes del pueblo; de las negociaciones con Italia —llevadas de un modo tan torpe— no sabíamos ni una palabra, y durante meses el nombre de Italia no podía ni aparecer en los periódicos. La censura pesa de un modo terrible sobre nosotros. Usted se ha preguntado a menudo por qué no hablábamos: yo, en lo personal, habría cedido a Italia Trento (nunca Trieste) *antes* de la guerra, y cualquiera de nosotros lo habría hecho con tal de evitar un enfrentamiento directo. Pero nadie estaba autorizado a hablar, a dar consejos, nadie tiene influencia más allá de ese par de diplomáticos en los que nadie puede, probablemente, tener confianza alguna. En Alemania todo está mejor; pero, sí, vuelvo a ver con envidia a los países democráticos. Sea cual sea el desenlace de la guerra, ella hará más libre al pueblo alemán, porque creo que la ciega lealtad y la fe en los superiores ha llegado a su fin. Como recordará, en aquella ocasión en París le dije que una victoria fácil para Alemania sería mucho más espantosa para nosotros que para nuestros enemigos. Ahora eso ha terminado: el pueblo que ha dado la más grandiosa prueba de fuerza conocida por la historia—diez meses combatiendo contra Francia, Inglaterra, Rusia, etcétera, y ni un solo enemigo en su territorio—podrá descubrirse ahora *a sí mismo*. No crea que sobrestimo el aspecto militar, no confundo victoria con valor, pero admiro la tenacidad moral y la íntima constancia interior, y espero que, tras esta prueba——la más dura a la que se haya sometido jamás a un pueblo—, el pueblo alemán rompa también con sus circunstancias pasadas y se convierta en una nación democrática. Sólo entonces encontrarán los alemanes su verdadero vínculo con los demás pueblos y se volverán europeos. No me refiero a un cambio en la forma del Estado, pero sí en su esencia: un fin de los estamentos y castas, democracia en el sentido de Walt Whitman. Poco a poco voy viendo con claridad que esta lucha *tenía* que darse, existían demasiadas diferencias; lo que aún no consigo comprender es que se haya desatado de un modo tan sangriento e infinito. La intervención de Italia viene ahora a prolongarla de nuevo, pues espero que el enemigo tenga claro que, a pesar de todas las ofensivas anunciadas, ese anillo de hierro no podrá quebrarse. Si Italia se hubiese quedado al margen, el ambiente habría sido más proclive a la paz, pero ahora se halla de nuevo sobreexcitado con esperanzas. No veo el fin, ni siquiera pensando con una perspectiva de meses y meses.

Siempre me digo que es preciso no quebrarse en lo más íntimo. Y, a decir verdad, para mí mismo, lo estoy. Pero me abruma el peso de todo lo que imagino: siento demasiado sufrimiento ajeno sobre mis espaldas, intuyo la desgracia de millones de personas y nunca—¡nunca!—me veo capaz de decir: no se trata de ti, se trata de los demás. No entiendo a esa gente que escribe cómodamente para sí misma, que ignora todo esto y se mantiene al margen; me asquea toda esa palabrería de los poemas bélicos, todo ese ajetreo. Hasta los libros me resultan demasiado fríos; tal vez haya un par de ellos, muy lejanos, que podría leer ahora: Whitman, Tolstói, los místicos alemanes, aunque tampoco a ellos demasiado. Vivo colmado de vidas ajenas. Sólo siento el tormento, no los triunfos. Y detesto las conversaciones sobre temas militares o estratégicos, la aritmética de la muerte.

Me he vuelto un extraño para mis viejos amigos. Ellos todavía pueden mostrarse de buen humor; yo, en cambio, jamás. El máximo sentimiento del que soy capaz es un leve disfrute ante un paisaje o ante la música. ¡Y cuántos motivos tendría para alegrarme! Es cierto que esta guerra me ha deparado muchas cosas, no sólo la pérdida de amigos como Verhaeren; también sigo fuertemente atado a ese otro país —atado con un resto de mis mayores fuerzas vitales—y no sé nada, ni una sola palabra me llega de ese lado desde el

cual más me apetecería oírla. No me siento capaz de referirle nada de esto, es todo demasiado *terrible* y misterioso, imposible de abarcar con la palabra escrita; después de la guerra, cuando nos veamos, ya se lo haré saber. Podrá entonces
ponderar el destino deparado a algunas personas; aunque
es cierto que casi siento orgullo de cumplir con mi parte por
el bien común. Me avergonzaría no tener en esta época una
honda preocupación.

No sé lo que será de mí. Estoy aquí en el Archivo de Guerra, donde, desde que se inició el conflicto, ocupo un puesto de confianza que tal vez aún sea necesario; pero preferiría unirme al Ejército del Sur (domino bien el italiano). Mi
evaluación ha sido hasta ahora siempre la de no apto para el
combate, pero tal vez cuando pasen los meses bajen el rasero. Me temo que jamás conseguiré ser un verdadero soldado,
pero es fuerte en mí la voluntad de trabajar y de actuar. Hasta
ahora han estado satisfechos conmigo en todas las tareas que
me han asignado, y si bien es cierto que no me ha sido dado
todavía pasar esa última prueba, sé que también la aproba-
ría sin problemas, a pesar de todas las reticencias de mi espíritu. Ahora me ahogo en un trabajo arduo, y la sensación
de estar haciendo algo importante me sienta bien. No quisiera estar liberado ahora, a ningún precio. ¡Además, ya no
lo estaremos nunca! Porque, cuando esa paz acabe, ¡cuánto habrá por hacer! He sido siempre tímido, lo he sido toda
mi vida, pero ahora siento ganas de acudir donde las gentes,
de ir de casa en casa para hablar con ellas y convencerlas de
lo que siento. Me invade la imperiosa necesidad de entrar en
acción. ¡Si al menos ocurriese pronto!

Muchos saludos de su fiel

S. Z.

Comité Internacional de la Cruz Roja
Agencia de Prisioneros de Guerra
Ginebra, 2 de junio de 1915

Mi querido Stefan Zweig:

No me prive de sus nuevas. En estos días, más que nunca, días en los que lo siento tan próximo, pienso en usted, pues me doy cuenta de lo que debe de haber sufrido, lo que debe de estar sufriendo aún. Hay ciertas cosas que no necesitan ser dichas entre nosotros para saber que compartimos parecer en muchos asuntos que nos obsesionan en estos tiempos.

Hace un par de semanas le escribí una carta algo extraña; seguramente no la habrá entendido. A veces el espíritu se exalta y se pone a soñar con el fin de escapar a la realidad que lo oprime. Más tarde verá usted que yo tampoco he podido zafarme de algunas duras pruebas. El viejo mundo, en efecto, está emponzoñado por el odio. Tratemos al menos de evitar la corrupción de nuestras almas. Yo respondo de la mía, y también de la suya. ¿O acaso me equivoco?

Le envío un poema que nos dedica Frederik van Eeden. (Quizá ya lo ha leído). Qué reconfortante es.

Suyo, con afecto,

ROMAIN ROLLAND

Sólo hay un verso, el «Erfreut euch, im unermesslich trauern» ['Alegraos vosotros, en inconmensurable duelo'], sobre el que he manifestado mis reservas a Van Eeden. Le confieso que, si bien tengo la fe, me falta la alegría por el momento, pues no puedo olvidarme de los que no la tienen. Me pongo en su lugar y sufro por ellos.

[Adjunto a la carta]

No desesperéis, hermanos y hermanas,
por ruidosa que aún sea la voz del Infierno.
Ya volveremos a encontrarnos, ensanchados,
no puede dividirnos de las armas el estruendo.

No tememos al reino de hierro y sangre,
no temblamos ante la mirada de los demonios.
Intacta está aún la morada del sabio
que teje la dicha firme con sueño y añoranza.

Asola la demencia, con furia, nuestra casa,
mas a su perfidia el corazón no cede.
A millones redime una palabra nuestra.
Verdece nuestra simiente en los destrozos.

Alegraos vosotros, en inconmensurable duelo,
un guiño luminoso es nuestro sacramento.
Que la lealtad sobreviva a la miseria,
y andemos el camino que sólo conoce amor.

Desconocemos el odio y la venganza,
mas a nuestras almas no las fuerza la violencia,
de la libertad a las puertas montamos nuestra guardia
hasta que su llamado despierta a la humanidad.

No vaciléis, hermanos y hermanas.
Un eterno escudo es nuestra armonía.
Veis la meta, la fuerza del canto conocéis,
la magia sagrada de los pensamientos.

Un pueblo unido de nobles y de justos
nos da firmeza en esta pugna de naciones,
con similar orgullo ante siervos y señores,
gratamente prestos a cuanto haya que dar.

Tejamos con flores una cinta generosa
donde la delicada belleza preserve su poder,

hasta que el rostro de la tierra, transfigurado,
rejuvenezca en nueva vida, colmada de Dios.[1]

FREDERIK VAN EEDEN

125. ROMAIN ROLLAND A STEFAN ZWEIG

Comité Internacional de la Cruz Roja
Agencia de Prisioneros de Guerra
Ginebra, 6 de junio de 1915

Querido amigo:

¡Me ha llegado hoy su carta del 17 de mayo! Siento todas
las tristezas como si fuesen mías. Conservemos nuestra paz
interior, querido Zweig, a pesar de la furia de los hombres.
Sin renunciar a nuestra parte de sus males, integramos, a pesar de todo, junto con algunos amigos conocidos o desconocidos, una patria más vasta, eterna, universal, una patria que

---

[1] *Verzweifelt nicht, ihr Schwestern und ihr Brüder | obwohl noch laut der
Hölle Stimme spricht | Wir finden uns einmal geweitet wieder | und der Ka-
nonendonner trennt uns nicht || Wir fürchten nicht das Reich von Blut und
Eisen | wir zittern nicht vor der Dämonen Blick | Denn unverwüstlich steht
das Haus des Weisen | Aus Traum und Sehnsucht band er festes Glück || Es
mag der Wahn noch wüten, wo wir wohnen | das Herz fällt seinen Tücken
nicht anheim | Ein Wort von uns erlöset Millionen | Aus der Verheerung grü-
net unser Keim || Erfreuet euch, im unermesslich Trauern | denn leuchtend
winket unser Sakrament | Lasst unsre Treu das Elend überdauern | wir gehn
den Weg, den nur die Liebe kennt || Wir wissen nicht von Hass und nicht
von Rache | doch unsre Seele zwinget kein Gewalt | Wir halten an der Frei-
heit Pforte Wache | bis einst ihr Weckruf allen Menschen schallt || O zaget
nicht, ihr Schwestern und ihr Brüder | Ein ewig Schild ist unsre Harmonie |
Ihr seht das Ziel, ihr kennt die Kraft der Lieder | und der Gedanken heili-
ge Magie || Ein einig Volk von Edlen und Gerechten | lasst fest uns stehn in
der Nationen Streit | in gleichem Stolz vor Herrschern und vor Knechten | zu
freud'gem Spenden immerfort bereit || Ein Blumenband aus Grossmut lasst
uns weben | wo zarte Schönheit mächtig sich bewährt | bis sich zu neuem got-
terfülltem Leben | das Erdenantlitz jugendlich verklärt.*

debemos defender como la han defendido nuestros grandes conciudadanos, muertos ya desde hace siglos, pero siempre vivos para nosotros, más vivos que los propios vivos: los sabios de Grecia, de Jonia y de Oriente, y todos los espíritus libres que, a través de los tiempos, se cogen de la mano.

Le escribí hace días. Espero que haya recibido mi carta.

Si tiene ocasión de leer el *Mercure de France* del primero de mayo encontrará un artículo muy valeroso y franco en el que el leal Jean Marnold, refiriéndose a Wagner, dice verdades como puños a nuestros académicos.[1] Tengo en alta estima a Marnold, si bien discutimos mucho sobre música. Es el musicólogo más bueno y sincero de todo París.

En estos días hemos intercambiado algunas cartas, y piensa igual que yo.

Guilbeaux, definitivamente reformado, se ha venido a Ginebra, y ahora trabaja en la Agencia de Prisioneros. Pregunta a menudo por usted con mucha simpatía.

Está bastante preocupado por Bazalgette, de quien nada se sabe desde hace cinco o seis semanas. (Ya le comenté, si no me equivoco, que Bazalgette me escribió hará tres meses diciéndome que compartía nuestras ideas, al igual que Mercereau).

He recibido, por mediación de su embajada, el manuscrito de Jean-Richard Bloch que me ha enviado Amann. No sé si podré hacérselo llegar a Bloch, que acaba de marcharse a un lugar lejano y desconocido. (Él también me ha escrito recientemente diciéndome que no ha renegado de nuestras ideas).

Hasta pronto, querido amigo mío. A menudo me repito las palabras que están grabadas en la tumba de mi santa amiga Malwida von Meysenbug, en Roma, a la sombra de la pirámide Cestia: *Amore, Pace*. ¡Ánimos! Con afecto fraternal,

ROMAIN ROLLAND

[1] Se refiere a Jean Marnold, «Musique», *Mercure de France*, n.º 413, 1.º de mayo de 1915, pp. 117-128.

Viena VIII. Kochgasse, 8
7 de junio de 1915

Querido y estimado amigo:

Recibo ahora su carta del 2 de junio. El correo se ha vuelto ahora algo más lento, y no es culpa mía que se haya quedado usted sin su misiva. Le escribí dos veces, aparte de una tarjeta postal que también firmó Petzold; escribirle es una de las poquísimas alegrías que me concede esta época. Le hablo a usted como si hiciese una promesa, siento siempre, mientras la pluma se desplaza, el tierno y casi cariñoso eco de su modo de sentir, capaz de acoger en sí la más mínima y suave agitación de cada sensación experimentada. Sé que usted lo entiende todo y que, por generosidad, está preparado para todo: ¡hoy, al leer una sentencia de Lao Tsé en un epígrafe del nuevo libro de Werfel («Lo suave y lo tierno vencen a lo duro y lo grosero»),[1] no pude sino pensar en usted! Sólo quien no desea nada para sí, quien se entrega siempre, puede estar a la altura de lo más grande. Yo siento que gano en seguridad con cada día que pasa. Aunque eso no me contenta.

Son todavía demasiados los recuerdos que pesan sobre mí como para hallar el contento. Ahí estuvo el 21 de mayo de 1915. Llevaba un año trabajando con ese día en mente. Era el sesenta cumpleaños de Verhaeren, y ese día planeaba para él una gran celebración internacional, *europea* (conforme a su espíritu). Conferencié en París con sus amigos, estuve con Nele Griffen y Rysselberghe,[2] todos se mostraron dispues-

---

[1] Se refiere al libro de Franz Werfel, *Einander. Oden, Lieder, Gestalten*, Leipzig, Kurt Wolff, 1915, p. 5.

[2] Zweig se refiere aquí al poeta francés Francis Vielé-Griffin (1864-1937) y al pintor belga Theo van Rysselberghe (1862-1926). El 21 de marzo de 1914, Zweig anotaba en su diario: «Hablo con Bazalgette y Rysselberghe sobre la posibilidad de organizar una fiesta por el sexagésimo cumpleaños [de Verhaeren]» (DZ, p. 89).

tos. Pretendíamos crear algún tipo de obra democrática, la edición de un libro barato, todo costeado por nosotros y pensado para miles y miles de lectores, celebraciones en universidades de todas las ciudades, una fiesta europea. Y entonces, ese día, *ni siquiera pude enviarle unas breves palabras, una flor*. Volví a sentir la cantidad de cosas irrecuperables que yacen en las profundidades del pasado, y no hay amor con tanto poder como para sacarlas a flote de nuevo. Ése es el luto al que se refiere Van Eeden en su maravilloso poema. Todo cuanto crearemos reposará sobre los sepulcros de mucha gente querida, y toda nuestra alegría se teñirá eternamente de cierta amargura. Podremos deparar alegrías a los hombres futuros, pero creo, Romain Rolland, que no existe religión ni fe—ni será posible erigirla siquiera a partir de los corazones más nobles y fervientes—capaz de poner fin a las lágrimas de una madre por su único hijo. No habrá religión que devuelva la risa a madres e hijos. He renunciado ya para siempre a la idea de una alegría pura. ¡Me basta con haberla conocido alguna vez! ¡Nosotros tenemos otras cosas que hacer!

Pero estos días han sido los más tormentosos de todos: la impaciencia en torno al momento de comenzar. Siento tal fervor por esa obra, estoy tan imbuido de ella, que los labios se me resecan. Es eso lo que me atormenta, esa sed de palabras. Escribo algunas cosas para mí, pero se quedan en el cajón. Como todo. El único consuelo—que es verdadero consuelo, no algo que meramente me reconforte—es que hay millones de seres que sufren igual, y cierta gente anónima puede que sufra incluso más: los prisioneros y los desterrados. Nunca hasta ahora, desde los albores de la humanidad, fueron tantos lo que miraron con tal ansiedad las manecillas del reloj, intentando dotarlas de alas con sus anhelos.

Saber que Van Eeden está de nuevo en Europa es todo un consuelo para mí. Me dijeron que estaba en América, y echaba de menos, en las pulsaciones del mundo, los latidos de su corazón, ese corazón ardiente y compasivo. Es maravilloso ese hombre que ha sufrido tantas decepciones por causa de los integrantes de su colonia de artistas,[1] pero éstas sólo han incrementado su disposición a ayudar y a ser más desprendido. Eché de menos no verlo cuando, hace un año, estando yo en París, él visitó Viena, pero estoy seguro de que lo conoceré algún día en persona. Creo que, tras la guerra, ha de producirse en alguna parte una reunión de esas pocas personas que han permanecido fieles a sí mismas y al bien común. Deberían ser pocas, no incluir a ningún político, a nadie de los que ocupan los primeros planos, deseosos de usurpar esas ideas, afianzarse ellos y sus posiciones, sino personas que quieran y puedan pasar desapercibidas, sin pedir gratitud a cambio ni ser mencionadas por esa gran labor. Sólo las fuerzas anónimas que, como el agua en el musgo, alimentan las grandes corrientes con su labor callada y subterránea, las que determinan los cambios y los caminos de las naciones, sólo esas fuerzas anónimas llevarán a la humanidad esa nueva devoción. Resulta terrible desconfiar, pero será preciso hacerlo cuando muchos quieran arrimarse a la obra (los mismos que rehusaron hacerlo en el momento de mayor urgencia). Mientras escribo, siento lo difícil que resulta hablar de todo esto. Pero seremos capaces de hacerlo: sólo le pido que mantenga su confianza en mí. Y recuerde siempre una cosa: sólo tenemos, el uno del otro, simples insinuaciones, lo que es forzosamente sólo una parte, nunca el todo.

Le enviaré mañana, en transcripción para piano, *La canción de la Tierra* de Mahler. Espero que también le despierte algo. Estuve estos días con un amigo de Écorcheville y

[1] Frederik Willem van Eeden (1860-1932), psicólogo y escritor holandés. En 1898 fundó en Bussum la Colonia Walden, una cooperativa agrícola y de artistas de corte socialista. Sus integrantes intentan llevar una vida sobria y establecer un nuevo sistema económico basado en los medios de producción comunes. Pero el proyecto padeció por causa de una mala gestión financiera y de varios conflictos internos que llevaron a su disolución en 1907.

hemos hablado mucho de ese ser que hemos perdido. Una y otra vez, cuando se toca el tema, los vínculos y las relaciones, en cualquier parte aparece todo lo que permanece unido y todo lo que se ha roto, y eso hace que afloren el dolor y la promesa. Cuanto más dure, cuanto mayor sea el grado de enajenación, tanto más fuerte será el esfuerzo común. Cuanto más tiempo los pueblos permanezcan enfrentados, más común será su destino. Claro que cuando llegue la hora y la situación esté madura, habrá que llamarlos a todos para la cosecha. Estoy impaciente—¿y quién no?—. Pero, sobre todo, debemos aprender a tener paciencia cuando emprendamos la difícil tarea. Nos exigirá mucho, y yo, por lo menos, estoy dispuesto a entregarme del todo a ella.

Con gratitud y lealtad, suyo,

STEFAN ZWEIG

127. ROMAIN ROLLAND A STEFAN ZWEIG

Comité Internacional de la Cruz Roja
Agencia de Prisioneros de Guerra
Ginebra, viernes, 11 de junio de 1915

Querido amigo:

Me ha llegado bien su sincera carta, que me ha conmovido profundamente, y esta mañana he recibido la tarjeta enviada desde Baden con algunas líneas de Petzold. (Por desgracia, el sello de la censura ha dejado ilegible una parte). ¿Podría darle las gracias de mi parte y decirle cuánto me emocionó leer su autobiografía y enterarme de su reciente desgracia,[1] de la que me habló uno de sus amigos, Silberroth?

Espero que le hayan llegado las dos cartas que le mandé la pasada semana.

Su afectuoso servidor,

ROMAIN ROLLAND

[1] El fallecimiento de su esposa, Johanna Petzold, a causa de la tuberculosis.

Viena VIII. Kochgasse, 8
13 de junio de 1915

Mi querido y admirado amigo:

Muchas gracias por su carta, tan bella, a pesar de haberme traído una enojosa noticia. Desde que se inició la guerra no sé nada de mi amigo Bazalgette. Sabía solamente que sufría mucho a causa de sus trastornos digestivos, que llevaba varios años con problemas de salud, y no podía imaginar que lo llamaran a filas para cumplir el servicio militar. Ahora me entero de que no hay noticias suyas desde hace semanas y eso me inquieta muchísimo. Espero que esté bien y le ruego encarecidamente que me escriba de inmediato en cuanto sepa algo de él. Si está prisionero de los alemanes, no escatimaré esfuerzos en interesarme por él a través de mis amigos y llamar la atención sobre su persona. Para mí, B. ha sido siempre un símbolo de cabalidad, un camarada de lealtad férrea y uno de los hombres más capaces, a pesar de su modestia. Recuerdo todavía su libelo titulado «Europa», escrito un año antes de que comenzara la guerra: en él se muestra ya, de un modo visionario y creativo, la conciencia del peligro. Todos mis buenos deseos están ahora con él.

Me alegra saber que Guilbeaux está en Suiza. Transmítale, por favor, mis más cordiales muestras de amistad, estoy seguro de que nosotros, los que incluso en tiempos como éstos no nos hemos vuelto unos extraños los unos para los otros, nos entenderemos siempre. Saludos de mi parte, también, para Mercereau y J.-R. Bloch, que se encuentren sanos y salvos cuando las reciban.

Tengo intención de escribirle pronto de una manera más pormenorizada. Hoy le abordo sólo para rogarle que se acuerde de Bazalgette y que me haga saber de inmediato algo en cuanto tenga noticias suyas (¡ojalá que favorables!). Por fuerte que sea el interés por lo general, el individuo al que uno aprecia nos exige lo mismo con una fuerza singular, y es precisamente ese sentimiento por algunos individuos —amigos, parientes— lo que nos sirve de rasero para comprender la miseria generalizada.

Con saludos afectuosos y mi absoluta lealtad, suyo,

STEFAN ZWEIG

129. STEFAN ZWEIG A ROMAIN ROLLAND /*/

[Viena, 23 de junio de 1915]

Mi querido y estimado amigo:

Hoy quisiera escribirle de la manera más detallada y con la mayor sinceridad. El aprecio que siento por su obra y su persona me impide callar ahora, por mucho que quiera hacerlo. Creo también que aun la criatura más insignificante tiene derecho a réplica ante otra que es mejor cuando la ve caer presa de un error. En nuestras cartas, ni usted ni yo pretendemos hacer política ni proselitismo para que el otro adopte nuestras convicciones, sino esclarecer cosas, despojarnos mutuamente de fervores erróneos. A fin de cuentas, ambos tenemos una única voluntad: la de la justicia.

He leído su artículo «Le Meurtre de l'élite»[1] y me parece que en él se da un paso atrás. Entiendo *a cabalidad* su noble y profundo propósito. Ha querido librar a los franceses de su odio contra los alemanes a título individual, pero, en el intento por proporcionarles confianza en su palabra, ha hecho usted ciertas concesiones. Ha renunciado de nuevo al punto de vista humano general que había conquistado (¡de forma espléndida!) y ha hablado desde una perspectiva partidista.

---

[1] «El asesinato de las elites», *Journal de Genève*, 14 de junio de 1915 (MP, pp. 109-118); en él se reproducen algunos emotivos fragmentos de cartas y diarios de soldados franceses y alemanes en los que se muestra que el encono y el odio se va disipando en ambos bandos.

Su artículo no ha sido escrito para el mundo, sino para los franceses, y la verdad que ha querido transmitirles—la noble, bella y apremiante verdad de lo general humano, en medio de banderas y estandartes—ha sido envuelta en un papel de tonos chillones con los colores de la tricolor. Sabe que aspiro a encontrar un punto de vista objetivo, y del mismo modo que muestro gratitud a toda persona que me haga ver de qué modo me he dejado llevar por los sentimientos, exijo de cualquiera que desee lo mismo la voluntad de prestar oídos a la voz discordante.

Usted, Romain Rolland, dice dos cosas a los lectores—o, mejor dicho, a los franceses—, cosas que ellos desean oír y que usted nunca podrá demostrar. Lo primero es afirmar que el gobierno alemán ha querido esta guerra. No pretendo entrar en detalles, tan sólo recordarle una cuestión, más bien, de sentido común: si un pueblo desea una guerra contra las tres naciones más grandes del planeta, ¿puede un único gobierno, en *ese* instante, querer tal guerra? ¿Se mostró Francia acaso como una nación enteramente amante de la paz? ¿Qué libros pueblan las librerías desde hace décadas? ¡Llamamientos a la revancha y a la guerra! Pienso que ninguna persona objetiva debería echar la culpa a un solo Estado, y usted se desmiente a sí mismo, desmiente sus propias palabras en un ensayo anterior, en el que culpa a todos y a nadie. Yo sólo puedo dar fe de lo que he vivido. En Austria hemos visto con nuestros propios ojos la agitación panrusa, y yo mismo, en París, he oído predicar la revancha decenas de veces (también en la Cámara). No obstante, jamás culparía de ello a todo un pueblo o a un *único* gobierno. Y es eso lo que usted, Romain Rolland, ha hecho esta vez.

En segundo lugar: ha opuesto usted el valor, el entusiasmo por la causa justa de Francia a la disciplina de los alemanes. También esto es un error. El aquí y el allá no pueden abarcarse con conceptos, y un pueblo que ha sabido reclutar a dos millones de voluntarios para esta guerra habrá mostrado con ello su entusiasmo (y no menos con su esfuerzo gigantesco). No dudo del ímpetu reinante en Francia, si bien los continuos debates del Parlamento sobre medidas punitivas contra los *embusqués* podrían aprovecharse del mismo modo que se hace uso de una carta o del poema de algún individuo, pero no creo que se deba alabar a un pueblo en detrimento de otro. Cualquiera de ellos, por su mero sufrimiento, por sus muertos, tiene cierto derecho a la gloria.

¿Para qué entonces, Romain Rolland, contraponerlos? ¿No basta acaso con que esos pueblos estén ahora enfrentados con las armas? ¿Han de verse también confrontados por los mejores hombres en su esencia espiritual? Se lo repito, estimado y querido amigo: entiendo el noble sentido que inspira su artículo, pero consigue usted el efecto contrario cuando pone a los individuos en contra de toda Alemania. Es como si alguien dijera: qué grandiosa y justa es Francia, tiene a un hombre con la objetividad de Romain Rolland, el único razonable entre tantos millones. ¿No le resultaría espantosa una alabanza de esa índole? ¿No preferiría—honestamente—que despreciaran y negaran sus actos y sus obras mientras se alaba a todo el país, a la nación unida? Creo, estimado amigo, que deberíamos dejar por ahora el tema de la psicología de las masas de corte nacional: el ímpetu no es un sentimiento constante, sino que se manifiesta a saltos. He visto, aquí y en todas partes, cómo se alteran rápidamente los estados de ánimo, tanto a nivel individual como colectivo, y ésa es la razón por la que una manifestación individual—una carta, por ejemplo—, por auténtica que sea, deriva, en un sentido más elevado, en una falsificación, en un falso testimonio. Por su parte, las cartas aisladas, escritas en un arrebato debido al cansancio o al odio, a menudo inspiradas por el mero agotamiento físico, no dan fe de *nada*, y un hombre justo no debería utilizarlas nunca. Creo, en general, que nosotros, que no formamos parte de los ejércitos que combaten, deberíamos abstenernos de todo enjuiciamiento sobre sus capacidades y su espíritu, porque dependemos de las impresiones de otros, y estos últimos lo ven todo únicamente desde una perspectiva individual. Estimado y querido amigo, me he sentido en la obligación de escribirle esto. Usted representa, para mí, una gran ayuda en estos tiempos, ha contribuido infinitamente a que yo mantenga mi equilibrio interior, y por ello debo mostrarme agradecido con mi sinceridad, decirle en qué aspecto ha flaqueado usted en relación con su voluntad más íntima. Todos sucumbimos ahora—más de lo que somos conscientes—a las corrientes de la época y del momento, y eso a menudo nos desvía brutalmente de nuestro objetivo: Europa. Pero hemos de hacernos un mutuo llamamiento y señalarnos el rumbo a seguir, a fin de que no perdamos la meta y permanezcamos unidos en este fraterno vínculo invisible del amor universal y la confianza. Espero que no me culpe por estas sinceras palabras de quien le es leal, cuyo amor por usted sigue siendo inamovible. Suyo,

STEFAN ZWEIG

130. STEFAN ZWEIG A ROMAIN ROLLAND /*/

Viena VIII, Kochgasse 8
[Añadido por Rolland: principios de julio de 1915
(tras las victorias sobre los rusos)]

Mi querido y admirado amigo:

Le envío esta carta por otra vía, a través de la escultora Rose Silberer, hermana de uno de mis amigos, el escritor Sil Vara.[1] Ella misma ha escrito en francés cosas muy hermosas sobre la guerra, temas que engloban nuestro común modo de sentir al respecto (vive desde hace años en el extranjero), y tal vez tenga usted para ella alguna tarea digna de quien se mueve libremente entre las naciones. Hay ahora muchas per-

---

[1] Pseudónimo del escritor y periodista austríaco de origen húngaro Geza Silberer (1876-1938).

sonas—sobre todo mujeres—que añoran poder hacer algo en favor de la reconciliación, de la abolición del odio, y todas se ven obligadas a cruzarse de brazos con resignación. Ella se quedará a vivir en Suiza, y quizá sepa usted indicarle el camino a través del cual puede ser más eficaz. No hay nada más trágico que dejar incumplidas las grandes obras espirituales en aras del bien común por no encontrar a quienes están en condiciones de realizarlas; y, sin embargo, estas personas existen y su deseo más ferviente es ayudar, aunque desconocen cómo hacerlo.

Espero que haya recibido mi carta, la que le escribí cuando leí su artículo en el *Journal de G[éneve]* (que no me pareció del todo acorde con su manera de pensar). No crea que yo (como la mayoría de la gente aquí), guiado tal vez por sus últimos grandes éxitos, tengo a Alemania por la única fuerza verdadera. Lo único que me gusta de Alemania en esta guerra es su disposición al sacrificio, su capacidad organizativa, que no malgasta un solo átomo por culpa del desorden o de la irreflexión, y también, a diferencia de Francia e Italia, su *callada* autoconfianza. Usted, que ama a su país—lo que me parece admirable en esta lucha, tal como había esperado—, debería decir de vez en cuando lo que perjudica a Francia a ojos de cualquier persona objetiva: la fanfarronería, el júbilo anticipado por la victoria en esas ofensivas tantas veces anunciadas y abortadas, las eternas discusiones sobre si se debe dejar a Alemania la ciudad de Maguncia y la orilla izquierda del Rin, pese a que ésta mantenga con mano férrea, desde hace diez meses, Lille y todo el territorio de Bélgica, y Metz, la fortificación más poderosa del mundo, no haya sido rozada todavía por una granada. Permítame decírselo, querido y estimado amigo, esas cosas le duelen a cualquiera que ame a Francia. Alemania no ha gastado una sola palabra en celebrar la ofensiva contra Kurlandia o Galitzia, sino que la *ha llevado a cabo*. Es eso lo que ahora me impresiona de Alemania, no sus éxitos. Nunca mediré la grandeza de un país por sus méritos militares, pero sí por su seriedad moral. Y en Francia esa seriedad—ahora que está presente con más fuerza que nunca desde los días de la Revolución—está siendo distorsionada por un reducido grupo de repugnantes vocingleros y charlatanes. Y es ése el aspecto, Romain Rolland, sobre el que tiene usted obligación de hablar. Porque yo, que he amado a Francia cada segundo como una de las formas más nobles del espíritu europeo, sufro por verla distorsionada por gritones y charlatanes en su hora más grave. Usted, querido amigo, representa a la Francia *real*, ¿por qué no se opone? Mientras reinó la paz, callamos todos durante demasiado tiempo, callamos demasiadas veces, pensábamos en lo atemporal y dejamos las tribunas y las plazas a esos hombres. Ahora nuestra indiferencia se venga. Lo que pretendíamos en silencio se ve ahora pisoteado, por espacio de muchas décadas, por una muchedumbre azuzada por los vociferantes; afortunadamente, una nueva semilla está germinando en nuestros corazones. Sin embargo, me pregunto también si podemos seguir tan callados, tan dóciles e indiferentes: cada uno de nosotros tiene muertos muy queridos que vengar, y habrá que cobrárselos a esos agitadores que, con su jactancia, seducen a todo un pueblo; o mejor dicho: ¡a todos los pueblos del planeta! ¡Por los muertos tenemos que hablar, no por nosotros!

Me he animado a empezar, paralelamente a mi servicio militar, un trabajo mayor que será un resumen de lo que tengo que decir. Será una tragedia de otra época,[1] pero el símbolo más potente y agudo de la nuestra. No me atrevo siquiera a

---

[1] Se refiere a la tragedia *Jeremias, eine dramatische Dichtung in 9 Bildern*, Leipzig, Insel, 1917 (existe traducción en español: *Jeremías. Poema dramático en nueve cuadros*, trad. Roberto Bravo de la Varga, Barcelona, Acantilado, 2020). La obra fue muy alabada posteriormente por Romain Rolland en una extensísima reseña del 20 de noviembre de 1917 que tituló «Vox Clamantis», *Coenobium*, Lugano (MP, pp. 233-249).

pensar en lograrlo; todos caminamos ahora sobre arenas movedizas sin saber lo que será de nosotros. Poco a poco vamos aprendiendo a pensar día a día y a no sopesar lo que pueda venir después: sólo conseguiríamos deprimirnos.

He recibido magníficas cartas de Ernest Bloch y de Guilbeaux. ¡Si supieran cuánto me consuelan! Basta abrir esos sobres sellados en el extranjero para que sople de nuevo ese sagrado viento del mundo. Sí, *lo extranjero*, en cierto sentido, se ha convertido en la patria del pasado y del futuro a pesar de ser blanco de mofas, destierros y odio.

Adiós, mi querido y generoso amigo. Cuento firmemente con que no se haya tomado a mal mi última carta por atacar su cambio de opinión. Espero que estemos en esa esfera de confianza mutua en la que los malentendidos se difuminan por sí solos, como el humo oscuro en las despejadas alturas del cielo. ¡Le deseo muchas cosas buenas! Con la expresión de mi máxima lealtad,

STEFAN ZWEIG

En cuanto sepa algo de Bazalgette, hágamelo saber, por favor.

El joven alemán Otto Wittner, sobre el que hice averiguaciones en su momento, ha caído en combate, por desgracia.

131. STEFAN ZWEIG A ROMAIN ROLLAND /*/

[Tarjeta postal]
Viena VIII. Kochgasse, 8
[Principios de julio de 1915]

Querido y estimado amigo:

¡Muchas gracias por su postal! Por lo visto, mi larga carta no le ha llegado. ¡Cuánto lo siento! Pero pronto le escribiré de nuevo. Me he enterado, con alegría, de que ha llegado a un entendimiento con Hauptmann (que ha estado aquí dos días, pero al que no he podido ver porque estaba de servicio): ¡qué hermoso gesto de su parte, que ejemplarmente hermoso! Le recuerdo cada día, y mi corazón está colmado de temas de los que querría hablarle. ¡Y de gratitud! Suyo, con leal devoción,

STEFAN ZWEIG

132. STEFAN ZWEIG A ROMAIN ROLLAND /*/

[Tarjeta postal]
Viena VIII. Kochgasse, 8
[Principios de julio de 1915]

Querido y admirado amigo:

Llevo tiempo, mucho tiempo echando de menos el contento de recibir unas palabras suyas. El correo es ahora enojosamente lento, pero si me inquieto es por el temor de que mi penúltima carta (en la que protestaba contra su ensayo) le haya ofendido. Ojalá que no sea así. A Guilbeaux le escribí hace muchísimo tiempo. Muy afectuosamente, con lealtad,

STEFAN ZWEIG

133. ROMAIN ROLLAND A STEFAN ZWEIG

Comité Internacional de la Cruz Roja
Agencia de Prisioneros de Guerra
Ginebra, 5 de julio de 1915

Querido amigo:

He recibido sus tres cartas: la certificada del 7 de junio, que me llegó el 29 de junio; las del 13 y el 23, y la partitura de Mahler. Mil veces gracias. Quería responderle a las tres, pero como estoy muy cansado, me limitaré a contestarle a la última, que es la más apremiante.

Le agradezco que me diga con franqueza todo lo que piensa. Sé que me equivoco a menudo; ninguno de nosotros está en posesión de la verdad: ésta es la suma de todos nuestros errores. Por eso, no me sorprende que mi último artículo sólo refleje una ínfima parte de ella.

Sólo quiero decirle que me parece usted demasiado indulgente con los artículos anteriores: ¡mis ideas apenas han cambiado! Vuelva a leer «Más allá de la contienda», publicado en septiembre (si es que tiene el texto original completo, no la traducción, que eliminó pasajes incómodos), y verá que, si bien allí atribuía a todos los *Estados* (y digo Estados, no pueblos) una parte de responsabilidad, hay tres (las tres águilas) a quienes reservo la mayor parte de ésta. No he cambiado de parecer en ese asunto, más bien al contrario: he reafirmado mi opinión. Usted, además, sabe desde el principio lo que pienso de la invasión de Bélgica. Aunque viviera mil años, no cambiaría de parecer en relación con ese acto.

¿En qué he cambiado, pues? No puedo estar siempre hablando de las mismas cosas, pero no lo olvido. Ninguno de nosotros lo olvida, nadie entre los más libres de Europa, ni entre los que más simpatías sienten hacia Alemania: ni Van Eeden, ni Spitteler, ni Ellen Key.

Le repito que no pretendo que *nuestra* verdad sea *la* verdad. Pero esa verdad es la nuestra y no podríamos renegar de ella sin renegar de nosotros mismos.

No menosprecie a esa minoría alemana que yo celebraba en mi artículo anterior. Mantengo relación con una parte de ella, vivaz y activa, la *Neues Vaterland*,[1] conozco sus ideas. Esa minoría es la honra de Alemania. Créame que ya me gustaría contar con confesiones francesas que tuviesen la profundidad de la del profesor Klein o de aquel otro soldado alemán cuyas cartas citaba.

Tanto para Alemania como para Francia, creo que la salvación puede venir de las minorías, y yo confraternizo con ellas.

---

[1] La Bund Neues Vaterland ('Liga Nueva Patria') fue la más importante asociación pacifista alemana durante la Primera Guerra Mundial, fundada en noviembre de 1914.

Ello me vale los ataques de las dos mayorías enfrentadas. Si bien «El asesinato de las elites» no gustó en Alemania, donde encontraron humillantes, para la causa general, esas confesiones aisladas, también es cierto que no levantó menos ampollas en Francia, donde se me reprocha de manera virulenta el haber mostrado la cara más agradable del enemigo.

Al final me canso. Llevo un año tratando de que a estos exaltados les entre en la cabeza algo de razón y de compasión fraternal. Por más miramientos que tenga, por más heridas que intente vendar con el gesto más tierno del que soy capaz, no cosecho más que acusaciones de ambos bandos por haber tomado partido por la causa del enemigo. No me afecta demasiado que todos me injurien o me condenen. Pero, a decir verdad, pierdo el tiempo: no he logrado ganar una sola alma para la causa que defiendo.

Así pues, me retiro: no hay nada que hacer contra esta plaga, sólo dejar que se extinga por sí sola. No escribiré más artículos. Siento cómo surge en mí la necesidad imperiosa de cultivar la vida interior, el arte, que hace un año aparté de mí. Por lo demás, estoy extenuado no sólo por las preocupaciones generales, sino también por otras de tipo personal que no han cesado de hostigarme todos estos meses con una insistencia febril. (¿Se ha dado cuenta de cómo todos los sentimientos particulares—los afectos, las antipatías, las preocupaciones—contribuyen este año a la exaltación general? ¡No cabe duda de que es *una enfermedad del planeta*!).

En fin, que en una semana me marcho de Ginebra para ir en busca, en algún valle cerrado de la Suiza alemana, de algún fresco riachuelo que me haga compañía, un sitio de encuentro con la naturaleza impasible y con ese demonio desconocido que todos llevamos dentro y que en este momento me desgarra las entrañas. Nueve meses de gestación, nueve meses de trabajo casi ininterrumpido en la Agencia de Ginebra, le dan el derecho—un derecho que él reclama—a asomar la cabeza. Voy a preparar su alumbramiento…

¡Qué curioso que esa fuerza vital, ajena al corazón, sea más fuerte que la voluntad!

Hasta pronto, querido amigo. Le haré saber mi nueva dirección. Entretanto, escriba a Ginebra, me harán llegar las cartas.

Suyo, con afecto,

ROMAIN ROLLAND

P. S.: ¿Cree usted de verdad, querido amigo, que la confesión íntima, el grito de un hombre aislado que sufre y ve la muerte cerniéndose sobre su cabeza «*bedeutet nichts*» ['no significa nada']? Yo, por el contrario, veo ante tales confesiones, en tales momentos, el fondo del alma humana, el fondo del alma de nuestros pueblos. No se lamente cuando esos gritos sean tan hermosos como el del prof. Klein y su compañero de infortunio. En el futuro, honrarán más a su pueblo que todas las victorias.

134. STEFAN ZWEIG A ROMAIN ROLLAND /*/

[Tarjeta postal]
[Mediados de julio de 1915]

Querido y estimado amigo:

¡Unas apresuradas líneas de gratitud por su hermosa carta! Me alegra que encuentre usted de nuevo el ánimo para trabajar; también yo he estado absorto del todo en el trabajo, pero esta tarde viajaré a Galitzia por asuntos del servicio y estaré allí ocupado varias semanas.[1] En mi fuero interno, me alegra poder alejarme de Viena y continuar mi actividad fuera. Allí seré testigo de toda suerte de cosas, y le

---

[1] Entre el 14 y el 26 de julio de 1915, Stefan Zweig realiza un viaje a Galitzia en una misión de información. Existe una detallada descripción de ese viaje en sus *Diarios*. Véase DZ, pp. 214-239.

escribiré tan pronto como regrese. Muy afectuosamente, su siempre fiel

STEFAN ZWEIG

135. ROMAIN ROLLAND A STEFAN ZWEIG

Hotel Beau-Séjour, Ginebra-Champel
Domingo, 18 de julio de 1915

Querido amigo:

He recibido su carta del día 9. Le respondí hace unos quince días. Que no le quepa duda, no hay *nada* que me haya dolido. Pero su carta llegó junto a una serie de testimonios diversos que me persuadieron de la inutilidad de seguir adelante con mi tarea. Sólo consigo que se me malinterprete o que se me insulte, tanto de un lado como del otro. Y me daría igual si no se esforzasen en demoler, con ciega intransigencia, los pobres resultados que había obtenido. Juzgue usted mismo. En esta última semana he recibido: 1) Por la parte francesa, un virulento folleto de Massis (uno de los dos firmantes, Agathon), titulado: «R. R. contra Francia»;[1] una pérfida acusación de *Le Temps* en la que se me presenta como partidario de la *Neues Vaterland* (cosa que es falsa, pues solamente he intercambiado algunas cartas con ellos), y a esa liga como una maniobra alemana para desestabilizar el bloque de los Aliados;[2] 2) Por la parte alemana, artículos violentos; el injurioso folleto de Leo Sternberg, que ya tiene un tiempo: *Die Maske herunter*, que el autor me envía personalmente, preocupado por si yo no lo había leído;[3] dos cartas abier-

---

[1] Henri Massis, *Romain Rolland contre la France*, París, Floury, julio de 1915.

[2] «Une nouvelle ligue allemande: la Nouvelle Patrie», *Le Temps*, 7 de julio de 1915.

[3] Leo Sternberg, *Die Maske herunter! Eine Antwort auf den offenen Brief Romain Rolland*, Stuttgart, *Die Lese*, 1914. Es un texto que responde a la carta abierta de Rolland a Hauptmann. Rolland lo refleja en su diario

tas, una dirigida a la *Intern[ationale] Rundschau* de Zúrich y a *Die Tat*, en el número de agosto, por un tal doctor August Messer,[1] quien me insta a dar a conocer *urbi et orbi* que su amigo, el prof. Klein, de quien he publicado algunas emotivas cartas, aprobaba la violación de la neutralidad belga.

Este profesor, el doctor Messer, puede estar satisfecho: le comunicaré al *J[ournal] de Genève* que el prof. Klein era de aquellos de los que hablaba Spitteler. ¡Pero le dejo que juzgue usted por sí mismo el resultado! Creo que nadie se percata de cómo están los ánimos en nuestro país. Cartas como las que me dirige Messer o la que envía Lujo Brentano a Ramsay MacDonald (en el último número de la *Int[ernationale] Rundschau*) bastan para echar por tierra nuestros esfuerzos de los últimos seis meses de reavivar entre los pueblos un exangüe sentimiento de fraternidad moral nacido de la mutua compasión. La enfermedad está muy avanzada. Hay que dejar que la naturaleza siga su curso.

Como ya le comenté hace poco, dejo Ginebra y la Agencia para tomarme un descanso y «crear» en algún rinconcito de la montaña. Me harán llegar las cartas desde aquí.

Suyo, afectuosamente,

ROMAIN ROLLAND

---

y cita alguno de los insultos. «Dice que "he deshonrado mi nombre para siempre"» (JAG, p. 444).

[1] El filósofo alemán Wilhelm August Messer (1867-1937), en un artículo titulado «Offener Brief an Romain Rolland» publicado en *Die Tat*, acusaba a Rolland de tergiversar el pensamiento del profesor Klein en «El asesinato de las elites» (en MAP, véanse, especialmente, los fragmentos que comenta el autor en pp. 113-115).

Viena VIII. Kochgasse, 8
28 de julio de 1915

Querido y admirado amigo:

Acabo de regresar de Galitzia, donde, en un duro viaje de servicio, he llegado hasta el frente y he visto infinidad de cosas. No puedo escribirle más detalles, tan sólo esto: que todo el que emite juicios desde lejos, desde los salones y las redacciones, es un ignaro y, aun teniendo las mejores intenciones, alguien injusto. La verdad no admite intermediarios, sólo la mirada lúcida puede captarla, y toda palabra, tanto la escrita como la expresada de viva voz, desvirtúa y falsifica. He visto mucho, cosas deprimentes y reconfortantes. Una noche, en un tren que servía de hospital de campaña, el mundo del sufrimiento se me mostró con una intensidad inaudita, y agradezco al destino por haberme permitido estar tan cerca al menos una vez, facilitándome la tarea de ser justo.

Honro su decisión de callar, queridísimo amigo, por mucho que el mundo quede privado de su voz. Pero yo también me he resignado: la posibilidad de un malentendido es ahora más fuerte que la voluntad de entendimiento. Del frente, en cambio, le traigo un único y poderoso consuelo: después de la guerra se hablará de otro modo. Ahora hablan en los periódicos los que asisten a todo desde lejos, pero luego hablarán los que lo han vivido. Ellos callan ahora, pero ven, soportan y perciben los méritos y los sufrimientos del contrario. Esas personas, las que vieron correr la sangre, se mostrarán indulgentes y bondadosas. La tinta es una savia barata, resulta fácil derramarla.

Por eso no me afectó tan hondamente un libro como el de Verhaeren, *La Belgique sanglante*. Sólo lo lamento, pero nada más. El prefacio llegó incluso a conmoverme, constituye una especie de disculpa, sitúa al libro en un tiempo pasado que lo exime de la responsabilidad ante lo eterno. Qué penoso resulta, en cambio, que la primera frase del libro sea una mentira: dice que el emperador Guillermo había jurado entrar en Nancy, Calais y París. El káiser jamás hizo tal juramento (salvo, quizá, en las fábricas de mentiras de *Le Matin*). La gran gloria de Alemania en estos días reside en que es más lo que ha hecho que lo que ha prometido. Qué triste que la falsedad—una falsedad de la que todo hombre es consciente—sea la primera frase en un libro de Verhaeren. Cuánto lamentará algún día haber sido víctima de las mentiras de los periódicos, él, que detestaba por igual las mentiras y a la prensa. Ah, yo mismo he visto ahora, en Galitzia, cómo es preciso repasar siete veces cualquier testimonio de refugiados y supuestos testigos oculares y, sobre todo, qué necesario es tener en cuenta que, en los tiempos que corren, la verdad no resulta simple y palpable, sino que, para dar con ella, como ocurre con todas las cosas valiosas de esta tierra, es preciso abrirse paso hurgando entre los escombros de embustes y falsedades que la cubren. Sería preciso que todos los que ahora escriben para el mundo recibiesen una balanza con la que sopesar y verificar cada palabra antes de comunicarla a los demás, así la humanidad no se vería engañada. Nunca fue más peligroso que ahora hablar a la ligera, y eso vale para el oficial, para el médico y para el juez, pero también para el escritor. Oh, Romain Rolland, cuánto aprendí de todo esto en ese viaje. Tres días, tres semanas en aquel mundo nos dicen más que mil libros y libelos.

Me alegra que esté trabajando. Ahora sólo abrigo un deseo: que su libro no se impregne de la amargura que siente en este momento. Los libros de hoy han de estar llenos de bondad y de grandeza. Yo también lo intento: tal vez, cuando llegue el momento, le escriba más acerca de ello. Dispongo de muy poco tiempo, mi servicio militar me roba las horas activas del día, y aparte de eso me siento cansado, muy cansado de este intento de estar en consonancia con los sentimientos de los demás, de estar atento y a la espera, con miedo. Pero todo eso se superará, todo; al igual que las naciones, los individuos han de hacer acopio de todas sus fuerzas.

Querido y estimado amigo: le ruego también que piense en mí con amistad. Sé lo que usted sufre, y así me siento yo también. Es lo mismo que intento crear en mi tragedia: siguiendo el ejemplo de Goethe de una gran «confesión», tratando de liberarme en la confesión artística. Pero permanezca con nosotros. Aun cuando algunos individuos lo defrauden, piense que lo que nos aleja en este instante no somos en absoluto nosotros, sino lo concerniente a la nación y a la época, que nos invade con violencia. Pero piense también que lo que nos une es lo mejor y más hondo de nosotros: nuestras fuerzas humanas. Yo, por su sufrimiento, le aprecio mucho más. Es así: ¡no puedo respetar a las personas que no sufren, me resultan extrañas!

Adiós, queridísimo amigo, y no deje de enviar noticias suyas a su leal (más allá de toda apariencia)

STEFAN ZWEIG

137. STEFAN ZWEIG A ROMAIN ROLLAND /*/

[Tarjeta postal]
[Viena VIII. Kochgasse, 8]
[Matasellos: 11.8.1915]

Querido y estimado amigo:

Gracias por su carta, que he recibido con regocijo y a la que pronto responderé. El doctor Amann está haciendo [...] una cura de una semana, luego regresa de nuevo al frente.

En los próximos días le enviaré un artículo de Julius Bab contra Thomas Mann, seguramente le alegrará, y le mostrará que todas las personas sinceras coinciden cuando se trata de las cosas *esenciales*. Muy afectuosamente, con toda mi lealtad, su devoto

STEFAN ZWEIG

138. STEFAN ZWEIG A ROMAIN ROLLAND /*/

[Viena VIII. Kochgasse, 8]
17 de agosto de 1915

Querido amigo:

¡Me veo hace tiempo privado de la alegría de sus cartas! La última me la envió todavía desde Ginebra; en cambio, el sueco conocido suyo[1] me ha traído sus saludos, que me llenaron de satisfacción. Qué benéfico resulta poder hablar desde un país neutral a personas sensibles que no presencian la guerra por un mero interés deportivo en el espectáculo, sino con la emoción de hermanos lejanos. Pronto le escribiré de forma más pormenorizada. Muy afectuosamente, con lealtad,

STEFAN ZWEIG

Me gustaría leer su ensayo sobre Jaurès.[2] Guilbeaux me ha escrito acerca de él.

139. STEFAN ZWEIG A ROMAIN ROLLAND /*/

Viena VIII. Kochgasse, 8
23 de agosto de 1915

Querido, estimado amigo:

Llevo tiempo privado de la reconfortante alegría que me reportan sus cartas. Ojalá haya recibido la que le envié tras mi regreso de Galitzia. He tenido el placer de hablar con su conocido sueco: su serio y humano modo de ver las cosas resulta benéfico y contrasta con el interés casi deportivo que a este conflicto dedica la mayoría de las naciones no involucradas. Carecen de la verdadera y activa voluntad de lograr una reconciliación: casi podría decirse que esta gran tragedia, en

---

[1] Se refiere al político sueco Hjalmar Wijk (1877-1965), un amigo de Frederik van Eeden.

[2] «Jaurès», *Journal de Genève*, 2 de agosto de 1915 (MP, pp. 118-124).

este teatro del mundo que es Europa, les depara un extraño placer que, en secreto, desean ver prolongarse.

La más hermosa legitimación moral que a usted podía concedérsele ha sido que se deplore de forma tan general su renuncia a continuar escribiendo. Tiene que haber sentido, con más fuerza que nunca, lo mucho que usted representa hoy para los hombres, y también que esa confianza en usted, al mismo tiempo, constituye una exigencia, una demanda que, *a la larga*, no podrá eludir. Nadie le desea más que yo esa íntima tranquilidad, pero a nadie le está permitido, *a la larga*, mantenerse al margen. Como el soldado herido que regresa al frente después de curarse, usted, combatiente del espíritu, ha de retornar a la palabra en cuanto haya superado su depresión. La sensación de que no hay una salida satisfactoria no debe convertirse en obstáculo para usted: mantenerse fuerte en aras de un propósito y de su éxito es el escalón más bajo, el primer paso de todo esfuerzo ético. La grandeza de la hazaña ejerce su efecto precisamente cuando parece que no hay perspectiva alguna. Lo que decía Wagner refiriéndose a los alemanes—«Ser alemán significa hacer una cosa por la cosa misma»—es válido para los ciudadanos de todas las naciones. ¡No, querido y entrañable amigo! ¡No desfallezca usted ahora! ¡Ahora menos que nunca! Todos hemos tenido momentos de pesar en estos días, pero por ello resulta tanto más categórico el deber de superarlos. ¡El mundo *necesita* ahora de su voz, la de todos los hombres justos!

En los próximos días le enviaré un ensayo sobre Galitzia.[1] Verá que me he esforzado por captar los reflejos de la gue-

---

[1] Se refiere a «Galiziens Genesung» ('La curación de Galitzia'), publicado en el *Neue Freie Presse*, el 31 de agosto de 1915. Ese mismo día, en su diario, Zweig confirma la publicación: «Han publicado mi ensayo sobre Galitzia» (DZ, p. 250). Al día siguiente, 1.º de septiembre de 1915, anota: «Ya no recibo noticias de Rolland. Me imagino que ha regresado a Francia para demostrar que no teme a nadie. Dicen que allí el ambiente sigue siendo demencial» (DZ, p. 250).

rra, la luz que, subrepticia, se cuela en las tinieblas, y en medio de tanta destrucción he conseguido componer un himno dedicado al carácter indestructible de todo lo orgánico. Los pueblos pueden asediarse, los países sufrir, pero nada desaparece. Lo que ha conseguido convertirse en idea se vuelve, a la vez, inmortal. Nadie puede matar las ideas.

Quizá deba viajar de nuevo por razones del servicio. Las noches que tengo libres las dedico a mi propia obra: el único modo de olvidar el tiempo es haciéndolo símbolo. Pienso a menudo en su trabajo. Sé, con ese saber místico que nos es dado a menudo ante la obra en gestación, que ésta será su obra más hermosa. Y confío en que no contenga rezago alguno de ese cansancio del alma que le ha embargado transitoriamente. Esta época necesita consuelo y optimismo.

He recibido unas palabras magníficas de Guilbeaux. Una vez más he tenido que encender en mi corazón los cirios del callado recuerdo por un amigo caído en combate.[1] Ahora siento arder dentro de mí una docena de esas trémulas llamas, y, en los momentos en los que puedo pararme a reflexionar, noto cómo me quema su discreto ardor.

¡Mi lealtad sigue a su lado! ¡También mis mejores deseos! Su amigo y servidor,

STEFAN ZWEIG

140. ROMAIN ROLLAND A STEFAN ZWEIG

Thun, Hotels Bellevue et du Parc
Viernes, 3 de septiembre de 1915

Mi querido amigo:

Me han llegado bien sus cartas, y se las agradezco. Discúlpeme que no le haya escrito, pero estoy desbordado de trabajo.

---

[1] El 2 de agosto, Zweig apuntaba en su diario: «A mí, en cambio, una sola muerte como la de Ehrenbaum-Degele me sume en una profunda melancolía y me quita toda alegría»» (DZ, p. 241). Hans Ehrenbaum-Degele (1889-1915), editor y poeta alemán, cayó en combate en el frente Oriental.

Dentro de poco verá en Viena a un gran amigo mío (que era también mi jefe de servicio en la Agencia de Prisioneros de Guerra, departamento de civiles), el doctor F. Ferrière.[1] No conozco en toda la Suiza francesa un alma más justa y un corazón más generoso que el suyo. Es un hombre excesivamente modesto, cuyo renombre es inferior a su valía. Creo que le gustará conversar con él.

He conocido aquí a un vienés, el doctor Alfred H. Fried, director de la *Friedenswarte*.[2] Se ha instalado en Thun.

Hace poco tuve ocasión de ver a Spitteler y de charlar largo y tendido con él. Es como un tónico revitalizante.

Resulta que tengo a Hermann Hesse en el vecindario, que está hecho todo un bernés. Hemos confraternizado.[3]

---

[1] Rolland dice del doctor suizo Auguste Frédéric Ferrière (1848-1924), que en 1917 sería nombrado vicepresidente del Comité Internacional de la Cruz Roja: «Por suerte, hay un hombre de un gran corazón—no me perdonará que le mencione—, el doctor Ferrière, al que la desdicha de estos parias de la guerra ha conmovido. Con una tenacidad paciente y apasionada, se ha empecinado en construir, dentro del enorme panal de la Cruz Roja, una sección especial para ayudar a estos desgraciados; sin dejar que las infinitas dificultades abatan su ánimo, sin pensar en las pocas posibilidades de éxito que tiene, ha perseverado» (MP, p. 64).

[2] Alfred Hermann Fried (1864-1921), periodista austríaco judío y pacifista militante, a raíz de conocer a la baronesa Bertha von Suttner, con quien codirigió la revista *Die Waffen Nieder*, más tarde, *Die Friedenswarte*. En 1892 fundó la Deutsche Friedensgesellschaft, la Sociedad Pacifista Alemana. En 1911 compartió el Premio Nobel de la Paz con Tobias Asser.

[3] A partir de 1915, ambos escritores empiezan a mantener una correspondencia más estrecha. En agosto, Rolland le escribe a Hesse: «Soy vecino suyo y me encantaría estrecharle la mano. ¿Tendría a bien decirme si puedo ir a visitarle alguna tarde de esta semana, sobre las cuatro y media?» (CHR, p. 16). Ahí se produce su primer encuentro en territorio suizo; Rolland le avisa que entiende el alemán, pero que no puede expresarse en esa lengua, y luego anota en su diario que al propio Hesse le resultaba especialmente difícil mantener una conversación en francés. En todo caso, mantienen una agradable conversación sobre la guerra, los ataques sufridos por su compromiso con la paz e incluso sobre los intereses orientalistas de ambos (JAG, pp. 470-472).

Suyo, con afecto, y estrechándole la mano de todo corazón,

ROMAIN ROLLAND

Calculo que dentro de dos o tres días estaré en Vevey (Vaud), Hotel Mooser.

141. STEFAN ZWEIG A ROMAIN ROLLAND /*/

[Viena VIII. Kochgasse, 8]
[Matasellos: 20.9.1915]

Querido y admirado amigo:

Me alegra mucho saber que está bien y trabajando: suponía que habría usted regresado para responder personalmente a los ataques. ¿Sabe que hay múltiples muestras de hostilidad dirigidas contra Hesse, precisamente contra él, quien ha mantenido la postura más noble que cabe imaginar en un poeta? Me alegra que haya estado con él. Hace unos años pasamos juntos momentos deliciosos a orillas del lago de Constanza. Su libro más reciente, *Knulp*, es también el más bello: describe una Alemania que nadie conoce, ni siquiera nosotros, los propios alemanes, y lo realmente entrañable es esa estampa del mundo suabo, con una pequeña ciudad y sus callejuelas, gente humilde y sencilla y la alegría de la música.

En mi caso, las cosas no van a mejor. Desde que regresé de Galitzia y he vuelto al servicio diario mis nervios están crispados. Normalmente los nutría de abundante aire fresco y actividad al aire libre. Pero ahora que estoy privado de esas cosas me siento muy cansado y abatido. Quizá haya algo más aparte de todos los asuntos personales que pesan sobre mí: padezco cada vez más y más la presión del estado de ánimo general, esa tensión universal; aunque, por otra parte—y a usted puedo confesárselo abiertamente—, me he debilitado por causa de ese estado de compasión, de resuelta empatía. En algún momento retorna a uno cierto egoísmo de los sentimientos, un egoísmo que trata de salvarse a sí mismo: he pasado más de un año viviendo pendiente sólo de los acontecimientos, de la época, pero la desesperanza, la incapacidad de ayudar, la impotencia de la voluntad acaban retrocediendo y haciendo que me repliegue en mí mismo. Se lo digo con franqueza, por mucho que me horrorice: dispongo ahora de algunos minutos en los que me muestro totalmente indiferente a *todo* padecimiento de la época; creo, además, que son muchos a los que les pasa lo mismo. Me avergüenza esa indiferencia, ese repliegue en mí mismo, pero mi capacidad para sentir se halla ahora, de algún modo, entumecida. Trabajo para mí, me alejo de la gente para no tener que seguir oyendo toda esa palabrería inútil. Toda palabra ha sido dicha, todo acto realizado, y ya no podemos exceder lo superlativo. Creo que muchos comparten este sentimiento. Y de la grandeza de esta guerra sólo resta un hastío del alma. Sin embargo, tal vez sea positivo, al final, que esta última guerra, la más terrible, pese sobre la memoria de los pueblos como advertencia para los hijos y nietos de todas las naciones.

Le envío con la presente mi artículo sobre Galitzia. Allí he podido ver muchas más cosas que sólo he confiado a mi diario, pero, en cualquier caso, tal vez pueda hacerse usted una idea del asunto. Todo lo que digo es absolutamente exacto, y no exagero lo más mínimo en lo que al contento de la población (casi toda judía) o al regreso de los austríacos se refiere. Los mayores sufrimientos de esos judíos tienen su origen (como en todas partes) en el miedo, en los relatos sobre atrocidades, lo cual constituye un tormento mayor que el ocasionado por los propios cosacos. Lo mismo ocurre en Francia y en Bélgica: el miedo exagera, y la mentira se erige en flagelo de los pueblos.

No sé qué me espera ahora. Por un tiempo estaré aquí, pero luego es posible que tenga que viajar otra vez: ya no tengo control sobre mí mismo. Depáreme alguna alegría con una palabra suya. Significa mucho para mí saberle trabajando, erguido en medio de su soledad, y cada carta suya es para mí como la promesa de un tiempo mejor. ¡Con la lealtad de siempre! Suyo,

STEFAN ZWEIG

Por desgracia, no pude ver al jefe de la Cruz Roja, de cuya visita a Viena supe por los periódicos.

¿Se ha enterado de que Moissi,[1] nuestro mejor actor, está prisionero en Francia?

142. STEFAN ZWEIG A ROMAIN ROLLAND /*/

[Viena VIII. Kochgasse, 8]
[4 de octubre de 1915]

Querido y admirado amigo:

Le escribo hoy por un asunto que le incumbe. Como sabe, hace dos años, y siguiendo mi consejo, un teatro de aquí aceptó su obra *Los lobos*, y me he enterado ahora, por boca de terceros, de que quieren representarla a pesar de la guerra. Aunque me parece una actitud honorable, pues evita todo tipo de boicot en cuestiones del espíritu—también representan a Bernard Shaw, ya que él nunca se vio abocado a manifestar expresiones de odio—, considero que es preciso defender sus intereses. No sé si le resultaría grato verse representado ahora en teatros alemanes, me atrevo incluso a dudarlo, ya que al otro lado no tardarán en usarlo como argumento y a atribuirlo a la voluntad de provecho personal y autopropaganda. A ese respecto, no quisiera de ningún modo, querido y estimado amigo, influir en su decisión, pero estoy dispuesto—en caso de una negativa suya—a protestar ante el director e impedir que se acabe representando (al menos en la medida en que pueda). Nuestra tarea, en mi opinión, ha de ser ante todo evitar y refrenar todo aquello que pue-

---

[1] Alexander Moissi (1879-1935): célebre actor austríaco. Fue hecho prisionero en el norte de Francia en 1915.

da reavivar esas vergonzosas discusiones. Todos los intelectuales se han dado cuenta de que toda su retórica belicista del principio era absurda, y también los poetas van poco a poco moderando sus versos. No hace mucho encontré, leyendo a Jean Paul, esta hermosa frase: «Un siglo de paz no genera tanta palabrería absurda y falsa como la guerra más breve». Esto se escribió hace setenta años, y ha resultado ser tan cierto como una maravillosa profecía. Espero que haya recibido mis impresiones sobre Galitzia en el *N[eue] F[reie] Presse*. Un editor me ha pedido que escriba un librito sobre mi visión general: lo he rechazado. Todos los libros surgidos del abrazo con la época acaban convertidos en engendros, como hijos procreados en estado de embriaguez. El libro de Verhaeren constituye una llamada de alerta para muchas generaciones, toda una multitud entre nosotros. Yo no deseo multiplicar el caos y la palabrería, cumplo tranquilamente con mi obligación y espero el momento de poder emplear mis fuerzas con libertad. Usted sabe que me encontrará siempre dispuesto cuando sea necesario llevar a cabo una labor seria. Para entonces sabré superar el agotamiento que tanto pesa ahora sobre mí (y sobre el mundo). Habituados durante quince años a las caminatas al aire libre, mi cuerpo y mi alma adolecen mucho la vida en la gran ciudad, tanto más por cuanto me veo atado al trabajo, y en las escasas horas de ocio jamás disfruto de ese regocijo que nos renueva y nos anima. Pero tal vez sea bueno para los pueblos pasar esta prueba tan dura: que la época, con brazo férreo, haya ido poco a poco rompiendo a martillazos toda ilusión, y que, en lugar de humo, al final sólo quede una gravedad clarividente y duradera. Toda esa euforia deportiva ante el espectáculo de la guerra, que la hizo tan terriblemente vergonzosa al principio, se ha terminado. Los hombres ya conocen cuán seria es la situación del mundo, comprenden la crisis que vive Europa. Las glebas de todos los países han quedado aradas, y más tarde habrá que esparcir abundante simiente.

Confío, querido y estimado amigo, en que se mantenga sano y trabajando. Me hubiera gustado mucho leer su ensayo sobre Jaurès. Tal vez usted mismo lo recorte y me lo mande. Con lealtad y admiración, suyo,

STEFAN ZWEIG

143. ROMAIN ROLLAND A STEFAN ZWEIG

Vevey, Hotel Mooser
Domingo, 10 de octubre de 1915

Querido amigo:

Me ha llegado su carta del 20 de sept. Su estado de indiferencia actual no me sorprende, es una respuesta del organismo que quiere sobrevivir. Veo aquí que muchos necesitan lecturas alegres. Hermann Hesse me escribía hace poco (lo acaban de llamar a filas, pero no está en situación de peligro) diciéndome que estaba leyendo, escondiéndoselo a sí mismo, *Don Quijote*. A otros les da por Rabelais o por *Las mil y una noches*. Yo, a decir verdad, no podría. Aunque me he pasado estos últimos meses bajo el fulgor de los grandes poemas de Spitteler, al menos en las horas en las que se difuminaban un poco las preocupaciones cotidianas. Espero esta semana la visita de Spitteler. Le encanta la música y he prometido enseñarle los auténticos maestros de épocas pasadas. También he visto un par de veces a Sienkiewicz, que lleva un año instalado aquí.

Por desgracia, no puedo trabajar en mis cosas tanto como querría. En este pequeño país en el que me encuentro como varado resulta fácil interrumpir mi retiro y perturbar mi soledad. Además, no me desentiendo de los acontecimientos sociales. Las polémicas contra mi persona nunca habían sido tan violentas como en estos dos meses en los que no he publicado nada: prueba de que mi pensamiento ha calado. Cuando llegue la paz, preveo que habrá, en toda Europa, una hermosa labor de limpieza y reconstrucción.

Pero, entretanto, este monstruoso despilfarro de fuerzas en todo el mundo me provoca—¿cómo decirlo?—¡un *asco sagrado*! Me viene a la mente una columna romana alrededor de la cual se entrelazan de arriba abajo, en espiral, animales y humanos que se devoran los unos a los otros, cada uno con medio cuerpo metido en la boca del anterior y atrapando al siguiente. Es el efecto que me produce esta gran orgía europea. La tierra tiene hambre.

¿Cuándo llegará el desenlace? No parece estar cerca. Los combatientes no muestran cansancio. Hasta podría decirse que se están acostumbrando. A muchos les costará volver a su antigua vida.

En mi caso, me siento cada vez más libre a medida que la libertad desaparece del mundo. Más libre y más liberado de todo aquello en lo que creen esos hombres. Es demasiado pronto para decirlo. Pero lo diré, algún día. (Estoy seguro).

¡Cuánto echamos en falta en estos días a un Tolstói o a un Renan! (Quizá el nombre de Renan no le diga tanto como a mí. Se le suele juzgar por la *Vida de Jesús* y algunas diabluras filosóficas de su etapa final. Pero yo, que lo conocí y conversé con él, sé de toda la sagacidad poética y toda esa ironía platónica que encerraba esa mente poderosa).

Hasta pronto, amigo mío, le agradezco esos artículos suyos escritos con bella serenidad y que dejan entrever en el horizonte la llama de la esperanza. Yo también la percibo. No viviría si no la sintiese arder continuamente en mi interior.

Suyo, afectuosamente,

ROMAIN ROLLAND

Vuelvo a Ginebra dentro de una semana. Tendré de nuevo la misma dirección: *Champel, Hotel Beau-Séjour.*

¿Conoce usted a Rudolf Hans Bartsch,[1] que me ha enviado su *Buch der Andacht* ['Libro de la oración']?

---

[1] Rudolf Hans Bartsch (1873-1952), escritor y oficial austríaco. Trabajó con Zweig en el Archivo de Guerra de Viena.

144. ROMAIN ROLLAND A STEFAN ZWEIG

Vevey, Hotel Mooser
Viernes, 15 de octubre de 1915

Querido amigo:

Quiero agradecerle su carta del 4 de octubre a propósito de mi pieza teatral *Los lobos*. Coincido con usted, yo también me temo que se puedan malinterpretar esas representaciones. E incluso la lectura de ciertas opiniones sobre este drama, opiniones anteriores a la guerra, me lleva a pensar que la prensa alemana podría dar a mi obra un sentido que no fuera el puramente artístico. Por el momento, mejor abstenerse. Si puede usted convencer al director de programar tales representaciones en algún momento más adecuado, hágalo, se lo ruego. Se lo agradezco de antemano.

Si no puede hacer nada al respecto, que se sepa, al menos, que yo no tengo nada que ver y que todos los derechos de autor irán en beneficio de la Cruz Roja Internacional.

A vuelapluma, suyo, con gran afecto,

ROMAIN ROLLAND

145. STEFAN ZWEIG A ROMAIN ROLLAND /*/

[Viena VIII. Kochgasse, 8
21 de octubre de 1915]

Estimado y querido amigo:

Le agradezco de corazón su carta de consuelo, que he recibido hoy y que tanta seguridad me ha infundido. Todos nosotros, en lo más hondo de nuestro ser, estamos hechos de la misma madera: ahora, tras semejante exuberancia de exaltación y sentimientos, ha de venir un cierto entumecimiento. Pero estoy seguro de que esta parálisis de la voluntad de la que le he hablado surge, en esencia, de que toda voluntad, aun la más férrea, sería impotente en momentos como éste.

En mi fuero interno, siento más determinación que nunca, siento más energía y seguridad: pero hago acopio de esa fuerza para el momento en el que pueda hacer un uso útil de ella.

Me alegra saber que esta guerra le ha proporcionado la cercanía de un par de personas de valía, sobre todo Hesse, que se ha comportado con elegancia y distanciamiento (siendo por ello insultado en los términos más duros en fecha reciente). Sobre Spitteler no veo aún la forma de hacerme una idea clara. Su profesión de fe, su discurso, ha sido bello, viril, cabal, y el modo en que se mantuvo firme fue una muestra de orgullo y libertad. No creo que uno esté obligado con un país por el hecho de que éste nos haya promovido (también yo he defendido a Verhaeren cuando se ha dicho que fue aquí donde encontró primero una patria. El éxito nunca obliga, con nadie). Sin embargo, lo que me ha *disgustado* de Spitteler es que consienta que lo celebren personas que ayer aún no sabían si el suyo era el nombre de un pueblo, un escritor o una montaña; que reciba las felicitaciones de Rostand y Barrès, que jamás habían leído una línea suya, y que él, el hombre sincero, se avenga a una farsa de esa índole. Tiene que ser lo suficientemente inteligente como para darse cuenta de que esas personas no saben nada de él y que lo celebran como algo que él no desea ser: un enemigo de Alemania que escribe en alemán. Sé cómo estiman en Francia a esos tránsfugas alsacianos y suizos, esos Hansis,[1] y poco me gustaría ver a Spitteler *en tal compañía*. Porque, lo que es él, no ha hecho nada por el estilo, pero tampoco uno debería, en estos tiempos, *dejar* que hagan cualquier cosa en nombre suyo. Usted sabe cuánto he hecho personalmente para refrenar cualquier intento de presentarle a usted entre nosotros como a un «amigo de Alemania». Estoy convencido de que

---

[1] Se refiere a Hansi o tío Hansi, pseudónimo que empleaba Jean-Jacques Waltz (1873-1951), ilustrador alsaciano, quien nunca ocultó su inclinación francófila.

usted sabría rehusar si se organizase en Zúrich un banquete en su honor y ciertos poetas alemanes de la guerra, como Lissauer, Presber y consorte, le celebraran como a uno de los «suyos».[1] (No me cohíbo en decir que considero repugnante a gente como Houston Stewart Chamberlain, aunque estén a favor de Alemania). Uno debe tener la entereza no sólo para manifestar la propia opinión, sino también para defenderse de malentendidos generados con mala intención. Con sus declaraciones, Spitteler se colocó por encima de los bandos. Pero al consentir que uno de esos bandos usurpe sus palabras, ha renunciado a su independencia. Por lo demás, sin embargo, ello jamás impedirá que conserve un leal respeto por su obra, si bien ahora ha comprometido su magnífica actitud: por vanidad, me temo. Se mantuvo cincuenta años a la sombra, su nombre apenas resonaba más allá de los montes suizos, su eco sólo llegaba hasta Alemania, pero ahora Francia se inclina ante él y Alemania muestra su rencor. Tal vez no deberíamos cumplir más de sesenta años: parece que, superada esa edad, uno no posee ya la fuerza moral para resistirse a las tentaciones. En este sentido, Rodin se ha vuelto muy condescendiente, y he sido testigo personal, en el caso de muchos escritores, de cómo se les va doblando la cerviz en la misma medida en que se les amontonan honores sobre ella. ¡Con cuánta frecuencia pienso en Tolstói, el único hombre íntegro! ¡Cuán necesario sería en estos tiempos! No pasa un día sin que lo recuerde, si bien en mis primeros años no fue tan importante para mí. Sin embargo, en las grandes épocas se percibe su grandeza. Estoy leyendo de nuevo sus diarios.

Por hoy le envío sólo estas accidentadas palabras. Mis bue-

---

[1] Se refiere aquí al banquete que se celebró en Ginebra en 1915, en ocasión del septuagésimo cumpleaños de Carl Spitteler (1845-1924), al que acudieron destacados intelectuales franceses, entre ellos algunos, como Edmond Rostand, que en su momento, al inicio de la guerra, escribieron poemas patrióticos.

nos deseos están con usted y con su obra. ¡Ojalá podamos vernos pronto de nuevo! ¡Mi corazón se abrasa encorsetado en un atuendo estrecho!

Muy afectuosamente, su fiel

STEFAN ZWEIG

P. D.: Rudolf Hans Bartuk es capitán de nuestro ejército, mi superior, un poeta serio y apasionado, aunque desmedido, demasiado impetuoso pero generoso. Su libro tiene momentos espléndidos.

146. ROMAIN ROLLAND A STEFAN ZWEIG

Ginebra-Champel, Hotel Beau-Séjour,
Sábado, 6 de noviembre de 1915

Querido amigo:

Me ha llegado su carta del 21 de octubre. Me gustaría enviarle un hermoso volumen de poemas de un joven amigo, P. J. Jouve, que pertenece al grupo de Vildrac.[1] Es la obra más humana que se ha publicado en Francia desde que estalló la guerra. Título: *Vous êtes des hommes*. Me gustaría enviarle también mi libro de artículos que se publicará próximamente en Ollendorff.[2] ¿Cree que se los puedo enviar sin temor a que se pierdan?

Suyo, afectuosamente,

ROMAIN ROLLAND

[1] El grupo de la abadía de Créteil, una comunidad de artistas a orillas del Marne creada, entre otros, por el dramaturgo y escritor Charles Vildrac (nacido Charles Messager, 1882-1971). A ella se sentía próximo el poeta francés Pierre Jean Jouve (1887-1976), cuyo *Vous êtes des hommes*, París, Nouvelle Revue Française, 1915, fue su primer poemario pacifista.

[2] En *Au-dessus de la mêlée*, París, Ollendorff, 1915 (en esp.: *Más allá de la contienda*, en MP) se recogen sus artículos sobre la guerra publicados en la prensa hasta el momento.

Jouve acaba de llegar. Se instala en Suiza. Debe recuperar la salud, aquejada por una serie de enfermedades contraídas a lo largo del año que estuvo en un hospital trabajando como enfermero voluntario. Tiene un alma y un corazón generosos.

Vildrac también ha conservado su espíritu libre y humano. Hacemos votos por su vida. Está demasiado expuesto.

147. STEFAN ZWEIG A ROMAIN ROLLAND /*/

Viena VIII. Kochgasse, 8
7 de noviembre de 1915

Querido y estimado amigo:

Dado que ahora tiene una relación tan cercana con Hermann Hesse, le interesará saber que también él ha pasado a ser blanco de los mismos ataques sufridos por usted. Hay, por desgracia, un aspecto que es común a ambos bandos: el del rencor y la insensatez, porque la actitud de Hesse en todo este tiempo ha sido en extremo noble, ha estado muy por encima de la media: su último artículo contra el pacifismo de las palabras y en favor de la ayuda activa está, por su sencillez, entre lo más hermoso que se haya dicho en estos tiempos.[1] Y considero honroso para nuestros grandes periódicos que hayan rechazado del modo más firme las insinuaciones expresadas contra él por cierta gente anónima. Son muy pocos los que comprenden que el cumplimiento del deber es algo que ha de salir verdaderamente de dentro y que la lealtad a los ideales está entre los valores más vivos de un ser humano. Nunca había estimado tanto a Hesse como en estos días.

De Wilhelm Herzog ya le habrán llegado noticias. Su revista, para pesar de muchos, ha dejado de publicarse:[2] algu-

---

[1] Hermann Hesse, «Den Pazifisten», *Die Zeit*, 7 de noviembre de 1915.
[2] Se acababa de prohibir *Das Forum* en Alemania.

nos amigos comunes me han contado sus últimas experiencias. De su amigo Paul Seippel he leído, igualmente, algunos artículos muy serios, así como su libro.[1] Le he enviado a Zúrich, asimismo, mi agradecida aprobación, pero no sé si le habrán llegado mis líneas. Si lo ve, hágale llegar saludos míos. Su obra sobre las obligaciones de los suizos occidentales puede tener un efecto infinitamente reconfortante, ya que, además de toda su simpatía por una de las partes—que sé honrar y apreciar—, sabe ser justo en grado sumo para con el punto de vista contrario. Albergo en estos días, para cualquier individuo que permanezca fiel a sí mismo, un sentimiento de apasionada hermandad, y lamento dolorosamente no poder estrecharles la mano en señal de entendimiento. Sienta tan bien, en medio de esta parálisis del sentimiento y de una compasión indefensa y horrorizada, poder volver a animarse con tan sólo una palabra. ¡Bienaventuradas sean esas palabras, y benditos los hombres capaces de pronunciarlas!

Pienso en usted con frecuencia, siempre con cariño. Mi trabajo me consuela, pero no me colma, le falta fuerza para desterrar del alma la inmensa carga que le endosan de nuevo a cada hora. Espero que a usted le vaya mejor. ¡La perspectiva de ver acabada su obra me alegra más que ver terminada la mía propia!

¡Reciba usted hoy muchos, muchos saludos, y mi estima agradecida y leal! Suyo,

STEFAN ZWEIG

P. D.: Siguiendo sus deseos, la representación *no* tendrá lugar por ahora. Está todo arreglado ya, el director ha entendido a la perfección mis reparos.

---

[1] *Les Événements actuels vus de la Suisse romande*, Zúrich, Rascher, 1915.

[Tarjeta postal]
Viena, 7 de noviembre de 1915

Querido y admirado amigo:

¡Una carta que le he enviado hace diez días ha quedado, por desgracia, sin respuesta! En estos días Ellen Key me
ha escrito desde Suecia. ¡No se olvide usted de ella cuando
piense en personas que puedan ayudar! Muy afectuosamente, su fiel

STEFAN ZWEIG

149. STEFAN ZWEIG A ROMAIN ROLLAND /*/

Viena VIII. Kochgasse, 8
13 de noviembre de 1915

Querido y estimado amigo:

Acabo de recibir su carta del 6 de noviembre, en la cual me
anuncia la publicación de su libro *Más allá de la contienda*.
Sí, envíemelo sin más por correo certificado, no dudo de que
me llegue. En el peor de los casos, se lo enviarían de vuelta y
podría guardármelo, pero, como le he dicho, no tengo dudas
de que me llegará sin dificultades por la vía directa. También
me complacería *mucho* recibir los poemas de Jouve, lo mismo
a través de él que de usted: conozco versos suyos muy hermosos, publicados en revistas, y estimo especialmente a ese
círculo de escritores reunidos en torno a Vildrac. En mi fuero interno, mis pensamientos están ahora con Vildrac, persona bondadosa y sencilla, y le ruego que le haga llegar un saludo y recuerdos afectuosos de mi parte. Ojalá pueda superar sano y salvo estos tiempos y retornar a la labor artística.

Y ahora una pregunta, con total franqueza: ¿le agradaría
o le disgustaría que yo escribiese en público sobre su libro y
su postura? Por un lado, veo lo necesario que sería promover obras como la suya, pero, por otro, me pregunto si tan-

ta gratitud desde Alemania no podría resultar riesgosa para usted. Puedo prometerle, en efecto, que no haré interpretaciones erróneas de su obra, como hace la mayoría —que hoy sólo ve «amigos» o «enemigos» de Alemania y no comprende la idea de la fraternidad espiritual—, pero siempre pienso en usted. Dejo la decisión absolutamente en sus manos: dígame, por favor, cuál es su deseo.

En los próximos días tendré que viajar de nuevo a los territorios en guerra por cuestiones del servicio, así está previsto, de modo que entenderá que se produzca un silencio por mi parte durante dos o tres semanas. A pesar de las molestias, celebro realizar este viaje, pues sólo allí se percibe en su totalidad el inmenso esfuerzo diario que hoy se realiza, que hace que uno, superando su propia reticencia, recobre el respeto, ese respeto ante el esfuerzo y los padecimientos de millones de seres. Nada más necesario que ese respeto para quienes toman la palabra, y eso es justo lo que más echo de menos entre muchos de los que hablan. Ese respeto hace imposible despreciar a cualquier enemigo, ya que el respeto ante el esfuerzo propio se transfiere, sin quererlo, a la causa que lo ha provocado. Confío mucho en el testimonio de los que regresen a casa: tal vez sean ellos, partiendo precisamente del recuerdo de un destino común, quienes reconstruyan la Europa que alguna gente en casa ha envenenado y mutilado con la tinta y la pluma. La voz de aquellos hombres algún día será más fuerte que la de estos últimos.

Un rumor ha estado circulando por nuestros periódicos, según el cual se le concederá el Premio Nobel de la Paz. Yo lo desearía, y no por la fama o el dinero, sino tan sólo por la manera en que ello elevaría la fuerza moral que recaería sobre usted. Hemos carecido de escritores como Tolstói, de poetas cuya palabra resuene a través de los continentes. Su generosa voz ganaría con ello una resonancia enorme, y esto es muy necesario hoy, en medio del ruido que generan tantos alaridos y acusaciones confusas de unos contra otros. Nunca fue tan necesario el poder espiritual como ahora, cuando la mayoría que lo tuvo en sus manos abusa de él. No mencionaré nombres, son harto conocidos.

Los dos discursos en la Cámara de los Lores británica han causado una gran impresión aquí y en Alemania. Aquí, precisamente, se ha sabido honrar la belleza de palabras tan humanas en una hora tan grave, y el hecho de que en la Cámara de los Lores algunos hombres de rango hablaran de la necesidad de hallar una salida para evitar los enfrentamientos a muerte ha hecho más por el prestigio de esa nación que el daño que pudieron ocasionarle los ataques. Ojalá que en Francia se pronuncien pronto unas palabras de tal franqueza, aunque sea sólo uno quien las diga: a fin de cuentas, con palabras se construyen una fe y una comunidad. Con lealtad y admiración, suyo,

STEFAN ZWEIG

150. STEFAN ZWEIG A ROMAIN ROLLAND /*/

Viena VIII. Kochgasse, 8
28 de noviembre de 1915

Querido y admirado amigo:

Hoy tengo que expresarle mi más sincera gratitud por el magnífico libro de P. J. Jouve, que él mismo me ha enviado. Ha sido para mí un motivo de alegría profunda y alentadora escuchar ahora, en una lengua extranjera, las mismas palabras salidas del corazón, y percibo en ellas el espíritu de nuestros grandes Tolstói y Whitman. Muchas cosas me han conmovido, sobre todo el peso que cobra el aspecto humano por encima del literario. Mañana mismo le escribiré a Jouve para agradecérselo. Espero que mis muestras de gratitud le lleguen. Una carta que le envié a Seippel ha quedado sin respuesta. Si lo viera en alguna ocasión, dígale que le recuerdo con afecto.

Su libro aún no ha llegado a mis manos, pero me alegra

mucho la perspectiva de recibirlo. Por los periódicos he sabido que se ha organizado en Zúrich una velada en su honor. También he recibido unas cariñosas líneas de Hesse.

Unas amigas mías harán uso de la palabra en Ámsterdam. Espero que ellas puedan llevar mis saludos para Eeden. Por desgracia, se ha mostrado muy silencioso en los últimos tiempos, cuando su voz sería más necesaria que nunca. ¡Si al menos los mejores hombres no claudicaran! A sus palabras, ahora, se les otorga la mayor resonancia, y los corazones se les muestran más receptivos que nunca. Pero tal vez atraiga a muy pocos prodigarse ahora, cuando el peligro ya no es tan grande y la razón es más poderosa. El gran sufrimiento universal ha obrado a lo grande para sacar de golpe a las naciones de su frenesí. Las repugnantes acciones de los intelectuales han disminuido, y parece haber retornado cierta sensatez.

No sé si lee usted regularmente nuestros periódicos. Me parece positivo y gratificante que la catástrofe de Serbia[1] no se proclame con arrogancia y orgullo, sino que el heroísmo y los padecimientos del pueblo cuenten con pleno reconocimiento incluso aquí, en Austria, donde se le consideraba el enemigo hereditario (el principio de todo mal, la fuerza rival). Ése es también el sentir de nuestros oficiales y soldados, que respetan sinceramente a ese enemigo peligroso pero

---

[1] Con la caída de Belgrado el 9 de octubre y la de Niš el 5 de noviembre de 1915, se coronó el éxito de la llamada «campaña de Serbia». Los restos del ejército serbio tuvieron que retirarse a las montañas albanesas y montenegrinas, con un alto coste de vidas humanas. El 23 de octubre, Zweig anotaba en su diario: «La tragedia serbia, el hundimiento de un pueblo, mientras nosotros aquí nos esforzamos por escribir un verso. La de los serbios es una epopeya de una grandeza insólita en la historia de la humanidad, que reúne en diez años más acontecimientos de los que cualquier nación abarca en décadas. Es una tragedia de proporciones shakespearianas, aunque lo veamos todo demasiado pequeño, minúsculo. La compasión que inspiran es generalizada, mientras que el odio a Italia no ha disminuido al cabo de los meses» (DZ, p. 263).

franco, mientras que por parte de Inglaterra sólo se percibe la sorda presión de una voluntad antagónica, una hostilidad salida de los salones diplomáticos y las sucursales bancarias. Allí se ha enfrentado un pueblo contra otro, y en una enemistad sincera existe siempre un mayor respeto, a pesar del encono y de la rabia invisibles. No crea que desconocemos la belleza de esa debacle: en 1809, contamos en Austria con una región del Tirol que fue capaz de combatir con sus propias fuerzas hasta el final.[1]

Si le escribe a Bazalgette próximamente, salúdelo de mi parte. Dígale que su viejo amigo Josef Ruederer ha muerto en Múnich. Ambos se estimaban mucho desde hace veinte años y me gustaría que estuviera al corriente de su muerte.

He retomado mi trabajo paralelamente a las labores vinculadas al servicio. Estoy seguro de ofrecer con ello lo mejor de mí, y, a decir verdad, debería dar gracias a las circunstancias y a la época por haberme concedido el privilegio de hacerlo. Sin embargo, no siento gratitud. Pienso en la hermosa frase de Hebbel, quien en 1848, cuando sus piezas teatrales quedaron libres de censura, escribió en su diario: «No acabará de gustarme el huevo que se haya cocido en los rescoldos de un incendio universal».

Pienso a menudo en usted, en la hermosa labor callada y múltiple que realiza con su obra y su palabra, y me sentiría feliz de poder ayudarle siempre que lo desee. Para el libro de Jouve sabré encontrar palabras que den fe pública de mi contento y mi gratitud. Estos tiempos nos deparan tan pocas alegrías, que siento como una obligación multiplicada dar cuenta de cada una por separado. Con admiración y lealtad, suyo,

STEFAN ZWEIG

---

[1] Rebelión de los campesinos tiroleses contra la ocupación de sus tierras por parte de tropas bávaras y francesas en el marco de la guerra de la Quinta Coalición, que fue liderada por Andreas Hofer.

[Agencia de Prisioneros de Guerra]
Ginebra, 6 de diciembre de 1915

Querido amigo:

Me han llegado sus amables cartas del 13 y del 28 de noviembre. Muchas gracias. Le transmito su mensaje al poeta P. J. Jouve, que se ha instalado en Montana, Sierre (cantón del Valais), donde se ocupa de su salud, destrozada tras un año de servicio voluntario en un hospital.

Le envío mi libro por paquete certificado, espero que le llegue. No se limite a leer las líneas, sino entre líneas. Han suprimido una frase corta, pero necesaria, en la nota a la Introducción: podrá encontrarla en el número del *Journal de Genève* del 4 de noviembre.

No tengo objeción alguna a que hable del libro. Como de todos modos se hablará en la prensa, mejor que hable un amigo como usted. Se lo agradezco de antemano.

He oído que el segundo volumen de la traducción de *Jean-Christophe* se publicará en enero. Espero que Grautoff no haya tenido la detestable idea de añadir un prefacio de su cosecha. Si puede hacer algo para impedirlo, por favor, hágalo.

Entre nosotros, le diré que me han entristecido e indignado las cosas que han llegado a mis oídos acerca de Grautoff por parte de otros amigos alemanes. Se le acusa de cosas tan graves que no me atrevo ni a repetirlas; pero esas acusaciones me han llegado de tres o cuatro fuentes diferentes y dignas de confianza, por lo que me temo que quizá haya algo de verdad en el fondo de todo el asunto. Se dice que ha llevado su celo patriótico hasta el punto de denunciar a uno de sus colegas alemanes, un joven literato muy conocido. (El literato en cuestión me lo ha confirmado).[1] ¿Le ha llegado a us-

---

[1] Rolland anota en su diario: «Einstein me cuenta cosas tristes de mi traductor Otto Grauttoff. Se ha hecho agente del Ministerio de Exteriores

ted algo al respecto? Nada es imposible en los tiempos que corren. La ponzoña se atisba incluso en las venas hasta de las mejores personas si éstas no tienen fortaleza de carácter.

Me alegra lo que me cuenta de que en su país los ánimos se calman. ¡Nada que ver, por desgracia, con lo que ocurre en el mío! Las pasiones están más exaltadas que nunca, créame, sé de lo que hablo. Centenares de pobres gentes me odian a muerte sin saber de mí nada más allá de lo que ladran algunos diarios infames. Por fortuna, también tengo amigos buenos y fieles que me defienden con valentía.

Tengo buenas nuevas de Bazalgette y de Vildrac, que siguen firmes en su pureza y su humanidad.

Ayer recibí una noble carta de Georg Brandes.

Hace dos días asistí a un acto de conmemoración de la muerte de Tolstói y pasé largo rato con Birukoff,[1] que se ha instalado cerca de Ginebra. Me ha contado cosas la mar de interesantes acerca de nuestro viejo amigo. Por una coincidencia bastante curiosa, estaba cerca de Tolstói cuando éste recibió mi carta de estudiante (allá por el año 1886 o 1887).

No se alarme por no tener noticias de F. v. Eeden. Desde hace meses, me parece, está cada vez más poseído por el espíritu belicoso.

Le enviaré uno de estos días una copia de un poema inglés que me parece muy hermoso. Conozco a la autora, una mujer de gran corazón y gran talento.

Hasta pronto, amigo mío. Si le escribo menos, no piense

---

y ha denunciado a René Schickele por sus sentimientos franceses alsacianos. Por suerte, un empleado del Ministerio de Exteriores lo pudo avisar a tiempo. Así, se tiene en muy mala consideración a Grautoff en el mundo literario, lo dejan de lado...» (JAG, p. 514).

[1] Paul Birukoff (1860-1931), biógrafo, amigo y confidente del escritor ruso. Rolland tiene palabras amables para él en su diario y recoge que Birukoff reivindicó la actualidad de Tolstói en un momento en el que en Ginebra bullían las pasiones nacionalistas. Al día siguiente de ese acto conmemorativo, Birukoff fue a hacerle una visita (JAG, p. 600).

que mi alma pasa por una fase de pereza y duda: está más firme que nunca. Mi fe en la razón y el amor fraterno—como un pozo artesiano que uno horada—mana con más fuerza con cada golpe que recibe.

Suyo, con afecto,

ROMAIN ROLLAND

Escríbame al Hotel Beau-Séjour, Ginebra-Champel, no a la Cruz Roja, que allí suelen abrirme las cartas.

Me preguntan si, desde que comenzó la guerra—y sobre todo en estos últimos meses—se ha tocado mucha música francesa en Alemania y en Austria. Hay curiosidad por saber, sobre todo, si se toca a Saint-Saëns, *Samson et Dalila*, etcétera. Infórmeme al respecto si puede; se lo agradezco de antemano.

152. ROMAIN ROLLAND A STEFAN ZWEIG

Ginebra, 7 de diciembre de 1915

Mi querido amigo:

He aquí el poema en inglés del que le había hablado. La autora, miss Ethel Sidgwick, es una joven novelista de talento, amiga íntima de mi hermana.

Afectuosamente suyo,

ROMAIN ROLLAND

153. ROMAIN ROLLAND A STEFAN ZWEIG

Ginebra-Champel, Hotel Beau-Séjour
Martes, 14 de diciembre de 1915

Querido amigo:

P. J. Jouve se encuentra en estos momentos en la Ferrière, Montana-Vermala, Sierre (Valais). Le he escrito y enviado mi libro.

Suyo, con un afectuoso saludo,

ROMAIN ROLLAND

154. STEFAN ZWEIG A ROMAIN ROLLAND /*/

[Tarjeta postal]
[Viena VIII. Kochgasse, 8
9 de diciembre de 1915]

Querido y estimado amigo:

Con la primera alegría, que brota de lo más hondo, me limito a decirle que acabo de recibir su libro. Las horas siguientes le pertenecerán sólo a él y, a través de él, a usted: ¡cuánto le agradezco este encuentro espiritual! Gracias, muchas gracias, mis más profundas gracias, ya estoy impaciente de escribirle al respecto. Con toda lealtad y admiración,

STEFAN ZWEIG

155. STEFAN ZWEIG A ROMAIN ROLLAND /*/

Viena VIII. Kochgasse 8
15 de diciembre de 1915

Querido y admirado amigo:

Su carta, que felizmente me ha llegado, no ha hecho sino incrementar la satisfacción que me proporciona su libro. Lo he leído con verdadera pasión y no he encontrado ningún pasaje que me hiriese, a pesar de que, forzosamente, en algunos temas mis sentimientos andan por otras sendas. Pero no percibí allí tampoco discrepancia alguna, sino una voluntad de justicia que no coincide del todo con la mía. (¿Existe acaso una justicia de los valores espirituales, una justicia absoluta para hechos que también constituyen sentimientos? Yo sólo creo en la voluntad de alcanzarla, porque la justicia no es artesanía, sino todo un arte que, como cualquier otro, jamás llega a aprenderse del todo y sólo se alcanza de manera insuficiente. Únicamente los diletantes creen en la perfección de sus obras, sólo los apasionados creen en su justicia absoluta. En cambio, yo la concibo como ideal al que aspira sin descanso mi voluntad, pero sé también que sólo conseguiré aproximármele sin llegar a alcanzarla nunca. Qué extraño resulta, por ello, esa frenética escritura de panfletos tanto aquí como allá, cada uno creyéndose poseedor de la verdad. Pero Pilatos se apartó a un lado y se lavó las manos).

De su libro me gusta mucho el aspecto documental, y veo con claridad que predomina cierta desigualdad de opiniones incluso en los artículos por separado. Se perciben las oscilaciones, pero son precisamente esas corrientes subterráneas de la voluntad de la época las que aquí se insinúan y predominan. Sé que le resultaría muy fácil allanar estos desniveles, pero es justamente ese aspecto histórico el que otorga al libro su valor trascendental. Es raro: muchas de las cosas que antes, cuando usted las escribió, requerían de un coraje infinito se han vuelto hoy obvias, y dentro de diez años, cuando se oiga hablar del hostigamiento al que se le sometió y se abran las páginas de este libro, resultará incomprensible para todo el mundo. Será tan obvio que rayará en lo banal, todo será tan banal como algunas ideas de Tolstói, que alguna gente inteligente ha tenido la osadía de considerar infantiles. ¿Sospecharán los que vengan después lo difícil que resultaba decir las cosas más naturales y expresar lo obvio? Sólo sus enemigos cumplirán entonces la función de testigos en su favor. Agradézcaselo, porque ellos, con su odio petrificado en las palabras, defienden mejor su labor moral que lo que pudieron hacerlo los reclamos de amor de sus amigos.

Espero hallar las palabras justas para su libro. Y puedo, en este caso, decir algunas cosas que me nacen del corazón. Ojalá lo consiga.

Y ahora algo sobre Grautoff. Jamás quisiera ser de esas personas que siembran la desconfianza entre dos personas, de ésas ya hay más que suficientes. Pero la posición de Grautoff es menos clara: está demasiado condicionado por su entorno. Intercambié con él dos cartas y noté lo categóricos que son sus criterios en relación con la patria de Verhaeren, tan

opuestos a los míos. También le pareció poco grata mi propuesta de que no publicara ahora su novela. En todo caso,
le he escrito para decirle que se abstenga de publicar en los
folletos o en los prefacios cualquier palabra que pueda ocasionarle a usted inconvenientes en su país. En lo que atañe a
su actitud personal, no sé nada acerca de un comportamiento innoble por su parte. Pero sí que me gustaría alertarle, en
cierta medida, en relación con ciertas personas que, desde
que su *Jean-Christophe* ha ganado notoriedad, desearían des-
bancar a Grautoff como traductor para hacer ellos el negocio. Habrá mucha gente ahora en Alemania que se agolpe en
torno a usted y, en mi condición de amigo suyo (y a sabiendas
usted de que carezco de todo interés en provecho propio),
quisiera alertarle de mostrarse demasiado franco en sus cartas o de conceder entrevistas. En su momento le tomé muy
mal a Grautoff que publicara pasajes de una carta suya y creo
a otros capaces de hacer lo mismo. Ni siquiera a Bahr, después de su necia actitud,[1] le concedo ya el derecho de dirigirse a usted: de repente son ahora muchos los que, habiendo
participado en el pasado de la anterior coyuntura, se apresu-
ran a ser de nuevo europeos. La gente que ahora cambia de
bando me produce más pena que los que mantienen su agre-
sividad, porque se ha ablandado con el tiempo, no por causa de una llama interior. Puede que Grautoff haya cometido
alguna falta, y es preciso ser precavido con él, así como no
hay que serlo menos con otros que lo denunciaron a él ante

---

[1] Según el diario de Rolland, Bahr le escribió el 18 de junio de 1915 y
le mandó un folleto suyo, *Das Österreichische Wunder* ('La maravilla austríaca'), en el que celebra el milagro de la Austria unida y resucitada. Acaba con unas líneas en las que sueña con la idea de una nueva Europa «fundada sobre bases alemanas», a lo que Rolland le responde (el 28 de junio)
que si su sueño se cumple, teme no ir jamás a Salzburgo, ya que ésa dejaría
de ser una Europa para él y se marcharía expatriado a América. A los pocos días, Bahr le responde que, si Rolland no quiere ir a Salzburgo, él irá a
visitarlo allá donde esté (JAG, p. 421).

usted. Le escribo todo esto de manera general y sin relación alguna: se me ocurre que usted podría pensar que me refería a Wilhelm Herzog, *lo cual no es el caso*, porque percibo que muchos se dirigirán ahora a usted para no perder el vínculo propicio. Pero nuestro deber, el deber de quienes han trabajado y desean trabajar cabalmente en la obra común, en aras de una unidad espiritual europea, consiste en preguntar a cada uno si no se ha opuesto con la pluma y la palabra a nuestra obra cuando se corría el mayor peligro. Sólo quien haya resistido interiormente puede hacer ahora profesión de fe: los embusteros son más peligrosos que los adversarios.

Me complace poder responder a su pregunta y decirle que aquí siempre se ha interpretado música francesa, en la Ópera Imperial de la Corte tomaron la palabra, como de costumbre, todos los maestros, y también en los conciertos; en una ocasión hasta el propio Debussy. En cuanto a la ópera de Saint-Saëns, no puedo recordar que apareciera en ningún programa alemán de conciertos, pero, a decir verdad, casi nunca la interpretaron en tiempos de paz. Massenet, por ejemplo, está programado para esta semana. También se venden libros franceses sin restricción alguna. Me alegra poder decirle todo esto, pues mis palabras le confirmarán que ni siquiera en los peores momentos el rencor alcanzó aquí esas repulsivas formas de asedio a las artes que se han visto en Francia. Aquí, a los austríacos, nos ha preservado de ello una antigua y noble tradición.

Pronto volveré a escribirle. Reciba hoy solamente los saludos más afectuosos de su fiel

STEFAN ZWEIG

P. D.: Recibí el bello poema inglés, pretendo traducirlo.

156. ROMAIN ROLLAND A STEFAN ZWEIG

Ginebra, 25 de diciembre de 1915

Querido amigo:

Me ha llegado bien su carta del 15 de diciembre, que me ha alegrado muchísimo. Comprendo todo lo que me escribe y estoy tan de acuerdo con lo que piensa de los camaleones que, una vez más, cambian de color, que escribí lo mismo, en términos mucho más violentos, en una carta privada que fue reproducida sin mi permiso (¡todos los periodistas son iguales!). Le envío el recorte. Y añado también la pequeña oda que el *J*[*ournal*] *de Genève* y el *Neue Zürcher Zeitung* publicaron ayer por la tarde y esta mañana por Navidad.[1] Verá que la paz que canta su amigo el grillo se toma en su sentido más amplio, como la *Alegría* de Schiller. Pero ese canto de paz no se sumará al mío. Los ánimos están lejos de calmarse en mi país, como sí lo hacen en el suyo.

Le envío mis fieles y cordiales deseos de amistad,

ROMAIN ROLLAND

157. STEFAN ZWEIG A ROMAIN ROLLAND /*/

Viena VIII. Kochgasse, 8
30 de diciembre de 1915

Querido y estimado amigo:

No quisiera que acabara este año tan terrible sin haberle enviado mi saludo y mis mejores votos. Precisamente acabo de releer su *Jean-Christophe* y me ha estremecido el carácter profético de ese libro. No sé si usted mismo lo toma en sus manos de vez en cuando: yo jamás lo he sentido tan vivo como ahora, cuando es ya histórico, cuando la época de esa historia de hermandad espiritual ha dejado impreso el sello

---

[1] «Ara Pacis» (MP, pp. 141-144).

del pasado de forma tan sangrienta. E intuyo que hubo poderes superiores que estuvieron a su lado, permitiendo que pudiera usted acabar esa obra justamente entonces. También yo siento que una parte de mi vida acabó aquel año, aquel día de julio de 1914, cuando regresé a casa, pero no he olvidado nada. Toda mi gratitud corresponde a cada uno de los días de mi juventud. Sólo que ahora percibo que hasta la nueva juventud parece bloqueada por portones de hierro, cual las barricadas: son otros los años que tendré que vivir, años de lucha, tal vez, contra un mundo y un modo de pensar ante los cuales me siento un extraño. Nunca he sido tan consciente de que todo lo que me queda por hacer constituye una obligación. Sólo con resolución moral puede uno ser efectivo en el presente. Atrás han quedado para mí los tiempos de los poemillas. Corresponde ahora darlo todo y reclamarlo todo.

Su ejemplo en estos tiempos ha sido grande para mí. Siento que usted ha logrado sobreponerse a lo peor. Quien lea ahora sus artículos apenas encontrará en ellos un objeto de exaltación, pues precisamente ésta ha cedido en el interior del ser humano para dar paso a la reflexión. Creo con firmeza y seguridad que han quedado atrás las horas de mayor confusión, el dominio de las frases vacías empieza a tambalearse. Nunca el mundo vivió tanto bajo la coacción de las palabras, y lo más asombroso ha sido que, durante un tiempo, la palabra tuvo más realidad entre los pueblos que los propios hechos o que la realidad misma. Ese fenómeno, debido al inmenso poder de los periódicos, será digno de recordar como una de las mayores maniobras de sugestión de masas de la historia, algo incomprensible para las generaciones venideras, del mismo modo que para nosotros resulta incomprensible un hecho como el de la Cruzada de los Niños. Ahora—creo—el poder de la palabra se tambalea, y la razón nos traerá pronto el esclarecimiento, liberará de forma definitiva, a este mundo crucificado, del madero de su martirio y nos traerá la resurrección de Europa. Ojalá que en esos años reine la paz, y que esa paz sea verdadera, no una de dientes apretados e ideas emponzoñadas, sino una paz real: reposo, calma, distensión, claridad y resurgimiento. Mis deseos, en este sentido, son tal vez iguales a los suyos, a los de todo el mundo que padece.

También deseaba contarle hoy algo que será capaz de acoger seguramente con el mismo dolor empático que he sentido yo. Hablé ayer con Rainer Maria Rilke, que ha tenido que venir a Viena por asuntos relacionados con el servicio militar, y me he enterado de que, en su ausencia, todos sus muebles y manuscritos parisinos han sido puestos en subasta, sus cartas escritas a lo largo de diez años, todo perdido, por lo visto, de manera irreversible. Hay entre esas cosas obras en las que él, con su estilo lento y cuidadoso, casi monacal, ha trabajado durante años, apuntes, bocetos de un valor irrecuperable para él y—dado que se trata de nuestro mayor poeta—para todo el arte alemán. ¡Y sólo porque no pudo enviar el dinero del alquiler! Con ello ha quedado truncada una parte entera de su vida, se han destruido años de su producción, y el daño que se le causa con un suceso semejante no puede medirse a partir del valor de alguno de sus libros. Puede imaginarse mi compasión y mi enfado al pensar en el modo en que le han malvendido a algún tendero las más valiosas cosas del espíritu, todo vendido por un par de *sous* a gente que mañana envolverá azúcar y verduras con ello. Creo que también se han perdido dibujos de Rodin, joyas antiguas, etcétera. ¡Quién iba a identificar su valor en una subasta organizada a toda prisa! Hechos como éste pueden azuzar el encono entre las naciones más de lo que lo consiguen las batallas y las animadversiones, porque se trata de actos de destrucción *deliberados*, actos de un rencor deliberado contra gente indefensa. Sé, por supuesto, que han ocurrido miles o decenas de miles de pequeñas tragedias parecidas, pero ésta es especialmente descorazonadora, porque ni siquiera sabemos el valor de lo que aquí se ha perdido. A nosotros, que veneramos a

Rilke como a uno de los poetas más puros y trascendentales de nuestra época, apenas podría ocurrirnos algo más cruel, y también usted sabrá valorar toda la dimensión de esta tragedia que ha tenido lugar a dos casas de la suya. Le hablé a Rilke sólo fugazmente, y no quiero ahora extenderme demasiado en el asunto: él se encuentra muy afectado, tanto más cuanto que confiaba plenamente en la mujer que allí le servía, y esperaba que ella supiera proteger sus pertenencias.

El daño espiritual, en general, podrá verse mucho después. Las universidades de toda Europa llevan dos años combatiendo en el frente, y algunas habrán desaprendido, tal vez para siempre, la capacidad para realizar una labor objetiva seria. En cuanto a la poesía, que yo sepa, no se ha dado a luz en este tiempo ni una sola obra *verdadera* perteneciente al periodismo y no a las artes. No sé si en Francia se escriben tantos versos como en nuestros países; yo al menos no puedo establecer ninguna relación con todas esas historias, porque creo que ninguna muestra el respeto suficiente ante la gran tragedia. El trabajo que hago me reporta consuelo, y si bien no me atrevería a afirmar que lo culminaré en el sentido al que aspiro, al menos he logrado liberarme de lo cotidiano a través del símbolo. ¡Y no es poca cosa! Pienso en usted a menudo, con cariño. Ojalá que la palabra y la fuerza le sigan siendo fieles en esta gran lucha espiritual y que el próximo año esté usted bien consigo mismo y con el mundo. Nosotros le escuchamos, estamos atentos a cuanto dice, y renovamos nuestra confianza a partir de la suya. Con toda lealtad y admiración, suyo,

STEFAN ZWEIG

1916

Hotel Beau-Séjour, Ginebra-Champel
7 de enero de 1916

Querido amigo:

Me ha llegado su carta del 30 de diciembre. Se me parte el alma con lo que me cuenta sobre Rilke. ¿Por qué, por qué no me puso al tanto antes? Hoy mismo le escribo a Copeau y a Gide, que lo admiran y estiman, para que, si fuera posible, traten de salvar los restos del naufragio. ¡Pero, ay, qué desgracia! ¡Es demasiado tarde ya! Todo debe de haberse dispersado. Sin duda, una noticia como ésta es de las más crueles que haya podido recibir, por la vergüenza que supone para el espíritu humano. Manifiéstele a Rilke de mi parte toda mi afectuosa simpatía.

Parece que no le ha llegado mi poemita de Navidad (publicado en el *J[ournal] de Genève*). Espero que le llegue.

Por desgracia, se equivoca al creer que los ánimos se están calmando. Nada más lejos de la realidad en esta parte de Europa; créame, algo sé del asunto. Por pudor, no le contaré algunas de las experiencias vividas. Ya se enterará más tarde. *Al amigo* le confiaría (*en secreto* y a modo de ejemplo) que algunas de las personas más próximas a mí tampoco están a salvo de los ataques que me dirigen. Habremos visto la humanidad hasta el fondo de sus entrañas. Frederik van Eeden, de quien no tenía noticias desde hace meses, me acaba de enviar un magnífico artículo que ha escrito en mi defensa en un número de la *Revue de Hollande*, editada en París y La Haya, un medio donde se ha emprendido una investigación (hostil) en mi contra.

Hasta la vista. Le escribo a vuelapluma. Sólo estas líneas por hoy, con mi afectuosa amistad,

ROMAIN ROLLAND

159. STEFAN ZWEIG A ROMAIN ROLLAND

Viena VIII. Kochgasse, 8
17 de enero de 1916

Querido y admirado amigo:

Le agradezco sobre todo sus esfuerzos con Rilke. Ha venido a verme hoy (en uniforme) y se siente conmovido por su solidaridad, pero debido a su agotamiento físico y anímico tal vez no esté por el momento en condiciones de escribirle de inmediato. Acabará teniendo noticias suyas, pues siente la necesidad de darle las gracias. Sin embargo, en este momento se encuentra sumido en una profunda depresión: ya sabe lo delicados que son sus nervios y cuán inestable es su equilibrio emocional; está terriblemente afectado, y a mí me conmocionó nuestro encuentro. Son muchas las circunstancias que confluyen, y la pérdida de sus manuscritos es sólo un eslabón en la despiadada cadena de su destino. Resulta especialmente doloroso para todos los que lo queremos y admiramos que las circunstancias sean tan duras precisamente con él. He notado que, a pesar de la compasión generalizada que se nos exige a diario, aún soy capaz de padecer por un individuo, casi más que por mi propio destino.

También me resulta doloroso lo que le está sucediendo a usted en su país. Pero sé que ese daño se lo causa únicamente gente enajenada e irritada, y que, en los instantes de reflexión, de sobriedad, hasta lo más hostiles mostrarán reconocimiento para con su actitud y sus actos. Una enemistad eterna separa a quienes hablan sólo en nombre del momento y quienes piensan en lo duradero, en lo eterno: esta hora pertenece siempre a esos otros, pero sólo ésta, no las horas futuras. Cuando ella desaparezca, esos otros morirán, y con ellos fenecerá su obra. Y esta hora casi llega a su fin, y precisamente porque esas personas lo perciben, aprovechan ese último vestigio con un apasionamiento desmedido. Creo que hay que concederles esa mínima venganza, porque en ella se extinguen, ella será su última acción. Usted lo sabe (de un modo inconsciente), y nosotros hemos de intuirlo. Los neutrales, los objetivos, están con usted, y el artículo de Frederik van Eeden me ofrece una prueba de lo que yo ya sabía desde hacía tiempo: que los intelectuales de todas las naciones están de su lado. Europa, el mundo, son a la larga más fuertes que un par de chauvinistas cuyos puntos de vista han quedado hace tiempo desmentidos por los hechos. Entre la opinión pública crece por doquier la desconfianza en los periódicos, que tanto prometieron allá en su país, y los hombres, en el momento de afrontar sus decepciones, jamás se piden cuentas a sí mismos, sino que buscan culpables en lo externo. La responsabilidad de [*Le*] *Matin antes* de la guerra y *durante* la guerra es hoy más que manifiesta, y lo será más en cuanto vuelva a salir a la luz todo lo que prometieron. Me sería muy doloroso saber que los ataques de ese bando de tan baja estofa pueden amargarle seriamente: quien se forma su propia opinión a partir de fuentes tan turbias, y con tal frívola falta de independencia, no puede ni debe contar en la valoración que hacemos íntimamente de nosotros mismos. Y eso es lo único que importa. Es poco lo que le resta por soportar, cada día que pasa cuenta a su favor y habla en contra de esos otros.

Le digo esto a sabiendas (por suerte) de que no es necesario decírselo. Usted persistirá en su gran lucha intelectual, y su vida, su obra, constituyen para mí una garantía de ello. Hay horas, sin embargo, en las que las leves punzadas del rencor se perciben con más fuerza, resultan más dolorosas e irritantes: ojalá que en esos instantes la conciencia de nuestra gratitud y de nuestro amor lo solacen, que sean una certeza tranquilizadora. No pasa día en que no le recuerde con afecto. ¡Y muchos están conmigo! Con lealtad, suyo,

STEFAN ZWEIG

160. ROMAIN ROLLAND A STEFAN ZWEIG

Ginebra, lunes, 17 de enero de 1916

Querido amigo mío:

¿Podría decirle a Rilke que, si bien es cierto que todo ha sido vendido, la portera, una buena mujer que lloraba al contar lo sucedido, consiguió poner a resguardo, en unos baúles, las cartas y los manuscritos, todos los papeles, que, al parecer, no estaban «en venta»? Los amigos a los que he puesto al corriente de lo sucedido, que se han mostrado profundamente conmovidos, buscan ahora el resto de los enseres y no han perdido la esperanza de conseguir reunir y recoger algunos de los objetos dispersos más importantes.[1]

Suyo, afectuosamente,

ROMAIN ROLLAND

He transmitido su carta a G.

161. STEFAN ZWEIG A ROMAIN ROLLAND[2]

[Telegrama]

Con gratitud y lealtad le deseo hoy, el día en que cruza el umbral de su vida, que cumpla todos sus elevados objetivos, per-

---

[1] El miércoles 26 de enero de 1916, Zweig anota en su diario: «Está con nosotros Rainer Maria Rilke, a quien he conseguido alegrarle el día al informarle de que Rolland ha logrado salvar una parte de sus manuscritos» (DZ, p. 281).

[2] El cumpleaños de Rolland era el día 29, probablemente escribió antes el telegrama o la fecha no esté bien conservada. De hecho, el propio Zweig escribe a otros amigos para proponerles que le envíen a Rolland un telegrama por su cincuenta aniversario. Véase, por ejemplo, la

severancia en su amor al trabajo y un colofón de pureza en la armonía de su obra.

STEFAN ZWEIG

162. ROMAIN ROLLAND A STEFAN ZWEIG

Ginebra, 30 de enero de 1916

Su afectuoso mensaje, querido amigo mío, ha sido el primero que me ha llegado para tenderme su mano leal en este pasaje del umbral de la vida. De todo corazón, gracias. A decir verdad, no me habría dado cuenta de la fecha si no fuera por el calendario y por las felicitaciones de los amigos, pues no siento que cargue medio siglo a mis espaldas. ¡Ni mucho menos! No hay fuerza alguna de mi juventud que no haya conservado, como cuando tenía veinticinco años, y cuento ahora, además, con otras que de joven no tenía. Reto a los años, a ver si consiguen envejecerme el corazón.

Los zepelines me han traído un triste regalo de aniversario.[1] He estado preocupado por la suerte de mi padre, de mi madre y de mi hermana, que están en París, y esas preocupaciones se renuevan cada día. Según se desarrollen los acontecimientos, puede que, en caso de peligro, vuelva a París de improviso, para compartir la suerte de mis seres queridos.

He recibido su hermoso poema, se lo agradezco. ¿Podría facilitarme la dirección de Rilke? Me gustaría decirle lo mucho que me ha conmovido su afectuoso y melancólico tele-

---

carta a A. Schnitzler: «El 29 de enero es el cincuenta aniversario de Romain Rolland. Sus amigos y todos los que le están agradecidos por su comportamiento tan humano en estos días quieren enviarle unas palabras por telegrama. Si es ésta también su intención, le dejo aquí su dirección» (BF, p. 298).

[1] La madrugada del 30 de enero de 1916, un zepelín bombardeó París y causó daños terribles. El número de víctimas varía según el diario, en *L'Ouest-Eclair* hablan de trece bombas, veintitrés muertos, veintisiete heridos y nueve casas destruidas.

grama. ¿Le podría decir que Gide está haciendo todo lo que está a su alcance para reparar, en lo posible, el mal que se ha cometido? Pero ¿por qué Rilke no nos escribió? Si hubiésemos estado al corriente desde hace un año, hubiese sido fácil pagar su alquiler. Imagínese que me pase un año sin pagar el mío, estarían en su derecho de requisar mis muebles, y no me cabe duda de que lo harían. ¡En fin! Espero, en todo caso, que no hayan sufrido todos sus papeles; Gide me ha comentado que están incautados, y él se está ocupando del asunto con diligencia.

Suyo, afectuosamente, y muchas gracias a todo el grupo de amigos vieneses a quienes tanto aprecio.

ROMAIN ROLLAND

163. STEFAN ZWEIG A ROMAIN ROLLAND /*/

Viena VIII. Kochgasse, 8
8 de febrero de 1916

Querido y estimado amigo:

Pasé el día de su cincuenta cumpleaños recordándole callada y vivamente. En un principio pretendía manifestarme en público acerca de usted, pero me cohibieron ciertas consideraciones, y mi gratitud hacia usted es tan fuerte y desbordante que preferí, en un día como ése y en estos tiempos, confinarla dentro de mí en lugar de expresarla con remilgos. He experimentado con fuerza el sentido que tiene este cenit vital para usted, para nosotros. Ha dejado atrás los años de aprendizaje y ahora se avecinan los graves años de la maestría. ¡Ahora le corresponde ser guía, mentor, maestro! En qué magnífico ser se ha convertido usted ya, cuánta fuerza han dado a sus palabras y a sus convicciones la autoridad interior de estos años, la externa que proporciona el éxito. Toda esa plétora de años acumulados en una adusta secuencia, y de repente ese flujo (que usted mismo, a veces, creyó ver derramado en vano) queda hechizado, en cierto modo, en un cristal, invulnerablemente puro, y yo he notado cómo todos los ataques se han estrellado contra esa integridad de su ser. Este año ha sido tan hermosamente posible gracias a los otros treinta de trabajo, los que elevaron su nombre y lo convirtieron en un símbolo para amigos y discípulos, en un imán que guiaba su voluntad hacia el polo eterno de la vida.

Tuve la intención de escribirle aquel día, pero no pude. No hallaba sosiego. Me dirigía a usted, o quise dirigirme a usted, con mis mejores deseos, y también con un ruego. Un ruego que tal vez parezca infantil, pero es sincero, el mejor ruego: ¡no envejezca usted, no me decepcione! Lo más doloroso que he experimentado ha sido ver cómo gente grande a la que amaba y a la que conocía bien se dobló y se convirtió en esclava del dinero, sierva de la vanidad, imitadora simiesca de sus propias muecas. Usted es una figura grande y bondadosa, y seguramente me entiende bien. Pienso en Rodin, pienso en cómo la vejez lo ha ablandado, minando su resistencia contra muchas cosas; pienso en Verhaeren, que era el más puro modelo de mis mejores años y al que (aun antes de la guerra) he visto hacer concesiones a la complacencia, a la debilidad, a su propia imagen en el espejo (aunque para mí, interiormente, seguirá siendo un hombre grandioso). Y pienso en Flaubert y en Tolstói, esos dos solitarios que mantuvieron su nobleza hasta el último aliento, porque supieron ofrecer resistencia.

Usted, Romain Rolland, ha alcanzado ahora las altas cotas de gloria en las que el viento sopla con violencia y las profundidades atraen misteriosamente. No conozco a ninguna otra persona, aparte de usted, de la que sepa con total certeza que sabrá mantenerse firme hasta el último momento, y es por ello precisamente que le hablo con tal franqueza. Tal vez, después de la guerra, muchos querrán congregarse a su alrededor, ponerlo en la cúspide, tal vez sea la Francia oficial, la que hoy reniega de usted, la que querrá aprovecharse de su nombre impoluto, y yo le ruego hoy—¡y se lo ruego por todos los años venideros!—: rechace todo lo que no es propio de usted. Es usted un ejemplo tan necesario de ser humano indoblegable en este mundo nuestro de naturaleza tan voluble, lo ha sido de forma maravillosa en los tiempos más difíciles, y su deber es seguir siéndolo. Por mucho que admire su obra, para nosotros es usted mucho más, es algo mucho más único como personalidad, y mi deseo, mi ruego más íntimo en estos años que están por venir es que usted siga siendo el mismo de siempre. Sufrí tanto al ver a Verhaeren, el más fervoroso heraldo de la bondad humana, derribar a sus sesenta años, con el hacha del odio, el floreciente, hermoso y maduro árbol de su obra, que como un mendicante acudo ahora a usted, que no se ha doblegado, para pedirle que por lo menos conserve su personalidad y su obra tal como usted mismo nos enseñó a amarlas.

Puede que este deseo de cumpleaños le resulte extraño ahora que está en el umbral de la vida. Pero sé a quién hablo, y precisamente *porque* de usted no lo temo, se lo digo con franqueza y claridad. Lo que sí temo es esa conjura secreta contra cualquier artista y ser humano que al envejecer une el éxito cada vez mayor con una cada vez más débil fuerza de voluntad; apenas conozco a ningún artista de nuestra época que no sucumba a esa doble presión de lo exterior y lo interior. Usted es la persona de la que espero mayor resistencia ante esa peligrosa ley de la naturaleza; no he visto aún un síntoma de debilidad en su carácter, y *justo por eso* le exhorto a que se mantenga así. Como tal. Como lo que es usted hoy, nos será usted imprescindible por años y años: ¡siga, pues, siéndolo para nosotros y para aquellos que nos sigan! ¡Es lo que le deseo, lo que deseo para mí y para nuestra época!

Eso era todo lo que quería decirle hoy. Unas palabras que le incumben a usted, sólo a usted. Por lo demás, uno ya no puede sentir nada por los individuos, todo se difumina en un sufrimiento y una compasión generales. No tengo ya palabras para expresar lo que siento: los acontecimientos me parecen cada día más incomprensibles, cada vez más elementales, ininteligibles, místicos. No tiene sentido hablar de ello, explicarlo o censurarlo; uno, en lo más íntimo, aprende a sobrellevarlo todo sin esperanzas, ese callado y tímido tormento de la compasión impotente. El día que le rendí homenaje en solitario fue una alegre distracción para mí: tomé el *Jean-Christophe* e intenté escuchar su voz. Y la oigo, como la oigo a veces a través de la música, y pensé en usted lleno de amor y de amistosa veneración. Muy fielmente, suyo,

STEFAN ZWEIG

164. ROMAIN ROLLAND A STEFAN ZWEIG

Ginebra, 18 de febrero de 1916

Querido amigo:

Le agradezco su magnífica carta del 8 de febrero y los buenos deseos que me expresa su noble y sabia amistad. No tema, jamás abdicaré de mi independencia. Es lo único que puedo asegurarle de cara a mi futuro (porque ¿quién puede discernir el valor de lo que será o lo que hará?). De eso, en cambio, estoy seguro. Esa independencia es mi razón de vivir. Le he sacrificado mucho más que el éxito: el amor. ¿Qué otra cosa capaz de tentarme puede ofrecerme el mundo? No necesito fortuna y no creo en la reputación. No me pueden atar a ninguna parte. Desde niño he sentido que tengo alma de peregrino. No acepto el amparo asfixiante de los Estados, las Iglesias o las Academias. Siempre estoy en el camino. Aunque mi cuerpo se quedara paralizado, no me detendría. Cuando me entierren, ¡que sea con mi bastón! ¡Que florezca como el de Tannhäuser!

He escuchado esta semana a los delegados de la misión estadounidense (F.)[1] y he conversado con ellos. Me parecieron

---

[1] La Misión Ford tenía como fin organizar una conferencia de paz en Europa, promovida por el empresario Henry Ford, quien fletó el *Oscar II*,

muy simpáticos. Son idealistas acostumbrados a luchar cuerpo a cuerpo con la realidad. Y lo que más me gusta de estos estadounidenses es que son hombres libres, absolutamente libres, oficiosos, para los que no existe la noción de Estado soberano. Cualquier estadounidense puede decir: «El Estado soy yo». En Europa ya no conocemos a esa clase de personas. ¿Acaso las hemos conocido alguna vez?

Suyo, afectuosamente,

ROMAIN ROLLAND

¿Ha recibido los dos primeros números de la revista de Guilbeaux?[1]

165. STEFAN ZWEIG A ROMAIN ROLLAND

Viena VIII. Kochgasse, 8
19 de febrero de 1916

Querido y estimado amigo:

Le envío adjunto un breve artículo que he escrito para la revista *Carmel*,[2] que me contactó en su nombre. Se trata de un texto de naturaleza apolítica y en tal medida objetivo, según espero, que tendría cabida en cualquier parte: para mí sería una alegría enorme que contara con su aprobación. Si la revista no se publicara, le ruego que se lo entregue a Guilbeaux para la suya. También estoy preparando algo para él.

Quizá le hayan comunicado que la semana próxima presentarán en el teatro su *Los lobos*. Le he sugerido al director

---

llamado también *Peace Ship* ('Barco de la Paz'), para promover una misión de paz en Europa.

[1] Se trata de la revista *Demain*, en cuyo primer número, del 20 de enero de 1916, se publicaba el artículo de Romain Rolland «A la Antígona eterna» (MP, pp. 159-160).

[2] Stefan Zweig, «La Tour de Babel», *Le Carmel*, abril-mayo de 1916.

que evite todos aquellos apuntes especiales que puedan tener un giro político, y también se ha tenido en cuenta su deseo de que las regalías no sean para usted, sino para la Cruz Roja de Ginebra. Por lo que he oído, Wilhelm Herzog pretende asistir a la presentación. Para mí será mi primera visita al teatro después de varios meses. Por lo general, me resulta imposible soportar en estos tiempos la comedia humana, vivo sumido únicamente en el trabajo y en la música. Luego le enviaré las noticias sobre la presentación.

Con motivo de su cincuenta cumpleaños, conseguí que se sacara una nota en el *Neue Freie Presse*, y otra sobre la publicación de su *Jaurès* en el *Arbeiter Zeitung*.[1] Le adjunto ambas cosas. En realidad, pretendía escribir yo mismo más profusamente, pero siempre temo que se interprete como una suerte de agitación con segundas intenciones. Ahora deben tener prioridad las grandes manifestaciones intelectuales, y, en el caso de las personas, sólo aquellas que encarnan tales tendencias, y también debe evitarse toda apariencia de que la acción corresponde a un solo individuo. Incluso a mí me resultó difícil no tomar la palabra públicamente ese día, pero estuve mucho tiempo sospesando mi deseo, mi gratitud y las razones en contra de hacerlo, y estas últimas me parecieron más fuertes e importantes que mi necesidad personal. Muchos deseos ahora han de esperar un poco para verse cumplidos, y la renuncia se le hace más fácil a uno gracias a la costumbre.

Existe ahora, por todas partes, un creciente interés personal por sus libros. El pueblo alemán se ve sobrecogido por una pasión de autorreconocimiento, quiere entender su pasado, intuir su futuro, y por eso le resultan importantes todos los libros llegados del extranjero en los que se vea reflejado, tan-

---

[1] Stefan Zweig, «Romain Rollands fünfzigster Geburtstag» ('Cincuenta aniversario de Romain Rolland'), *Neue Freie Presse*, 30 de enero de 1916; Romain Rolland, «Jaurès», *Arbeiter Zeitung*, 30 de enero de 1916 (MP, pp. 117-124).

to de forma odiosa como amable. Tal vez esta guerra—y Dostoievski empleó el mismo argumento una vez hace cincuenta años—sirva para proporcionar a los pueblos nociones más amplias y reales de los demás pueblos. Hoy son los gacetilleros los que aleccionan sobre las naciones extranjeras a quienes se han quedado en casa, y lo hacen casi siempre de un modo aborrecible: pero los prisioneros, los combatientes que han visto con sus propios ojos países foráneos, corregirán esos juicios. También avanza el intercambio de idiomas, y en especial la cultura y la literatura rusas, que era *terra incognita* para nosotros, los de Europa occidental, sacará provecho de ello. Cabe tal vez la esperanza de que todo se arregle más rápidamente de lo que suponemos. Más peligroso me parece el inevitable predominio de Estados Unidos en materia artística: con su dinero, nos comprarán las mejores colecciones y a los mejores músicos. Y le temo más a ese espíritu crematístico tan propio de los estadounidenses que a todo odio dentro de Europa, o incluso al despertar de Asia, ya que, mientras que el aislamiento favorece el trabajo, las ilimitadas posibilidades de ganancias conducen a la depravación artística. Y ese peligro nos afecta a todos de forma unánime, será tal vez lo primero que tendremos en común. Leales saludos de su

STEFAN ZWEIG

Tres adjuntos:

1) Texto «La Tour de Babel».

2) *Neue Freie Presse*: «R. R. fünfzigster Geburtstag» ['Cincuenta aniversario de R. R.'].

3) *Arbeiter Zeitung*: «Jaurès».

166. ROMAIN ROLLAND A STEFAN ZWEIG

Ginebra, 24 de febrero de 1916

Querido amigo:

Gide se está ocupando, con suma diligencia, del asunto de Rilke. Está localizando a los compradores y pretende volver a comprarles, si fuera posible, la mejor parte, o al menos lo más valioso desde un punto de visa sentimental y lo más irremplazable de la biblioteca de Rilke.

¿Podría Rilke enviarme indicaciones al respecto? (Un somero catálogo de los libros que más apreciaba). En cuanto a sus papeles, manuscritos, correspondencia, podemos confiar en que, gracias a la portera, han sido puestos a buen recaudo.

Suyo, afectuosamente,

ROMAIN ROLLAND

La Arbeiter-Bildungsverein ['Asociación de Formación para Trabajadores'] (Gumpendorfstr., 62) me ha pedido unas líneas para un programa poético. Las escribiría de mil amores, pero usted tal vez pueda hacerles entender de manera amistosa que la utilidad de tales palabras sería menor que el mal que causarían, en esta parte de Europa, a mi autoridad moral. Debo reservarme para el acercamiento de nuestros pueblos cuando llegue la hora. Las calumnias de la prensa deforman todos nuestros actos y aguardan la mínima ocasión para sembrar la sospecha sobre los pocos espíritus que siguen siendo libres. El anuncio de las funciones de *Los lobos* en Viena lo ha usado *Le Matin* de inmediato en mi contra. (¿De verdad ha habido representaciones? Creía que habían renunciado a la idea a petición suya). Si la A. Bildungsverein insiste en que escriba unas líneas, les aconsejaría que tomaran del último volumen de *Jean-Christophe* las que versan sobre los hermanos franceses y alemanes, cuyos pueblos son «las dos grandes alas de Occidente». O bien algunas estrofas del «Ara Pacis». Entenderá que, durante la guerra, deba abstenerme de publicar textos *inéditos* en Alemania y en Austria. Es una cuestión de dignidad.

(La petición de la A. Bildungsverein me ha llegado de parte del *Vortragsleiter* ['maestro de conferencias'] Rudolf Neuhaus).

Ginebra, 27 de febrero de 1916

Mi querido amigo:

He recibido su hermoso ensayo y se lo he remitido de inmediato a C. Baudouin para su revista *Carmel*. Tiene pinta de poseer un corazón generoso, honestamente idealista, pero aún no sé qué tal será la revista.

Estoy harto sorprendido de que *Los lobos* se vaya a representar. Esperaba que hubiese usted conseguido evitar esas funciones. Por mi parte, lo lamento. Me causarán el mayor de los daños, sin beneficio para nadie. Me resulta imposible ver en la elección de esa pieza razones puramente artísticas. De forma consciente o no, pretenden valerse de la obra, como de «La Foire sur la place»,[1] para un propósito que nada tiene de estético. Y es ésa la impresión que tengo yo. ¡Así que imagine usted cuán fuerte será esa impresión en Francia, entre mis adversarios, e incluso entre los indiferentes! Se comete un grave error si con esto se cree contribuir a la causa del acercamiento intelectual. Se siembra la duda sobre mis esfuerzos desinteresados, y el primer resultado es que, antes de escribir artículos nuevos, los haga pedazos y renuncie a redactarlos. Espero que en Viena se sepa que no he autorizado las funciones. Tienen lugar sin mi consentimiento.

Gracias por su afectuosa noticia del *N[eue] Freie Presse*. La había leído y había reconocido su pluma de inmediato.

No comparto sus temores con respecto a América. Si tuviera hijos, pensaría seriamente, al término de la guerra, en convertirlos en ciudadanos estadounidenses. El futuro de la civilización blanca, para mí, está allí.

Suyo, afectuosamente,

ROMAIN ROLLAND

[1] Quinto libro de *Jean-Christophe*. En él se describe un fresco nada complaciente de los círculos artísticos, políticos y periodísticos de París, lo cual le valdría a Rolland el rencor de muchos durante largo tiempo.

Viena VIII. Kochgasse, 8
26 de febrero de 1916

Querido y admirado amigo:

Ayer tuvo lugar en Viena, sin el menor incidente y con gran éxito, el estreno de su pieza *Los lobos*. Aunque parte del público aficionado a la música se ausentó para participar en una velada dedicada a Pfitzner, el teatro estuvo concurrido y fue unánime el aplauso, el cual tampoco tuvo carácter reivindicativo alguno y sólo estuvo dedicado a la obra.

La crítica en todos los periódicos—en parte calurosa, en parte fría—evita toda alusión al aspecto político (con una única excepción: un tal Z., crítico del *Neue Freie Presse*, al que no debe confundir conmigo, ya que se trata de Paul Zifferer, que presenció el estreno en París en su momento). Yo mismo no he escrito nada en ninguna parte (no tengo costumbre de escribir crónicas para los periódicos) y no he intentado ejercer influencia en ningún sitio: tanto más me alegró ver que el público y la prensa se mostraran, *sin excepción*, tan leales. Podrá ver, gracias a ello, que es cierto todo lo que le he contado siempre acerca de Austria y de Viena, que aquí jamás ha regido ese rencor repulsivo en cuestiones relacionadas con el arte. En asuntos de arte, tanto Viena como Austria cuentan con una tradición de liberalidad sin parangón, y se tiene demasiado buen gusto como para unirse a esas campañas de acoso. Creo ser del todo imparcial si digo que ningún país ha actuado durante la guerra con menos rencor que Austria, tanto en lo espiritual como en el trato a los prisioneros e internados. Esto se hace evidente hoy e irá a más sin duda cuando se termine la guerra: estoy convencido, por cierto, de que en Suiza, desde donde se mira con claridad hacia todas partes, se tiene la misma opinión.

Le agradezco una vez más su carta del 18 de febrero: tal vez la mía haya llegado ya a sus manos. Le enviaré más tarde también las críticas a *Los lobos*, hasta ahora no he encontrado, en ese sentido, nada de verdadero valor. Yo mismo he podido apreciar muchas cosas en la obra con más fuerza que antes, todo gracias al inintencionado simbolismo en relación con el presente, y he reconocido la línea que lleva del comandante Teulier a su realidad actual.[1] En las obras de juventud de los grandes escritores, los sinceros, hallamos siempre la semilla de sus vidas futuras. Me ha alegrado mucho verlo confirmado en su caso. Su devoto y leal servidor,

STEFAN ZWEIG

P. D.: De la revista *Demain* sólo he recibido hasta ahora su primer (y excelente) número.

169. STEFAN ZWEIG A ROMAIN ROLLAND /*/

[Tarjeta postal]
Viena VIII. Kochgasse, 8
[Matasellos: 27.3.1916]

Querido y estimado amigo:

No sé si ha recibido mi carta sobre el estreno. No fue un caso excepcional, también han representado a Bernard Shaw, y yo, tras un año de advertencias, no tenía ya posibilidad de detener al director, que debía cumplir un contrato. No ha tenido lugar ni la más mínima alusión de carácter político, la pieza fue valorada únicamente como obra artística* y también en el Teatro Obrero estuvo prevista para un círculo más reducido. En ese sentido, no tiene de qué preocuparse. Mañana le escribo más.

Suyo,

STEFAN ZWEIG

---

[1] Uno de los personajes de *Los lobos*, en el *dramatis personæ* Rolland lo describe como «comandante, miembro de la Academia de las Ciencias [...] Talante de puritano encendido y, por momentos, fanático».

* Insisto en que la crítica en la *N[eue] F[reie] Presse*, firmada con una «Z.», no la escribí yo, sino Zifferer.

170. STEFAN ZWEIG A ROMAIN ROLLAND /*/

Viena VIII. Kochgasse, 8
29 de marzo de 1916

Querido y estimado amigo:

He leído hoy los desagradables ataques que Wells le ha dirigido, y con admiración he pensado en su viril actitud. Entiendo también que tenga usted a veces el deseo de no decir una palabra más en público, y es que en realidad han sido de tal modo falsificadas por el mal uso que se ha hecho de ellas que uno tiene motivos para temer cualquier palabra aislada. Hoy a todos nos pasa lo mismo. Los acontecimientos han cobrado un cariz tan elemental que la razón, un poder terrenal, se ve impotente ante ellos. Para mí ha sido ahora un consuelo leer en la *Historia del pueblo de Israel*, de su maestro Renan, las maravillosas palabras sobre los profetas injuriados por los líderes del pueblo. Son palabras nobles, y no puedo sino sonreír ante esa gente que anuncia en público «el fin del renanismo». Ello significaría el fin de la razón.

Resulta difícil, muy difícil, no cansarse en estos tiempos, pero ¿cuándo ha sido más necesario permanecer alertas y activos? Hace poco le escribí a Ellen Key, que mantiene una postura muy clara y distinguida en relación con el presente y con el futuro y cuya visión del mundo yo suscribo plenamente, a pesar de que ella, como usted sabe, se ha dado de bruces con una reiterada oposición. También ella procede de la gran familia espiritual de un Goethe, un Tolstói y un Renan, y tampoco ella olvidará jamás la facultad de amar. Sólo desearía de ella, que tiene plena libertad como mujer y como sueca, que desplegara una actividad más enérgica.

Espero que esté ya tranquilo en relación con el tema de la puesta en escena y, sobre todo, confíe en mí, quien sien-

te una compasión enorme por su difícil situación. Esta semana se presentó aquí una pieza de Bernard Shaw, la semana próxima se presenta una de Gorki, italianos como Verdi
jamás han desaparecido del programa del Teatro Imperial.
Creo que en ninguna otra parte como aquí reina esa absoluta
libertad en la visión de las cosas relacionadas con el arte. De
la publicación de su novela no sé nada. La traducción se con-
cluyó hace ya dos años, y la editorial, a pesar de que su nombre ahora es muy atractivo para el público, no se ha aprovechado abusivamente de esa coyuntura. Creo que bastará su
deseo de impedir la publicación hasta que se acabe la guerra;
yo también preferiría ver publicados los tres tomos a la vez,
de modo que se evite todo viso de agitación. Resulta trágico que ahora la gente que normalmente se mostraba indiferente ante la interpretación de sus actos y sólo estaba segura
de sus sinceras intenciones íntimas tenga ahora también que
mostrarse prudente para evitar falsas interpretaciones. ¡Y es
precisamente a usted a quien le ponen tantas trabas! Leí la
respuesta de Verhaeren a Loyson: por lo menos ha mostrado
cortesía hacia usted en su defensa, pero, aun así, ¡qué confusión del espíritu! Sin embargo, incluido en el desvarío y en
el frenesí de su cólera, que aborrezco, noto también un sincero e intenso dolor que me estremece. ¡Son espantosas estas ambigüedades en el modo de sentir!

Tengo mucho que hacer, y el ínfimo tiempo libre que me
queda lo he dedicado a trabajar en cosas propias. Creo que
la obra que estoy escribiendo será tal vez la mejor que salga
de mi pluma: en todo caso, es la más difícil, la más necesaria. ¡Ojalá que a usted también le sea dada la oportunidad de
trabajar con éxito! Pienso en usted a menudo, siempre con
respeto. Tal vez sería bueno para usted dejar que se publique
ahora su nueva novela, aunque se trate de un idilio y ponga
de manifiesto una atmósfera distinta y más bienaventurada
que la de esta época. Pero esa novela muestra una profunda relación con la tierra, y la fecha en que sale es la prueba

de que ese amor no es repentino, sino que ha estado activo por mucho tiempo. ¡Y cuán pobre es esta época en verdaderas obras de arte, siendo, por otro lado, tan infinitamente rica en testimonios aislados, en el dramatismo de los acontecimientos! Yo apenas he encontrado nada y vivo entre las viejas cosas magistrales del pasado, y sus nobles analogías lo fortalecen a uno a la hora de entender el presente.

¡Reciba muchos, muchísimos saludos! ¡Le recuerdo a menudo, y siempre con cariño! Muy afectuosamente, con admiración y lealtad, suyo,

STEFAN ZWEIG

171. ROMAIN ROLLAND A STEFAN ZWEIG

Hotel Beau-Séjour, Ginebra-Champel
Jueves, 20 de abril de 1916

Querido amigo:

Llevo tiempo sin responder a sus amables cartas. Mi vida está llena y agitada por las preocupaciones, las pasiones y los pensamientos.

Y eso, limitándome a hablar de la vida pública, pues no se imagina la cantidad de enemigos que tengo. Me pisa los talones una jauría aulladora cuya furia parece aumentar cuando no respondo y sigo mi camino. Le aconsejo leer, por mera curiosidad, el grueso volumen que me ha dedicado, en su mayor parte, Paul Hyacinthe Loyson,[1] el más pérfido de mis adversarios, el más hipócrita, el que convoca a las jaurías. ¡Échele un ojo también a la *Revue Bleue*, si le llega![2]

---

[1] Paul Hyacinthe Loyson (1873-1921). Aquí se refiere al texto *Êtes-vous neutres devant le crime?* ('¿Sois neutrales ante el crimen?'), París, Éditions des Droits de l'homme, Berger-Levrault, 1916.

[2] Rolland lo referencia en su diario (JAG, p. 746). Se trata del artículo de Paul Plat, «Romain Rolland et sa bande», 25 marzo-8 de abril, *La Revue Blue*. Considera que lo ha inspirado Loyson.

Cuando, más tarde, podamos intercambiar nuestras experiencias, podremos contarnos un célebre capítulo de esta tragicomedia humana. ¡Qué casa de fieras! Lobos, monos y zorros. Pero los hombres son peores.

Las pasiones políticas no bastan para explicar el asombroso odio que se me profesa. Se remonta más atrás. Lo sentía venir desde hacía años. Yo marchaba solo por mi camino, pero me sabía objeto del acecho. ¡Tenía que caminar recto, en guardia para no dar un paso en falso!

Doy gracias al destino por haberme deparado una vida bella y peligrosa sin que la haya yo buscado, una vida que vale la pena haber vivido, que vale la pena perder.

Le envío dos capítulos de una serie de estudios sobre Shakespeare que he estado escribiendo últimamente. Uno se publicó en el J[ournal] de Genève; el otro, en la revista de Guilbeaux.[1] Los mejores momentos de estos últimos meses los he pasado en compañía de los isabelinos; no sólo con el estimado Will, sino con los otros: Marlowe, Webster, B[en] Jonson, Massinger, Ford y toda la pandilla. ¡Ésos son los hombres que necesitaríamos para ver y conocer las garras del tigre o del jaguar en esta sangrante época nuestra! Tengo mucho que decir sobre ellos—y sobre nosotros—. Además, era una vieja deuda que debía saldar con Will, quizá la más cuantiosa, aunque apenas nos demos cuenta. Shakespeare es mi más antiguo compañero de viaje, más que Beethoven.

Sin duda habrá visto que nuestro mayor dramaturgo trágico (el único), Mounet-Soully, acaba de fallecer. (La guerra no sólo causa estragos en el frente). Él también fue un buen amigo. Mucho antes de que yo me diera a conocer, se interesó por mis primeras obras teatrales y manifestó su fervo-

---

[1] El primero, «Shakespeare», publicado en el *Journal de Genève* en portada el 17 de abril de 1916 en honor al próximo tricentenario del inglés; el segundo, «La verité dans le théâtre de Shakespeare», en *Demain*, n.º 4, 15 de abril de 1916, pp. 193-208.

roso deseo de montarlas. Fue en la época en que volví de la escuela de Roma. Éramos bastante íntimos. Tenía un corazón muy noble y vivía alejado de la feria parisina. En su persona se encarnaron los sueños poéticos de nuestra juventud. Y esos sueños fueron lo mejor de su vida, pues los vivía de verdad. Era muy ingenuo, sólo comprendía las cosas y a la gente cuando le apasionaban. Algunas noches hubiera podido morir de dolor y horror en el teatro, viendo *Edipo*, y en una ocasión lo vi casi estrangular a Creonte.

Hasta la vista, querido amigo. Me alegra saber que el trabajo lo tiene ocupado y satisfecho. Su fiel servidor,

ROMAIN ROLLAND

172. STEFAN ZWEIG A ROMAIN ROLLAND /*/

Viena VIII. Kochgasse, 8
16 de mayo de 1916

Querido y admirado amigo:

Por fin hoy puedo agradecerle su amable carta. Un gran cúmulo de trabajo ha ocupado mis últimas semanas, y una carta para usted siempre forma parte, para mí, de las horas de solaz: antes debo liberarme de todas las cargas de mi entorno, de la esfera embotada de un sentimiento de agobio, a fin de poder encontrar a lo lejos su mano y su mirada. La tensión que vive Europa, esa que todos experimentamos de forma pareja en cada país, aunque en condiciones muy disímiles, ha alterado de tal modo el ritmo de nuestra presión arterial, que todos los estados de ánimo individuales se ven dominados más que nunca por los estados colectivos, todos los anhelos por un único anhelo. Por segunda vez experimentamos ahora, con un escalofrío reverencial y estremecedor, el modo indiferente en que la naturaleza pasa de largo ante nuestros humanos asuntos: nunca la primavera me pareció tan diabólicamente hermosa como la que ahora florece sobre la tierra ensangrentada, jamás el cielo me pareció tan puro como ahora, cuando incontables granadas describen a diario, a través de él, sus letales trayectorias. Es terrible esa insensibilidad del paisaje, pero, a la vez, es el mayor consuelo en estos tiempos.

Me ha escrito usted acerca de Mounet-Sully, al que ha perdido. Cierto es que estaba próximo a una edad bíblica. A nosotros nos ha legado toda su obra y, a la época, el nombre. Quien se nos ha muerto en Alemania a los cuarenta y tres años es Max Reger, uno de los últimos que tuvieron la íntima fuerza moral de resistirse a la tentación de la ópera. Toda su esencia se hallaba en crecimiento, pero la desmesura de su temperamento, que nutría su arte, ha destruido también su vida. Bebedor en exceso, barrigón, hombre tosco, era el arquetipo de un estudiante descarriado, pero en el instante en el que ponía sus dedos sobre las teclas de un piano se veía rodeado por una argéntea aureola de vitalidad. Lo conocí, musicó una serie de poemas míos, y aunque su arte no me maravillase en exceso, sentía con fuerza su tenaz determinación para elevarse a la categoría de artista de estirpe, un deseo ahora bruscamente interrumpido, de un modo casi tan brusco como el de Granados; me enteré por terceros de su muerte y me estremecieron las inaceptables circunstancias que, a mi juicio, fueron en cierto modo responsables de su fallecimiento. Para mí era uno de los melódicos más singulares, y le debo mucho.

He oído decir, con pesar, que sigue siendo usted víctima de ataques.[1] ¿Es que son estos tiempos tan pobres como

---

[1] Zweig alude de nuevo aquí a la campaña llena de odio orquestada contra Rolland por el periodista Paul Hyacinthe Loyson, la cual, sustentada por la animadversión y la calumnia, se extendería hasta los años posteriores a la guerra. En ese momento, tras la aparición de *Más allá de la contienda*, alcanzó un primer punto álgido. En la primavera de 1916, Loyson publicó un panfleto difamatorio de doscientas cuarenta páginas titulado *Êtes-vous neutres devant le crime?* Sobre el curso posterior de esta campa-

para que los hombres desperdicien sus fuerzas en dirigir su odio contra aquellos individuos a los que no comprenden? Creo que, en este asunto—como en cada tendencia radical del espíritu, como en cada nacionalismo extremo, en cada confesionalismo—entran en juego, en última instancia, razones relacionadas con el negocio, el «regateo por la comida», como decimos por acá, el no poder perdonar el éxito en el extranjero, ese que, bien lo sabe Dios, ha cosechado usted tardíamente, sin dar ningún paso para lograrlo. Pero esa gente percibe, con razón, que ésta es su última oportunidad, el último momento en que no podemos hablar libremente ni dar argumentos convincentes. Así pues, en el último momento redoblan su perfidia, porque intuyen que se acaba su tiempo y se acerca otro, el del despertar. El aire aún está impregnado de su fiebre, dejémoslos en su frenesí y esperemos a que llegue el día.

Esperar y aprender a esperar, ésa es la gran habilidad del alma en estos días. Y el individuo ha de aprender dicho arte de los pueblos, de ese heroísmo de la paciencia tan noble y nunca lo bastante reconocido. ¡Qué tarea la de poder componer el himno de todos esos hombres que callan día tras día, los que se doblegan bajo el peso de una carga cada día más pesada! ¡Quién pudiera escribirlo! También mi obra va en esa dirección. ¡Ojalá lo consiga! Un par de meses más y quizá logre acabarla, al menos mientras me queden fuerzas.

He releído a su viejo maestro Renan, *Historia del pueblo de Israel*, una obra maestra, lúcida, justa en sus descripciones, a veces alusivas al «año terrible» y, más allá de ello, a algo que alcanza hasta nuestro tiempo. ¡Y no he podido sino reírme de aquel artículo en [*Le*] *Figaro* sobre el «Fin du Renanisme»! Como si a la razón clara, a la vez *generosa* por su claridad, se

---

ña, así como sobre otras publicaciones de Loyson, véanse los apuntes de Rolland en su diario de los años de la guerra (JAG).

la pudiera destruir con frases vacías, acallar su discurso sereno con el griterío. Oh, no perder la lealtad, no perderla ante todos aquellos a los que uno ha amado, mostrarse agradecido por todo lo que alguna vez ya dimos las gracias. Basta con eso para mantener un firme arraigo en medio de este huracán de opiniones. Ahora lo percibo todo de un modo claro, ya no siento incertidumbre. Sólo a veces me dominan las pasiones, pero más las de los otros, que exigen a las mías su réplica. En lo más profundo de mí, estoy alerta, aguardo junto a las manecillas del reloj de estos tiempos.

¡Y cuán a menudo pienso en usted! ¡Siempre con cariño y gratitud! Muy afectuosamente, su leal servidor,

STEFAN ZWEIG

173. STEFAN ZWEIG A ROMAIN ROLLAND /*/

Viena VIII. Kochgasse, 8
22 de julio de 1916

Querido y estimado amigo:

Hace tiempo que no sé nada de usted y, sin embargo, no me inquieto. Las palabras alcanzan ahora tal gravedad, y creo que nosotros oímos nuestro silencio en la distancia como si estuviéramos hablando, y así nos entendemos. Tampoco he leído nada suyo en los periódicos (y usted, tal vez, tampoco nada mío); el mundo está demasiado lleno de ruido como para querer lanzar la pobre palabra propia, tan poca cosa, en medio del tumulto; sería aplastada por las demás cosas, barrida por la gran tormenta. Y si le escribo hoy es sólo para enviarle un saludo y preservar su confianza en mí.

En el escaso resquicio de tiempo que me deja mi servicio militar, trabajo en mi obra. Al hacerlo, pienso a menudo en usted, en si recibiría su aprobación: nada mejor durante el trabajo, cuando se construye una obra del intelecto, mientras se concibe la arquitectura del arte, que adoptar un rasero impoluto. Y ese rasero, para mí, es la opinión de algunas personas que quiero y respeto. Me sirve de ayuda pensar en usted mientras trabajo, porque eso exige de mí la fuerza moral más firme y borra toda mirada de soslayo hacia el éxito masivo. Esta obra, querido y admirado amigo, quizá mi primera gran obra verdadera, también ha estado elaborándose para satisfacerle. Los cimientos han fraguado, y ahora, lentamente, se va colocando piedra sobre piedra, pero me pregunto cuánto tiempo transcurrirá todavía hasta que—como hacen aquí los arquitectos, y como quizá hagan en todas partes—pueda colocar el verde ramillete de hiedra en el caballete del techo.

Pero no crea que por ello me miro el ombligo y olvido el mundo, no piense que me he vuelto sordo para el grito, el atormentado grito de Europa, que doy la espalda al sufrimiento de estos días. Siento la agitación en lo más hondo de mi ser, y cada día se va hundiendo más en mí. Tengo tantas personas por las que preocuparme, a las que quiero, que sin la esperanza de que todo acabe—que acabe pronto—me haría añicos. Diría que ese mismo sentimiento se extiende por todas partes y abraza al mundo entero con tanta intensidad que si la gente tuviera capacidad para percibirlo el mundo se consumiría, pero, impasible, bebe la sangre y cubre el suelo de cuerpos que una vez estuvieron vivos.

He recibido una carta de Ernest Bloch que me ha conmovido mucho. Ojalá que América no se convierta en un peligro para su arte: Gustav Mahler se ha agotado y consumido allí, sin poder traer a casa nada aparte de dinero. Sé que usted cree bastante en la fuerza intelectual de ese otro mundo. No le contradigo, pero ese mundo no ha sido lo suficientemente arado por el sosiego y el descanso como para que la música florezca en él. ¡Ojalá que regrese pronto a nuestra Europa unida!

¡Con la presente le mando mi sentido saludo y mis más

fervientes deseos para usted y para su obra! Con la máxima lealtad de este servidor, hoy y siempre,

STEFAN ZWEIG

174. ROMAIN ROLLAND A STEFAN ZWEIG

Hotel Bellevue, Thun
Lunes, 31 de julio de 1916

Querido amigo:

Me ha alegrado recibir noticias suyas. Ernest Bloch me las transmitió también hace poco, a lo que añadió las cosas buenas que había hecho usted por él. Su carta lo emocionó mucho. Como sabe, ha tenido que aceptar un compromiso en América y ya se ha marchado. Lo he visto partir lleno de preocupaciones; el pobre muchacho (que deja en Ginebra a su mujer, a sus hijos y a su madre) se ha visto obligado a irse debido al creciente malestar. Llevo dos años intentando en vano defenderlo del filisteísmo de su ciudad, pero ha sido como darse cabezazos contra un muro. Espero que más tarde consiga instalarse en Viena. Es allí donde está su verdadero entorno. Es allí donde están las afinidades musicales más profundas, la primera de todas, Mahler. Sólo allí podrá su arte dar todos los frutos que puede dar.

Como sabe, llevo tiempo sin escribirle, y es porque las palabras no logran expresar todo lo que sentimos y, además, tampoco se nos permite escribirlas. Que no le quepa duda de que el estado de mi espíritu—europeo y, más que europeo, universal, eterno—se ha reafirmado más, si cabe. Nada de lo que ocurra podrá afectarle. El corazón padece, pero el espíritu porta la luz. Me alegra saber que está trabajando y contento con el trabajo. Espero hermosas obras.

Por mi parte, aunque tengo en proceso dos o tres obras interesantes, poco es el tiempo que puedo dedicarles. Se me pasan los días escribiendo cartas. Mantengo correspondencia con centenares de personas, conocidas o desconocidas, que se dirigen a mí desde todas partes, y mi deber primordial, en los tiempos que corren, es guiarlas en la medida de lo posible, o, en el caso de no poder, hacerles sentir al menos mi simpatía fraterna.

Siento, además, una curiosidad espiritual insaciable y voraz, la necesidad de leerlo todo, de conocerlo todo, de comprenderlo todo. En estos dos años en el exilio he nutrido y ampliado mi ser como nunca en los veinte últimos años. ¡Ay, qué rica es la vida y qué hermosa sería si no tuviese... a los hombres!

Hay muchos soldados y oficiales internos aquí y en todas las demás regiones suizas. He trabado amistad con uno de ellos, un talentoso y joven pintor de Bretaña al que una bala le atravesó la frente de una ceja a la otra, por lo que corre el riesgo de perder la visión.

¿Ha tenido noticias de Paul Amann? Hace un mes recibí una carta extensa e interesante a la que todavía no he respondido, porque daba pie a una discusión que no iba a ninguna parte.

Su amigo Jean-Richard Bloch ha resultado herido por tercera vez, y por tercera vez ha escapado a la muerte de manera milagrosa.

Hasta pronto, querido amigo, fiel servidor suyo,

ROMAIN ROLLAND

He visto a H. Hesse recientemente.[1] Ha cambiado mucho desde el año pasado. Está muy desgastado moralmente por lo que ha visto y pensado. Ha estado bastante enfermo este pasado invierno.

¿Conoce usted el Institut f[ür] Kulturforschung ['Instituto de Investigaciones Culturales'] del profesor Erwin Hans-

---

[1] En su diario (8 de julio de 1916), Rolland relata este encuentro, habla de su rostro «enflaquecido y hundido» por todo lo sufrido en el pasado año, en el que ha perdido a su padre. Rolland relata también que Hesse ha conseguido quedarse en Suiza, en la Agencia de Prisioneros de Guerra, y que su francés hablado sigue siendo muy precario (JAG, p. 843).

link? He leído los dos primeros *Hefte* ['números'] y me han interesado mucho.

¿Quién es ese tal Klabund de quien he recibido la obra *Moreau*?[1]

175. STEFAN ZWEIG A ROMAIN ROLLAND /*/

Viena, 1.º de septiembre de 1916

Querido y estimado amigo:

Le agradezco de corazón su amable carta y me apresuro a responderla, pues debo partir por unos días por cuestiones del servicio y no sé nada seguro acerca de mi destino. Pero enviarle antes un saludo constituye para mí una necesidad y una obligación.

Usted, por su parte, escribió recientemente unas bellas palabras sobre Jaurès. Le interesará, pues, un retrato que hice de él (a raíz de un encuentro sumamente fugaz) con motivo del aniversario de su muerte de mártir. Ya verá que ni siquiera en esta hora tan difícil he cambiado mis opiniones sobre las naciones y su misión común [...][2] Todo lo que tenga lugar en memoria de un hombre como ése y de un instante trágico-simbólico tan memorable, está, a mi juicio, legitimado. ¡A quién vamos a dirigir nuestro amor sino es a los que pusieron sus vidas en el lugar de las nuestras!

Pienso a menudo en usted. El fugaz intervalo de tiempo que debía ser su estancia en Suiza se ha convertido casi en algo permanente, con ello se ha vuelto usted, como ciudada-

---

[1] Pseudónimo de Alfred Henschke (1890-1928), poeta, escritor y dramaturgo alemán. En 1916, publicó *Moreau: Roman eines Soldaten* ('Moreau: novela de un soldado').

[2] Según la nota de la edición alemana, sigue aquí una frase ilegible, tachada posiblemente por la censura. En la francesa, apuntan la posibilidad de que haya sido suprimida por el propio autor.

no y como ser humano, más europeo, y ha podido desarrollar aún más la libertad de la mirada. Eso, a la inversa, tendrá una magnífica repercusión en usted: del mismo modo que yo deseo volver al mundo, sentirá usted tal vez el anhelo de regresar a su patria, pero cada uno de nosotros está predestinado a permanecer en su puesto y a reprimir sus añoranzas. Exteriormente, mi vida se ha visto limitada y asediada por el trabajo, pero interiormente está mejor y más fortalecida que nunca. Otrora derroché mucho tiempo por una mera sensación de libertad y por los sentimientos de juventud, pero hoy sé lo que el tiempo significa, y es bueno ser consciente de ello. Es algo que he conquistado para mí, y tal vez esto implique ser por fin un *hombre*, no más un adolescente. Espero que ello se perciba en mi obra. Ésta ha avanzado mucho y crece en altura: si podré o no acabarla, eso no lo sé. Mi destino es tan sólo un préstamo que me pueden arrebatar en cualquier momento. Pero echo mano de cada minuto libre y aprendo a aprovecharlo. Es lo único que he ganado en esta guerra, lo único.

Un saludo del poeta de las «ciudades tentaculares»[1] me ha llegado a través del editor de *Carmel*. Lo recibí con alegría, no tanto por mí (¡pues me niego a sentir por mí mismo!), sino porque me pareció que las pasiones empiezan a aplacarse y he tenido la esperanza de vislumbrar en ello la prenda que sirva más tarde para un acercamiento general. Lo único trágico es que precisamente las personas con imaginación no hayan vislumbrado desde el principio el horror, que la pasión haya podido desentenderse de ese modo de la reflexión y un solo instante, de tantos años de experiencia. Felices aquellos—y ése es mi único orgullo, el de poder contarme entre esas personas—que hoy pueden contemplar todavía sus palabras sin avergonzarse, que no tienen nada que lamentar y se sienten libres de culpa por esa escisión que partió el mun-

---

[1] Se refiere a Émile Verhaeren.

do, también el intelectual, en fronteras de odio y de injurias. Su presencia, su ejemplo, fueron para mí, en ese sentido, casi un condicionamiento, y a menudo se lo agradezco en lo más profundo de mi corazón.

Con lealtad y devoto afecto, suyo,

STEFAN ZWEIG

176. STEFAN ZWEIG A ROMAIN ROLLAND /*/

Viena VIII. Kochgasse, 8
10 de noviembre de 1916

Querido, apreciado amigo:

Han pasado de nuevo varias semanas de silencio entre nosotros y se le añaden años de lejanía: el tiempo avanza de un modo implacable, y es preciso resistirse para que no nos arrastre con él. Es la primera vez, en los dos años que llevo cumpliendo el servicio militar, que me he tomado dos semanas de permiso, he podido recuperarme un poco y vivir entregado al trabajo propio. Esos días han quedado atrás, pero sigo sintiéndolos como benéficos y purificadores.

He pasado esos catorce días en Salzburgo. Allí he tenido oportunidad de hablar a menudo con el máximo conocedor de una disciplina casi desaparecida, el Derecho Internacional, el consejero de la corte Lammasch, quien, en su momento, representó a Austria-Hungría en los dos congresos de La Haya y ha dedicado la mejor parte de su vida al entendimiento entre las naciones. Este anciano, que tanto respeto inspira y cuyo idealismo, dotado de todas las herramientas de la lógica y la ciencia, fue siempre activo y efectivo, se ha mantenido inquebrantable en sus convicciones. Ha sido benéfico para mí ver a un hombre como él, que ha tenido que moverse en terrenos llenos de prejuicios, contemplando en sus causas y comienzos lo que para los otros se difumina en el humo de la pasión, erguido en medio de la confusión. Me sentí en cierto modo avergonzado por la bondad con la que me acogió.

¡Y me acordé de usted muy cordialmente! Espero mucho de ese hombre, porque su nombre ha permanecido en Europa tan puro como su fuerza.

Me alegraría saber que ha encontrado de nuevo el modo de trabajar. No es que el mundo ahora requiera menos de nuestra sensible compasión que antes; tal vez sólo haya ganado una mayor claridad en sus experiencias y ya no necesite las palabras. Creo que uno, con su trabajo, sirve ahora, de manera inconsciente, al futuro, ya que el presente no puede abusar por mucho más tiempo de su fuerza y la propia naturaleza se ha convertido en preceptora de las pasiones mediante su mecanismo más sabio: el cansancio. Hoy todo en las opiniones se ha vuelto más claro y nítido que hace uno o dos años. En la medida en que el mundo se tornaba más sombrío, se iluminaba la conciencia en el interior. Así lo siento, por lo menos, desde Austria, desde Alemania, y no puedo imaginar que sea diferente en otros lugares. La esencia de las pasiones es que se consumen a sí mismas. Sólo perdura la claridad, y perdura eternamente: así lo he sentido en estos días tras releer el libro de su viejo maestro, Renan, sus recuerdos de infancia y de juventud. ¡Un libro magnífico!

¡Salúdeme a los amigos! Y dígale a Jean-Richard Bloch que su vecino de piso y, según creo, también su amigo, el poeta y corresponsal del *Kölnische Zeitung* Robert Schwedtfeger, cayó en combate hace unas semanas. ¡Otro de los muchos que he visto marcharse con pesar, y son ya demasiados!

¡Y reciba una vez más mi saludo afectuoso y mi muestra de leal admiración!

STEFAN ZWEIG

P. D.: Espero que haya recibido mi artículo sobre Jaurès. Nuestros periódicos acaban de dar la noticia de que le han otorgado el Premio Nobel de 1915. ¡Mis más sentidas felicitaciones! ¡Sé que ese honor le proporcionará mucho odio, pero todos nosotros, los que verdaderamente importamos, nos alegramos, porque se trata de treinta años de labor que de pronto ahora alcanzan la fama y la luz! El día que me llegó la noticia fue un día feliz para mí. ¡¡¡Ojalá que usted también lo haya sentido así, querido maestro, admiradísimo amigo!!! ¡A todos nosotros, los que hemos sacado fuerza y bondad vital de su obra, nos ha honrado y alegrado ese día!

177. STEFAN ZWEIG A ROMAIN ROLLAND /*/

[Telegrama]
[Viena, 10.11.1916]

Mi sentida felicitación por esa distinción que, honrando su estimado nombre, ha elevado una obra amada a la categoría de arte eterno en estos días tan sombríos. Con lealtad,

STEFAN ZWEIG

178. ROMAIN ROLLAND A STEFAN ZWEIG

Grand Hotel Château Bellevue, Sierre (Valais)
Lunes, 13 de noviembre de 1916

Querido y fiel amigo:

Una vez más su afectuosa felicitación ha sido la primera en llegarme. No puedo expresarle lo mucho que me conmueve esa constancia del corazón que vela sin desfallecer. Sin embargo, en tiempos de tal barbarie, está bien conservar, como nosotros hacemos, el culto de la humanidad, y que tanto usted como yo pertenezcamos a la estirpe de los fieles, ¿no le parece? Hoy en día su número no es aún tan extenso, pero, como dijera Emerson, basta con que sólo uno esté con Dios para formar una mayoría.

Aquí no estoy del todo solo, tengo a dos o tres amigos

que comparten mis ideas: entre otros, el poeta P. J. Jouve, de quien creo ya conoce algunos libros.

Esta guerra ha originado entre nosotros algunas obras hermosas. En ocasiones han nacido de hombres modestos que nunca se habían dado a conocer, ni lo habían intentado en el curso de una vida ya madura. Pero llegó entonces el dolor y, de lo más hondo de su ser, brotó un grito desgarrador y revelador. Me gustaría que leyera el admirable libro que acaba de publicar en Ginebra un buen hombre, pintor de vidrieras, un gran creyente que perdió en la guerra a su amado hijo.[1] Nada de violencia ni de énfasis trágico. Un magnífico sentido heroico que nada detiene, que va «hasta el final» con sosegada intrepidez, con una «tristeza viril» sobre la que planea una paz religiosa.

Ya lo leerá más tarde, pues ahora no puedo enviárselo desde donde estoy.

Trabajo, hago acopio y siembro para el futuro, para ese futuro que probablemente no veamos, pero que se verá forjado por una parte de nuestra carne y nuestra sangre.

Me doy cuenta ahora de que no le he dicho nada del premio. Agradezco a la Academia Sueca el honor que me tributa, aunque Spitteler me hubiese parecido un candidato más digno. No quiero nada del dinero. Acabo de escribir a los periódicos que lo donaré todo a obras de beneficencia y asistencia.[2] Para mí, lo único que quiero es la libertad.

Espero que nos veamos pronto, querido amigo. Ojalá podamos ver cuanto antes la aurora que anuncian, hora tras

---

[1] Se refiere a Gustave Dupin y a su obra *La Guerre infernale*, Ginebra, Éd. de la revue Demain, 1916. Según refleja en su diario, el editor lo publicó a instancias de Rolland y Guilbeaux (JAG, p. 827).

[2] En el *Journal de Genève* del 16 de noviembre de 1916 se reproduce una carta de Romain Rolland del día 14 en la que el escritor agradece el reconocimiento, aunque afirma no tener todavía confirmación oficial, sólo las noticias publicadas por los periódicos. Asimismo, declara que el montante del premio será destinado a obras de caridad.

hora, nuestros obstinados gritos de vigilantes perdidos en la noche.

Suyo, afectuosamente,

ROMAIN ROLLAND

179. STEFAN ZWEIG A ROMAIN ROLLAND /*/

[Telegrama]
[29 de noviembre de 1916]

Le ruego encarecidamente que le diga a la señora Martha Verhaeren que la muerte de su esposo, mi querido y paternal amigo y maestro, significa una enorme pérdida para mí y que comparto su dolor con todo mi sentir. Profundamente afectado por no poder estar a su lado en estas horas ni acompañar en el momento de la muerte a la persona que he venerado toda una vida.

STEFAN ZWEIG

180. ROMAIN ROLLAND A STEFAN ZWEIG

Sierre (Valais)
Jueves, 30 de noviembre de 1916

Querido amigo:

Le transmito su telegrama a la señora Martha Verhaeren. Pensé en usted de inmediato al enterarme de tamaña desgracia. ¡Cuánto debe de haber sufrido!

Le estrecho la mano afectuosamente.

Suyo,

ROMAIN ROLLAND

¿No ha recibido mi carta anterior, enviada desde Sierre? Su telegrama me fue remitido desde Ginebra.

Viena VIII. Kochgasse, 8
5 de diciembre de 1916

Querido y estimado amigo:

Le escribí con el ruego de que le transmitiese mi pésame a la señora Verhaeren: entenderá la necesidad que siento de decirle a ella que no la olvido, tampoco esos maravillosos diez años que pasé bajo su techo casi verano tras verano. ¿Sabía que hace dos años y medio acompañé a Verhaeren en un viaje que hizo a Roma con motivo de una lectura? Su mujer se alegró muchísimo por ello, y, a decir verdad, esa muerte accidental no hubiera podido ocurrir en mi presencia.[1] Casi no sé ningún detalle sobre su fallecimiento, espero ahora las noticias de su sepelio, pero en mi fuero interno resuena hora tras hora, día tras día, un réquiem por él, siento los cirios arder en mi corazón, derramando su cera, y sólo recuerdo lo mucho que le debo. No tanto en el aspecto literario—en ese sentido yo ya pagué con creces mi deuda—, pero sí en el humano. Fue él quien me mostró por primera vez la vida impoluta de un poeta en esta época, quien me indicó con pureza noble cómo la sencillez en el modo de vivir es casi una condición previa de la libertad del espíritu: él me mostró cómo erigir la amistad en el fundamento mismo de la vida y entregarse sin esperar retribución alguna, sólo por el mero regocijo de darse a los demás. Usted también lo conoció bien, pero no del todo: pasaba la mayor parte del tiempo en su pequeña propiedad campestre, y habría que haberlo visto allí, entre campesinos y pequeñoburgueses, alegre, sin altivez, maravillosamente anónimo, ejemplo de antigua sencillez. Lo bueno que hay en mí, todo cuanto me he distanciado del entorno social en el que crecí, se lo debo a él, y todo

---

[1] Émile Verhaeren murió accidentalmente al ser atropellado por un tren en la estación de Ruan.

esto, todo, ¡cuánto lo siento ahora en la hora de su muerte! Le escribo estas líneas, querido y estimado amigo, porque es lo único que ahora me ocupa, y porque me atormenta la lejanía que me separa a la fuerza de su cadáver, de sus amigos. Hace unas semanas él pensó en mí con afecto, y eso ya me sirvió de consuelo, tanto más me sirve ahora.

Ahora no he dicho ni escrito una sola palabra sobre él en público. Me falta agilidad en estos asuntos, y estos tiempos son demasiado aciagos para cualquier celebración, ¡incluso para la celebración fúnebre!

Mis cordiales saludos, ¡y muchas gracias por la manera leal con la que ha acogido mi conmoción y mis palabras! Su fiel

STEFAN ZWEIG

P. D.: Si quiere leer un libro realmente magnífico, uno que lo eleva a uno y lo distancia de esta época, lea *Nietzsche und Wagner zur Zeit ihrer Freundschaft* ['Nietzsche y Wagner en los tiempos de su amistad'], de Elisabeth Förster-Nietzsche. Contiene por primera vez la correspondencia entre Nietzsche y Wagner. He vivido varios días absorto en ese libro.

1917

182. STEFAN ZWEIG A ROMAIN ROLLAND /*/

Viena VIII. Kochgasse, 8
18 de febrero de 1917

Querido y admirado amigo:

No sé si habrá recibido mis dos últimas cartas (de enero),
llevo tiempo echando de menos la alegría de tener noticias
suyas. Aunque, eso sí, sin sentimiento alguno de recelo o de
impaciencia.

Mi vida prosigue en el servicio militar. Pero ahora, tras dos
años de arduo trabajo, casi he conseguido acabar mi tragedia *Jeremías*. Un mes más, y estaré entregando a la imprenta
la obra que expresa todo lo sentido en mi fuero interno desde el primer día de la guerra. Es una confesión en símbolos
y por ello constituye una liberación interior. Me alegrará poder ponerla en sus manos, porque sé que reconocerá en la
tragedia histórica mis propias vivencias.

Hoy tan sólo dos asuntos: una querida amiga mía, la señora Berta Zuckerkandl,[1] viuda del célebre anatomista, una de
las mujeres más perfectas y bondadosas que conozco, está en
estos momentos en Suiza, haciendo una cura. Tal vez pueda encontrarse con ella, que estará con Oskar Fried y visi-
tará Ginebra. Me hará feliz que la conozca: es toda abnegación cuando se trata de asuntos de gran alcance y conocedo-

---

[1] Berta Zuckerkandl-Szeps (1864-1945), escritora, periodista, crítica y
anfitriona austríaca de un salón literario frecuentado por personalidades
como Gustav Klimt, Arthur Schnitzler, Max Reinhardt o Gustav Mahler.
Su esposo fue el anatomista vienés de origen húngaro Emil Zuckerkandl
(1849-1910).

ra del arte como pocas: fue, por cierto, amiga de Rodin y de Carrière, que la pintó.

Y lo otro. Sé lo abierto que es usted para todo lo valioso en cuestión de libros. He leído ahora, por primera vez, a Comenius, el gran místico y pedagogo, fundador de la Hermandad de Moravia y uno de los hombres más nobles y cristianos de todos los tiempos. Sus palabras parecen escritas para esta época y le conmoverán. Una selección se la ofrece la Österreichische Bibliothek [Biblioteca Austríaca de la editorial Insel], en su volumen 18. Creo que me estará agradecido. Este hombre pertenece a la estirpe de los grandes místicos, pero no muestra oscuridad alguna, está impregnado de una sacra humildad y de un vasto conocimiento. Sus sencillas palabras son vivificantes.

Si quiere usted entender del mejor modo a Alemania en la hora actual, le recomiendo el librito de Rathenau *Probleme der Friedenswirtschaft* ['Problemas de una economía de paz'], publicado por la editorial S. Fischer. Rathenau es el hombre más sagaz y visionario que conozco, su gestión de la materia prima en Alemania fue una de las grandes hazañas de la guerra. Podrá usted, con este libro, tener una visión profunda de esta época.

Estoy trabajando ahora en el final de mi tragedia. Luego vendrá una obrita de gratitud, un réquiem por Verhaeren. Pretendo conformar un compendio de recuerdos sobre lo que tengo que agradecerle a ese hombre en quince años de amistad, e intentaré presentar una imagen íntima suya, en toda su ejemplaridad. Él pasó a formar parte de mi vida gracias a esa ejemplaridad, y me siento obligado. Haré imprimir el librito en una tirada de cincuenta o cien ejemplares, sólo para mis amigos (y los suyos). Nunca saldrá a la luz pública. Con lealtad, suyo,

STEFAN ZWEIG

Sierre, Hotel Château Bellevue
Sábado, 3 de marzo de 1917

Querido amigo:

Su carta del 18 de febrero me ha traído la buena nueva de que ha terminado su obra *Jeremías*. Me llena de gozo y le felicito por ello. Espero poder leerla pronto.

Por el momento, no puedo decirle lo mismo de mí. Las obras en las que trabajo avanzan lentamente, se ven interrumpidas sin cesar por la observación de la actualidad. Quiero pensar, sin embargo, que eso las beneficia, pues son obras que participan del presente, como *Jean-Christophe*, y no es poca la savia de la que han de nutrirse. ¡El presente es ahora tan rico, tan potente, tan pleno a pesar de (y con) todo su horror!

He publicado algunos artículos. Habrá podido leer uno en el *Neue Zürcher* [*Zeitung*] de Navidad: «El camino que asciende serpenteando».[1] Otro, más importante, se ha publicado en el último número de la revista *Demain*: «A los pueblos asesinados».[2] Y acabo de enviar al *J*[*ournal*] *de Genève* un artículo sobre el libro de Henri Barbusse, laureado recientemente por la Academia Goncourt: *El fuego*.[3] ¿Ha leído usted ese «diario de una escuadra»? Léalo si tiene ocasión. Es el libro más potente, audaz y libre que haya visto yo surgir de la guerra; es obra de un soldado y describe la miseria universal con admirable objetividad, de forma desapasionada, sin odio. No entiendo cómo ha conseguido que se publique.

---

[1] Se publicó primero en alemán y luego también en francés en *Le Carmel* el 30 de diciembre de 1916 (MP, pp. 145-151).

[2] *Demain*, Ginebra, noviembre-diciembre de 1916 (MP, pp. 151-159).

[3] Existe edición en español: *El fuego. Diario de una escuadra*, trad. Carles Llorach, Barcelona, Ediciones de intervención cultural, 2009. El artículo al que se refiere se publicaría el 19 de marzo de 1917 (MP, pp. 203-211).

Una valerosa revistilla parisina, órgano de los maestros de primaria, ha dedicado su último número a Verhaeren. El director, Maurice Wullens, hace en él un bello elogio a su libro sobre él. Más de una vez, en el resto de los artículos, se menciona su nombre con simpatía. No sé si podrá recibir el ejemplar que me han encargado remitirle.

Éd[ouard] Dujardin, el antiguo fundador de la *Revue wagnérienne*, acaba de fundar en París *Les Cahiers idéalistes français*, que también dan muestras de un magnífico espíritu europeo. Varios amigos míos colaboran con la revista.

¿Conoce usted a Arthur Trebitsch,[1] que acaba de enviarme dos libros, *Aus Max Dorns Werdegang* ['De la trayectoria de Max Dorn'] y *Gespräche und Gedankengänge* ['Diálogos y razonamientos']? ¿Es vienés?

¿Qué opinión le merece el talento de Heinrich Mann? ¿Qué me aconseja leer de su obra, de la que Kurt Wolff me ha hablado en términos elogiosos?

He pasado todo el invierno en Sierre, donde los meses de enero y febrero son de una belleza maravillosa: un sol sin nubes y el aire inmóvil. Pronto me iré a Ginebra, pero sólo por dos semanas, a lo sumo. No soporto más el espíritu de esa ciudad (esto, que quede entre nosotros): es estrecho, fanático y frívolo. No hago planes para después. Puede que vuelva a París de improviso, pues me preocupa la salud de mis ancianos padres. Si no, me quedaré por Vevey esperando a que el regreso del estío me permita volver a instalarme en la Suiza alemana.

Estaré encantado de ver a la amiga que me comenta, si consigo localizarla.

---

[1] Arthur Trebitsch (1880-1927), escritor austríaco de origen judío, devenido uno de los intelectuales más furibundamente antisemitas del ámbito germanohablante. Conoció y apoyó a Hitler, quien en algún momento pensó en encargarle la «vigilancia ideológica» del Partido, en lugar de a Alfred Rosenberg.

¿Se acuerda del compositor Ernest Bloch, del que ya le he hablado? Está en América y he recibido buenas noticias suyas. Allí interpretan su música, se habla de él, se le festeja. No había más que un genio musical en la Suiza francesa, y ésta lo ha dejado marchitarse de tristeza y miseria, empujándolo al exilio, al no prestarle la menor atención: no era de buena estirpe, no era burgués ni conservador. Al mediocre de Dalcroze, en cambio, lo ponen siempre por las nubes.

No le hablo más de la situación actual, no me está permitido. A fin de cuentas, tampoco se puede hacer nada. La gran tragedia se desarrolla siguiendo un plan previsto de antemano, y nada podrá cambiar un desenlace a la manera de Esquilo. Es una pieza terrible, de una lógica aplastante.

Suyo, muy afectuosamente,

ROMAIN ROLLAND

Remitir a Sierre, Hotel Château Bellevue.

184. STEFAN ZWEIG A ROMAIN ROLLAND /*/

Viena VIII. Kochgasse, 8
[Matasellos: 4.9.1917]

Mi entrañable y admirado amigo:

Aquí le envío, por fin, mi libro, la tragedia *Jeremías*, que le entrego como una dádiva, siendo yo el que, entregándoselo, tiene mucho que agradecer. Porque no sé si hubiera podido acabarlo sin el ejemplo moral, sin la seguridad que me proporcionó la conciencia de la justicia que, en las grandes figuras, se eleva a la categoría de ley del corazón. Mi cansancio lo he transformado en pasión, y mis propias vivencias en símbolo: ¡he sentido, ay, el significado profundo de las palabras de Goethe cuando habla de liberarse en el poema!

Por ahora, a la obra le estarán vedados el escenario y el efecto sobre la amplia masa: ojalá que el libro tome su curso y llegue antes a los individuos capaces de sentir sus vivencias en el flujo sanguíneo. Si a usted le gusta, significará muchísimo para mí, y algo dentro de mí despertará, algo que apenas he conseguido sentir desde hace meses: ¡alegría! En estos casi tres años he aprendido a olvidarla, y tanto este libro como algunos amigos han sido mi consuelo. Tal vez obtenga aún algunas satisfacciones a partir del destino de este libro: no en el sentido del éxito, sino de su efecto. Algo se ha vaciado en mi corazón desde que lo he apartado de mí, y ahora el tiempo vuelve a tener más poder sobre mi persona.

Se lo digo, pues, de todo corazón: ¡acepte este libro a modo de saludo! Que su sensibilidad perciba que ha encontrado un hogar en él, pudiendo reconocer ese elemento común que nos une con más fuerza que las palabras, pero que, a la vez, nos permite ser libres en la eternidad del mundo.

¡Nada más por hoy! ¡Nada de estos tiempos, nada del futuro! ¡Y saludos, muchos saludos de un mundo a otro mundo! Con admiración y lealtad, suyo,

STEFAN ZWEIG

185. STEFAN ZWEIG A ROMAIN ROLLAND

Buchs (Rheintal), Hotel Rätia
14 de noviembre de 1917

Querido y gran amigo:

¡Acabo de llegar a Suiza, pero, por desgracia, sólo por cuatro semanas, y mi primera idea tras cruzar la frontera ha sido saludarlo! ¿Cuándo podré verle? Es inútil que le asegure, espero, que no vengo con misión alguna, que soy tan independiente en este permiso que me han concedido como en mis sentimientos. El pretexto oficial de mi viaje ha sido una conferencia que daré y la representación de una de mis piezas teatrales. La verdadera razón por la que he venido es el ardiente deseo de estar libre unas semanas del pesado yugo de mi labor poco digna y poco estimada. Y también el placer de estrecharle la mano, de manifestarle mi admiración y la de todos los espíritus libres de mi país (¡que quizá en Austria sean más numerosos que en el resto de Europa!). Dígame cuándo puedo visitarle. Iré a Ginebra o a cualquier otro lugar que me proponga, sólo le pido que me dé cierto tiempo (de cuatro a ocho días) para fijar una cita, ya que todavía desconozco la fecha exacta de mis conferencias. Como es natural, éstas no serán *en absoluto políticas*. Leeré mi *Jeremías* y hablaré quizá también de Gustav Mahler. Lo que *quisiera* decir públicamente me obligaría después a defenderme: comprenderá los motivos.

Mi querido y gran amigo: ¡no sabe lo feliz que me hace el simple hecho de pensar de antemano en verlo! Figúrese un preso que recupera la libertad. Recuerde el coro de prisioneros de *Fidelio*. ¡La tierna melodía, temerosa a la par que extática, se posaba en mis labios cuando tocaba una tierra libre! Transmítale a Guilbeaux mis fraternos sentimientos, espero verlo pronto en Ginebra.

Mi dirección, a partir de hoy, será: *Zúrich, Hotel Schwert*. Espero impacientemente noticias suyas; hace meses que no veo su letra manuscrita, que tan cara me resulta.

Fielmente suyo,

STEFAN ZWEIG

186. ROMAIN ROLLAND A STEFAN ZWEIG

Villeneuve, jueves, 15 de noviembre de 1917

Querido amigo:

Aguardaba con ansia la llegada de su carta. ¡Qué feliz me hace que haya podido cruzar a Suiza!

Estoy en Villeneuve, cerca de Montreux, Hotel Byron. Venga cuando quiera, seguro que me encuentra, pues pienso pasar aquí el invierno. Mi familia (padre, madre y hermana) está conmigo. Los he convencido para que retrasen su vuelta a París hasta enero.

El paisaje y el hotel son hermosos y tranquilos. Hay muy poca gente. (Pero, entre los que hay, puede que se encuentren un par de personas a quien conozca: el general conde y la condesa de Montgelas y un cantante de Viena, Gürtler).[1]

Me ha llegado bien su *Jeremías* y lo he leído con una dicha emocionada. Es bellísimo, y ya le había escrito diciéndole lo mucho que le admiraba, pero por mor del cierre de fronteras me han devuelto la carta y era ya demasiado tarde para reescribirla, pues esperaba su llegada de un momento a otro. Consideramos que el teatro contemporáneo cuenta con pocas obras de semejante nivel.

Hasta pronto. Qué ganas de verle y conversar con usted. Con afecto, su amigo

ROMAIN ROLLAND

187. STEFAN ZWEIG A ROMAIN ROLLAND[2]

Zúrich, Hotel Schwert
[Matasellos: 17.11.1917]

Querido maestro y amigo:

Me alegra saberle en Villeneuve y nada deseo más que pasar allí unos días a su lado. No tema, no molestaré demasiado; su trabajo, su tiempo es para mí más precioso que el placer egoísta de la conversación. Si no ve inconveniente alguno, me alojaré en el mismo hotel durante cuatro o cinco días de asueto, trabajo y amistad. Espero que no sea un hotel de lujo, porque, a causa de la burocracia en la frontera, sólo llevo conmigo una parte minúscula de mi armario. Cuanto más tranquilo sea, más me complacerá.

---

[1] Max von Montgelas (1860-1938), conde, general y diplomático bávaro. Su esposa, Pauline von Montgelas (1874-1961), fue miembro de la Asociación Alemana de Mujeres Católicas, escritora y fotógrafa.

[2] Al recibir la carta anterior, Zweig anota: «[R]ecibo una buena noticia de Rolland. En todas sus cartas arde la llama de la amistad» (DZ, p. 297).

Otra cosa que precisa de amistosa franqueza por mi parte: no vengo solo. Me acompaña la señora Von Winternitz—la conoce ya de París—, que lo admira tanto como yo y ha hecho cosas admirables durante la guerra. Es mi mujer desde hace años, sólo que no se reconoce ante nuestra ley austríaca, que no permite el matrimonio a las mujeres católicas divorciadas. Es una vergüenza inaudita que hemos de sufrir en nuestro país, pero creo que, a mi parecer, sólo existe para el Estado, no para el hombre culto. Le informo de esto con toda sinceridad, ya que no me gustaría privarla a ella del placer de verlo, placer y deber de admiración cuya grandeza ambos sentimos por igual. Le pregunto abiertamente si le molesta que presente a la señora Von W. allí donde está usted, con su apellido y en mi compañía. No veo inconveniente alguno en alojarme en otro hotel que usted me indique y comprendería en ese caso su deseo, del mismo modo que usted, seguramente, me comprende a mí.

Estoy impaciente por conversar con usted. Se me ha ocurrido una iniciativa que querría proponerle—nada político, claro está, pues, hoy más que nunca, detesto la política y los funestos juegos de las naciones—. Tengo mucho que contarle, y lo haré con toda la franqueza de la que me siento capaz en estos momentos. Probablemente llegue entre el viernes y el lunes (aún no puedo fijar un día concreto, ya que, por fuerza, tengo que pasar por Berna, donde evitaré con tiento las legaciones e intentaré ver solamente a Hermann Hesse[1] y a Oskar Fried. Le ruego que me escriba confirmándome, de aquí al miércoles, al Hotel Schwert de Zúrich:

1) Si prefiere que me aloje en el Hotel Byron.

---

[1] El 20 de noviembre de 1917, Hesse le escribe a Zweig: «Mientras esté usted en Suiza, me gustaría mucho verle, como sea» (CHZ, p. 106), y algo más tarde (fecha no conservada): «¡Es una pena que no hayamos podido vernos esta vez en Berna! Pero confío mucho en que venga usted de nuevo» (CHZ, p. 107).

2) Si podría reservarme dos habitaciones tras recibir el telegrama indicándole el día de mi llegada.

3) Si no le importuna su reposo que me quede cinco o seis días en Villeneuve.

Espero a que me escriba para comunicarle el día exacto de mi llegada. Impaciente y fielmente suyo,

STEFAN ZWEIG

Sábado: puede contactar conmigo por teléfono cada mañana entre las ocho y media y las nueve y media en el Hotel Schwert de Zúrich.

188. ROMAIN ROLLAND A STEFAN ZWEIG

Hotel Byron, Villeneuve
Domingo, 18 de noviembre de 1917

Querido amigo:

¿Hace falta que le diga lo feliz que me hace ver a la señora Von Winternitz y lo que me alegra que vengan a pasar aquí unos días?

Sólo que será mejor que reserve usted mismo las habitaciones por telegrama o por teléfono al director del hotel. No hace falta que me avise de antemano de que viene a Villeneuve a verme.

Puede venir el día que quiera. Sobran habitaciones. Insista solamente en que tengan buena calefacción. Hay dos orientaciones: una más cálida, que da a la Dent du Midi, mucho más soleada; y otra que tiene muy poco sol pero que es más bella, porque da directamente al lago y a las montañas de Saboya.

Por lo demás, una vez llegue, ya podrá elegir.

Hay poca gente. Cada quien viste como quiere.

Hasta pronto, querido amigo, dele a la señora Von Winternitz recuerdos respetuosos de mi parte.

Suyo, afectuosamente,

ROMAIN ROLLAND

Ginebra, 29 de noviembre de 1917

Querido maestro y amigo:

Permítame transmitirle, ahora que me despido de usted, mi gratitud por las preciadas horas pasadas en Villeneuve.[1] Nunca, por grandes que fueran mis esfuerzos, he sido capaz de expresar a la cara mis sentimientos y mi afecto a las per-

[1] En las entradas de su diario de los días que pasa en el hotel donde está Rolland (23-29 de noviembre), Zweig relata emocionado todos sus encuentros con entradas mucho más largas de lo habitual. Destacamos algunos momentos a continuación, como cuando vuelve a ver a Rolland: «Durante la cena veo a Rolland. Pasa junto a mí y no me reconoce hasta que lo saludo, pues finalmente he acudido para complacer su deseo, pero sin anunciarme [...] Su rostro no ha cambiado, quizá está un poco menos delgado, y hasta que no me acerco no advierto las finas arrugas que lo surcan. Sus ojos, de un azul claro, a veces acerado, siguen estando llenos de bondad. Habla, como siempre, con una delicadeza y una claridad insólitas en los alemanes [...] Después de la cena, se sienta con nosotros. Hablamos con cierta cautela por la gente de aquí. Lo que nos cuenta no nos consuela demasiado: dice que Francia está más determinada que nunca a seguir a su Gobierno [...] A ambos nos parece que el peor crimen de esta guerra es la represión de la palabra, de la que son culpables tanto el militarismo como todos los intelectuales que le han dado alas [...] Rolland me reitera su admiración por *Jeremías*, y me explica sus dificultades, sin jactarse de ellas y sin exagerarlas: no ha ido a París, sólo a la frontera a recoger a su padre. Es enternecedor ver cómo se mantiene unido a su familia día a día, un hombre de casi cincuenta años. Y entonces vuelvo a reconocer una vez más esa maravillosa bondad que ha conseguido conmover y conmocionar a toda Europa» (DZ, pp. 305-306). También se refiere a otro encuentro al día siguiente: «Por la noche [...] me había invitado a su habitación a recoger unos cuantos libros. Su habitación [...] incluso en un hotel tan lujoso, emana la sencillez monacal de su vida interior [...] Sigue fiel al viejo secreto de su existencia: no dormir más de cinco o seis horas. De este modo gana muchísimo tiempo [...] Además, lleva un diario, "La guerre", desde el comienzo, y algún día será uno de los documentos más valiosos de la humanidad [...] Todos nuestros encuentros me dejan profundamente conmovido» (DZ, pp. 307-309).

sonas que más quiero. Hay siempre una fuerza secreta que me priva de la palabra. Por eso no he podido agradecerle en Villeneuve del modo en que el corazón me dictaba que debía hacerlo. Sé que, al recibirme, se ha expuesto a malentendidos por parte de personas malintencionadas que lo observan, y soy por ello más consciente del valor que tiene su afecto. Permítame decirle que estos días han sido de enorme importancia para mí. Ahora me siento más despejado, mi razón (ofuscada en Viena por los tormentos del alma) se ha purificado, y mi conciencia es más firme que nunca. Si hay algo que me proporciona cierto apoyo en cuanto a la deuda moral que siento hacia usted es, creo, que desde este momento puede confiar en mí de manera absoluta. Espero no flaquear, y que ninguna crisis, ningún peligro personal hagan mella en mi certeza moral. Que no le quepa duda de que, si algún día me considera útil para una obra, para un sacrificio, me hallará siempre dispuesto. No albergo ya la ambición literaria de tener éxito público, nunca me ha movido el dinero; sólo quiero consagrarme a mis ideas, que están—cosa que me enorgullece—del todo de acuerdo con las suyas, aunque desposeídas de la misma fuerza y grandeza. Siempre me encontrará dispuesto a servir, feliz de entregar todas mis energías a la lucha que sea necesaria.

Y si algún día puedo serle útil, hágame el honor de llamarme. La traducción de su drama es tan sólo una pequeña parte de lo que me siento capaz de emprender. Tengo todas mis fuerzas a punto y estoy impaciente por usarlas: mi tragedia *Jeremías* ha consumido mis fuerzas durante dos años, ahora tengo las manos vacías y ardo en deseos de actuar.

Le agradezco también la buena acogida que le ha prestado a la señora Von Winternitz. Espero que tenga la ocasión de ver las singulares fuerzas de bondad y de ánimo que posee. El libro que publicará el año próximo será prueba de ello.[1] Para

---

[1] Se refiere a *Vögelchen* ('Pajarillos'), Berlín, Fischer, 1919.

ella y para mí, su presencia ha supuesto un fortalecimiento moral, y los dos le damos por ello las gracias.

Me quedo en Suiza hasta finales de diciembre, mi dirección será *Zúrich, Hotel Schwert*. Intentaré emplear estas cuatro semanas en aras de nuestra causa común de humanidad y reconciliación. Después, volveré al servicio. Estoy resuelto a no provocar ningún enfrentamiento con las autoridades. Considero inútil el sacrificio que se busca más bien por orgullo y deseo de sufrir, pero, si me piden que cumpla mi servicio tomando las armas, me negaré.[1] Mi conciencia lo tiene claro. Le debo a usted esa claridad interior, no por un consejo o una sugerencia en particular, sino por su presencia, por su ejemplo de conciencia en estos hermosos días de reposo y belleza. No los olvidaré jamás. Mi corazón y mi gratitud quedan aquí, con usted.

Suyo, sinceramente, mi querido maestro y amigo,

STEFAN ZWEIG

---

[1] El 26 de noviembre, Zweig anota en su diario que ha escrito un «Testamento de Conciencia» y que piensa entregárselo a Rolland por si fuera necesario hacerlo público. Más tarde, el 28 de noviembre, habla de un nuevo encuentro, en el que ve a Rolland muy fortalecido y en el que éste le habla de lo terrible que fue para él el inicio de la guerra, de las ganas que tenía de morir. También le comenta algo acerca de una futura obra, *Clerambault* (DZ, pp. 316-317). Rolland, por su parte anota que Zweig le ha dejado un sobre con el testamento espiritual e instrucciones por si pasara algo (por ejemplo, si se negara a tomar las armas y tuviera consecuencias sumarias): publicarlo en un diario, el *Neue Zürcher Zeitung* (JAG, p. 1358). A su vez, tras las conversaciones de los pasados días con su amigo, añade que Zweig ve que la única solución a la situación alemana es una revolución contra la monarquía militarista, un fuerte movimiento republicano que sea la salvación de Europa, Por la parte de Austria, Rolland añade que si siguen luchando es sólo por obligación (JAG, pp. 1358-1359).

[Territet]
Jueves, 6 de diciembre de 1917

Queridísimo amigo:

Le agradezco de todo corazón su carta y su visita, demasiado breve. Estos días que hemos pasado juntos han estrechado los lazos de estima y afecto que me unen a usted. Es usted uno de los poquísimos espíritus que quedan en Europa y que me resultan fraternos. El trance que tantas amistades ha arruinado ha templado la nuestra. Si la vida no nos abandona, más tarde tendremos una acción en común bella y fecunda que llevar a cabo en el mundo.

Lo que aprecio de usted es que es «humano», profundamente «humano». ¡Cuán pocos hombres han seguido siéndolo! Usted tiene respeto y amor por la vida. No la sacrifica a aquellas ideologías magníficas e irrisorias que, como vampiros, succionan la sangre de la humanidad. Usted conoce el sabor puro de la vida y del sufrimiento humano. Comulga con él. La inteligencia europea se exalta atormentada por una pesadilla. Mantengamos los ojos abiertos. *Vigila et ora. Et ara.*

A pesar de todas las penas que ha podido sufrir en estos tres años, ha tenido mucha suerte, amigo mío. Junto a usted camina, de la mano, una estimada compañera. Créame, el poco tiempo que los he visto juntos ha bastado para sentir ese manantial de bondad profunda y belleza moral que mora en ella. Estoy feliz por usted, por ustedes, amigos míos.

Le ha hecho mucho bien a Jouve, en primer lugar, por las horas que le dedicó en Ginebra, y después, por la gentil idea que ha tenido de involucrarlo en un recital de poesía en el Lesezirkel Hottingen.[1] Ya sabe que el mentado Lesezirkel, al

---

[1] El Lesezirkel Hottingen fue fundado en 1882. Durante los años anteriores a la Primera Guerra Mundial, poseyó el monopolio de todo evento literario en la ciudad de Zúrich. Sus invitados pertenecían a la flor y nata

que yo había propuesto hace poco una conferencia de Jouve, no había tenido en cuenta mi recomendación.

Creo que esta lectura doble, de la mano de dos poetas amigos pertenecientes a dos bandos enemigos, puede tener un efecto benéfico muy grande. Un suizo que vive en París y escribe en periódicos alemanes acaba de hacerle una entrevista a Barbusse, y éste, según me ha dicho, consentirá en que se publique en un diario alemán. Barbusse hace en ella un llamamiento a los intelectuales de Alemania en favor de la democracia.

Jouve conoce al suizo en cuestión. Si lo desea, puede ponerse en contacto con él.

El poeta René Arcos, al que vio usted en París, le escribirá sin falta dentro de poco. Está en Chandolin, más allá de Sierre. Creo que ya le comenté que lo persiguen por unos artículos (mucho más moderados que los de Guilbeaux y Jouve) publicados en el *Chicago Daily News*.

Le estrecho afectuosamente la mano, queridísimo Stefan Zweig. Espero que volvamos a vernos antes de que se marche. Pero, en caso contrario, de cerca o de lejos, mis pensamientos están con usted. Dele respetuosos recuerdos de mi parte a la señora Von Winternitz.

Devoto servidor suyo,

ROMAIN ROLLAND

No le he dicho todavía lo mucho que admiro su *Jeremías*. Le he enviado un análisis a la revista *Coenobium* de Lugano.[1] No

---

de la literatura europea de la época: Hugo von Hofmannsthal, Thomas Mann, Karl Kraus, Paul Valéry, Pirandello, entre muchos otros. En 1902 se fundó, como parte del Lesezirkel, un Club Literario que también invitaba a escritores menos conocidos, como el joven Hermann Hesse, o algunos autores suizos como Robert Walser, Meinrad Inglin, Albin Zollinger, Ramuz. (Información tomada de Literarischer Club Zürich: https://www.literarischerclubzuerich.com/).

[1] Se trata de «Vox clamantis», artículo en el que rinde homenaje y rese-

es verdadero estudio, pero me gustaría contribuir a difundir su obra en los países de habla francesa e italiana. Cuando vea a Fritz von Unruh dígale, por favor, que me encantaría poder conocerlo más.

Durante su estancia, olvidé enseñarle dos grabados que me ha enviado un joven artista húngaro, Valère de Ferenczy (Budapest, Dohány-utca 57). Son dos obras inspiradas en mi poema «Ara Pacis» y tituladas del mismo modo. Me parecen reseñables, quizá le pida que, más tarde, las reproduzca en el frontispicio de un libro. Cuando vuelva a Viena puede que tenga la ocasión de verlo. Le ruego que, en ese caso, le diga lo mucho que me han gustado.

191. STEFAN ZWEIG A ROMAIN ROLLAND

Zúrich, Hotel Schwert
9 de diciembre de 1917 (hasta el 28 de diciembre)

Estimado mío, mi gran maestro y amigo:

No sabe lo infinitamente bien que me ha sentado su carta. Me ha llegado en un momento de desánimo y desesperación. El discurso de Wilson, que pronostica una guerra casi eterna, una guerra sin fin, el funesto cambio en nuestra política austríaca y, ¡ay!, el modo en que sube la marea de la guerra cuando ya esperábamos ver los restos del naufragio: con todo eso se me ha venido el mundo abajo. Y después, aquí, entre los que ahora deberían actuar unidos, sólo hay rencores literarios; el orgullo, el terrible orgullo de tener cada cual su opinión (mucho más ahora, cuando lo que habría que tener son ideas para *todos*), la espeluznante mezcla de esa pose social y ganancias monetarias. Me asquea, casi ni salgo. Trabajo todo el día en mi habitación y no dejo de leer y de pensar,

---

ña *Jeremías* de Stefan Zweig, *Coenobium*, Lugano, 20 de noviembre 1917 (MP, pp. 233-249).

eso me alivia. Me torturo. ¿Qué hacer? ¡Porque es imperioso actuar! Lo que hago con Jouve es un gesto, pero todavía no es una acción. Hoy, Wolfgang Heine, el líder de los socialistas, replica públicamente en el *Neue Zürcher Zeitung* a una discusión privada que tuve con él aquí («Ein angesehener österreichischer Schriftsteller» ['Un respetable escritor austríaco']), discusión en la que le decía que los socialistas deberían oponerse ahora, pues no hace falta hacer más política, sino salvar el mundo.[1] En todo caso, defiende su bizantinismo con bastante pericia; mire que tengo ganas de responderle, pero dudo. Soy austríaco, no soy de su raza, quizá eso podría darle a los *Junkers* argumentos para demostrar que todos los que no son de su partido son *Vaterlandsverräter* ['traidores a la patria']. En todo caso, creo que la entrevista de Barbusse podría ser muy útil y ya le he escrito a Jouve. He hecho todo lo posible para que se publique en Austria y, si no es posible, en Hungría. El momento es propicio, pues—esto que quede entre nosotros—preparamos desde hace tiempo en Alemania una manifestación de intelectuales, siempre que aprueben el discurso de Bethmann Hollweg[2] en el que dice que Alemania ha cometido «*ein Unrecht*» ['una injusticia'] con Bélgica. Hasta el momento, no sé nada de cómo ha ido la cosa y mucho me temo la aprensión, el miedo de estas gentes a exponerse. Pero un documento de esa índole sería de mucha utilidad. Por desgracia, el discurso de Wilson ha tenido un efecto terrible. Su empecinamiento doctrinario y poco psicológico (que ve el mundo en dos colores, una mitad blanca como la nieve y la otra negra como

[1] Zweig relata en su diario este encuentro, que tuvo lugar el 14 de noviembre de 1917: «Lo interpelo [a Heine] por el trato a Liebknecht. Responde con evasivas, ellos han "intentado" por su parte hacer algo, han "hecho presentaciones"; en fin, nada de firmeza, nada de impulso. Una impresión miserable» (DZ, p. 258).

[2] Theobald von Bethmann Hollweg (1856-1921), político alemán, fue canciller del Reich entre 1909 y 1917.

la noche) *prolonga* en Alemania la resistencia a la democracia, pues hasta el demócrata que no desea obedecer a su gobierno, menos aún desea obedecer a la dictadura de Wilson. ¡Oh, los rétores, los charlatanes! ¡Cuánto mal hacen todavía! ¡Qué virtud el silencio, por mucho que suela faltar! ¿Cómo no cargar con una culpa, lo mismo hablando que callando?

No me considere un ingrato por no haber hablado hasta ahora de la gran bondad que su carta ha traído hasta lo más hondo de mi corazón. Para mí, en estos tiempos, usted ha sido *el* guía: no he tenido a nadie entre los vivos cuyo ejemplo moral me haya resultado tan necesario y benéfico. Me siento agradecido y resuelto, pertinaz en mi gratitud. Ayer, Rascher,[1] a quien me he encontrado en el hotel, me pidió que tradujera su novela. Le dije que haría todo lo posible, siempre y cuando no se la quitase a nadie. Francamente, me parece necesario que, a partir de ahora, sea usted un poco escéptico con la elección de sus traductores. Su fama en Alemania es tan grande que resulta rentable aprovecharse de su nombre. Me he enterado del precio que pedía Herzog por la cesión de su *Beethoven*, por la cesión sólo, sin haberla traducido, y le digo con toda honestidad que me parece indigno verlo convertido en objeto de transacciones monetarias. Esto que quede entre nosotros. Grautoff me ha parecido mediocre pero honesto. Y si tengo dudas a la hora de aceptar es porque no conozco su situación económica. No puedo privarlo de ello. Aunque no le quepa duda de que jamás rechazaré traducir una obra suya, si ése es su deseo, y que lo haré con el esmero propio de la amistad y con la misma devoción hacia la obra que demostré con Verhaeren. He traducido aquí «A los pueblos asesinados» y haremos un folletito de diez o quince céntimos, sin beneficio alguno, pero que tendrá difusión. ¡Cuán nece-

[1] Max Theodor Rascher (1883-1962) fue un editor suizo. En 1908 fundó la editorial que lleva su nombre, especializada en literatura, arte y psicología.

sario es despertar las conciencias! Sufro viendo a los buenos de los suizos quejarse una y otra vez. ¡Se sienten «neutrales» de verdad, como si existiera la neutralidad ante la desgracia!

No le había dicho todavía lo mucho que me ha alegrado que haya prestado su poderosa palabra al *Jeremías*. Es lo primero que escribo que realmente me gusta, porque no es literario, porque tiene una voluntad moral y porque me ha ayudado. Ahora, si releo la pieza, encuentro en ella dos años de mi vida, la transformación de toda mi pesadumbre. Uno ama sus padecimientos más que sus dichas. Ahora mi sufrimiento no es tan agudo ni violento, pero sí más fastidioso, más pesado y asfixiante. Cada día me pregunto qué debo hacer, qué hacer, pues la apatía es un crimen, lo sé, y ahora, en estos momentos, lo es más que nunca. Cuando estaba con usted, sentía de manera clara y justa que ambos estábamos pasando por una crisis de incertidumbre. Hoy está ya todo decidido, veo la guerra interminable, se trata, pues, de la extinción de la raza europea o de la acción, la revolución. Cuando estaba con usted, pensaba que no sería necesario. Ahora estoy convencido de que los gobiernos son demasiado débiles, demasiado cobardes para ponerle fin. ¡Veo que la Europa ensangrentada de hoy arderá mañana!

No crea, querido amigo, que me lamento. Bien al contrario: lamento el destino de aquellos que pueden vivir en estos tiempos sin sufrir enormemente. Quien hoy no sufre, quien hoy no se tortura, no *vive*, es un mero espectador al margen de la humanidad.

Y ahora, la gran cuestión del regreso se impone. Aún no se ha decidido la suerte de mi obra. El director es lento, parece que nunca vaya a decidirse. Si finalmente toma una decisión y fija un plazo, puede que me quede dos meses. Francamente, no tengo la voluntad de quedarme ni de irme. Me dejo llevar por el azar, por fuerzas desconocidas. ¿Quién sabe lo que es bueno para uno en estos días? ¿Quién osaría arreglar algo en este caos? Evito mezclar mi conciencia con la idea de libertad personal: quiero sacrificarlo todo, salvo «*il sacrificio d'intelletto*».

¿Le he contado ya que pasé un tiempo magnífico con el doctor Ferrière? He escrito un artículo extenso sobre la Cruz Roja.[1] Se lo enviaré cuando se publique. Unruh no anda por aquí, pero regresará pronto. Seguramente él vaya a visitarle y le causará muy buena impresión. No sé hasta qué punto es poeta, pero tiene *genio*, una humanidad muy vasta y una energía fervorosa. He pasado mucho tiempo aquí con Rosika Schwimmer,[2] la admirable húngara que ha participado en la expedición Ford y ahora prepara grandes manifestaciones en nuestro país, y que luego en Suiza, en febrero o marzo, organiza un Congreso de Mujeres de todas las naciones. Es una mujer fantástica, llena de energía, siempre bullendo de acción, generosa, nada estrecha de miras. Estábamos juntos la noche que llegó la respuesta de Wilson: ¡qué desesperación, qué tristeza! ¡Ay, no volverá a haber sobre la faz de la tierra una generación como la nuestra, que tanto ha conocido el abismo entre la esperanza y las decepciones!

Le agradezco también sus amables palabras hacia la señora Von Winternitz. Es tan modesta, que hay que conocerla para saber todo lo que vale. El libro, la novela que publicará quizá sea—y eso lo dice el editor, no yo—la más bella novela de una mujer de esta generación. El primer libro que tiene usted no es más que un breve ensayo para esa empresa. Y, por

[1] La editorial Rascher publicó en 1918 un folleto titulado «Das Herz Europas. Ein Besuch im Genfer Roten Kreuz» ('El corazón de Europa. Una visita a la Cruz Roja en Ginebra'), con una ilustración de Frans Masereel.

[2] Rosika Schwimmer (1877-1948), activista feminista, pacifista y sufragista de origen húngaro. Fue la secretaria de la Alianza Internacional de Mujeres y una de las impulsoras del barco de paz de la expedición Ford, en la que participó activamente. Exiliada tras la guerra, pidió la ciudadanía estadounidense, pero no se la concedieron por su compromiso pacifista durante el conflicto.

fortuna, no es en absoluto una mujer de letras. Ha hecho mucho por nuestra causa, sólo que discretamente. ¡Ay, cuándo podré vivir con ella tranquilamente en nuestra casita de Salzburgo, trabajar y vivir! ¡Cuánto nos pesa la guerra! ¡Cuánto dura! ¡Cuánto se ha oscurecido la vida, esa vida eternamente bella! Discúlpeme, maestro, por caer siempre en lamentaciones. ¡Excúselas! Siento que los días que pasé con usted han sido los más hermosos en mucho y por mucho tiempo y, sin quererlo, el recuerdo me sume en la melancolía. En el fondo, sigo firme y aguardo mi destino, se decida como se decida. Si puedo quedarme un poco más, volveré a visitarlo. Pero no me atrevo a contar con ello. ¡Nada de esperanzas! ¡Es demasiado cruel ser engañado! Su fiel y querido amigo,

STEFAN ZWEIG

192. STEFAN ZWEIG A ROMAIN ROLLAND

Zúrich, Hotel Schwert
[Matasellos: 16.12.1917]
Querido maestro:

Jouve le habrá contado cómo han sido estos días en Zúrich. Han sido plenos, muy plenos. He sido muy feliz con los amigos. ¡Oh, qué lejos estamos de las fronteras en nuestros corazones!

Mi situación aquí está muy poco clara. El teatro me ha reclamado para los ensayos, pero no sé si bastará con eso. Si me dan permiso, me marcho de Zúrich de inmediato. La situación es intolerable para nosotros, los que queremos seguir siendo libres. Tratan de rodearnos de amabilidad, de romper nuestra oposición interior aprobando nuestra revuelta. La situación es tan complicada para nosotros que sólo queda una opción: huir de la ciudad para que nos atrapen los amables tentáculos del pulpo. Los representantes del gobierno lo hacen con buena intención, ellos mismos detestan a los jefes militares y tratan de engatusarnos. Pero, en todo caso, nos engañan, y por eso preferiría regresar. Jouve ya le ha hablado un poco de nuestras contradicciones eternas y casi ridículas: prefiero su situación, menos agradable desde el punto de vista de su seguridad personal, pero más clara, más distinguible y menos riesgosa para el alma. Usted me conoce lo suficiente como para saber que no pueden utilizarme, pero esa gente siempre nos propone que nos sirvamos de ellos y hay que ser prudente, muy prudente. Quiero mantenerme alejado de toda esa sucia política que me asquea, y si bien aborrezco tener que volver al servicio, más aborrezco ser libre gracias a la generosa amabilidad de las embajadas. Mi querido maestro, le dejaría de una pieza escuchar de lo que me he enterado aquí en dos semanas: lo más curioso es que esta gente siente una *verdadera simpatía* por los que nos oponemos a la guerra, a los gobiernos: han salvado a Latzko, a Schickele, se afanan con buena intención para sernos de utilidad, pero yo sólo quiero mi libertad interior. ¡Prefiero dedicarle a ella mis días, prefiero la del alma antes que la del cuerpo! En cuanto reciba una respuesta, me marcharé, bien a Viena, bien a algún lugarcillo lejos de los centros suizos. Ahora, ya lo he dicho en un artículo de *Demain*,[1] quiero trabajar para mí y para el buen Dios, más que para el presente y las ideas de la época. Cada día fortalece mi impresión de que no somos más que átomos sin fuerza, inmersos en esta materia candente del tiempo, impotentes ante la locura, ahogados por ese huracán de mentiras. Sólo podemos trabajar para nosotros mismos, para ese yo que hay en nosotros y que es lo eterno de la humanidad. Estoy cansado de conversaciones, cansado de los esfuerzos por adaptarnos a la realidad. Ya no hay nada en común entre yo y la locura del mundo: siento que ya no comprendo nada. Y tampoco me esfuerzo por entender esta humanidad. La locura es inexplicable. Es ella la que debe acabar consigo misma.

[1] Stefan Zweig, «À mes frères français» ('A mis hermanos franceses'), *Demain*, Ginebra, 20 de diciembre 1917.

La vida sin seguridad, la vida de un día al otro, la vida en espera me pesa mucho. Pero quiero tratar de salvarme por medio del trabajo. Traducir su novela, en este momento, elevará mi espíritu. Rascher aún no ha recibido respuesta de parte de Ollendorff. Pero yo empezaré apenas tenga el manuscrito. Las traducciones de Jouve no tardarán en publicarse y espero haberle conseguido algún encargo a Masereel para Rascher. Los tengo a ambos en muy alta estima: están muy solos con sus ideas. Me siento más cercano a ellos que a esos internacionalistas que aquí se pasan el día gritando «¡Abajo Alemania!», que hacen política contra la política, pero política a fin de cuentas. Un día le contaré todo este caos de ideas, la profunda agitación que exalta todos los medios; es tan complicado. Creo que, en el fondo, la verdad debe ser única y simple, como una línea de las Sagradas Escrituras.

Los días pasados en Villeneuve siguen en mi recuerdo como astros puros y rutilantes, por encima de toda esta confusa niebla de ideas de aquí. Allí sabía en cada instante lo feliz que era. ¡Y ahora lo sé con más certeza si cabe!

Fielmente suyo, querido maestro y amigo,

STEFAN ZWEIG

193. ROMAIN ROLLAND A STEFAN ZWEIG

Lunes, 17 de diciembre de 1917

Amigo mío:

Le agradezco afectuosamente su amable carta y el libro que me ha traído Jouve. Le habría respondido ya a su primera misiva si no hubiera estado (y aún estoy) padeciendo una terrible gripe. Su letra rezuma un profundo sufrimiento. Es, por una parte, algo natural. Pero luchemos contra ello. Sufrir con la humanidad, sí; pero no hundirnos hasta el fondo con ella. (¡Ya se ocupará ella misma, en todo caso, de hacernos caer!). Hay que salvar lo que podamos, pero no podemos compartir la suerte de lo que no podemos salvar. Nuestro poder para hacer el bien y el mal es mínimo, hay que conformarse. Y si logramos salvar una sola alma en el universo, ¿acaso no es mucho ya? El universo reside en un alma.

Nuestro tiempo es atroz, pero, a mi parecer, no lo es más que otros, los aureolados de belleza o de divinidad. En estos días tristes atisbo más luz en el horizonte de la que hubiese visto en el Calvario en el que Cristo agonizó. ¿Qué razones había entonces para esperar que la palabra del rabino martirizado atravesara la masa apática y compacta del monstruoso Imperio romano y la noche frenética de los bárbaros en derredor? Hicieron falta siglos y la pertinaz gota de agua que acaba por roer la roca. Hay que ser pacientes.

Lo que nos oprime es el sufrimiento que hay por doquier, allá donde miremos. Aunque no se trata sólo de la guerra. La vida reposa sobre el sufrimiento como sobre un pilar. Vivimos en detrimento de otras vidas, humanas o animales. Algo que me ha perseguido desde que era más joven es la obsesión que Spitteler plasmó en las desgarradoras páginas de *Primavera olímpica*.[1] Para aflojar un poco la constricción de esa ley férrea, está la respuesta de Buda, la de Spitteler y la de los griegos, la del amigo Christophe, portavoz de la tribu de los beethovenianos («La vida es una tragedia. ¡Hurra!»), y la que creo que hubiese adoptado el tío Gottfried,[2] sin hacer ruido, y que practican, por fortuna, miles de personas sencillas: aliviar por poco que sea, en la medida que se lo permitan sus débiles fuerzas y en su círculo, el sufrimiento con el que se encuentran: «*Als ich kann...*».[3]

---

[1] *Olympischer Frühling* (1900-1905). Existe edición en español en la colección «Los Premios Nobel de Literatura» (vol. IV), Barcelona, Plaza y Janés, 1957.

[2] Personaje de *Jean-Christophe*.

[3] Palabras que le dice el tío Gottfried a su sobrino Jean-Christophe en alemán, recogiendo la tradición socrática y montaigniana del «según podamos», en el tomo *L'Adolescent*, p. 189.

En cuanto a nosotros, confiemos en el poder humilde, insuflémosles confianza. Mientras sigamos oyendo los cantos subterráneos de la pequeña comunidad humana de las catacumbas, la vida merecerá ser vivida. Nos corresponde proporcionarles el alimento espiritual del exterior, las fuerzas nuevas del espíritu.

Amigo mío, le agradezco que haya traducido mis «pueblos asesinados». Si se obtiene algún beneficio (¿por qué no debería haberlo?), se podría indicar en la portada del folleto que será destinado a una obra de caridad internacional, como la Cruz Roja.

Ahora le tomo la palabra sobre la oferta tan amistosa que me hace de traducir obras mías. Se trata de unas pocas páginas solamente. Korrodi[1] me ha pedido un artículo para el número de Navidad. Le envío también un fragmento de mi nueva novela (aún sin terminar).[2] Es poca cosa, algunas páginas episódicas que no entran en el tema central; pero como Korrodi quería algo de tono tranquilizador, es todo lo que he podido encontrar por el momento. Le he pedido que «reserve los derechos». No le importará velar por ello, ¿verdad? Le he dicho que, si no es molestia para usted, me gustaría que fuera el traductor de esas páginas. Le pido, antes que nada, que no tenga inconveniente en rechazar esta tarea si no está dispuesto: me parecería lo más natural. En cuanto a lo que me dice de mis otros traductores—y sobre todo de Herzog—, no sabe cuánto me consterna. Pero ¿qué puedo hacer? Herzog trata directamente con Hachette. Parece entusiasta y serio. Después, años de silencio: creía que las tra-

---

[1] Eduard Korrodi (1885-1955), redactor jefe del *Neue Zürcher Zeitung*.
[2] Será el futuro *Clerambault*. Rolland anota en su diario: «El *Neue Zürcher Zeitung* publica en su número del 25 de diciembre (*Zweites Blatt*) mi capítulo "Uno contra todos" de la nueva novela bajo el título "Jeder Mutter ist ihr neugeboren Kind der Heiland" ['Cada recién nacido es el Salvador para su madre']. La traducción es de Stefan Zweig...» (JAG, p. 1383).

ducciones ya estaban publicadas, así que me he llevado una enorme sorpresa al enterarme, por una carta de Rascher, que la *Vida de Beethoven* se iba a publicar en su editorial (sin que se me haya consultado acerca del nuevo traductor).

Si es cierto que soy objeto de transacciones monetarias, yo ni me había enterado. En general, las traducciones extranjeras no me han reportado casi nada. Quizá le interese saber que no he recibido un solo *penny* por mi *Jean-Christophe* en Estados Unidos (donde puede que tenga mayor número de lectores). Los derechos de traducción en lengua inglesa se vendieron sólo una vez, al editor de Londres, y éste llegó a un arreglo después con Estados Unidos: pero sin estar yo al corriente. (*Todo esto, que quede entre nosotros*). Para que vea mi ignorancia en la materia.

Acabo de recibir una petición de traducción del *Jean-Christophe* en lengua húngara de parte de madame Hélène Gyulai, licenciada y doctora en letras, en Kolozsvár. Me ruega que responda por medio de la legación de Berna. No aceptaré ninguna demanda de este tipo mientras dure la guerra. En cuanto a la persona que me escribe, si tiene usted información sobre ella, ¿le importaría compartirla conmigo?

Hasta pronto, querido amigo. Jouve me ha dado esperanzas sobre el retraso de su partida. Lo celebro.

Transmítale mis respetuosos recuerdos a la señora Von Winternitz, devoto admirador suyo,

ROMAIN ROLLAND

¿Conoce usted a un hombre de inteligencia excepcional de apellido Holzapfel,[1] que ha escrito un libro filosófico titulado *Pan ideal*? Es oriundo de Cracovia y lleva años viviendo en Suiza.

---

[1] Rudolf Maria Holzapfel (1874-1930), psicólogo y filósofo austríaco que publicó *Panideal: Psychologie der sozialen Gefühle*, Leipzig, J. A. Barth, 1901.

De lo que más carecían los rasgos de Goethe: ¡De *alegría*! ¡Y vaya crisis interna, qué desbarajuste de su naturaleza entre 1790 y 1795, entre el Goethe de Roma (y del mármol de Klauer)[1] y el funcionario lúgubre y tosco que representan J. H. Meyer y F. Bury!

194. ROMAIN ROLLAND A STEFAN ZWEIG

[Villeneuve]
Lunes, 17 de diciembre de 1917

Querido amigo:

Acababa de enviar mi carta cuando he recibido la suya. Unas líneas, a vuelapluma.

¿Qué es lo que no ha entendido Rascher? ¿Me he explicado mal? Usted me habla de una novela nueva para traducir. Pero no hay ninguna novela acabada. La única (a la que me refería en la carta que le he enviado hoy) está todavía en proceso. Por tanto, aún no podemos ni pensar en entregar el manuscrito, ni en cerrar un trato entre Rascher y Ollendorff.

En todo caso, yo le había escrito a Rascher. Pero como le comenté que, sin lugar a dudas, esta futura novela pertenecerá a mi editor Ollendorff, quizá Rascher creyó leer, muy apresuradamente, que el manuscrito ya estaba en manos de Ollendorff: y no es el caso.

Puede que publique primero algunos capítulos en revistas vanguardistas de Ginebra y de París en los meses venideros. En cuanto al conjunto, no tengo prisa.

Suyo, afectuosamente,

ROMAIN ROLLAND

---

[1] Se trata de un busto del artista alemán Gottlieb M. Klauer (1742-1801).

Jouve me ha dicho que fue bueno y fraternal con él y con Masereel. Ambos se sentían muy conmovidos. Me ha descrito con elocuencia todo lo que vio durante aquellos tres días. Sí, la situación es más nítida en nuestro lado. Nítida como una cuchilla pulida y afilada. Seippel yerra al decir que hay «dos Francias» (¡yo también lo dije!). Hay dos Alemanias, pero ahora hay una sola Francia. Todos fanáticos. No con la misma meta. Pero todos unidos contra aquellos que no lo son.

Ahora no sé (esta gripe me ha hecho olvidar muchas cosas) si le he dado las gracias por su afectuosa propuesta de traducir mi próxima obra (aún por concluir). Cierto es, amigo mío, que me haría feliz, muy feliz. Sólo temería y me daría un poco de vergüenza robarle un tiempo tan valioso que debería estar reservado para sus propias obras.

Olvidé decirle a Korrodi que me ha sorprendido el silencio guardado por el *Neue Zürcher Z[eitung]* sobre mi artículo «A los pueblos asesinados». Se lo envié, y Korrodi lo anunció, pero no ha llegado a publicarse. Tengo curiosidad por saber si, como me han dicho, las ideas han chocado con ciertos propietarios del periódico.[1]

195. STEFAN ZWEIG A ROMAIN ROLLAND

Zúrich, Hotel Schwert
[Matasellos: 23.12.1917]
Querido maestro y amigo:

Acabo de volver de Berna. Todo está en el aire todavía: hasta el 28 de diciembre no sabré si tendré que marcharme

[1] Rolland anota unos meses antes en su diario una conversación con su amiga Elsa Nuesch (1894-1952), en la que le dice que envió un ejemplar del artículo a Korrodi, quien acusó recibo y prometió hablar de ello, pero nada publicó en su periódico, del que Rolland era colaborador habitual. Elsa Nuesch es quien le da la pista sobre por qué puede que no se haya publicado nada al respecto: los nuevos dueños del periódico son grandes fabricantes de munición para ambos bandos.

el primero de enero o no. Es el eterno desasosiego en el que vivo desde hace tres años y medio: entenderá cuánto resquebraja esta sensación la fuerza de voluntad, cuánto destruye esa calma interior tan necesaria para trabajar. La fatídica mecánica que ha atrapado mi vida entre sus ruedas voltea y voltea mi alma a voluntad, ¡Ay! ¡Ojalá tuviéramos la fuerza de romper ese terrible mecanismo!

El capítulo está traducido. Se publicará mañana. He leído el prefacio en *La Nation* y también lo traduciré. Figúrese las ganas que tengo de conocer la obra entera: me imagino a un monsieur Bergeret, pero no tan difuso, no tan sabio como éste, no un ser contemplativo e inerte como el de Anatole France, sino un hombre que piensa con el corazón, que tiene el coraje del sufrimiento. En este breve capítulo se ve ya la bondad con la que envuelve a ese personaje, y estoy convencido de que esta obra será un monumento a la época, que llegará más alto que el gran pedestal de *Jean-Christophe*. Será para mí un orgullo traducirla y lo haré con triple placer si así puedo servir al arte, mostrarle mi amistad y difundir en el mundo alemán esas ideas tan necesarias.

Aún no le había agradecido sus amables cartas. Pero mi admiración por usted es tan constante que me costaría separar momentos concretos. No me siento débil, pero hay horas en las que no comprendo el mundo, en las que me siento tan aislado como si mi razón fuera la de un loco. Hay aquí, además, demasiada gente, demasiadas noticias, y cada nueva trae otra preocupación y ninguna esperanza. Usted tiene su soledad, y yo espero el momento en que me llegue en cuanto se arregle —o no— mi asunto en Viena. Vivo mis días con incertidumbre y veo que *necesitamos la certeza igual que el pan, el agua, el aire*. Certidumbre interior, pero también de la vida exterior. No se puede vivir pendiendo de un hilo durante cuatro años; ¡el vivo quiere ser sujeto, voluntad, vida, acción personal!

Y luego está la cobardía del mundo entero: es una vergüenza eterna y, a la par, una epidemia. Se ven tan pocos ejemplos de revuelta como para hallar en uno mismo las fuerzas para rebelarse. En lo más hondo de mi ser, detesto la revuelta, la fuerza, admiro la sumisión al destino. Pero *al destino*, no al fardo de una banda de bribones y asesinos; entonces sí que es necesaria la *revuelta*, pero, por desgracia, no cuento con mis fuerzas. La incertidumbre, la esclavitud han quebrantado muchas cosas en mí. Todos esperamos el ejemplo de los demás. ¡Ése es nuestro desvarío, nuestro crimen! Veo entre todos mis amigos de intelecto vivo los mismos sentimientos de rabia—y de impotencia—, pero están demasiado débiles para actuar. Y todos sufren por lo mismo, acusándose como me acuso yo. Ayer, donde Hermann Hesse, conversamos mucho acerca de esto. Él se ha salvado trabajando para los prisioneros en estos últimos tres años y no ha escrito una sola línea para él. Tiene un carácter noble y recto, tan alemán—en el buen sentido de la buena Alemania—. Un poeta que vive retirado, hijo de pastor, como [Eduard] Mörike, de los que abarca el mundo entero desde su rinconcito. Sin orgullo, lleno de buena voluntad, blando y fuerte a la vez. Y, aun así, ¡cuánto sufre por el «hindenburguismo» de los otros!

En cuanto sepa algo a ciencia cierta sobre mi destino, le escribiré. En todo caso, ¡aquí estaré hasta el 31 de diciembre! Su fiel servidor,

STEFAN ZWEIG

196. ROMAIN ROLLAND A STEFAN ZWEIG

[Villeneuve]
Domingo, 23 de diciembre de 1917

Querido amigo:

Le ruego que vaya a ver a Seippel antes de marcharse. Es un gran hombre que no comparte todas nuestras ideas: siempre se debate entre el antiguo y el nuevo ideal; le gustaría unir cosas contradictorias, el patriotismo y el tolstoianismo. Sabe que es imposible, y eso lo hace desgraciado. Su actitud indecisa durante la guerra ha hecho que se peleara con amigos de ambas partes: eso es lo que más le ha hecho sufrir. En nuestras conversaciones he dejado a un lado los temas políticos para no hacer hincapié inútilmente en nuestros desacuerdos. Pero lo considero un amigo afectuoso y fiel.

Creo, por una carta que me envió, que teme que usted lo haya ignorado. Le hará muy feliz yendo a visitarlo, pues le profesa una gran simpatía.

Suyo, afectuosamente,

ROMAIN ROLLAND

197. STEFAN ZWEIG A ROMAIN ROLLAND

Zúrich, Hotel Schwert
[Entre el 25 y el 29 de diciembre de 1917]

Querido amigo:

Se ha publicado el fragmento de su novela en el *Neue Zürcher Zeitung*, con la advertencia de «todos los derechos reservados» y su nota (sólo se ha cortado una frase, a falta de espacio, la que hace mención a La Boétie). Mañana sin falta recibirá las copias.

Le adjunto también mi ensayo sobre la Cruz Roja de Ginebra. Para mí, era una deuda de reconocimiento que tenía. Me he llevado una magnífica impresión del doctor Ferrière. Viéndolo, no dejaba de pensar en lo bonito que sería ser un anciano como él, activo, bueno, rebosante de vida y abnegación al mismo tiempo.

Su artículo «A los pueblos asesinados» está en imprenta. Todo lo que quede, nuestra parte como autor y traductor, será donado a la Cruz Roja de Ginebra. Se ha dejado esto claro en la portada, cuyo diseño será del bueno de Masereel.

Aún no sé si podré quedarme. En todo caso, hoy llamaré a Seippel. Llevo tiempo queriendo verlo, pero, de repente, me he visto aquí rodeado de rusos, españoles, alsacianos; hay tal abundancia de vida y de aventuras en toda esta gente venida de todos los confines del mundo, que me han arrancado de mi soledad. En cuanto sepa algo sobre mi suerte, le escribiré.

Entretanto, le agradezco de nuevo su bondad y le mando recuerdos. Devoto servidor suyo,

STEFAN ZWEIG

En el artículo del *Neue Freie Presse*, por desgracia, han desaparecido algunos pasajes a causa de la censura, bien la del periódico, bien la del Estado.

198. ROMAIN ROLLAND A STEFAN ZWEIG

[Veytaux-Chillon]
Sábado, 29 de diciembre de 1917

Querido amigo:

Tengo varias cosas que agradecerle; en primer lugar, su excelente traducción (hasta hoy no me ha llegado el *N[eue] Zürcher* [*Zeitung*]), y, en segundo lugar, su artículo del *N[eue] Freie Presse*, que es el homenaje más hermoso que se le ha rendido hasta la fecha a la Cruz Roja. ¡Qué feliz me hacen las líneas que le dedica al doctor Ferrière! Sin duda, con lo modesto que es, se habrá espantado. Nunca he conocido a un hombre de semejante valía que sea tan abnegado y humilde. (Por desgracia, más de uno se aprovecha; su nombre no tiene la notoriedad de la que debería gozar, incluso entre sus colegas). Un ejemplo, entre tantos, de su modestia: me he enterado de que antaño se dedicó a estudiar la correspondencia médica de Tronchin con sus ilustres pacientes del siglo XVIII. (Los archivos Tronchin son uno de los tesoros de Ginebra: contienen volúmenes de manuscritos de Voltaire y de los enciclopedistas, así como de Agrippa d'Aubigné y de grandes reformadores ginebrinos). Le he pedido que me preste sus notas. Me ha mandado un volumen manuscrito.

Pero no quiere publicarlo, dice: «Yo no sé escribir». Y deja que otros lo exploten sin tan siquiera citarlo. Y así con todo. No confía en sí mismo; piensa que todos los demás son superiores y él les cede su sitio. (Esto que quede entre nosotros, no le gusta que se hable de él).

He de decirle lo mucho que me ha gustado su mensaje a los amigos franceses, publicado en el último número de *Demain*. Es noble, sencillo y emotivo. Cómo me gustaría que se leyese en Francia. Trataremos de que llegue. Mis amigos de París ya saben que está usted aquí; les he hablado de usted, sin nombrarlo directamente, pero lo han reconocido; y Marcel Martinet,[1] en su última carta, me ha pedido que le exprese su cordial simpatía.

Estoy leyendo la traducción que tiene entre manos Baudouin de su *Jeremías* y me parece bastante buena, la verdad. Baudouin es un hombre generoso, que hace a conciencia todo lo que emprende. Es uno de los pocos poetas franceses que conoce bastante bien el alemán.

En cuanto a mi artículo y análisis de su poema, debería publicarse en el número de enero de *Coenobium*, aunque no sé cuándo verá la luz. La desdichada *Coenobium*, entre dos sedes (Lugano y Milán), se enfrenta a toda clase de dificultades con la censura italiana y se publica siempre con gran retraso.

¿Puede decirle a la señora Von Winternitz que me ha encantado su pequeña Stefa y que el pequeño [Jean-]Christophe lamenta no haberla conocido?[2]

---

[1] Marcel Martinet (1887-1944), poeta y escritor francés, revolucionario socialista y pacifista militante. Colaboró en el diario *La Vie Ouvrière*, de la corriente sindicalista revolucionaria de la CGT. Mantuvo una larga correspondencia con Rolland por su ideal pacifista compartido. De su poemario *Les Temps maudits*, Rolland escribe en su diario: «Es la obra más conmovedora de la guerra, más que el *El fuego* [de Barbusse], y sobre todo superior a ésta por la calidad de su arte y su alma» (JAG, p. 1173).

[2] Stefa, la protagonista de la novela de Friderike que Zweig había mandado a Rolland.

Hasta la vista, querido amigo, no quiero ni pensar en que se marcha. ¡Estoy tan feliz de sentirlo tan cerca, en la misma tierra libre!

Le envío, con todo mi afecto, mis mejores deseos. ¡Confíe! Me gustaría poder transmitirle algo de mi paz interior. No sé de dónde viene, pues personalmente creo que estamos amenazados y que no han terminado todavía las penas de nuestros pueblos. Pero, a pesar de todo, ahí está la paz, la siento en mí, está ahí para mí y para los demás. Sin duda, sus raíces se hunden más allá de esta vida.

Suyo, de todo corazón,

ROMAIN ROLLAND

Pierre Hamp (cuyo verdadero apellido es Bourrillon, inspector de trabajo) vive en La Madeleine-les-Lille (Nord), rue Faidherbe, 65. Es una casita de dos plantas alquilada a nombre de Bourrillon. Actualmente hace las veces de casino de los suboficiales alemanes. Ha dejado allí todos sus manuscritos y archivos (quince años de notas e investigaciones sobre el trabajo que iba a emplear para continuar su serie: «La pena de los hombres»).

Ruega encarecidamente que se pongan a buen recaudo estos papeles y que, si fuese posible, se guarden en Suiza hasta el final de la guerra.

Ahora reside en Bourg-la-Reine, rue St. Cyr, 14.

199. STEFAN ZWEIG A ROMAIN ROLLAND

Zúrich, Hotel Schwert
[Matasellos: 31.12.1917]

Querido maestro y amigo:

Unas breves palabras. He aquí la respuesta a mi petición a Kippenberg, director de la editorial Insel y capitán del ejército en Flandes: hará todo lo posible por salvar los papeles de Pierre Hamp. Puede decirle a Hamp que, por mi parte, haré todo lo que esté en mis manos para facilitar la comprobación y seguridad de sus papeles en cuanto se hayan puesto a buen recaudo.

Anteayer estuve en casa de Seippel. Tiene buena voluntad, pero creo que carece de fuerzas. Él mismo lo entiende: es diez años demasiado viejo. Sólo la juventud podrá salvar el mundo.

Sigo sin recibir una respuesta definitiva sobre la petición del teatro, pero tengo permiso para aguardar en Suiza la decisión. Daré una conferencia en Davos el día 8, después iré a esconderme a algún rincón de la Engadina durante quince días. No me gusta el ambiente de Zúrich, y los intelectuales (sin corazón, empecinados en sus propias ideas) me horrorizan. A finales de mes, Werfel leerá aquí sus poemas. Ése sí que es un poeta al que estimo como amigo. Pero no volveré de Engadina, a menos que me llamen a filas y me ordenen regresar. Quiero estar solo con mis libros dos semanas. He visto a demasiada gente aquí; gente muy interesante, muy variopinta, muy simpática. Pero ya he tenido bastante.

¡Su artículo «A los pueblos asesinados» estará listo dentro de unos días! Creo que el mensaje llegará a las masas: la edición no será cara, aunque esté bien hecha. Espero que le llegue el dinero a la Cruz Roja (a partir de la segunda edición, el diez por ciento de cada ejemplar).

Le envío mis mejores deseos para el año nuevo.

Suyo, fiel,

STEFAN ZWEIG

1918

[Veytaux-Chillon]
Martes, 1.º de enero de 1918

Querido amigo:

Cuánto me alegran las buenas noticias que me da para Hamp, y quiero agradecérselo en su nombre, a la espera de que él pueda hacer lo propio. ¡Esperemos que Kippenberg llegue a tiempo!

Si las nuevas del bombardeo de Padua son ciertas, resulta indignante. ¿No podrían los artistas de Austria, que son más sensibles a la belleza, tomar la iniciativa de hacer un llamamiento pidiendo a sus gobiernos que al menos respeten ciertos santuarios del genio humano? Me duele sobre todo la desproporción entre el exiguo avance militar (en extremo cuestionable) y la inmensidad del desastre humano. Por ser una imbecilidad, resulta doblemente criminal.

Buscan ustedes una acción que emprender. Ésta me parece de su incumbencia. Es útil incluso para su país.

Me incomoda un poco (y esto se lo digo riendo) la desazón con la que habla de la *gente mayor*. (Ahora a propósito de Seippel. Pero no es la primera vez. Ya hablaba así de Verhaeren. ¿Acaso no me advirtió en una ocasión de los peligros de la debilidad senil? ¡A eso, en francés, lo llamamos *ramollissement* ['reblandecimiento']!). Protesto en nombre de los *viejos*, pues pronto yo también lo seré. Sólo son viejos indignos quienes fueron también jóvenes poco dignos. La vejez es el fruto. Vale lo que valió la flor, lo que vale el árbol. Siento fortalecerse el alma a medida que el cuerpo se agosta. No hace falta ser un Tolstói para que la senectud nos purifique.

343

He visto la luz serena de la transfiguración posarse sobre los rostros que más queridos me resultan, como el de mi mejor amiga: Malwida von Meysenbug.

No, no es cierto que «sólo la juventud podrá salvar el mundo». Los jóvenes de corazón, sí. Pero esa juventud no conoce de edades.

Ni razas, ni religiones, ni patrias, ni sexos, ni edades: ni una sola barrera a la fraternidad de las almas portadoras de un ápice del fuego eterno.

Hasta pronto, querido amigo. Le estrecho afectuosamente la mano en el umbral de este año que comienza.

ROMAIN ROLLAND

(Hace mucho tiempo que quería pedirle un favor: deje de llamarme «maestro». Somos todos aprendices).

201. STEFAN ZWEIG A ROMAIN ROLLAND

Zúrich, Hotel Schwert
4 de enero de 1918
[Matasellos de Villeneuve: 6.1.1918]

Querido y gran amigo:

Gracias por sus amables cartas, que tan profundamente me han conmovido. Vivo un instante de absoluta incertidumbre. Llevo días sin recibir una sola línea, ni un telegrama de Viena, y sé perfectamente que la señora Von Winternitz no olvidaría enviármelas, sobre todo porque quiere regresar a Suiza. Sobre mi futuro militar, el mismo silencio, y resulta francamente duro vivir en esta eterna espera desde hace tres años. Tengo una ferviente ansia de trabajo y concentración, pero es imposible dados los *hechos*. La misma presión pesa sobre todos en Francia y en Alemania, nadie es capaz de divisar un objetivo. Ay, vivir sumido en el trabajo, hundirse hasta el fondo de uno mismo, sumergirse en el abismo de nuestro yo desconocido. ¡Una dicha a la que aspiro con cada nervio, con todo mi ser, dicha defendida y casi olvidada! Toda esa insatisfacción que tal vez encuentre en mis cartas se debe a que me falta esa felicidad. La libertad la reencuentro en mí mismo en ciertos momentos de claridad: entonces siento calma y seguridad. Pero lo que de verdad extraño es la fervorosa pasión ininterrumpida del trabajo. La sentí mientras escribía *Jeremías*, pero lo que me empujaba entonces eran fuerzas perversas, era la furia, el odio, la desesperación. Ahora estoy más tranquilo, los demonios se han retirado, pero sigo sin recuperar la paz del trabajo.

Si logro quedarme en la Engadina tres semanas, quizá consiga permanecer incluso más tiempo. Porque *si empiezo a trabajar*, ya no habrá fuerzas *más allá de mí*. ¡Nadie! ¡Ninguna! Aún aguardo la decisión, pero, en todo caso, me marcharé para dar la conferencia en Davos.

Me escribía a propósito del bombardeo de Padua. Cuánta rabia sentí al leer la noticia de ese crimen tan necio, cobarde y estúpido. Sin embargo, tenga por seguro que nadie en mi país protestará *públicamente*—aunque todos se opongan a tal crimen—, y es que no hay modo alguno de protestar en los periódicos. Ni yo mismo puedo desde aquí, porque se trata de una acción *militar*, y si bien puedo, por supuesto, protestar contra el desvarío del militarismo como tal (cosa que he vuelto a hacer estos días), no podría hacerlo contra una acción aislada. Además, es preciso hacer acopio de todas las fuerzas para el gran combate *definitivo*, que considero necesario en estos momentos si el mundo no logra evitar la ofensiva guerrera que se desatará con una fuerza inusitada dentro de poco. De seguir adelante con el crimen sin que ningún bando haga concesiones al lado humano del conflicto, se va a producir una revolución. Hasta los socialistas alemanes, esos borregos, empiezan a rechazar las garantías. Y como todo siga así las cosas en Austria se van a poner muy serias.

Excuse esta carta, mi querido y gran amigo. Estoy un poco

conmocionado en estos días. No veo con claridad, estoy nervioso por esta incertidumbre que no cesa. Tengo ganas de vivir trabajando en la naturaleza, sumido en esas dos eternas soledades del hombre. Ayer estuve en casa de Busoni y pasé un buen rato. ¡Qué bueno y franco es! ¡Menudo artista! Me contaba que uno de sus camaradas de antaño acaba de editar la *opus* 112 de Beethoven en una nueva edición cuyo prefacio reza que la superioridad de los alemanes queda demostrada por esa obra, y que si el mundo no reconoce la valía alemana, ésta se impondrá por las armas. Quiero conseguir ese documento. ¡Cuánto nos reímos juntos!

Su fiel

STEFAN ZWEIG

202. STEFAN ZWEIG A ROMAIN ROLLAND

St. Moritz, Hotel Calonder
(hasta el 25 de enero)
luego Zúrich, Hotel Schwert
[Entre el 21 y el 25 de enero de 1918]

Querido y gran amigo:

Mi compañera le envía unas palabras, y yo quisiera darle noticias sobre mí. Me quedo en Suiza, seguramente, hasta finales de febrero; el *Neue Freie Presse* y el teatro de aquí me reclaman todavía. Creo que va a funcionar, así que probablemente me quede en Suiza. No he tenido que hacer más sacrificio que el de prometer dos ensayos por mes, pero, por la libertad, haría diez veces más. En Viena mi mujer ha mostrado una energía admirable, y estoy muy feliz de tenerla aquí conmigo.

Estuve en Davos por mi conferencia. Vi a Latzko. Sufre muchísimo, morfinómano hasta la médula, está muy nervioso y enajenado. Pero no deja de ser un hombre con una gran humanidad. Nos entendimos bien. Además, ¡menudo lugar, Davos! Un sitio que bascula entre la belleza y la muerte, ¡un ambiente inolvidable! Se siente la humanidad doliente a cada paso, y ese sufrimiento va siempre acompañado de cierto dulzor: cuánta vida vibra en ellos, en los tuberculosos, cómo devoran los libros, cómo prestan atención a la vida de los demás, ellos, que deberían vivir sólo para sí mismos. Me han emocionado mucho estos dos días. Figúrese: conocer a hombres y mujeres magníficos, conversar con ellos, y un momento después saber que sólo les queda un mes de vida.

Ahora me hallo en St. Moritz, lugar que detesto, porque aquí se encuentran todos los holgazanes lujuriosos del mundo entero. Pero para mi mujer y su hija, que estaban muy cansadas por el terrible viaje que han hecho (dos noches en vagones sin calefacción), y por la labor que ha hecho por mí en Viena, he escogido este lugar, que garantiza comodidad y habitaciones caldeadas. Se trabaja bien aquí, salgo poco y estoy muy feliz.

Me quedo hasta el 25 de enero, luego vuelvo a Zúrich. Si en el mes de marzo sigo en Suiza, seguramente visite el lago Lemán. Me suelen entrar ganas de coger un tren e irme directamente a visitarlo. ¡Tengo tanto que contarle! He visto mucho en Suiza, ahora veo con nitidez muchas cosas. Amo la vida por la variedad de sus formas, tanto las buenas como las malas.

Su fiel

STEFAN ZWEIG

«A los pueblos asesinados» se publicará en breve. Si puede enviarme partes de su novela, hágalo. ¡Ahora tengo tiempo para traducir y lo haré con mucho gusto!

St. Moritz, Hotel Calonder
Dirección: Zúrich, Hotel Schwert
21 de enero de 1918

Mi querido y gran amigo:

Acabo de recibir los dos ejemplares de la traducción de «A los pueblos asesinados». Creo que la revistilla tiene buena pinta y que se difundirá por toda Suiza. Por el momento, no creo que la dejen entrar en Alemania y Austria, pero no cabe duda de que cierto número de ejemplares logrará cruzar la frontera. Espero que le plazca la edición: el editor le ha puesto mucho esmero y el precio es de 50 céntimos, que no me parece mucho, teniendo en cuenta los costes del papel y la impresión en estos tiempos. También espero que tenga una fuerte repercusión moral.

El momento es propicio. No dispongo de detalles, pero parece que lo que le predije está sucediendo ahora mismo en Austria. Los socialistas detentan todo el poder sobre el pueblo, y en mi país somos lo suficientemente avispados como para tratar directamente con ellos. Parece que la cháchara arrogante, militarista e inhumana del general Hoffmann en Brest-Litovsk,[1] *a espaldas* de las autoridades austríacas, ha tenido entre nosotros un efecto *fulminante*. Todos los periódicos han cargado abiertamente por vez primera contra el militarismo, y el pueblo ha respondido con huelgas. Lo único que sigue sin estar claro ahora mismo es si tales asonadas y huelgas han sido *deseo* y *obra* de nuestro gobierno. En todo caso, no parecen desagradar a nuestros políticos. ¡Sólo que es peligrosísimo jugar con fuego! Creo que la presión de Austria sobre el partido gubernamental alemán se volverá terrible:

---

[1] Max Hoffmann (1869-1927), general y diplomático alemán, fue quien dirigió la delegación alemana durante las negociaciones del tratado de Brest-Litovsk.

por fin tendrá que posicionarse el pueblo alemán. Ahora mismo, veo posibilidades de paz. La tensión es terrible en todas partes. El discurso de Hoffmann y el arresto de Caillaux[1] son una y la misma cosa: un último y desesperado esfuerzo por prolongar la contienda. Pero lo que hace correr al caballo no son las espuelas, sino su fuerza natural, y si ésta se agota, espolearlo sólo consigue provocar sobresaltos. Estamos rozando el final. Hablo por nosotros al menos, en Austria. Pero me repugna decir «nosotros» y pensar en Austria. Cuando digo «nosotros» me refiero, de corazón, a la Humanidad.

Espero poder quedarme aquí en Suiza un poco más de tiempo. Me reclama el teatro, me reclama el *Neue Freie Presse*, que quiere que escriba una serie de artículos. Con eso bastará. Regreso a Zúrich dentro de unos días. *Werfel*, el mejor poeta[2] que tenemos los austríacos y un buen amigo mío, está allí. Ha sido valiente durante la guerra, inquebrantable en su humanidad. Ha seguido mis pasos y ha dado una conferencia en Zúrich, y espero que siga también mis consejos de no volver. Si reuniésemos aquí a un número de hombres con cierto prestigio y autoridad, tal vez pudiéramos hacer una declaración o una manifestación decisiva. En todo caso, un hombre

[1] Joseph M. A. Caillaux, destacado miembro del Partido Radical francés, ocupó diversos cargos políticos durante la Tercera República, entre ellos el de ministro del Interior y primer ministro. Tuvo que renunciar a su cargo cuando su esposa asesinó al editor de *Le Figaro*, que amenazaba con publicar una carta comprometedora de su marido. Tras la exculpación de su mujer, en 1914, y al iniciarse la guerra, se opuso frontalmente a ésta. Con la llegada al poder de Clemenceau, ferviente defensor del militarismo, su situación como pacifista se complicó hasta que lo condenaron el 14 de enero de 1918 por «entendimiento con el enemigo». No consiguió la amnistía hasta 1925 (*cf.* Jean Jolly [ed.], *Dictionnaire des parlementaires français, notices biographiques sur les ministres, sénateurs et députés français de 1889 à 1940*, París, Presses Universitaires de France, 1973).

[2] Cuando escribe en francés, Zweig emplea el vocablo *poète* para referirse a cualquier gran escritor. Consideramos que lo usa como calco del alemán *Dichter*, que puede referirse a grandes escritores en cualquier género.

como él puede pensar de un modo diferente, libre, estando aquí. Estos dos meses en Suiza han fortalecido todo mi ser. Ya no tengo miedo a nada. Sólo temo comprometer a otros. No me involucro en asuntos como los de Ragaz,[1] hombre al que tengo en alta estima, pero que libra ahora su batalla *suiza*. No me interesa la política, pero quiero proseguir mi camino. Preparo algo nuevo, pero va para largo. Por el momento, me dedico a culminar mi libro sobre Dostoievski, interrumpido durante cuatro años.

Mi buena compañera me alivia el trabajo. Me ha traído muchas noticias. Ha podido conversar largo y tendido con Lammasch y con otras personas que comparten nuestras ideas. Esperamos poder quedarnos en Suiza unas semanas más, o incluso meses: no *quiero* volver al servicio y creo que la voluntad todo lo vence. Inmediatamente después del congreso de Berna, a principios de marzo, pretendemos irnos al lago Lemán e instalarnos allí en algún sitio durante un tiempo. Nada podrá privarme ya de la gran dicha de volverlo a ver y estrecharle la mano.

Y ahora el asunto con el que quisiera haber comenzado la carta, pero para lo que me ha faltado valor. Su bondad me sigue aturdiendo y casi me da vergüenza hablar. Bignami[2] ha tenido la amabilidad de enviarme una copia de su admirable artículo sobre *Jeremías* y éste, en verdad, me ha emocionado. Es siempre usted, entre todas las personas que conozco, quien entiende las cosas de la manera más humana, y su ejemplo me tienta. Usted busca el alma en todas par-

[1] Leonhard Ragaz (1868-1945), teólogo reformista suizo, cofundador de un movimiento social y religioso, gran apoyo de la socialdemocracia en Suiza y activo pacifista durante la contienda. En 1918, apoyó diversas huelgas de trabajadores cuando las autoridades enviaron tropas a la universidad para protegerla de los huelguistas.
[2] Enrico Bignami (1844-1921), periodista y político italiano, fundador en 1868 del periódico socialista *La Plèbe* y, en 1906, de la revista internacional *Coenobium*.

tes y la encuentra en sus profundidades. Lo que hace queda lejos de la crítica de arte: es comprensión humana, comunicación cordial. Está a otro nivel. Y puedo decirle que siento con la misma intensidad la belleza de afrontar las obras de este modo, algo a lo que yo mismo aspiro. Mi objetivo es llegar a ser un día, si bien no un gran crítico o una celebridad literaria, sí una *autoridad moral*. Un hombre como el que usted ya es para Europa, para el mundo. Considero que es el aspecto humano más bello que se puede alcanzar, ya que sólo se accede a él por medio de una humanidad innata y cultivada, por el esfuerzo oscuro y secreto, por la devoción y el sacrificio. Y por tratarse de un esfuerzo continuo, como la vida misma, es algo que no resulta vanidoso por convertirse en mármol, sino en un libro que vive con una generación y florece en la siguiente.

Ya ve lo reconfortantes que han sido para mí sus palabras. Siempre guardaré cariño a su artículo como un gran recuerdo de su amistad. Madame de Winternitz ha empezado a traducirlo; espero que tenga a bien permitirle que lo traslade al alemán y lo publique. Tenga la certeza de que no pretendo usarlo como reclamo, y pediré al editor que no lo emplee con tales fines. Pero estoy feliz de que su palabra ayude a la obra y a la idea que usted mismo, con su humano ejemplo, ha contribuido a forjar y a dar forma. Jamás habría podido concebir esta obra, tal como es, sin su presencia, y tampoco habría podido ver «más allá de la contienda».

Me marcho dentro de unos días. Esto ha sido para mí un lugar de trabajo; me quedaba en casa todo el día y sólo salía de noche para no ver a esos despreciables haraganes, esos aficionados al deporte, llegados del mundo entero, que pululan por aquí sin preocupación alguna. En sus rostros risueños se nota que no piensan en la humanidad que sufre, que para ellos nadie muere, nadie padece. Schickele, Cassirer y Oskar Fried también andan por aquí, aunque no los he visto. Vivo absorto en el trabajo. ¡Las ganas que tenía! Usted, que lo comprende todo, no podrá tal vez comprender el modo en que nosotros, cautivos, sentimos la libertad personal, y creo que el mundo, cuando se haya liberado, no se abalanzará hacia un frenesí de placeres, como se dice ahora, sino hacia el trabajo personal. Porque nuestro trabajo es la esencia de nuestra vida. Sin trabajo, nuestra vida es la de otro, la de un desconocido al que aborrecemos. Durante largo tiempo, yo mismo he sido ese desconocido. Ahora tengo la dicha de volver a ser yo mismo; el trabajo me ha liberado. Vuelvo a reconocerme y, aun sin estimarme sobremanera, tiemblo de felicidad por ser yo mismo. ¡Ay! ¡Cuándo se reconocerá también Europa, cuándo la Humanidad!

Le estrecho la mano, mi querido y gran amigo, y le ruego que conserve la amistad que me profesa. ¡Estoy feliz de cada ocasión que se me brinda, y cada prueba significa un nuevo motivo de dicha!

De todo corazón, su fiel

STEFAN ZWEIG

P. D.: El caso Caillaux y el telegrama de Buenos Aires en el que se dice que las lisonjas de los diarios alemanes le han perjudicado me recuerdan que había terminado un ensayo sobre su «Más allá de la contienda». En el último instante, no se lo he dado al *Neue Freie Presse*. Me dije que quizá podría perjudicarle. Ahora veo la rabia con la que se ataca a este Caillaux que siempre me resultó antipático y al que encuentro deshonesto por no haber defendido su pacifismo hasta el final.

Veo horrorizado la desvergüenza con la que los diarios falsean los detalles e incluso las cifras. Y en Alemania, en la reunión del *Vaterlandspartei*,[1] ¡han *cargado* contra *heridos*

---

[1] Literalmente, el Partido de la Patria. Efímera formación ultraderechista alemana que estuvo activa durante la última fase de la Primera Guerra Mundial. Se disolvió durante la revolución de noviembre de 1918. Su ideología se caracterizó por su militarismo, nacionalismo, antisemitismo

que iban con muletas porque se manifestaban en contra del anexionismo! He ahí la dignidad de los canallas en cualquier país, lo mismo en unos que en otros.

Saludos de la señora Von Winternitz.

204. ROMAIN ROLLAND A STEFAN ZWEIG

[Villeneuve]
Martes, 22 de enero de 1918

Queridísimo amigo:

He recibido el folleto al mismo tiempo que usted. Me ha gustado mucho, le agradezco enormemente su esmerada traducción. Me complace ver nuestros nombres asociados en este grito de dolor. Espero que lo estén más de una vez en la acción futura.

Lo que me escribe de las páginas sobre *Jeremías* me deja confuso. Son muy inferiores a lo que me ha hecho sentir la lectura de su admirable poema. Tengo toda la intención de rehacer y ampliar el artículo, si, como le ha sugerido a Baudouin, debo añadir un prefacio a la traducción francesa. En esas páginas que envié a Bignami (que él le ha mandado ahora a usted sin avisarme, o, mejor dicho, avisándome después de habérselas enviado) mi única intención era retirarme a un segundo plano tras la presentación—desgraciadamente reducida y fría—de la obra. En aquel momento no pensé que se haría tan pronto una traducción francesa y mi intención era avivar ese deseo.

Llevo días queriéndole escribir, así como a la señora Von Winternitz, que me ha enviado una encantadora carta, pero

---

y conservadurismo. Uno de sus miembros, Anton Drexler, fue quien más tarde fundó el Partido Obrero Alemán (Deutsche Arbeiterpartei), que en 1920 cambiaría su nombre por el de Partido Nacionalsocialista Alemán (Nationalsozialistische Deutsche Arbeiterpartei).

estoy aquejado—aunque no es nada grave—por una pertinaz gripe intestinal que me roba muchas fuerzas.

No cabe duda de que el tiempo tan maravilloso que tenemos desde hace quince días se debe a algo. ¡Qué primavera tan precoz! Sol de finales de abril y ráfagas de viento seco, de *foehn*. El otro día tronó el cielo y luego salieron las flores. ¡Pobrecillas, tan pequeñas! Están ansiosas por vivir. Les costará.

Hasta pronto. Le escribiré largo y tendido dentro de unos días. Mis respetuosos saludos para la señora Von Winternitz y para usted, de todo corazón,

ROMAIN ROLLAND

Que la señora Von Winternitz haga del artículo sobre *Jeremías* el uso que más le plazca, por supuesto.

205. ROMAIN ROLLAND A STEFAN ZWEIG

Domingo, 27 de enero de 1918

¡Qué hermoso su *Verhaeren*! Bello y puro. Nadie lo quiso mejor que usted. Lo quiera o no, esta obra trascenderá el círculo de amigos. Estará siempre ligada a la propia obra de Verhaeren.

Gracias por haberme enviado el primer ejemplar, gracias por esa distinción tan afectuosa.

Le estrecho la mano de todo corazón.

Suyo,

ROMAIN ROLLAND

Me he encontrado un antiguo drama mío, *Le temps viendra*,[1] publicado en 1903, en los *Cahiers de la Quinzaine*. ¿Lo conoce? Por extraño que parezca, mantiene el tono de nues-

[1] Romain Rolland, *Le temps viendra*, *Cahiers de la Quinzaine*, serie IV, 14.º cuaderno, 10 de marzo de 1903.

tros pensamientos actuales. Trata de la guerra de los bóeres y pone en tela de juicio la civilización europea. He evitado que se hablara del tema en estos tiempos, pues se me hubiera tachado de anglófobo, cosa que es falsa. No tengo otra fobia más allá que la fobia a las fobias.

La obra está agotada, y si no la tiene puedo enviarle un ejemplar.

¿Permitiría que se tradujeran y se publicaran en francés, en sazón, algunos fragmentos de su *Verhaeren*?

206. STEFAN ZWEIG A ROMAIN ROLLAND

Zúrich, Hotel Schwert
30 de enero de 1918

Querido amigo:

¡Muchas gracias por sus amables palabras sobre *Verhaeren*! Lo he escrito solamente para los amigos, no quiero que se den a conocer al público ni tan siquiera fragmentos. Me gusta tener un libro que sea solamente para los amigos, una prueba segura que puedo darles de mi afecto, también de lo mucho que cuenta la amistad en mi vida. Es inútil evocar la elevada figura de Verhaeren para quienes no lo han conocido: ello no crearía más que pesares.

¿Le he hablado ya del admirable pasaje en el que Verhaeren se refería a usted en una carta que le envió a Mugnier y que éste me enseñó: «Estimo a Romain Rolland todavía más ahora que es peligroso estimarlo»? Lo decía en una carta en la que manifestaba su oposición a sus ideas. Me emocionaron mucho esas palabras. Ay, qué admirable claridad tenía aún en ciertos momentos de sus últimos años.

Por aquí estoy pasando unos días muy agitados, activos e interesantes. En el teatro, se empieza a preparar el *Jeremías* para la función de finales de febrero. Y en el Hotel Schwert hay un buen número de gente a la que aprecio mucho: [Henry] Van de Velde, artista que sufre mucho por la duplicidad de su posición, siendo, como es, belga de nacimiento, de corazón y nacionalidad, pero con toda su obra artística realizada en Alemania. Es un hombre cultísimo y magnífico como persona. Luego está Franz Werfel: ¡qué hombre, qué poeta, qué amigo! Este joven ha surgido como de la nada y nos ha superado a todos, es el único gran poeta de Alemania (si es que Unruh no lo supera). Después está Annette Kolb, que me agrada bastante, buena mujer, un poco distraída, un poco la típica solterona, con las ideas poco claras, pero creo que tiene buen corazón. Mañana volveré a ver a Latzko. Estamos muy bien todos juntos. Solamente el pequeño grupo de francos, esos prusianos de la revolución, me resultan extraños por la tenacidad e intransigencia de sus ideas. Los hombres dedicados a la política nunca pueden preservar la totalidad de su parte humana, se convierten en ideas. Seres inflexibles y violentos. Hombres de armas, de puños.

Estamos muy emocionados con las noticias de Alemania. Las huelgas que tienen lugar por allá, y que han tomado como modelo las nuestras en Austria, pueden desembocar en un acontecimiento histórico. ¡Tal vez esto sea la aurora! Y también esperamos que Wilson acepte la mediación de Austria. Creo conocer a la persona que será nombrada por Austria: Lammasch, un hombre magnífico, recto, lleno de bondad, íntimo de [Robert] Lansing. Un hombre que no es político ni diplomático, simplemente humano. Ya le hablé de las maravillosas horas que pasé con él en Salzburgo. Cuánto me tranquilizaría y consolaría que fuese él el mediador.

Me haría *tremendamente feliz* poseer su drama *Le temps viendra*. Justamente había hablado del tema con Seippel y le había manifestado mi pesar por no conocerlo ni poder conseguir un ejemplar. Si tiene a bien darme uno, se lo agradeceré enormemente.

Espero que se encuentre mejor. Puede que el aire, el *foehn*, haya sido demasiado pesado por esos lares. En Engadina pasé días magníficos. La pureza del cielo, tal como aparece en los sueños y como uno no espera ver jamás. Aquí hay niebla. Pero estoy tan absorto en el trabajo y la gente que ni siento ni veo nada. La música reemplaza el paisaje de allá: aquí he escuchado la *Wildschütz* ['El cazador del bosque'] de Lortzing y he reencontrado la vieja Alemania sencilla, tierna, alegre y simpática. Anteayer estuve donde Busoni, el maestro. Cuán a menudo deseo que venga usted a Zúrich, que está tan llena de vida y de personas magníficas: pero comprendo lo que le mantiene alejado.

Mi compañera, la señora Von Winternitz, le manda saludos respetuosos: irá a principios de marzo a Berna para la reunión mundial de mujeres. Gracias por todo, querido amigo, de todo corazón, su fiel

STEFAN ZWEIG

No he podido ver al doctor Ferrière, quien pasó por Zúrich durante mi ausencia. Grautoff me pregunta por usted. No le he escrito, pues está en el Nachrichtenbureau de Berlín,[1] una institución que aborrezco.

207. ROMAIN ROLLAND A STEFAN ZWEIG

Viernes, 1.º de febrero de 1918

Querido amigo:

Aquí tiene *Le temps viendra*, ya que no conoce la obra. Es del año que separa mis *dramas de la Revolución* de la *Vida de Beethoven* y el primer volumen de *Jean-Christophe*. Cuando se reedite, haré muchos cambios.

Permítame que le pida que no le preste el ejemplar a nadie (salvo a la señora Von Winternitz, claro): ya le he comen-

---

[1] Oficina de Información. Era el departamento de inteligencia de la armada imperial.

tado cuánto temo que se extrapole esta pieza al presente; es lo último que quiero.

Me alegra saber que ya se ensaya su *Jeremías*. ¿Tendrá un buen actor?

Ya conocía la carta de Verhaeren a Mugnier; yo mismo tengo cartas hermosas, afectuosas y dolorosas que recibí en 1914 y 1915, pues manteníamos una correspondencia muy amistosa.

Pero, por desgracia, me temo que su afecto por él le hace confiar demasiado en que reencauzara sus sentimientos en su etapa final, cuando ocurrió más bien lo contrario, y todo por influencia del abominable Loyson. Usted sabe lo bueno y débil que era Verhaeren: es como si Loyson lo tuviera subyugado, haciéndole escribir un prefacio elogioso al libro que éste escribió contra mí y contra tantos otros; recientemente ha publicado cartas y dedicatorias que Verhaeren le escribió y que lo colmaban de halagos.[1]

Muy a mi pesar, el nombre de Loyson me lleva al de Grautoff, que usted me menciona. Hemos de hablar más abiertamente que cuando no podíamos, cuando pesaba sobre nosotros la censura postal.

Schickele acusa formalmente a Grautoff[2] (me lo ha dicho a mí y a Annette Kolb: hable con ella si la tiene cerca); lo acusa de haberlo denunciado a la policía de Berlín por unas conversaciones sostenidas en privado. Dice que lo puso sobre aviso uno de los que habían recibido la denuncia.

Es un asunto tan grave que merece que se esclarezca. Inten-

---

[1] Para conocer más en profundidad la polémica, véase Claude Allart, «La Panne entre Loyson et Rolland», *Textyles*, 11, 1994. Paul Hyacinthe Loyson escribió *Êtes-vous neutres devant le crime?*, que encabeza con estas palabras de un Verhaeren ya muy enfermo: «Estoy con usted y, a pesar de la amistad que me une con Romain Rolland, me abstengo de ponerme del lado de su error». Este libro es un ejemplo del tipo de ataques que sufrió durante la guerra Romain Rolland, acusado de colaborar con los alemanes, de derrotista, neutral, de haberle dado la espalda a Francia, etcétera.

[2] Véase la carta n.º 151 del 6 de diciembre de 1915.

te informarse, mientras esté en Suiza, preguntándole a Schickele. Comprenderá que, si bien me reservo todo juicio hasta que esté del todo seguro, por el momento no siento un gran deseo de recuperar la relación con Grautoff. Debo decirle que conmigo siempre ha sido muy correcto; no tengo más que elogios para el prólogo que ha publicado en la nueva edición de *J. Christof in Paris*. Pero me resultará muy difícil olvidar el papel tan activo que ha desempeñado en la guerra de la pluma. En Alemania, como en Francia, hay amistades que no quiero ni puedo retomar, cosa que no es óbice para que, sin ser íntimos amigos, nuestra relación se mantenga cordial. En cuanto a Grautoff, la cuestión es si es cierto o no. ¿Es fundada la acusación de Schickele? Si la respuesta es no, él mismo debe saberlo con total claridad por su propio interés.

Me ruegan encarecidamente que pida a mis amigos alemanes interesarse por la suerte de un prisionero italiano, Domenico Buratti, talentoso pintor y poeta, soldado del 98.º de Infantería (*commando brigata genova*). Actualmente preso en Dülmen: Westf. Comp. 1.ª b *gruppo* III. Se encuentra en una situación absolutamente miserable, y sufre muchísimo por no tener «colores» para pintar. ¿Conoce a alguien en condiciones de intervenir para hacerle la cautividad más soportable por medio de su labor artística?

Hasta pronto, querido amigo, dele mis respetuosos recuerdos a la señora Von Winternitz, afectísimo servidor suyo,

ROMAIN ROLLAND

He recibido una carta y dos poemas de Vildrac, que me habla muy amistosamente de usted.

Bazalgette ha publicado un pequeño número dedicado a Whitman en la revista *Les Humbles* bajo el título «Le panseur des plaies» ['El que cura las llagas']. Puede que se produzcan en Zúrich jornadas revolucionarias, y los extranjeros deberían andarse con mucho tiento. Siempre se tiende a echarles la culpa de los problemas internos.

Zúrich, 3 de febrero de 1918

Querido y gran amigo:

Extrañas las cosas del azar, con la misma entrega de correo, recibo su carta, su libro y esta misiva de Rütten & Loening que le mando junto a noticias mías. ¡El pobre Grautoff no tiene suerte con ellos! En cuanto a la acusación de Schickele, hay que esperar a las pruebas. Schickele *no* me parece *del todo* fiable. Y no le digo esto porque haya entre nosotros una vieja antipatía, que, en su caso, se manifiesta en forma de secreta hostilidad, sino porque sus maneras de actuar son harto extrañas. En Alemania, su *Hans im Schnakenloch* fue llevada a escena con cierto giro patriótico, sin que él se opusiera a ello en ningún momento. Es muy íntimo de la legación, pero al mismo tiempo se hace el revolucionario; ha dejado de publicar *Weisse Blätter*, revista que—por hacerle justicia—llevó de manera admirable al principio y que sería *necesaria* para la idea. Mi confianza en él tiene sus límites—por otra parte, no dudo de las influencias patrióticas que se hayan podido ejercer sobre Grautoff—. En todo caso, aún está por demostrar que hubiera denuncia. Habrá que esperar a que acabe la guerra. Ahora no podemos cartearnos, y Grautoff no puede defenderse. Pero que Schickele repita su acusación tras la guerra. Es muy difícil ser justo sin haber escuchado a ambas partes. Por desgracia, no tengo plena confianza en ninguno de los dos.

En cuanto a la carta de Rütten & Loening, verá que no soy yo quien les ha anunciado la traducción de la nueva novela: lo habrán leído—qué duda cabe—en el *Neue Zürcher Zeitung*. Me limité a aconsejarles, en 1915, que retrasaran la publicación del segundo volumen. Usted también era del mismo parecer. ¡Pero no me puedo creer que se haya quejado usted por falta de promoción! Creo que todo esto parte de Grautoff. Rütten & Loening es una editorial un poco lenta y rigurosa, pero también detesto la actividad de Kurt Wolff, que empapela todas las fachadas con sus carteles y copa los periódicos con sus anuncios. Para *Colás Brugnon*, sí que me gustaría leer la traducción antes de que se publique. Ese libro vive de su ritmo, y sería peligroso que la traducción fuese seca y fría.

Ahora, querido amigo, permítame que le dé las gracias por su *Le temps viendra*. Lo he leído de inmediato. Me ha asombrado el modo en que se corresponde con nuestra época. No sé si hace bien cambiando nada. Quizá podría ampliar las figuras y hacer más vívidos los contrastes, pero destruiría *un hecho histórico*, la prueba de que hace quince años su opinión estaba ya perfectamente formada. Me dan un poco de miedo las rectificaciones en las obras ya terminadas. Siempre se acaba por eliminar, sin quererlo, ciertas cosas invisibles: la ambientación. Se rompe esa unidad. A menudo he pensado en si no se deberían rehacer algunos capítulos del *Jean-Christophe*, pero, en todo caso, prefiero la unidad humana a la perfección artística. Y en *Le temps viendra* reside una pasión ardiente, un ritmo de vida que ya no existe, se siente verdaderamente la corriente de la época atravesando esas páginas, que yo le aconsejaría no transformar. Además, achacarían tales cambios a razones políticas. Tal y como está ahora, el drama rezuma vida, está lleno de fuerza y es vital sobre todo por una idea fecunda y eterna. No comprendo por qué ha permanecido tan oculto, tan desconocido en el desierto de las verdaderas tragedias francesas.

En cuanto al prisionero italiano, haré lo que esté en mis manos, aunque es difícil prometerle algo, pues el campo de prisioneros pertenece al ámbito militar, y ahí todo está en manos del azar. *Que no le quepa duda*, me ocuparé de ello.

Su fiel

STEFAN ZWEIG

La señora Von Winternitz le manda recuerdos, llena de admiración y respeto.

[Territet]
Lunes, 4 de febrero de 1918

Querido amigo:

Por su cuenta y riesgo (como decimos aquí), Grautoff ha decidido contarle a Rütten & Loening que yo me he quejado por lo siguiente: 1.º El retraso en la publicación del siguiente volumen de *Jean-Christophe*; 2.º ¡La falta de difusión! *Jamás* he dicho yo nada semejante. *¡Nunca me quejaría de la falta de reclamo!* En todo caso, me quejaría de que se hiciera. Usted me conoce lo suficiente como para saber que no pienso ni hablo así. Por favor, déjeselo claro al editor.

No, la única queja que he expresado es que la edición es fea, está mal presentada, que el papel es mediocre y la impresión muy apretada. Lo que realmente me enfada es que, para que cupiese en un solo volumen el material de tres o cuatro, se hayan eliminado las divisiones de los capítulos, las sangrías, etcétera. Es una masa compacta, una bola de tierra arcillosa. Ahora bien (y aprovecho la ocasión para insistir sobre este punto con usted, querido amigo, que quizá tarde o temprano juzgará mi obra y mi arte), para mí, las divisiones (de párrafos y de capítulos), los saltos de páginas, los espacios en blanco dentro del texto (muy especialmente en *Jean-Christophe*) tienen una importancia enorme. Son las articulaciones de los miembros.

¿Se imagina una edición de una obra musical en la que, para ganar espacio, se suprimiesen las pausas y los suspiros? Pues eso es lo que, tranquilamente, han hecho, sin consultarme, Grautoff y Rütten & Loening. Eso no pienso pasarlo por alto. Le confieso que sufro al ver en lo que se convierten, en la edición alemana, las primeras páginas de la infancia, esas islas de conciencia aún rodeadas por la noche, ahora aglutinadas por el editor en un solo continente; o, al principio de los volúmenes (*Dans la maison, La Nouvelle Journée*, etcétera), las odas (a la Amistad o a la Música) enclavadas en la masa de la novela en lugar de ser sus propileos. Lo mismo sucede en ciertos «Postludios», cuyos acordes deben desplegarse sin premura en el recogimiento del fin de la jornada.

Así, por parte de Kurt Wolff, uno de cuyos directores literarios vino a visitarme, se me presiona para que le reserve mi siguiente volumen, y yo no he escondido que estoy insatisfecho con la edición de Rütten & Loening. Pero si bien rechacé firmar nada antes de que acabe la guerra, les remití a Grautoff para que tradujera *Colás Brugnon*. Después me enteré, por una carta de Kurt Wolff, que Grautoff no había causado muy buena impresión en esta editorial, y tampoco en Rütten. K. Wolff afirma que Grautoff empezó por pedirle una suma muy elevada y que, en cuanto se la concedieron, dijo que finalmente firmaba con Rütten.

Todas estas historias no tienen nada de agradable, pero tampoco me involucraría si no fuera por este asunto que me comenta, que sí me resulta gravísimo: el valor literario de la traducción que haga Grautoff de *Colás Brugnon*. Sin duda, lo que Rütten le escribió a usted sobre la manera chapucera en la que Grautoff solventó la traducción de *Jean-Christophe* es para preocuparse. *Jean-Christophe* es relativamente fácil de traducir. *Colás Brugnon* es de una dificultad extrema por sus ritmos y por el vocabulario. Si no se han captado bien y se han plasmado de un modo negligente, la obra pierde tres cuartos de su valor. ¿Qué hacer para evitar este desastre?

Advierta a Rütten, se lo ruego, de este incremento de dificultad y dígale lo mucho que le agradezco todo lo que se han esforzado con la revisión de *Jean-Christophe*. Sin duda, esta consideración compensa en cierta medida los aspectos reprochables de la presentación material de las obras y me deja en posición, en un futuro, de considerar las propuestas que pueda hacerme para la edición alemana de mis obras ulteriores.

Pero, por volver a *Brugnon*: ¿cómo se puede controlar el trabajo de Grautoff? Querido amigo, no me atrevo a pedirle que lea su traducción antes de que se imprima: no es una tarea agradable y usted tiene cosas mejores que hacer. En todo caso, sería de gran utilidad que le diera algunos consejos tras haber echado un vistazo a un par de capítulos. La sola idea de que usted *pueda* controlarlo hará que ponga especial esmero en su trabajo.

Disculpe que me haya extendido tanto acerca de este tema.

Me complace su opinión sobre *Le temps viendra*. No tema, los cambios que le comentaba no corren el riesgo de atenuar el hecho histórico; aspiran, sobre todo, a «virilizar» el estilo, así como a perfilar el personaje principal, un poco reblandecido por un desabrido sentimentalismo. Pero no cambiaré nada de la acción, ni del espacio o de la época.

Gracias por lo del prisionero italiano. Suyo, de todo corazón,

ROMAIN ROLLAND

Tenemos niebla por aquí, pero casi todas las mañanas de la semana pasada subí a Caux y a Les Avants, y me encontré con un sol maravilloso que doraba el mar de nubes.

210. STEFAN ZWEIG A ROMAIN ROLLAND

Zúrich, Hotel Schwert
15 de febrero de 1918

Mi querido y gran amigo:

He respondido a Rütten & Loening en sus términos, pero sin entrar en detalles sobre el asunto de Grautoff: no quiero que haya discusiones que puedan ahondar las diferencias y sin que, además, él pueda defenderse. Lo único que he dicho es que usted aún no ha terminado su novela, que no está muy contento con la edición—aunque, en este aspecto, hay que disculpar a Rütten & Loening, pues no queda papel blanco en Alemania, todo es *Ersatz* ['sucedáneo']—y que a mí me gustaría revisar la traducción del *Brugnon*, pues es muy importante, en esta obra, que se conserve el ritmo. Además, me gustaría que su nueva novela se publicase antes que el *Brugnon*.

¿Ha leído en la *Deutsche Rundschau* (no la *Neue Deutsche Rundschau*) el extensísimo ensayo sobre *Jean-Christophe* que afirma que usted no entiende Alemania, que es su adversario más peligroso?[1] Es un artículo de veinte páginas de una perversidad extraordinaria, pero que quizá tenga el mérito de responder a la sospecha de muchos franceses y alemanes de que usted sea un amigo jurado de Alemania. ¡Qué sarta de dislates! Cuánta arrogancia para un cualquiera (ni siquiera recuerdo su nombre). He ahí una buena muestra del nacionalismo literario que tanto abunda en estos tiempos. No dispongo de un ejemplar, pero, si lo desea, intentaré conseguirle uno. Puede que le resulte útil en Francia. Lo he leído en la *Museumsgesellschaft*.

Acabo de terminar la novela de René Arcos.[2] Desde un punto de vista europeo y moral, posee una humanidad admirable. Resulta también muy interesante por la multitud de aspectos tratados, las diversas perspectivas. En el aspecto artístico, a mi parecer, le falta cohesión y concisión, pero ahora lo que prima es el valor moral. Haré todo lo que esté en mis manos por este hombre tan necesario y valioso en medio de esta gran crisis de las conciencias. Lo aprecio mucho por haber escrito este libro, que perdurará como un testimonio de claridad interior. Además, me emocionó muchísimo que haya sintonía entre nosotros: expresa opiniones que compartimos, punto por punto, pues yo también detesto la violencia, la revolución como arma contra la violencia. No creo ya en los grandes movimientos. En sus inicios, tienen instantes sublimes. Después, los ambiciosos se apoderan de la sagrada pasión del pueblo y la espolean en la dirección de sus

[1] Karl Toth, «*Jean-Christophe* und die deutsche Kultur» ('*Jean-Christophe* y la cultura alemana'), Berlín, *Deutsche Rundschau*, 1.º de enero de 1918.
[2] René Arcos, *Le Mal, 1914-1917*, La Chaux-de-Fonds, Éditions d'Action sociale, 1918.

propias ideas. La ambición y el orgullo de los líderes destruyen lo noble y sublime que hay en los grandes momentos de un pueblo; no creo ya en las realidades; la justicia no está sino en uno mismo, nunca en la multitud. Soy consciente de que esto no deja de ser un modo de abdicar, implica cierta resignación, pero hay que empezar por resignarse para que se acreciente nuestra fuerza interior. El libro de Arcos constituye una respuesta fraterna a muchas ideas que yo mismo no osaba expresar, y estoy feliz de que las haya manifestado. Creo que la obra se publicará pronto.

El 27 será el estreno de *Jeremías*. Espero que, por este motivo, pueda quedarme unas semanas más en Suiza.[1] Seguramente vaya a visitarlo. Me encontrará más tranquilo y lúcido. La paz exterior de Suiza me ha proporcionado paz interior. Trabajo con regularidad, y nada salvo el trabajo puede vencer al mundo y a la fuerza que ejerce sobre el alma.

Suyo, de todo corazón, querido amigo mío,

STEFAN ZWEIG

211. ROMAIN ROLLAND A STEFAN ZWEIG

[Veytaux-Chillon]
Sábado, 23 de febrero de 1918

Querido amigo:

Fried me ha pedido un artículo sobre el *Jeremías*. Y me he alegrado mucho de poder hablarle del que escribí para *Coenobium*, a fin de que lo reproduzca. Pero no he conservado ninguna copia. Bignami, a quien llevo escribiendo ocho días, carta tras carta (ayer hasta le mandé un telegrama), para

---

[1] Al respecto, Zweig escribe a Martin Buber en una carta de ese mismo mes: «Pronto será el estreno de *Jeremías*, pero pienso en quedarme aquí un poco más de tiempo. Los hombres a los que más quiero en mi vida, Rolland y Werfel, están aquí y me estoy recuperando de mis tres años de servicio. Aquello fue demasiado para mí» (BS, p. 203).

que me envíe mi manuscrito, no me ha respondido. (¿Le habrá sobrevenido algo grave?). Como el tiempo apremia, ¿le importaría mandarle a Fried su copia (sobre todo, si ha hecho la traducción, cosa que ahorraría muchísimo tiempo)? Le autorizo a que recorte del análisis lo que considere oportuno, ya que es demasiado largo para la *Friedenswarte* y de antemano pensaba resumirlo.

Espero que esté contento con sus actores y le envío mis afectuosos deseos de que todo salga bien. (No me cabe duda del éxito que tendrá).

Ya ve cómo se extiende la persecución. Ahora tenemos a Guilbeaux inculpado. Todas las acusaciones vertidas en prensa (viajes a París, colaboraciones en *Paris-Genève*) son manifiestamente falsas. Pero se han acallado los desmentidos.

Suyo, afectuosamente,

ROMAIN ROLLAND

Hoy me propongo rescribir el artículo para mandárselo a Fried, pero no le llegará mi copia hasta el martes, y tiene prisa. Envíeselo usted, así ganará un día o dos, sobre todo si la traducción ya está hecha.

212. ROMAIN ROLLAND A STEFAN ZWEIG

Sábado, 2 de marzo de 1918

Querido amigo:

Me han dicho que *Jeremías* fue todo un éxito y que logró emocionar. Sabía que iría bien, pero me alegra que el público haya sabido comprender la obra y estimarla. ¡Cuánto lamento no haber podido estar presente! Les felicito *a ambos* con todo mi afecto.

Le he enviado a Alfred H. Fried otra copia que he hecho de mi artículo, resumiendo el análisis del drama.

Suyo, de todo corazón,

ROMAIN ROLLAND

Un joven compositor suizo, Ernst Levy, profesor del Conservatorio de Basilea, me ha dado para que lea dos hermosas *Lieder* y dos grandes salmos suyos. He encontrado en ellos una sinceridad y una fuerza expresiva muy poco frecuentes. Pero el pobre muchacho es un incomprendido en Suiza y sufre mucho. ¿Me permitiría usted que se lo presentara? Si le interesa, podría darle alguna carta de presentación para Viena.

En cuanto a Ernest Bloch, de quien ya le hablé en su día, tuvo que emigrar hace dos años porque su país lo dejaba morirse de hambre. Está en Estados Unidos, y rápidamente ha cosechado un éxito mayúsculo y legítimo.

213. STEFAN ZWEIG A ROMAIN ROLLAND

Zúrich, Hotel Schwert
3 de marzo de 1918

Querido y gran amigo:

Le envío dos cartas dirigidas a usted de manera indirecta. No sé si hará bien escribiendo un prefacio a la edición alemana en estos momentos. Es un momento crítico para los que permanecen libres en Francia. Lo que más me gusta del caso de Guilbeaux son los camaradas. La carta de Jouve ha sido un acto de fe, como la suya sobre Hélène Brion.[1] Qué orgulloso me he sentido de usted. Aquí ha tenido lugar el estreno de *Jeremías*. Ha sido todo un éxito, y yo debería estar contento, pero estoy viviendo unos días críticos que marcarán el resto de mi vida. Usted me ha regalado tal grado de confian-

---

[1] Hélène Brion (1882-1962) había sido arrestada en 1917, acusada de propaganda derrotista y llevada ante un consejo de guerra. Romain Rolland le dio apoyo en un artículo publicado el 11 de enero de 1918 en el periódico *La Vérité*. Entre otras cosas, decía: «La libertad de opinión, la libertad de conciencia individual son la piedra de toque de una democracia. Donde ya no existen, no hay ciudadanos, sino sólo súbditos», que anota en su diario (JAG, p. 1386).

za que sufro, pues siento que en estos momentos no he sido digno de ella. Se lo digo en secreto, en el *más privado* de los secretos: he cometido una estupidez. Una estupidez inexcusable, una necia y horrible estupidez que ni yo mismo alcanzo a comprender. Por debilidad y por ayudar a alguien, estoy involucrado en un asunto y, sin tener nada que sacar de él, me veré implicado. Este asunto tan feo ha estallado y estoy seguro de que me involucrarán por el mero placer de verme metido en él. Puede que todo esto que le escribo le parezca propio de un loco, pero ahora comprendo lo incomprensible que mora en cada cual y que ni uno mismo sospecha. No sé cómo, por flaqueza, he podido ocuparme de los banales asuntos de otros (se trata, en esencia, de una persona de mi familia que me encargó ganarme la confianza, aquí en Suiza, de alguien que resultó no ser trigo limpio). No lo comprendo, pero así son las cosas, y ahí estoy yo. El caso se acaba de hacer público en Austria y espero verme implicado de un día a otro. Puede tardar dos semanas o dos meses, y serán días llenos de tormentos, pues no tengo información directa del tema. Eso sí, el día que salga a la luz, quedaré en ridículo, pues nadie comprenderá por qué el autor de *Jeremías*, pese a su labor por la unidad y la humanidad, ha podido, al mismo tiempo, tener tales tratos amables con un hombre de negocios. Quedaré humillado ante el mundo (sin recibir castigo, pues no he cometido ningún delito de manera directa), si bien no es esto lo que me asusta. Sólo temo perder a las pocas personas que me resultan queridas y cuya amistad significa todo para mí. ¿Seguirán confiando en mí? ¿Entenderán que uno, por estupidez, por flaqueza, olvidándose por completo de sus propios intereses y del peligro que puede llegar a correr, se meta en los asuntos de los demás? ¿Puede un hombre que en toda su vida ha hecho negocio alguno, que jamás comercia con sus obras, involucrarse en asuntos turbios sin querer obtener nada a cambio, sólo por amabilidad, por una voluntad de ayudar al otro demasiado exagerada? Figúrese mi situación. Si al menos fuera peligrosa, hasta me complacería. ¡Qué satisfacción verse implicado en un atentado, en un caso relevante para la propia conciencia! Pero verme involucrado en el contento de otros, en cosas que uno no puede defender... Nadie podría defenderlas, ni mis amigos ni yo. Lo único que éstos creerán es que sigo siendo lo suficientemente hombre como para saber que me tengo merecido el castigo por flaqueza, no por codicia o maldad.

El caso aún no ha salido a la luz. Madura, lejos, sin que yo pueda cambiar el curso de los acontecimientos con una palabra. A mi juicio, será inevitable, y hasta tal vez prefiera quedarme aquí, aun como refractario, aun perdiendo toda mi fortuna, en lugar de volver. No sé nada. Me alegra tener aquí a mi buena compañera, que sabe que esta estupidez no fue más que una estupidez por mi parte, que el asunto me resultaba ajeno de corazón. Sin embargo, para el mundo, para la opinión pública, todo será muy diferente.

Ya ve, un cuarto de hora de cháchara, una carta de recomendación escrita a un contrabandista por flaqueza, y el renombre de veinte años de trabajo tambaleándose, una vida edificada y fortificada gracias a la fuerza interior derrumbándose en una hora. Puedo resignarme a perder mi fortuna, pero me resulta penoso perder mi honor, no ante los hombres, sino el honor de la mejor persona que hay en mí, que se preocupa por la suerte de los otros. Imagínese mis días, quisiera escribir una novela. Sí, fue todo un éxito el estreno, pero el día anterior llegó la noticia de que estaba implicado en este asunto que había olvidado, una conversación de una hora y una carta de recomendación. Y toda la jornada de hoy recibiendo felicitaciones, mientras, por dentro, la oscura desesperación, la ironía cruel de una admiración que quizá en quince días se convierta en lo contrario. Y esperar noticias a cada hora sin poder escribir o mandar un telegrama para no verme todavía más implicado.

Mi querido y gran amigo, qué alivio poderle confesar todo

esto a usted, al hombre al que más aprecio entre mis amigos. Si lo perdiese todo y sólo me quedase usted, estaría contento. Usted comprende que mi voluntad de ayudar es desmesurada. La mitad de mis días se consume en asuntos de los demás: procuro, actúo, escribo, trabajo en mil cosas sin recompensa alguna, y muchas veces estoy demasiado cansado para emprender las mías. Y por ayudar a un amigo, a un pobre diablo (y quizá también por cierto placer de ver cómo se actúa contra las leyes), he metido las manos en el fango. Tal vez un milagro calme las aguas y mi nombre no salga de manera directa, pero parece que la cosa está en marcha, y no consigo conciliar el sueño. Vea usted el gran destino de una vida: vestido con ridículos harapos, sin belleza, sin impulso vital, nada más aparte de la fuerza de romper la hermosura de una vida.

Le ruego, estimado amigo, *que no me responda*. No quiero su bondad, y no hay ahora consejos que pueda darme. Ya me ha ayudado infinitamente permitiéndome hablarle y confesarme. Si al final mi nombre sale a relucir, le avisaré. Ahora, por primera vez, me siento feliz de haber hablado. ¡Qué locura! Creo que un corazón menor al suyo jamás lograría entenderlo.

La señora Von Winternitz, mi querida e inmutable compañera, le envía sus mejores recuerdos. Yo, mi respetuosa fidelidad. Suyo,

STEFAN ZWEIG

Trabajo todo el día, o al menos lo intento, con tal de no perderme.

214. FRIDERIKE VON WINTERNITZ
A ROMAIN ROLLAND[1]

3 de marzo de 1918

Querido señor Rolland:

Perdóneme por incrementar con esta carta el monto de las que ya le roban su tiempo de ocio y sosiego. Pero no es por cosa nimia por lo que dirijo a usted el ruego de que saque a relucir una vez más su gran bondad y su amistad, que constituyen el máximo tesoro de mi pobre amigo, ya que él se encuentra ahora en tal estado de desesperación, que ha estado hablando incluso de suicidarse. Puede figurarse usted mi angustia. El gran éxito de su obra no ha conseguido animarlo en absoluto, y me pregunto si no existe en todo ello una *causa mayor*, como si Dios no hubiese querido que él se contentara con el éxito, para que mantenga con su obra la misma abnegación mostrada en el camino hacia ella. Se halla envuelto en un asunto bastante odioso, y el motivo ha sido principalmente el deseo de ayudar a alguien, aunque también su falta de firmeza a la hora de saber decir que no. Es posible que alguien *muy* próximo a él, pero que ha sido el instigador de este asunto, corra peligro, y que su nombre, honroso de razón, quede al descubierto, arrojando su sombra también sobre el nombre de mi amado.

Le cuento esta historia a la que me opuse desde el principio para que esto no llegase a ocurrir (tal vez se me escuchara, pero no se me entendió), se la cuento para pedirle con urgencia que dirija unas palabras a mi amigo (pero como si no estuviese al tanto del asunto), para recordarle la responsabilidad que ahora tiene si se hace culpable de este asunto y no se

---

[1] Esta carta no aparece en la edición francesa, sólo en la alemana, donde no se indica que haya sido originalmente escrita en alemán. Aunque presumiblemente fue escrita en francés, hemos decidido incluirla y traducirla de la lengua en que se ha dado a conocer al público de habla alemana.

ocupa de las demás personas y de sus opiniones personales.

Estoy segura, sin embargo, de que usted, mi querido señor Rolland, usted, el gran repartidor de consuelo, sabe mejor que nadie cuál es el consuelo más útil.

No puedo decirle más, salvo que él teme las habladurías en torno a este tema, principalmente por sus padres y por los efectos que puedan tener sobre su obra. Ayer dijo que prefería ir a confesarse a Villeneuve. Entonces me di cuenta de que tal vez debía escribirle acerca de este tema tan confidencial.

Oh, señor Rolland, perdóneme que me dirija a usted por esta causa, pero es que sé que nada puede ayudarlo más que unas palabras suyas. Hasta los queridos rasgos de su escritura le hacen bien. Le ruego, sin embargo, que le escriba como quien no quiere la cosa, para que no sospeche de que se ha enterado usted de todo esto por otra persona cualquiera o por mí (o que el asunto se haya hecho público), todo lo cual podría perjudicar el efecto de un consuelo espontáneo, es decir, esas palabras de ánimo que ahora le ruego de todo corazón.

Que Dios bendiga una vez más su bondad. La mera posibilidad de esperar esas benéficas palabras suyas constituye nuestra mayor ganancia.

Suya, devotísima,

F. V. WINTERNITZ

Le ruego que destruya esta carta.

215. ROMAIN ROLLAND A STEFAN ZWEIG

[Montreux-Bon Port]
Lunes, 4 de marzo de 1918

Querido amigo:

Me dicen que está usted triste, abatido, desazonado, sin saber yo el motivo. Ha escrito usted una obra benéfica, acaba de cosechar un gran éxito: ¿acaso no es éste un motivo de alegría suficiente? (¿Existe acaso algo así en nuestra época?

¿Debemos sentir esa alegría?). Una alegría es la de trabajar y actuar con vistas a una misma meta. En ello reside nuestra salvación: en el arte, el trabajo, el pensamiento libre.

Debe marcharse de Zúrich y, ahora que se acerca la primavera, instalarse en una casita de campo, lejos de las urbes y su atmósfera pestilente. En estos tiempos en los que la única acción pura—y quizá eficaz—es la plegaria, hay que hacerse eremita. (Y el trabajo en solitario es plegaria).

Yo mismo, más que nunca, soy blanco de mezquindades y quiero retirarme a meditar. Hasta escribir en los diarios o las revistas me parece inoportuno en estos momentos.

Probablemente, iré a la montaña en cuanto se afiance la primavera. El clima de Villeneuve no me ha sentado del todo bien en estos seis meses, necesito un aire más vivo; además, estamos demasiado cerca de Montreux, de Lausana, conocemos a demasiada gente aquí, se nos conoce demasiado. Hay que retirarse, estar frente a frente con la naturaleza y su Dios.

Mucho ánimo. Suyo, cordialmente,

ROMAIN ROLLAND

216. ROMAIN ROLLAND A STEFAN ZWEIG

[Veytaux-Chillon]
[Viernes, 8 de marzo de 1918]

Querido amigo:

Como me pedía que no le respondiese, he guardado silencio; pero, en mis pensamientos, le estrechaba la mano. Todos nos equivocamos. No estamos orgullosos de nuestra condición humana. Y todos somos humanos. Lamentémonos. Ayudémonos.

Muchos ánimos, su amigo

ROMAIN ROLLAND

Le devuelvo la carta de Herzog. En este momento no puedo concebir la idea de escribir un prólogo para una edición alemana. Sería dar a entender que he tratado con el editor alemán durante la guerra, y no es el caso, pues el contrato de Hachette con Herzog se hizo seis meses antes de agosto de 1914.

En cuanto a la carta de Rütten & Loening, veo que ahora tienen un interés más vivo en *Jean-Christophe* que yo mismo. No he leído ese famoso artículo-manifiesto de Toth. Si lo tiene, ¿podría mandármelo? Solamente he leído la respuesta del *Frankfurter [Zeitung].*[1]

¡Vaya talento que tiene la crítica de no ver casi nunca (por lo general) la esencia de una obra! Su batalla se libra en la superficie. No penetra en el corazón. El tema de *Jean-Christophe* es polifónico. Sólo suele oírse una o dos partes, y no las principales. Y nunca se oye la armonía de los acordes.

217. STEFAN ZWEIG A ROMAIN ROLLAND

> [Tarjeta postal]
> *Rüschlikon, Hotel Belvoir*
> [Matasellos: 11.3.1918]

Querido y gran amigo:

Aquí reunidos, pensamos en usted con admiración. Me quedaré un tiempo por acá, en Rüschlikon, para trabajar a gusto, retirado del todo, y espero reencontrarme. De todo corazón, su siempre fiel

STEFAN ZWEIG

Querido señor Rolland, he pasado un día fantástico con Stefan Zweig. Ayer vi a Latzko. Estamos todos tan contentos de conocerlo y de escuchar sus palabras de aliento en medio de toda esta enajenación internacional. Su fiel

CHAPIRO[2]

[1] En su diario, Rolland anota: «Karl Toth ha publicado en la *Deutsche Rundschau* (número de enero) un artículo largo y extremadamente violento contra *Jean-Christophe*. Es un *Kampfruf*, un grito de batalla de veinte páginas contra mi persona» (JAG, p. 1419).
[2] Joseph Chapiro (1893-1962), escritor y periodista originario de Kiev.

Señor Rolland, siento remordimientos por haberle echado encima la carga de mis preocupaciones. Perdóneme. Le doy las gracias de todo corazón. Su devota

F. M. WINTERNITZ

Queridísimo amigo:

Primer día de primavera, primera alegría tras tantos pesares. Sin noticias de Francia y, por ende, de mi mujer. Es duro soportar este silencio. ¿Qué sucederá por allí?

Le mando recuerdos afectuosos junto a los que le envían nuestros amigos desde aquí.

RENÉ ARCOS

218. ROMAIN ROLLAND A STEFAN ZWEIG

[Matasellos de Vevey]
Martes, 12 de marzo de 1918

Querido amigo:

Entre los firmantes de su afectuosa tarjeta veo a Chapiro. Es un muchacho muy inteligente y que me ha profesado mucha devoción, pero me veo en la necesidad de advertirle que no es buen confidente: habla mucho y sin demasiada exactitud. Es joven, ruso y periodista, una naturaleza que aún no se ha afianzado. En modo alguno apruebo la virulenta campaña que hizo Guilbeaux en su contra, pero, si bien puede seguir siendo amigable con él, le sugiero que, en su caso, mantenga ciertas reservas.

Esto que quede absolutamente entre nosotros. No me gustaría hacer daño al muchacho, pero debía ponerle sobre aviso.

Suyo, afectuosamente,

ROMAIN ROLLAND

El sábado le escribí al Hotel Schwert.

Rüschlikon, cerca de Zúrich
Hotel Belvoir
12 de marzo de 1918

Mi querido y gran amigo:

Debo darle una noticia. Parece que se ha obrado el milagro. Aquel asunto tan terrible para mí se ha calmado—le aseguro que ha sido algo milagroso—y mi nombre no se ha visto afectado ni se verá envuelto jamás en él. He salido vivo de este abismo y respiro con un sentimiento de gratitud que no sabría manifestarle. No piense que todo esto ha sido tan sólo una pesadilla causada por mis nervios; ha sido algo terrible, intrincado, y no puedo más que repetir que ha sido un milagro que todo el asunto haya desaparecido. Algún día se lo contaré todo. Es inverosímil, como una novela apasionante por sus momentos críticos, y, para mí, ¡una lección para toda la eternidad! Quizá este asunto me haya salvado para siempre. Jamás volveré a tener esa confianza tan boba, ese frenesí por ayudar. Examinaré de cerca a los hombres y los asuntos que se traen entre manos. Tampoco se vaya a pensar que me he vuelto un desconfiado. Nunca confié tanto en la vida como ahora, y este asunto, verdaderamente, figura entre esas cosas que podrían convertir a un pagano en creyente. La vida me ha demostrado que es más rica en posibilidades que la imaginación más audaz—imaginación que llenaba mis noches insomnes—y es más compasiva con los hombres a los que estima que con los que lo merecen. He sentido que mi vida quiere elevarse todavía más. Cuánto aprecio ahora a quienes caen en las trampas de la ley; soy consciente de que se puede ser culpable por bondad, por negligencia, por confianza, por flaqueza, y que no es el mérito, sino la suerte, lo que a menudo hace a los justos. Yo, de cara al mundo, seré el justo, pero me alegra que sepa que lo soy por cuestiones del azar y que todos aquellos que me estiman me habrían abandonado. ¡Ay!

¡Qué lección, qué alegría! Siempre he sentido en mí el vértigo del mal, y aún siento que, en algún momento de mi vida, se producirá una conflagración con el orden moral burgués. Aunque le garantizo que, de ahora en adelante, solamente será un combate de honor.

Me alegra poder compartir esto con usted. Cuando le escribí, me hallaba en medio de las tinieblas y no creía poder resurgir. Mi compañera, por mucho que, por voluntad y fervor, quisiera confiar, tampoco hallaba una solución. Y, encima, un proceso ajeno que amenazaba desde la lejanía. En el mejor de los casos, preveía meses de pesares y una horrible espera. Y mire por dónde, todo ha desaparecido de una vez. ¡Ay, no se lo puedo contar! ¡Es una novela! ¡Y antes casi era una tragedia!

Usted, bien lo sé, también ha vivido algunas crisis. Conoce ese despertar a la vida. Usted me comprenderá si le digo que nunca me he sentido tan humilde ante la vida como ahora. Le confesé mi terror, por eso ahora le hablo de mi alivio.

Ayer escribí a Rütten & Loening. Le hablé también del libro que me gustaría escribir sobre usted.[1] Será mi primer trabajo después de la guerra. Creo que será un libro vívido, pues nace de la gratitud y está bautizado por el amor.

Fielmente suyo,

STEFAN ZWEIG

He pasado buenos ratos con Arcos y Chapiro. Aún eran malos momentos para mí, pero su compañía me sentó bien.

P.D.: Querido y gran amigo, aquí tiene el estúpido ensayo sobre *Jean-Christophe*. ¡Quizá le resulte útil en Francia! ¡Queda claro que la estulticia es internacional e inmortal! Cuando ya no lo necesite, por favor, devuélvamelo, responderé en mi libro.

¡Sólo esto como *postscriptum* a mi carta de hoy!

Fielmente,

STEFAN ZWEIG

[1] La futura biografía sobre Romain Rolland.

Rüschlikon, cerca de Zúrich
Hotel Belvoir
23 de marzo de 1918

Querido y gran amigo:

Tengo una buena noticia. He acordado con Rütten & Loening que, tras la guerra, escribiré ese libro sobre usted y su obra del que ya hemos hablado y que promete otorgarme una magnífica y benéfica ocupación. No he fijado ninguna fecha de entrega a fin de poder darme el gusto de trabajar en él con total tranquilidad. Y quiero hacerlo con todo mi corazón. También revisaré la traducción de *Colás Brugnon*, y espero su novela y su comedia para poder traducirlas.[1] No tema que esto me tenga demasiado ocupado. Cuando acabe la guerra, estaré libre y, además, viviré retirado, por lo que no haré otra cosa que vivir y trabajar. No quiero escribir más para los periódicos, no quiero vivir más en las grandes ciudades; sólo quiero vivir por medio del trabajo y del esfuerzo interior.

No sé si podré quedarme mucho tiempo. Ésta es una de las infames maneras de proceder del militarismo: comunicar sus decisiones siempre en el último momento, no dejar libre al espíritu. He recibido dos días antes de mi marcha la noticia de que se me había concedido la prolongación del permiso. Es una tortura moral del todo refinada. Pero aquí estoy en calma, esperando con frialdad la decisión. En todo caso, ¡¡cuánto deseo mi total libertad!!

En Austria se está llevando a cabo una infame campaña contra el gran y admirable Lammasch, por haber dicho que Austria debería valerse de su influencia para que Alemania conceda a Alsacia-Lorena los mismos derechos de los que

---

[1] Entre 1918 y 1921, Stefan Zweig traduciría al alemán la novela *Clerambault* y la comedia *Liluli*, así como *Le temps viendra*, un drama no mencionado en esta carta.

gozan los demás estados federados. Por ese motivo tan noble, tan humano, lo acusan de traidor. Por un instante pensé en tomar la palabra desde aquí en favor de este hombre venerable e intachable, mostrar la grandeza moral de ese maestro europeo (al que aquí nadie conoce), pero he resistido a la tentación. No quiero volver a mancharme las manos con esa atroz mezcla de tinta, sangre y dinero a la que llaman política. Él es lo suficientemente fuerte como para no venirse abajo con esto, y puede que la intervención de un literato en el caso le resulte desagradable. Pero preciso llamar su atención sobre este hombre, uno de los últimos espíritus libres de Europa. Fue él quien tuvo el mérito inmortal de haber zanjado en La Haya la cuestión de Neufundland ['Terranova'] entre América e Inglaterra, cosa que le ha valido la confianza de ambos continentes. Y es justo esa confianza, tan necesaria, lo que trata de destruir en estos momentos el sable prusiano.

Las noticias de la ofensiva alemana me oprimen el corazón. Por el modo en que el mundo ha perdido el juicio, sabía que era algo inevitable, pero, en todo caso, esto me hace sufrir día y noche. Nuevas hecatombes, el odio que se eterniza. Estoy leyendo ahora los dos volúmenes de Bertha von Suttner, la obra póstuma *Der Kampf zur Vermeidung des Weltkrieges* ['La lucha para evitar la guerra mundial'], y me siento culpable por haber vivido ese decenio sin haber visto nada, sin haber dicho nada, sin haber hecho nada. Ese libro es verdaderamente necesario, ¿lo conoce usted? Seguro que Fried se lo ha enviado.

En cuanto a Fried, aún no le he dado las gracias por el artículo que usted ha publicado en la *Friedenswarte*. Pero hay tanta gratitud latente en mí, que siempre está presente cuando pienso en usted. Espero que se encuentre bien. Aquí hace bueno, el cielo está despejado. El aire es más fuerte, más viril que el del lago Lemán. Cerca de mi casa está esa otra en la que trabajaba Johannes Brahms, y a diez minutos se encuentra la de Conrad Ferdinand Meyer. Es un ambiente que anima a trabajar. Le deseo tranquilidad para su alma, *æquitas animi*, y todo aquello que pueda darle claridad y felicidad. Su fiel

STEFAN ZWEIG

221. ROMAIN ROLLAND A STEFAN ZWEIG

[Villeneuve]
Martes, 26 de marzo de 1918

Querido amigo:

Cuánto me alegra que quiera dedicarme un libro. Sólo me avergüenza un poco pensar que voy a robarle, con ello, un poco de su vida. Será usted el primero en hablar de mi obra con un vasto espíritu científico y humano. Los que hasta el momento la han estudiado la abordaron, por lo general, a partir de una perspectiva bastante limitada. El único que la captó bastante bien, Louis Gillet, alumno mío en l'École Normale y fiel amigo durante casi veinte años, renegó de mí durante la guerra. (¿Se lo dije?). Tuvo miedo de mí, su libro sobre mi persona no sólo estaba escrito, sino ya impreso, esperando en Ollendorff el momento de ser distribuido. Hubo que retirarlo y destruirlo. No me queda más que un ejemplar.

Aquel abandono me hizo sentir pena y compasión. No estoy enfadado con Gillet, que es un buen hombre y un escritor talentoso. ¡Pero tamaña flaqueza! ¡Un amigo que me conocía íntimamente desde hacía tanto tiempo, que había conocido los secretos tanto de mis pensamientos como de las duras pruebas de mi vida! ¡Extraño veneno el de las pasiones colectivas!

Estos días he terminado mi obra aristofanesca. ¡Justo en estos días en los que me sangra el corazón por tanto padecimiento que nos rodea *tenía* que culminar esta obra que se ríe de todo! ¡Era una necesidad *imperiosa*! Una vez más, he sentido cuántas almas distintas llevamos dentro, y he sentido que la que crea proviene de reinos más lejanos y libres que la que ama, sufre y vive nuestra vida.

Se trata de un solo acto, bastante largo, en rima libre y lleno de movimiento, y creo que hará las delicias de un virtuoso de la puesta en escena como Gémier:[1] pero resulta *imposible*, moralmente, representarla ahora, ni tampoco quizá en mucho tiempo. Es demasiado libre y demasiado irrespetuosa. En cuanto nos veamos, le leeré algunos fragmentos.

He seguido el caso Lammasch, su valiente discurso en la Cámara de los Lores y los ultrajes que le ha valido su acto de heroica sabiduría. Pero también he visto que esos ultrajes han incitado al pueblo a tenerlo en mayor estima. ¡Que reconozca por fin (el pueblo) a sus verdaderos amigos!

Huelga decirle cuánto nos oprime el corazón las noticias que llegan de Francia, sobre todo al tener allí a los nuestros, a mi padre y a mi hermana, y porque, al haberse cerrado de nuevo la frontera, ya no hemos sabido nada más. Espero que hayan podido marcharse de París. Tienen todo el derecho de hacerlo. Un anciano de ochenta y dos años y una mujer no están para pasar las vacaciones de Pascua en los sótanos de una ciudad bombardeada.[2]

¡Vaya Semana Santa! ¡Y pensar que hay predicadores y pastores que ordenan, santifican y celebran tales matanzas en nombre de Cristo, incluso en los días de su Pasión!

Le estrecho la mano de todo corazón, querido amigo mío, le ruego que le transmita a la señora Von Winternitz mis más respetuosos saludos. Suyo,

ROMAIN ROLLAND

---

[1] Firmin Gémier, pseudónimo de Firmin Tonnerre (1879-1933), actor y director de escena francés, creó el primer teatro popular nacional.

[2] Entre marzo y agosto de 1918, los cañones de largo alcance del káiser Guillermo bombardearon la ciudad de París en diversas ocasiones.

El joven músico del que le hablé, Ernst Levy, profesor en el Conservatorio de Basilea, creo que desearía verle hacia mediados del mes próximo. ¿Podría pedirle el favor de que le dé una buena acogida?

Me acaba de dedicar un gran salmo de dolor sereno.

222. STEFAN ZWEIG A ROMAIN ROLLAND

Rüschlikon, cerca de Zúrich
Hotel Belvoir
27 de marzo de 1918

Querido y gran maestro:

Una buena noticia entre todas las calamidades de estos tiempos: ha terminado usted su obra de arte. No he querido demorarme en felicitarlo. Yo mismo lo he sentido: en esta época, cada obra es una tumba que sepulta enormes dolores. Uno se hace más fuerte al acabarla para la vida real. Estoy impaciente por conocerla, y le agradezco de antemano que quiera leerme unos pasajes. Me haría muy feliz si me permitiese traducirla. Aquí tengo mucho tiempo, pues vivo aislado: eso decuplica la jornada y la fuerza. Trabajo bien, he acabado un cuento breve surgido de un conflicto interior,[1] el que me turba y me zarandea desde hace meses, la cuestión de si, dado el caso, debería regresar o no. En realidad, espero que ese dilema no se me plantee de manera inminente, pero no deja de rondar por mi cabeza, y este cuentecito es una especie de comunión. Ahora mismo no puedo escribir otra cosa que no sean experiencias que yo mismo he vivido; sería ridículo pretender inventar algo en una época que supera la imaginación más audaz.

---

[1] Stefan Zweig, *Der Zwang. Eine Novelle*, Leipzig, Insel, 1920. Existe traducción en español: «Obligación impuesta», en: *«Obligación impuesta» y «Wondrak»*, trad. Roberto Bravo de la Varga, Barcelona, Acantilado, 2024.

Hoy solamente deseaba felicitarlo y decirle que una nueva obra suya me llena de expectativas y de seguridad. No sé cuándo podré ir a verlo, pues ello depende, antes que nada, de usted, *ya que no quiero que le importune lo más mínimo* mi visita, *ni tan siquiera la posibilidad de ésta*; acudiré cuando y donde usted prefiera. Ya sabe el placer que significa poder ir a su encuentro, pero éste se vería empañado de manera terrible con la mera idea de poder causarle alguna molestia.

Me quedaré por aquí tanto como pueda. Es un lugar encantador, a veinte minutos en ferrocarril de Zúrich; tengo vistas al lago y, a lo largo de toda la semana, soledad absoluta. El domingo vienen los zuriqueses a danzar y a divertirse, cosa que provoca un cambio bastante agradable en el ambiente. Probablemente vaya a Basilea la semana próxima para ver la exposición conmemorativa de Rodin y no olvidaré hacerle una visita al señor Levy. Tengo muchas ganas de conocerlo.

Recibo los periódicos con un retraso considerable y he de confesarle mi debilidad: a menudo, debido a la conmoción en la que me sume esta guerra, bajo media hora antes para recogerlos. Estoy horrorizado, sin ningún sentimiento político o nacional, por nuestros austríacos. Es más fácil ser imparcial en estos tiempos de guerra, y siento una inmensa compasión que me desborda el corazón. He hablado con Latzko (hombre admirable) y con otros, y no estamos del todo de acuerdo, porque ellos aún desean la victoria de una de las partes (adivine cuál) y, sobre todo, la derrota de otro entorno al completo. Mi único deseo es que acabe. Me niego a albergar sentimientos políticos; uno olvida al hombre eterno que mora en sí mismo si contempla la época, los países, donde no hay más que sufrimiento y desgracia. Ni me atrevo a desearle unas buenas fiestas. Pero, desde lejos, le mando mi fiel afecto en sus horas de trabajo y reflexión. Su fiel

STEFAN ZWEIG

Rüschlikon, cerca de Zúrich
Hotel Belvoir
7 de abril de 1918

Querido y gran amigo:

Me acabo de enterar por Annette Kolb de que ha perdido usted a una amiga en el bombardeo de París,[1] y le estrecho afectuosamente la mano. Creo que ha llegado el momento de pasar por la prueba más dura de todas: el discurso de Czernin,[2] las palabras de Wilson demuestran que la marcha hacia el desvarío no ha llegado aún a su fin. Para nosotros, los espíritus libres de Alemania y Austria, la libertad que el Estado nos otorgaba—o parecía otorgarnos—pronto desaparecerá. Tengo ya varias pruebas de ello. Todas las reseñas favorables sobre mi obra han visto obstaculizada su publicación en Alemania, ni el *Berliner Tageblatt* ha publicado una sola línea a pesar de la noticia que recibieron de su corresponsal habitual. Este Norbert Jacques, quien al principio de la guerra viajó a Francia con pasaporte suizo, que ha tenido un enorme éxito en Alemania—más que comprensible—, y quien vio en Barbusse la prueba de la brutalidad de los franceses, lanza en el *Frankfurter Zeitung* un ataque contra la

---

[1] Entre las víctimas del bombardeo a la iglesia de Saint-Gervais (Rolland lo evoca en su diario con el calificativo de «la catástrofe del Viernes Santo») se hallaba la joven enfermera voluntaria Rose Marie Michel, a quien el autor francés había conocido en Suiza en las primeras semanas de guerra, en el Hotel Mooser.

[2] Ottokar von Czernin (1872-1932), diplomático y político austrohúngaro. Estuvo al frente del Ministerio de Exteriores desde 1916 a 1918. En las fechas en las que se enmarca esta carta, estaba inmerso en la polémica causada por el escándalo de Sixto de Borbón-Parma, ya que se afirmaba que el emperador Carlos I, gracias a la mediación de su cuñado, Borbón-Parma, había entablado negociaciones con el presidente francés, Raymond Poincaré. Czernin acabó presentando su renuncia el 14 de abril de 1918.

pieza teatral. Me llama «la Fanfarria de la Entente» y relata con cierto tonito que Mac Cormick (el hombre más rico de América y, aquí, un agitador industrial de los Estados Unidos) asistió a la representación (huelga decir que ni he visto ni conocido jamás al tal Mac Cormick). Pero quizá se salga con la suya con tales insinuaciones. Estoy contento también de que nos haya llegado la hora a nosotros. Nuestra situación era casi comprometedora. No doy un paso atrás, propuse dar una conferencia junto a Jouve en el congreso de las mujeres, él sobre Tolstói y yo sobre Bertha von Suttner—no quiero leer mis poemas ni mi drama, tampoco quiero hablar más de mí *mismo* en este momento—. No me atrevo a invitarle, por corto que sea el viaje y por necesario que sea, ahora más que nunca, mostrar la solidaridad. Pero su trabajo es más importante para mí que todo eso.

No pretendo lamentarme, sólo usted sabe que, por un milagro, he escapado de una situación terrible, por lo que ahora puedo mantenerme firme ante cualquier cosa que sobrevenga. Lo que suceda en los próximos meses será el cataclismo de Europa. Involuntariamente, casi de un modo arbitrario, me siento ahora más cerca de aquellos que, como Guilbeaux, anuncian un diluvio social. Pues ¿querríamos seguir con vida si el crimen se eterniza y si sus responsables salen indemnes y sin castigo?

Fielmente suyo, de todo corazón,

STEFAN ZWEIG

224. ROMAIN ROLLAND A STEFAN ZWEIG

[Territet]
Jueves, 11 de abril de 1918

Querido amigo:

Muchas gracias por sus afectuosas cartas.

Esta última semana he hecho varias veces el breve trayecto a St. Gingolph, al otro lado del lago (hay pocos medios de comunicación ahora mismo), para ver durante unos instantes a mi padre y a mi hermana al final del puente que hace de frontera. Pero se nos ha prohibido articular palabra. Parece que si le hubiera dicho a mi anciano padre de ochenta y dos años: «¿Cómo estás, papá?», el Estado se habría tambaleado. (¡Si hubiese tenido ese efecto, de buena gana lo habría dicho!). Al menos me gustaría poder retener a los míos en Saboya, pero mi hermana tiene que volver a París estos días.

Como usted, siento que lo peor está aún por llegar. Los combatientes están como ensartados. Cada movimiento que hacen los remata y el sufrimiento los pone furiosos. Es imposible detener una piedra que cae rodando por una ladera. Tiene que llegar hasta abajo. No creo ni siquiera que las revoluciones sean eficaces. Se han demorado demasiado. Solamente cuento con la resurrección eterna de los pueblos cuando se hayan metido en una tumba y dormido en ella durante tres noches—o tres lustros, o tres siglos—; sólo cuento con la fuerza del olvido, con la de los nuevos comienzos, una fuerza que corre por las venas de esta raza humana.

Estos últimos meses me he sentido también muy angustiado. He buscado refugio en el pensamiento antiguo y acabo de terminar, tras largas lecturas, un artículo sobre Empédocles.[1] (Se lo daré a la revista *Carmel*). Me ha sentado muy bien. Entretanto, he visto en mi ἀνάμνησις ['anamnesis'], como decían los pitagóricos (en la memoria mística), derrumbarse tantos imperios, que ya no me asombro al abrir los ojos en medio de las ruinas del presente. No sé si le he hablado de la desgracia de los Ferrière. (Quizá lo haya leído en los periódi-

---

[1] Aunque por fechas tendría que haberse incluido en el volumen de *Los precursores*, el propio Rolland justifica en su introducción a este compendio de artículos la no inclusión de éste: «Me he sentido tentado a incluir en este compendio una reflexión sobre *Empédocle d'Agrigente et le règne de la Haine* ['Empédocles de Agrigento y el reino del Odio'], pero sus dimensiones habrían sobrepasado el marco asignado a este volumen y habrían supuesto el riesgo de comprometer el equilibrio de las diversas partes que lo componen» (MP, p. 139).

cos). La hermosa casita de la montaña de Adolphe Ferrière, el hijo mayor, en Les Pléiades, pasado Vevey, ha sido pasto de las llamas la madrugada de Sábado Santo. Ni un objeto, ni un manuscrito ha podido salvarse. (El trabajo de quince años reducido a cenizas). Adolphe Ferrière tiene profundas quemaduras en el rostro (pero no son graves). El doctor, que estaba allí para pasar dos días, tuvo que saltar desde la segunda planta y ha sufrido lesiones graves en la espalda: se lo llevaron en una angarilla y luego en ambulancia a Ginebra. Me ha escrito una breve nota a lápiz; piensa que sus lesiones no son demasiado serias, pero que le impedirán caminar por algún tiempo. ¡Parece que en estos momentos lleve las riendas del mundo una divinidad maléfica! (Se me olvidaba añadir que una desdichada sirvienta, muy joven aún, de dieciséis años, se quedó atrapada en las llamas. Todo sucedió a las cinco de la mañana).

Hasta pronto, querido amigo, estoy contento de saber que está por aquí. Espero que nos veamos en estos próximos meses.

Mis saludos respetuosos a la señora Von Winternitz. Suyo afectuosamente,

ROMAIN ROLLAND

Trataré de procurarme un ejemplar del último número de los *Cahiers idéalistes français*[1] para enviárselo. Se han publicado (para poner fin a las calumnias) algunas cartas que Verhaeren y yo nos mandamos durante la guerra.

[1] Véase carta del 12 de noviembre de 1914.

Rüschlikon, Hotel Belvoir
20 de abril de 1918

Querido y gran amigo:

Regreso ahora de Berna, donde he pronunciado un discurso en honor de Bertha von Suttner[1] que le haré llegar en cuanto se imprima. La conferencia contó con mucha asistencia, pero en el fondo carecía de valor práctico; y *justamente* porque su suerte era estar condenada a la inercia, me sentí en la obligación de brindarle mi apoyo. No tenemos influencia alguna sobre la realidad, y justo por eso, a mi parecer, hemos de redoblar los esfuerzos. Lo que dije, lo que alabé de B. v. Suttner es que siempre fue consciente de la ineficacia de su esfuerzo, pero siguió adelante para no dejar morir el ideal. Quizá el ideal sólo muera cuando se lleva a cabo. Su verdadera vida es el combate, el momento más bello de su existencia es cuando se mantiene alejada cuanto es posible de su vida en el mundo de las cosas.

Por lo demás, Berna es un infierno. Reina el caos. Los revolucionarios son, al mismo tiempo, agentes de su gobierno; los periodistas, espías y la mayoría de personas llevan tanto tiempo viviendo esa doble vida de engañar al Estado y a sus amigos que ya no saben a qué ideas sirven. La corrupción moral me ha puesto los pelos de punta, y aunque esperaba verme con la señora Jouve, me he marchado a toda prisa. Ha hecho bien no saliendo de su casa. Sin darse cuenta, uno se ensucia hablando con esa gente, se roba a uno mismo. Llegar, actuar, marcharse, eso es todo lo que hay que hacer. No quedarse en ningún lugar más que en uno mismo, no confesarse más que públicamente, asumiendo toda la responsabilidad. La soledad o la palabra impresa, ésas son las únicas dos formas de nuestra

---

[1] Publicado con el título de «Bertha v. Suttner» en el *Neue Freie Presse*, el 21 de junio de 1918.

existencia en estos momentos: las discusiones son el mayor peligro del espíritu, un peligro moral.

He recibido su carta con compasión. Si bien los fuertes lazos de afecto que tanto nos unen a nuestra familia nos vuelven débiles, si bien éstos, a menudo, pesan como una plomada a efectos de la acción moral, ellos son, al fin y al cabo, los que nos proporcionan las emociones más auténticas. Comprendo lo mucho que debe sufrir al ver de lejos a su padre, y cuando algún día contemos las torturas pergeñadas por el Estado, nadie querrá creerlas. Hermann Hesse ha escrito, en unas cuantas páginas admirables, una de las tragedias que ha vivido: su padre había fallecido y él quería asistir al entierro, verlo una vez más, pero tuvo que esperar en las oficinas de pasaportes mientras todo su ser ardía de impaciencia y de dolor sagrado. Es un texto inolvidable, uno de los más bellos entre todos los escritos durante esta guerra.

No he conseguido procurarme en Berna ese número de los *Cahiers idéalistes*, pero Jouve me lo prestará. Estoy impaciente por leer esa correspondencia: cuando veo una carta de Verhaeren, siento todavía lo muy unido que estoy a él.

Una cosa más: desde el *National-Zeitung* de Basilea me piden que les facilite su dirección. Les gustaría enviarle su diario. Ello me alegra, porque los artículos de Ludwig Bauer (los editoriales) son, a mi parecer, los *únicos* que demuestran inteligencia en toda la prensa suiza de lengua alemana. A causa de su independencia, Bauer ha sido acusado de estar a favor de América y en contra de Alemania, pero sólo está en contra de la guerra, del militarismo, y a favor de Europa. El éxito de sus artículos es *formidable*; él solito ha conseguido cambiar la opinión de muchos, y el *National-Zeitung* se ha convertido en el único cuya opinión todavía apreciamos en la Suiza alemana, ya que el *Neue Zürcher Zeitung*, tras la aparición de los bolcheviques, ha sacado a relucir su capitalismo miedoso, mientras que el *Zürcher Post* es una sucursal de Berlín. Naturalmente, el *National-Zeitung* no quiere nada de usted, ni su colaboración ni su opinión, es a Bauer a quien le gustaría que usted lo leyese. Lo conozco. Es un hombre honesto de la cabeza a los pies.

De todo corazón, su fiel

STEFAN ZWEIG

226. STEFAN ZWEIG A ROMAIN ROLLAND

Rüschlikon, cerca de Zúrich
Hotel Belvoir
27 de abril de 1918

Querido y gran amigo:

Acabo de leer su correspondencia con Verhaeren. Jouve me ha prestado el *Cahier*. Es admirable. Qué bien muestra su claridad interior y su buena fe. La he traducido para que no saquen extractos que tergiversen el sentido. Es un documento humano de primer orden. ¡Ah, el bueno de Verhaeren! De haber visto cómo se eternizaba la locura, no habría podido permanecer impasible. Día tras día, la fuerza de la brutalidad se muestra con más intensidad. Parece que en Alemania reina el espíritu de la «hybris» que aguarda la locura. Los intelectuales han vuelto a cambiar de opinión, si es que tenían alguna. Su credo, su dios es el éxito, y nosotros estamos más aislados que nunca. ¡Es imposible hacer que nos entiendan! Creo que hay que dejar esta cruel y enajenada ofensiva para que el espíritu renazca en toda Europa. Este otoño—no me atrevo a augurar nada, pero lo siento con toda mi alma— será decisivo. La paz o la revolución pondrán fin a esta última crisis de Europa. Las nuevas que me llegan desde Austria son terribles: imagínese un país entero que, con su emperador a la cabeza, sólo quiere la paz, pero al que se obliga a combatir. ¡Un pueblo entero que sólo quiere eso! ¡Un pueblo que ya no tiene ambición ni orgullo, que sólo quiere que todo acabe, pero al que no se le permite abandonar la contienda! Puede que nuestra tragedia sea la más dolorosa de todas, aunque no sea visible. ¡La de noticias que recibo! ¡Gritos! ¡Gritos de cansancio! ¿Conoce usted la tortura (se acusa a los franceses de habérsela infligido a Palafox)[1] de un hombre que está cansado y quiere dormir, pero al que no se le deja, ya que cada vez que se duerme lo despiertan a culatazos? ¡Pues ésa es nuestra tortura! ¡Qué náuseas me da! ¡Y esa panda de Alemania que quiere conquistar Lituania, Estonia, Ucrania, Polonia y Bélgica y que, al sentir cómo se agota su poder, aterroriza a todo el pueblo, a todo ese pueblo nuestro que sacrifica millones de almas! ¡Nuestros Clemenceaus berlineses puede que sean más terribles que los suyos!

¡Y yo! ¡Bien que podría sentirme feliz si no albergara una compasión tan violenta! ¡Vivo aquí en el campo, tranquilamente! ¡Trabajo, siento cómo crece la paz en mí y cómo muere cada día! He escrito un cuento largo que se publicará solamente cuando acabe la guerra. Leo mucho, ya no veo a nadie y me siento cada vez más a gusto con mi soledad. Este lugar es delicioso, tranquilo y soleado; me encantaría que pudiese ver lo bien que se vive aquí, con qué sencillez. Si ha terminado su novela o su obra teatral, me encantaría poder traducirlas aquí. Dispongo de mucho tiempo y de mucha voluntad para trabajar. Huelga decirle que nadie verá una palabra de su manuscrito, el cual se publicará cuando acabe la guerra. Éste sería el mejor momento, tengo fuerzas y quizá hasta dentro de mucho no vuelva a tener tanto tiempo ni ocasiones para trabajar tan buenas como ésta. Me encantaría traducir también, si me lo permite, *Le jour viendra*.[2] Trabajar aquí es todo un placer; paso todo el día al aire libre y no me fatigo. Me haría feliz servir a su obra.

---

[1] José de Palafox y Melzi (1780-1847), militar español, fue capitán general durante el sitio de Zaragoza en la guerra de Independencia. Tras la capitulación de la ciudad, fue apresado y enviado a Vincennes.

[2] A partir de este momento, Stefan Zweig confunde *Le temps viendra* por *Le jour viendra*.

He cerrado el trato con Rütten & Loening para escribir el libro sobre usted *después de la guerra*. Ahora mismo no puedo, pues no dispongo de todos los libros y documentos. Y, además, me gustaría tomar distancia. Mi casita de Salzburgo se me aparece como un hermoso sueño. ¿Cuándo podré instalarme allí y vivir mi vida? El hombre no está hecho para vivir siempre de un modo provisional, y a menudo me sobrecoge la nostalgia por mis libros, por un techo que sea mío, a pesar de lo bien que estoy aquí. Pero la vida de hotel no deja de ser un símbolo del viaje, y me gustaría sentir la tierra bajo mis pies. Comprendo lo duro que debe de ser para usted estar allí todavía, en un medio que tan poco encaja con su vida segura y aislada. Nosotros no estamos nunca tan solos como los demás, nunca. Pero, de todos modos, entre las cosas y nosotros existe una relación más estrecha que la que tiene la mayoría. Al menos tengo a mi buena compañera (que le manda respetuosos recuerdos) y hablamos a menudo con esperanza de un porvenir mejor. ¡Le deseo que trabaje bien y que no pierda la claridad del corazón en medio de la locura del mundo! Fielmente suyo,

STEFAN ZWEIG

227. ROMAIN ROLLAND A STEFAN ZWEIG

[Tarjeta postal]
Lunes, 6 de mayo de 1918

Querido amigo:

Sobre la petición del joven compositor de Basilea, Ernst Levy, le envío la partitura manuscrita de una de sus últimas obras. Tiene la intención de ir a visitarle y, si fuera posible, de interpretarla para usted.

Mañana le escribo. Disculpe que no haya respondido a sus magníficas cartas. Toda clase de impedimentos.

Suyo, de todo corazón,

ROMAIN ROLLAND

Miércoles, 8 de mayo de 1918

Querido amigo:

Llevo tiempo queriendo escribirle, pero cuando, tras un mes de cierre, vuelve a abrirse la frontera, el correo se desborda, y uno se encuentra con un fajo de cartas más o menos urgentes a las que es preciso responder. Ahora ya me he puesto un poco al día.

Entre las cartas recibidas, quisiera compartir con usted una muy emotiva de un desdichado padre a cuyo hijo mataron antes de Verdún. Era uno de mis jóvenes amigos desconocidos y, como verá, él y sus compañeros combatían llevando a *Jean-Christophe* en el petate. Cada uno custodiaba uno de los volúmenes (me dicen en otra carta) y se llamaban entre ellos según el volumen que llevaran. Marc Larréguy de Civrieux tenía veintiún años. Por cosas del azar, nació en Sorrento y veneraba a Lamartine. Había expresado su deseo juvenil de ser enterrado en el cementerio de Milly. Por desgracia, no he recibido los poemas que el padre me anunciaba. No los han dejado pasar en la frontera. Pero, a pesar de todo, espero leerlos.[1]

El señor De Civrieux es, hasta donde yo sé, el tercer padre francés al que la muerte de su hijo ha transfigurado, despojándolo de todo sentimiento de odio y hostilidad, aproximándolo a todos aquellos que sufren. (¿Conoce usted el hermoso libro de uno de estos tres padres, *La Guerre infernale*, de Gustave Dupin, editado en Jeheber, Ginebra?). Los he puesto en contacto a los tres, y ahora se brindan apoyo mutuo. Cabe decir que son de mente conservadora, católica, incluso monárquica. Pero esos matices se han difuminado en estas almas a las que la muerte y la eternidad han visitado.

[1] Su poemario, *La Muse de Sang*, contará con el prólogo de Rolland y se publicará en 1922, París, Société mutuelle d'édition.

(¿Le importaría devolverme la carta del señor De Civrieux cuando la haya leído?).

¡Cuántos documentos morales de la guerra habrá que salvar para el futuro! Son nuestras reliquias de mártires y de
santos. Creo que no habrá obra alguna de artista que valga
tanto como esos testimonios ensangrentados.

Cuando nos veamos este verano, le leeré mi acto de sátira poética y capítulos de *L'Un contre tous*. Pero no hago más
que postergar el momento de dar por concluida esta obra.
Al libro le hace falta ver cómo se desenvuelven los últimos
pliegues de los acontecimientos reales; necesita tomar cierta
distancia. Para armarme de paciencia, me he puesto a trabajar en otro relato de estos tiempos, pero centrado en dos almas y tres meses.[1] Espero haberlo acabado antes de que llegue el otoño.

Toda esta literatura cuenta poco en estos momentos. Sólo
nos ayuda a vivir. Constituye nuestra salud, nuestro equilibrio moral, lo que nos permite aguantar hasta el final y sos-
tener a los demás.

Estoy corrigiendo las galeradas del artículo «Empédocles
y la Era del Odio». Se lo enviaré cuando se publique. Estoy
inmerso (en mis horas de ocio) en los pacientes estudios de
Forel sobre las hormigas.[2] Del conjunto de sus observaciones, extraigo y agrupo una serie de experimentos que demuestran, de manera arrebatadora, el combate (a veces vic-
torioso) de la chispa individual contra el instinto ciego de la
especie. Muchas de las cosas de la vida social, tan desarrolla-
da en las hormigas, y, en especial, lo que concierne al Estado,

---

[1] Romain Rolland, *Pierre et Luce*, Ginebra, Éditions du Sablier, 1920.
Esta obra, aunque escrita en esta época, se publicó después de la guerra.

[2] Se refiere a «Les Fourmis de la Suisse», Zúrich, *Nouveaux mémoires
de la Société helvétique des sciences naturelles*, XXVI, 1874, y a *La vida de
los insectos*, Madrid, Espasa Calpe, 1951. Rolland dedica un artículo a estas lecturas: «Leyendo a Auguste Forel», 1.º de junio de 1918, *Revue Mensuelle*, Ginebra, agosto de 1918 (MP, pp. 282-290).

sus fronteras, sus colonias, sus guerras y sus tratados (que no son sino «papel mojado») recuerdan extrañamente al hombre. ¡Me atrevería a decir que las hormigas nos permiten conocerlo mejor! Quizá escriba algo al respecto.

Qué alegría me da al contarme que ya ha cerrado el trato con Rütten para el libro que me quiere dedicar. Me entristecería muchísimo dejar una imagen de mí tan inexacta y exangüe como la que dan los estudios publicados hasta el momento. Me hará feliz que me vean a través de sus ojos.

He recibido unas amables palabras de V. Eeden. Dice: «Si supiera usted el enorme proyecto que tengo entre manos, se le dibujaría una sonrisa indulgente y escéptica. Ya ve, es como un hombre que está sin blanca y empieza, por puro espíritu de desesperación, a construir un suntuoso palacio». Hasta pronto, querido amigo. Transmítale a su compañera mis respetuosos saludos, suyo, de todo corazón,

ROMAIN ROLLAND

Usted también aparecía en las cartas que le escribía a Verhaeren. Pero no quise, por discreción, publicar esos pasajes.

229. STEFAN ZWEIG A ROMAIN ROLLAND

Rüschlikon, Hotel Belvoir
15 de mayo de 1918

Querido y gran amigo:

Gracias por su edificante y magnífica carta, así como la admirable e inolvidable del señor De Civrieux. Ha hecho usted un intercambio, ha dado renombre a su patria a cambio de algunas simpatías. Y creo que ha salido ganando. He leído el ataque público del teniente Mornet contra su persona.[1] Es

---

[1] Alusión a un proceso contra el antiguo diario anarquista y satírico *Bonnet rouge*, cuyo fundador, Miguel Almereyda (pseudónimo de Eugène

una injuria que pesará sobre su nombre en cuanto el mundo despierte. Pero es, asimismo, una señal que indica que se le observa de cerca. No temo por usted, sé que es fuerte e inexpugnable. Pero, de todo corazón, siento la inquietud que deben padecer nuestros amigos: Jouve, Arcos y, sobre todo, Guilbeaux. Este último es un espíritu combativo, quiso saltar a la palestra, y yo sólo lamento que se mancille su nombre con injurias relacionadas con la corrupción crematística sin que él pueda defenderse. Pero, en todo caso, es una batalla dura: está solo contra su país; solo, a sabiendas de ver lastimada su familia por la infamia de las inculpaciones, y ciertamente abandonado por todos. Y Jouve, ese admirable amigo que, en el fondo, es tan ajeno a la política, que sólo querría vivir una vida bella y humana, ¡y ahora ha de temer también por verse envuelto en esa red de mentiras y de espionaje! ¡Si al menos él, Arcos y Guilbeaux fueran independientes en el plano material! Pero temo que la vida los obligue a escribir más de lo que quisieran con la pluma en lugar de con el corazón. (¡Lo mismo digo para el bueno de Masereel, que acabará viniéndose abajo con esa labor sobrehumana de hacer un dibujo al día!). Cuánto me gustaría poder ayudarlos con mis contactos, y aun personalmente, pero no me atrevo a mover un dedo por ellos, por miedo a comprometerlos. ¡Qué situación más terrible! Y todo en medio de estos suizos, impasibles ante los admirables combates de conciencia que se libran a dos pasos de distancia. ¡Qué soledad y qué sacrificio tan desconocidos! ¿Quién conocerá, algún día, el secreto heroísmo de estos pocos hombres? Y no hablo ya de nosotros, porque nuestra vida es fácil, aún no estamos perseguidos, tenemos abiertas las puertas de los periódicos, y en Alemania el

---

Bonaventure Vigo), había sido arrestado en 1917 y más tarde encontrado muerto en prisión. Acusaban a la publicación de haber recibido fondos de Alemania para fomentar el derrotismo en Francia. Durante el proceso, el tal teniente Mornet había mencionado el nombre de Romain Rolland.

derrotismo, por mucho que se aborrezca, nunca se confunde con la traición por dinero. Pienso en ellos tan a menudo y siempre con una especie de vergüenza, pues pensamos del mismo modo. ¡Y el sufrimiento, la angustia recae toda sobre ellos! A veces deseo compartir su suerte, pero no emprendo ninguna acción. Estoy harto de la política.

Estos días estoy escribiendo escenas de un drama moral contemporáneo que tengo entre manos desde hace años.[1] Es un conflicto muy alejado de nuestra época, y por eso he retomado el tema (un drama imaginario entre personajes que recuerdan a Cosima Wagner, Siegfried y Wesendock; el combate del hijo contra la figura legendaria y falseada de su difunto padre, que lo oprime moralmente por su idealizada grandeza, un padre al que sólo comienza a amar una vez se quita la máscara heroica creada por la familia, cuando reconoce al hombre culpable y humano que hay en él). Es un problema muy complejo que me atrae y me distrae, pues necesito distraerme. La lectura de los periódicos me sume cada día en una profunda tristeza. No olvido ni por un instante el sufrimiento del mundo, salvo mientras trabajo. Si doy un paseo, odio la naturaleza (si bien no dejo de amarla) por ser tan impasible. Reprocho a los árboles que florezcan y al verdor que sea tan hermoso y calmo. Evito a la gente y me convierto en un fanático del trabajo y la lectura. No sabe lo bien que entiendo sus estudios sobre las hormigas. Aquí, en el hotel, hay un danés que vivió diez años en el Congo. De vez en cuando me habla de sus animales y entonces me doy cuenta de que ya no le gusta hablar con los hombres, pues en los animales encuentra muchas cosas conmovedoras. Éstos, si causan algún mal, no tienen al menos frases que glorifiquen sus fechorías, su inconsciencia es una excusa para sus crímenes. Pero ¿y nosotros? ¿Qué excusa tendremos para explicar nuestra

---

[1] Stefan Zweig, *Legende eines Lebens. Ein Kammerspiel in drei Aufzügen*, Leipzig, Insel, 1919. *Cf.* nota p. 467.

sangrante flaqueza, nosotros, hombres de este siglo enroje-
cido? No encuentro ni una sola. Incluso el hecho de haber
estado, personalmente, lejos del crimen, de haber intentado
hacer algún bien, ¿es suficiente? Siento vergüenza ante todos
los que vendrán después de nosotros, y creo que ahora habría que enderezar la vida como respuesta a sus severas preguntas. El trabajo es la única puerta por la que huyo de mí
mismo. Y bendigo cada día que me permite trabajar: la fértil
acción del pensamiento en lugar del dolor de pensar. ¡Le deseo, de todo corazón, que viva horas semejantes en las que se
olvide del mundo mientras crea uno mejor! Su fiel

STEFAN ZWEIG

230. ROMAIN ROLLAND A STEFAN ZWEIG

Hotel du Lac, Lucerna
Miércoles, 22 de mayo de 1918

Querido amigo:

De paso por Lucerna, me propongo ir a estrecharle la
mano el viernes. Si se encuentra en Rüschlikon, me quedaré allí viernes noche y sábado. Aprovecharé para acercarme
a Zúrich y hacer una visita rápida. Debo estar de regreso el
domingo por la noche en Villeneuve.

Mis respetuosos recuerdos para la señora Von Winternitz,
afectuosamente suyo,

ROMAIN ROLLAND

Llegaré, probablemente, el viernes a las tres menos diez.

Rüschlikon
Domingo noche
[Matasellos: 27.5.1918]

Querido y gran amigo:

Permítame que le estreche la mano respetuosa y afectuosamente por el enorme placer que su visita nos ha causado. Son
tan escasas las alegrías de las que no nos avergonzamos en estos tiempos de sufrimiento universal que una tan pura colma
el corazón y lo desborda. Me siento fortalecido para semanas, y la idea de estar junto a usted a través de sus obras no
permitirá que pierda este valioso recuerdo. Mi buena compañera ya está haciendo la copia de *Liluli*, yo empiezo mañana la traducción de *Le temps viendra* y el libro de Gillet me
hará revivir toda su juventud.

Espero que haya llegado bien a Villeneuve y retomado su
apreciado trabajo (ese trabajo que tanto estimo, pero siempre con el temor secreto de que esté usted esforzándose demasiado en vista de cómo está de salud). Que la primavera, ahora en retirada, le regale todavía jornadas hermosas.
¡Nuestros mejores deseos están afectuosamente con usted!

Su fiel

STEFAN ZWEIG

232. ROMAIN ROLLAND A STEFAN ZWEIG

[Montreux-Bon Port]
Martes, 28 de mayo de 1918

Queridos amigos:

¡Qué buenos y afectuosos han sido conmigo! Les agradezco su acogida. Las horas han pasado muy rápido, pero con-
servo su imagen y el perfume de las glicinias. Me gusta saber-
los en ese pequeño retiro soleado, rodeado de campos y bosques. Es bueno, querido Zweig, saber que estamos en Suiza,

a unas horas de distancia, y ambos todavía libres en medio de esos pueblos de gladiadores.

Espero que no se empaparan demasiado al regresar a casa el domingo. En Zúrich llovía a cántaros. Hasta Berna y Friburgo el cielo estaba encapotado. En Villeneuve volví a encontrarme con el inalterable buen tiempo, al que mi ausencia no ha perturbado ni un ápice.

Que la señora Von Winternitz me perdone por endosarle sin pretenderlo una tarea tan extenuante: ¡copiar cien extravagantes páginas! Le envío, por carta certificada, el libro de Louis Gillet. Tome nota de todo lo que le parezca interesante; pero le rogaría que no dijera que he sido yo quien se lo ha hecho llegar, pues el libro fue destruido a petición del autor, y yo pude salvar un ejemplar de pura casualidad. Encontrará menos datos biográficos de lo que se imagina, ya que Gillet me conoció cuando yo era un profesor novel en la École Normale. En todo caso, creo que el libro le parecerá escrito por alguien muy talentoso. Como estudio literario, es bastante superior al de Seippel.

Me gustaría que me enviara su ejemplar de *Le temps viendra*. Me encantaría poder marcar las correcciones que he hecho. Son, principalmente, palabras o frases eliminadas que aligeran o mejoran el estilo. Su ejemplar no perderá nada con esos garabatos. Bien al contrario: será una curiosidad para bibliófilos.

Hasta pronto, amigo mío. No tema, el trabajo mal no me sentará. Lo necesito. Me distrae de otras preocupaciones. Las fatigas intelectuales no son nada. Son las fatigas morales las que desgastan y queman. Y ésas no me han faltado.

Pero no me quejo: la vida es una hoguera. Tiene que arder. Suyo, de todo corazón,

ROMAIN ROLLAND

Rüschlikon, cerca de Zúrich
Hotel Belvoir
31 de mayo de 1918

Querido y gran amigo:

Le agradezco con toda mi alma su afectuosa carta. No sabe la alegría que nos ha deparado con su visita. Esa dicha vive todavía, y vivirá en nuestro recuerdo, junto a los mejores momentos de nuestro pasado.

He recibido también el libro de Gillet. Lo he hojeado. Habrá de disculparme por no compartir su opinión sobre el valor literario de la obra. Es informativo, honesto, bienintencionado. Sin embargo, su visión es pobre, carece de la facultad de ver la unidad interior. No se acerca en ningún momento a las fuentes de su pensamiento, no comprende nada de la idea maestra de su obra. Un buen libro de *normalien*, pero sin intuición. Yo veo en su obra y en su ser una ley. Comprendo que todo lo que ha sucedido era necesario, tanto los grandes acontecimientos como los pequeños. En la suerte hay una voluntad del destino, hasta en el nimio hecho de que el libro no se publicase. Era demasiado pronto. Hubiese empequeñecido su obra para quienes la quieren comprender en lugar de engrandecerla. Su vida es una de las pocas que ha tenido las peripecias de una obra de arte que—como el camino que asciende serpenteante—se dirige desde hace años hacia un destino desconocido. Ese destino, para mí, fue la prueba moral por la que tuvieron que pasar sus ideas en esta guerra. No sé si me estoy explicando, pero su obra, por humana y grande que sea, jamás hubiera tenido su valor moral sin pasar por esa difícil prueba. Sin la guerra, usted habría sido como un gran comandante del ejército, un militar prodigioso que se retira sin haber podido demostrar jamás sus facultades. Todos sus pensamientos estaban en fase germinal, sembrados en su obra anterior. Pero solamente ahora vemos su belleza, cuando están secundados por sus actos de fe. *Nunca hubiésemos comprendido la unidad de su obra sin esta guerra.* Es una profecía moral. Ahora todo va encajando en su vida. La gloria le ha llegado muy tarde, pero ha arribado en el momento justo para conferirle autoridad en medio de la contienda. Imagínese en medio de una guerra en 1910: nadie hubiese escuchado su voz. Creo que ni tan siquiera usted podrá comprender cómo el destino, feliz y esmeradamente, ha dado forma a su vida; demasiado ha sentido su inflexible mano. Pero nosotros vemos su forma pura. Qué alegría me dará reflexionar sobre cómo nada fue por azar y todo por necesidad: Malwida Meysenbug, Tolstói, el socialismo, la música, la Gran Guerra, las penas que le han hecho devenir lo que es usted hoy.

Disculpe que no le envíe hoy mismo el ejemplar de *Le jour viendra*. Antes que nada, me puse a trabajar con tanto apremio, que ya he traducido tres cuartas partes del drama y no tardaré más de dos días en acabarlo. Soy buen trabajador cuando me dejan trabajar. Puedo hacer las correcciones más tarde, pero, querido amigo, si no son muy importantes, le aconsejaría no tocar una sola palabra. Quiero explicarle mis razones, y quizá le parezca justa mi argumentación. Ahora ya conozco el drama a fondo, éste resulta—aparte de por sus cualidades humanas y artísticas—*asombroso* como profecía, como visión de nuestra realidad presente. Si se publica diciendo que ese drama fue escrito hace dieciséis años *tal y como está*, será un honor sin parangón para usted, e incluso sus enemigos más acérrimos se verán obligados a reconocer que ha comprendido, por medio de una sola visión, lo que la humanidad ha tenido que aprender a través de los sacrificios más terribles. *Pero si cambia algo*, será una obra reescrita, y la gente creerá que ha modificado su drama *a propósito*, que sus ideas son *a posteriori*, siendo, como son, ideas *a priori*. Su pieza teatral es un hecho histórico y, a mi juicio, no hay que tocarla. Tenga el orgullo de poder decir: esto es lo que dije y auguré hace dieciséis años, quizá contenga alguna que otra frase demasiado recargada, pero lo presento tal y como es. Ése es mi razonamiento, puede modificar cualquiera otra de sus obras (de hecho, me gustaría que algún día lo hiciera con algunas páginas de *Jean-Christophe*), pero ésta es una obra profética y, por lo tanto, inalterable. Huelga decir, naturalmente, que haré lo que usted me pida, pero seguro que estima mi franqueza, ¿verdad?

En cuanto a *Liluli*, aún no he podido echarle un vistazo, ya que quería terminar de una vez *Le jour viendra*. La copia avanza con bastante rapidez y el manuscrito está a buen recaudo en nuestras horas de ausencia. Lo traduciré muy lentamente, en paralelo a mi propio trabajo. Quisiera sumirme cada vez más profundamente en los estudios para no oír la voz de la matanza que vuelve a empezar, el tronar de los cañones. Por cierto, vi en el mapa, cerca de Soissons, un Clamecy,[1] pero era el otro. La idea de que se estuvieran causando estragos allí me resultaba terrible, por lo que me sentí aliviado.

Permítame que conserve el libro de Gillet una o dos semanas más. Me gustaría tomar notas. Está a buen recaudo. Gracias por todo, fielmente suyo,

STEFAN ZWEIG

P. D.: La noticia publicada por *La Feuille* diciendo que Werfel está en prisión es pura invención: está perfectamente.

Mi mujer le envía sus saludos más afectuosos.

234. ROMAIN ROLLAND A STEFAN ZWEIG

Lunes, 3 de junio de 1918

Querido amigo:

Como está usted en proceso de tomar notas para ese libro sobre mí, he pensado que quizá podrían interesarle, en algu-

---

[1] El Clamecy francés es el pueblo natal de Romain Rolland.

na medida, las páginas que aquí le adjunto. Se trata de la introducción al libro que empecé sobre Shakespeare y sobre lo que luego, dejándome llevar, escribí demasiado por mero placer, por lo que acabé dándole un carácter autobiográfico que me hace dudar si debo publicarlo o no como encabezamiento de un estudio sobre el poeta inglés. En ella encontrará, al menos, una suerte de pequeña confesión intelectual que le permitirá adentrarse brevemente en mis años de infancia y adolescencia. Aún no se la he enseñado a nadie. Podrá emplear algunos pasajes si indica que provienen de una obra inédita. A decir verdad, he reunido una cantidad ingente de notas sobre Shakespeare y sobre el teatro de su época, pero no he escrito más que tres capítulos, uno de ellos es muy breve: «La Pieté», que apareció en el volumen publicado por el tricentenario de Shakespeare (edición de la British Academy, en Londres); otro, «La Verité», salió en *Demain* en 1916, y el tercero, «Le Génie libérateur», es más extenso y hace las veces de conclusión.

Le envío al mismo tiempo un articulito que acaba de publicar *La Revue internationale* de Lausana.[1] (Puede quedarse el ejemplar, tengo más. Creo que encontrará diversos estudios interesantes, sobre todo los de Claparède y Granville).

He visto que el *National-Zeitung* ha publicado su excelente traducción de su correspondencia con Verhaeren. Le doy las gracias afectuosamente. Sí, tiene usted toda la razón con lo que afirma sobre el papel del Destino en mi vida. ¿Y qué diría usted si lo conociese mejor? Yo mismo lo he sentido, con una fuerza singular, en cuatro o cinco momentos perentorios, en horas críticas en las que se decidió mi vida, y no pude evitar decírselo a unos cuantos allegados. Soy consciente de que, en ocasiones, una voluntad más fuerte que la mía me ha obligado a ir en una dirección o me ha conducido por sorpresa al

---

[1] Romain Rolland, «Pour une culture universelle» ('Por una cultura universal'), *La Revue politique internationale*, Lausana, marzo-abril de 1918.

sitio al que yo no quería ir, pero al que *debía* ir. Si redactara aquí una lista de los «imprevistos» de mi vida, mostraría claramente las etapas cruciales de mi carrera. Y las más dolorosas (que nunca quise consentir) fueron las más beneficiosas.

Pero, dicho esto, tendríamos que esclarecer entre nosotros, de una vez por todas, esa concepción del Destino. Pues me imagino que para usted no implica una divinidad ajena a nosotros. Yo, por mi parte, rechazo la idea de una Providencia que vele por el destino de algunos privilegiados al tiempo que condena a millones de personas a la miseria o—como en estos siniestros días—al matadero. Creo que, si no todos los hombres, al menos la mayoría de ellos ven pasar ante sí oportunidades muy diversas, a veces el honor, otras la dicha. Pero no las aprovechan. Y entre quienes sí las aprovechan, la mayoría sólo tiene una vaga consciencia de ello, o a veces ninguna: pues eso que ha hablado en su interior es un oscuro instinto, sea la voz de la raza, o sea... ¿quién sabe?, «el Yo mayor».

Comprendo perfectamente las razones que me da para no cambiar nada en *Le temps viendra*. Ciertamente son motivos muy sólidos. Pero mis cambios serán meramente literarios, no comportarán ningún añadido, sólo supresiones. Mi sentido artístico y humano se da de bruces con el sentimentalismo verborreico que presto a Clifford, por ejemplo, sobre todo en el tercer acto: ese hombre de guerra tiene los desahogos de una niña pequeña, y aunque a menudo se encuentra esa ingenuidad en las grises cabezas de los insulares, ellos tienen el pudor de no dejarla traslucir. Por lo demás, no serán más que discretos cambios. Y quien dude de la autenticidad de la obra no tiene más que consultar la primera edición, de la que siempre quedarán algunos ejemplares en las colecciones de los *Cahiers de la Quinzaine*.

Hasta pronto, querido amigo, no dude de mi vivo afecto por usted,

ROMAIN ROLLAND

Una nota del periódico me ha hecho leer su nombre en una pequeña antología poética publicada por la revista *Les Humbles*, en París. El director, Maurice Wullens, ha manifestado por usted una afectuosa admiración.

235. STEFAN ZWEIG A ROMAIN ROLLAND

Rüschlikon, Belvoir
3 de junio de 1918

Mi querido y gran amigo:

Dos días después, la traducción de *Le temps viendra* está terminada. La guardaré en mi secreter hasta después de la guerra. Solamente la editaré si va acompañada de un breve prefacio indicando que la pieza *no es política* y que prohíbo que se use en ese sentido. Pero, por desgracia, aún queda tiempo para que la guerra llegue a su fin.

Mañana le devolveré el libro de Gillet. Me ha resultado muy útil. Es un trabajo diligente y serio, pero poco más. Y, además, lo emprendió demasiado pronto. La guerra era precisa para comprender su obra. Ahora entiendo por qué no tuvieron éxito sus dramas: trataban (de manera profética) de temas que a nadie interesaban. La justicia, los conflictos entre la patria y la conciencia, la derrota, la victoria. Todos esos temas resultaban tan lejanos a las gentes en aquella época que nadie veía más allá de sus narices. Ahora, en cambio, son de rabiosa actualidad. He leído la conversación de Robespierre en el Consejo en la que propone involucrar a Danton en asuntos bancarios; he ahí el proceso Caillaux-Clemenceau. Ahora se verá todo con otros ojos. Creo en una gran resurrección de su teatro.

Lo mismo sucede con *Jean-Christophe*, que es la historia de dos generaciones. Aunque ahora por fin vemos de qué generaciones se trata. Está admirablemente limitado por ese gran Dios que guía a los grandes artistas; son las dos hornadas que hay entre 1870 y 1914. Es la historia cultural de Europa entre las dos guerras. Ahí reside el carácter eterno del libro; servirá como documentación para los siglos venideros, como Balzac fue el comentarista de la vida en Francia entre una revolución y otra. Veo claramente la mano mística que le ha guiado a lo largo de toda su vida. Todo era necesario, nada ha sido cosa del azar. Cada sufrimiento tuvo su lugar orgánico, igual que cada decepción. ¡Le deseo que tenga la fuerza de crear tras la guerra una obra semejante que muestre la resurrección de Europa! ¡Con qué regocijo escribiría yo tal libro! Tengo ya muchas anotaciones. Y, lo que es más importante, ya tengo el orden interno.

El manuscrito de *Liluli* estará copiado en unos días y le será devuelto. Ya ve lo bien que hemos trabajado.

Que Gillet haya renegado de usted no me resulta tan incomprensible. En el fondo, no comprende su voluntad más íntima. No comprende que la justicia ha estado siempre en su corazón. La justicia transformada en pasión que acaba con todas las demás pasiones; la justicia que, en lugar de devenir inercia, se convierte en fuerza creadora por su pasión. Era tan fácil de predecir si uno conocía su recorrido; usted tuvo que actuar como actuó; era imposible esperar que afrontara lo sucedido con otra disposición moral. Para mí, en ello reside la prueba de que Gillet no llegó a penetrar en el corazón de su voluntad, no comprende la unidad que enlaza en usted manifestaciones tan diversas. Le reitero que me alegro por usted de que el libro no se publicara.

Trabajo bien, y eso es todo lo que ocupa mi vida. Si la labor que llevamos a cabo no se queda en lo abstracto, si permanece ligada a los problemas de la humanidad, nunca se vuelve pesada, y ahora mismo me siento muy bien, como rara vez he estado. A veces hasta me olvido, por unos instantes, de la tragedia de Francia y Europa. ¡Y empiezo a albergar esperanzas de nuevo! No con la razón, incapaz de comprender la locura, sino con un sentimiento que me dice: el final está cerca.

Fielmente suyo, querido amigo,

STEFAN ZWEIG

P. D.: A Rascher le encantaría poder editar sus nuevos ensayos no sólo en alemán, sino también en francés, si usted no los publica en Francia. Él haría incluso una edición limitada que permita publicarlo en Francia tras la guerra, en Ollendorff. Esta última propuesta me parece factible, dos mil ejemplares, quizá como en los tiempos de los *Cahiers*.

236. ROMAIN ROLLAND A STEFAN ZWEIG

[Territet]
Viernes, 7 de junio de 1918

Querido amigo:

Me ha llegado bien el libro de Gillet y la carta en la que me decía que había terminado la traducción de *Le temps viendra*. ¡Qué trabajador!

Le envié, el lunes o el martes, un manuscrito de algunas páginas (introducción a un volumen sobre Shakespeare) y un artículo publicado en *La Revue politique international*. Espero que los haya recibido.

La propuesta de Rascher acerca de la publicación en francés, con una tirada limitada, de mis nuevos artículos me complacería bastante. Le he escrito que le comentaría su idea a mi editor, Ollendorff, con el que quiero cerrar el acuerdo. Por desgracia, el cierre de la frontera podría retrasar bastante la respuesta.

Le he comentado también a Ollendorff la oferta de publicar en Zúrich una traducción alemana de *Más allá de la contienda*. Por mi parte, no tengo inconveniente alguno, pero espero a conocer el parecer de Ollendorff. Si Rascher me pregunta por mis condiciones, ¿podría usted orientarme sobre las que suele pedir usted? Y después (esto en confianza): ¿Rascher le parece una editorial suiza «de fiar»? ¿No se esconde nada sospechoso tras la fachada? Veo que han publicado, en la colección de Europäische Bücher ['Libros europeos'], no solamente *El fuego*, sino las *Cartas a un soldado*, con prólogo de Chevrillon. Eso es una garantía. Pero nunca es uno lo bastante prudente con estos temas en los tiempos que corren.

Suyo, de todo corazón, querido amigo mío. Transmítale mis respetuosos recuerdos a su buena compañera.

ROMAIN ROLLAND

Tiene usted razón: Gillet, en el fondo, no llegó a comprenderme nunca. Sólo se «enamoró» de alguien mayor, como suele pasar a los veinte años. Pero el amor (diga lo que diga Polichinela) no ve con claridad. Quizá ni lo sienta. (Las cosas cambian cuando uno envejece. ¡Y aun así!).

237. STEFAN ZWEIG A ROMAIN ROLLAND

Rüschlikon, Hotel Belvoir
8 de junio de 1918

Querido y gran amigo.

Le respondo inmediatamente a su pregunta. Me he vuelto muy receloso con todo lo relacionado con el dinero y siempre he tratado de conocer con exactitud la situación de Rascher. Es una editorial suiza, puramente suiza, y no pertenece a ningún medio de propaganda. Pero no estoy seguro (tengo incluso razones de peso para pensarlo) de que su editorial (la empresa) no tenga dinero extranjero. *Seguramente* no provenga del gobierno alemán, pero sí de la gente de Alemania, y uno nunca sabe con total certeza quiénes son esos accionistas. Creo que no hay inconveniente en dejar que Ollendorff entre en tratos con ellos, como han hecho Barbusse y los demás. Pero sí puedo darle un consejo, a fin de evitar todas las variables: no firme usted, deje que firme Ollendorff. Tienen tantas ganas de verlo caer en una trampa que haría mejor dejando que los demás actúen por su cuenta. Si le hacen propuestas concretas, remítaselas a Ollendorff y que negocie él *con ellos* la primera edición francesa y las traducciones: dele plenos poderes, *remítale* la oferta y comparta con él su parecer. Si los dos, Ollendorff y Rascher, llegan a un acuerdo, usted no será responsable. Le repito que no sé nada con exactitud. Al principio, cuando Latzko y Frank publicaron en la editorial, me dio una confianza absoluta. Pero desde que vi que se publicaba la traducción de Latzko en la editorial Wyss, propagandista de *Alemania* (¡!), ya no confío plenamente en nadie.

Por esa precaución, me abstengo también de defender sus intereses ante ellos. Hay mucho chismorreo en Zúrich y en Suiza en general. A mi parecer, debería mantenerse en la medida que pueda al margen de las malas pasadas que puedan jugarle sus enemigos. *Precisamente* porque saben que es imposible atacarlo, estarían encantados de poder decir que, por mediación de los suizos, ha tenido usted tratos con el enemigo. ¡Seamos prudentes! Jamás quisiera yo perjudicarle sin pretenderlo. Pensemos lo peor de los hombres y contemplemos las posibilidades más estrafalarias. Se lo repito, creo que puede publicar el libro y la traducción en Rascher tranquilamente, pero que el contrato lo firme Ollendorff. ¡No lo haga usted mismo! Mi idea, en tiempos de paz, es tener un «agente», como los escritores de Inglaterra y América, y no ocuparme nunca de la materialización de mis propias obras.

Así también tendrá la opción de poder pedirle más detalles. Podría, antes de firmar, pedirle una declaración en la que afirme que su editorial es neutral y no tiene relación alguna con otra editorial alemana. En todo caso, creo que sería preferible que se mantuviese al margen y que dejase que Ollendorff y Rascher lleguen a un acuerdo y firmen. Quizá le parezca excesivo mi miedo, pero ¿acaso durante esta guerra la maldad de los hombres no ha acabado siempre superando nuestras expectativas? ¿Quién puede afirmar que un editor que ayer todavía era independiente no se va a convertir mañana en un propagandista? Se lo repito, no creo que sea el caso de Rascher y no veo inconveniente alguno; pero, por precaución, yo, en su lugar, le daría el contrato a Ollen-dorff para que firme en lugar de estampar mi propia firma.

Por supuesto que me encargaré de la traducción con sumo gusto, pero no quiero mezclar asuntos. Espero a que lo tenga todo acordado para hacer luego yo lo propio con Rascher. Le aconsejo que pida, para la traducción alemana, lo mismo que para la edición francesa en Ollendorff: una suma fija a partir de diez mil, y luego un porcentaje sobre cada volumen. Rascher es muy avaro y le encantaría ganar muchísimo sin arriesgar nada.

Seguro que ya habrá recibido mi carta y los manuscritos. Comienzo a leer lentamente *Liluli* para hacerme con el ritmo. Me costará un tiempo encontrar el ritmo correspondiente en alemán. ¡Después ya me pondré a ello! Su fiel

STEFAN ZWEIG

238. ROMAIN ROLLAND A FRIDERIKE VON WINTERNITZ /*/

Viernes, 14 de junio de 1918

Mi estimada señora:

Gracias por su carta y por su esfuerzo para transcribir con tanta celeridad mi *Liluli*. Si tuviese tiempo de hacer realidad todos mis planes, esta pieza satírica se enmarcaría dentro de un poema dramático y filosófico más extenso, donde su verdadero sentido quedaría mucho más claro. Ya en un diálogo entre Colas Brugnon y sus dos padrinos, el notario Pailard y el párroco Chamaille, se habla de ese «Dios más grande», que no se ha de confundir con los «Señores-Dioses», esos que colaboran con los amos del presente. La acción que sigue en *Liluli* debería desenmascarar a esos «Señores-Dioses», como al final de *Las preciosas ridículas* acaba desenmascarado al marqués de Mascarilla. Creo que el instinto es una fuerza cósmica. Es justo y benefactor en lo que respecta al *ensemble* ['conjunto'] del universo. En cambio, para el individuo, no es ni bueno ni malo, no se preocupa de su suerte; se alimenta de él; hace que se consuma, como el fuego con la madera. Al hombre le incumbe servirse del fuego—no apagarlo ni dejarse quemar por él. En el presente, arde Europa.

Me ha conmovido mucho lo que me confía sobre sus hijas. En cuestiones tan íntimas no me atrevo a mediar, pero respaldo su amor de madre y estoy seguro de que su compañero aún le ama más por ello. Es natural que sus sentimientos hacia esas criaturas sigan algo «confundidos», pero con el tiempo las querrá tanto como usted y nunca lo volverá a ver separado de usted. Deje que el tiempo obre como ha de obrar, así como los magníficos corazones de ambos.

Mis más distinguidos saludos,

ROMAIN ROLLAND

Me alegrará saber que le han devuelto a su hija pequeña.

239. STEFAN ZWEIG A ROMAIN ROLLAND

Rüschlikon, Belvoir
21 junio de 1918

Mi querido y gran amigo:

Acabo de recibir una carta de Rütten & Loening; me dicen que van a imprimir el número treinta mil de cada volumen de *J.-Ch.* y que hubiesen vendido el triple si no fuera por la escasez de papel. Imprimirán lentamente una edición tras otra. Muchas reseñas en los periódicos alemanes, todas favorables. El libro ya vive entre nosotros y se vuelve popular.

Una tal señora Hannah Szaz me ha rogado que le diese su dirección. Es una amiga de Ellen Key. Se la he facilitado, al tiempo que le he escrito diciendo cuánto lamentaba, en cierto modo, la postura ambigua que ha adoptado E. K., como tantos otros. Esa mujer no ha estado a la altura de su posición moral. Ha estado haciendo política en lugar de comulgar con la humanidad. ¡Ya es demasiado mayor para ser fuerte!

¿Ha leído en el último número de la *Friedenswarte* el admirable ensayo de mi amigo Otto Flake, «Die Aufgaben der deutschen Intellectuellen» ['Las tareas de los intelectuales alemanes']? Si no lo ha hecho, se lo enviaré. Para el número siguiente, Fried prepara un manifiesto de autores alemanes con ocasión del quinto aniversario de la guerra. He escrito una arenga, «Bekenntnis zum Defaitismus» [«Declaración en favor del derrotismo»] que resume mis ideas antipolíticas y antisociales. Trabajo mucho. Mi obra de teatro avanza y gana en profundidad. Ya no trata sólo de la figura de Wagner, sino de Friedrich Hebbel. Como usted en *Jean-Christophe*, he mezclado los detalles característicos de personas diferentes para conferirle un carácter típico de artista. Me hace muy feliz estar trabajando. Lo que me atormenta son las noticias que me llegan de mi país. Noventa gramos de pan al día, nada de carne, de arroz, de leche, de queso, de tocino, de azúcar, de café, de tabaco, de ropa, es el *hambre desnuda*. ¡La angustia es tal que uno no se atreve ni a imaginárselo! ¡Desdichado pueblo que es obligado a oponerse! ¡Imagínese que aquí, aun teniendo tres veces más pan y toda suerte de alimentos, la gente se queja! ¡Figúrese con noventa gramos diarios! Y todo es cosa de la presión alemana, que nos ha quitado los alimentos para imponernos sus ideas políticas. Tiemblo sólo de pensar en el sufrimiento de esos millones de personas, y cada día que pasa estoy a la espera de que algo grave suceda. Allí ya no se esfuerzan por acallar estas noticias, no le estoy revelando ningún secreto. Pero lo siento mil veces más que los que lo leen en los periódicos, porque veo de lejos esas siluetas terribles, hambrientas y andrajosas que se defienden contra un enemigo invisible. En esos instantes siento que mi fuerza moral se vuelve feroz: si pudiera, si los tuviera cerca de mí, mataría a esos canallas que prolongan la guerra por sus ideas. No creo que haya justicia en este mundo, ni tampoco albergo la superstición de que seamos capaces de crearla fuera de nosotros mismos por medio de la palabra o la acción. Pero apreciaría más mi vida si hubiese matado a uno de los que alargan el padecimiento de millones de personas. No sé si podrá comprender este acceso de odio en mí, pero la idea de niños y mujeres muriendo de hambre, y todo para que, como decía ayer Guillermo II, la idea alemana triunfe sobre la idea inglesa, me hace, por momentos, perder casi del todo la razón.

Habrá recibido ya el ejemplar de *Le temps viendra*. ¿Llegará ese tiempo? Ya no me atrevo ni a pensarlo en estos instantes. Y este momento es tan atroz, una sima, un abismo, que si nos acercamos al borde sentimos desfallecer las fuerzas del pensamiento, el cerebro se vacía y el corazón se detiene. La necesidad de actuar empieza a resurgir en mí de nuevo, creo que somos más de lo que pensamos.

Suyo, de todo corazón, su fiel

STEFAN ZWEIG

240. STEFAN ZWEIG A ROMAIN ROLLAND

[Matasellos: 27.6.1918]

Querido y gran amigo:

¿Se ha enterado usted de la noticia? No ha aparecido en los grandes periódicos, pero es *auténtica,* aunque parezca surgida de la fantasía. Nicolaï y tres más han escapado de su arresto en un *aeroplano* y aterrizado en Dinamarca.[1] ¡¡¡El

---

[1] Georg Friedrich Nicolaï (1874-1964), profesor de psicología en la Universidad de Berlín. Sus posiciones pacifistas y la publicación de textos como *Manifiesto a los europeos* o *La biología de la guerra* le valieron el exilio y confinamiento a la región remota de Tucheler Heide. Consiguió escaparse a Dinamarca con ayuda de diversos oficiales. Romain Rolland le dedicó dos artículos «Un gran europeo: G. F. Nicolaï», Ginebra, *Demain*, noviembre de 1917 (MP, pp. 249-281), y «Un llamamiento a los europeos», Zúrich, *Wissen und Leben*, noviembre 1918 (MP, pp. 299-306).

propio comandante del aeródromo se ha marchado con él!!!
Han tenido que aterrizar en Kiel, por falta de combustible,
han pedido carburante en el arsenal y luego se han marchado directamente a cruzar la frontera. ¡Es inefable nuestra
alegría! ¡Qué victoria de la voluntad sobre la fuerza! Menuda prueba de que sigue existiendo el coraje al otro lado del
frente. Parece que Alemania ha pedido la extradición, pero
no se la concederán jamás.

Por fin una buena noticia tras tantas otras terribles. ¿Y usted? ¿Está trabajando bien? He leído que se ha publicado un
folleto contra usted firmado por esa tal D[ebran].[1] Lo leeré,
porque leo todo lo que se escribe en su favor y en su contra.

De todo corazón, su fiel

STEFAN ZWEIG

Querido señor Rolland:
Le agradezco de todo corazón su carta, que me ha resul-
tado reconfortante. Mi pequeña ha llegado y estoy muy feliz.
Su devota

FRIDERIKE WINTERNITZ

241. ROMAIN ROLLAND A STEFAN ZWEIG

[Tarjeta postal]
[Matasellos: Territet, 28.6.1918]

Querido amigo:
Perdone que haya tardado tanto en responder a sus generosas cartas. He sufrido bastante en estos últimos tiempos y
ahora empiezo a recuperarme. (Una crisis de gastroenteritis muy virulenta debida, sin duda, a alimentos adulterados.
¡Llevaría tiempo muerto en su hambriento país!).

He recibido el ejemplar de *Le temps viendra*, pero me equi-
voqué al pedírselo. En estos momentos no tengo la cabeza

---

[1] En su diario, escribe Rolland al respecto: «Admiro el odio de mis

en esa obra y, si bien encuentro acertados sus comentarios, no podría efectuar los cambios sobre esos puntos sin correr el riesgo de estropearlo todo. Por ahora me contentaré con corregir algunos detalles.

He leído su encantador y afectuoso artículo sobre Rosegger.[1]

Ellen Key ha sido un poco débil durante esta guerra, pero, decididamente, ¡la ha tomado usted con la «vejez»! Yo no, y no es porque pronto arribaré a ella. Cuando era joven, admiraba eso que tiene de religioso, de soberanamente libre. Tendré que escribir una apología de los vejestorios. ¡Cuántos grandes artistas empezaron a serlo a los cincuenta o sesenta años! ¿Y conoce usted algo más repugnante que esos pequeños chacales de treinta a cuarenta años que pueblan las oficinas de propaganda, los diarios y las mil y una creaciones lucrativas de la guerra?

Le envío un espécimen, un artículo del «hijo del cura»[2] sobre Verhaeren. Hasta pronto, querido amigo. Pronto le mandaré una carta más extensa.

De todo corazón.

ROMAIN ROLLAND

---

enemigos. Renace de su propio veneno. Mi silencio durante meses no lo extingue, bien al contrario, parece exacerbarlo. La estúpida pajarilla de Loyson, Isabel Debran, ha publicado un panfleto, *Monsieur Romain Rolland, initiateur du Défaitisme*, Ginebra, imprenta de Henri Jarrys, Freille 4, cuya introducción está escrita por un tal "Diodore" ("hasta cuando Loyson vuela, se oyen sus patitas") [...] Si algún día un pobre loco me mata, que le den un puntapié en las posaderas de mi parte, es todo lo que merece. Los verdaderos asesinos son los que armaron su brazo: y he aquí dos» (JAG, pp. 1501-1503).

[1] Peter Rosegger (1843-1918), poeta y escritor austríaco. Aquí se refiere a: Stefan Zweig, «Peter Rosegger: zum Tode des Dichters», Basilea, *National-Zeitung*, 27 de junio de 1918 (Klawiter 1, p. 391).

[2] Se refiere a Paul Hyancinthe Loyson, hijo de Charles Loyson. Véase Roland Roudil, «"Romain Rolland et la "Bande à Loyson": Le soupçon du complot», *Cahiers de Brèves*, 26, diciembre de 2010, Association Romain Rolland.

Rüschlikon, cerca de Zúrich
Hotel Belvoir
28 de junio de 1918

Mi querido y gran amigo:

Acabo de recibir la carta en la que me dice que está pasando una crisis de gastroenteritis. No puedo darle consejos médicos desde lejos, pero sí que me gustaría llamar su atención sobre el hecho de que en nuestro país conocemos bien esa clase de padecimiento desde hace mucho tiempo. Se debe, *a menudo*, a la composición del *pan* (la enfermedad del *Kriegsbrot* ['pan de guerra']), en el que se encuentran—desde que el trigo puro empezó a escasear—toda clase de cosas desconocidas y difíciles de digerir. Haga que tuesten su pan cada día en el horno, al estilo inglés, *toast*, como lo llaman al otro lado del canal de Mancha, y verá como era eso lo que provocaba el mal. ¡Cuídese mucho! Necesitamos de sus fuerzas físicas para el combate moral.

Le hablé de la heroica y novelesca huida de Nicolaï. Es muy difícil conocer más detalles, pero la noticia es cierta. En los periódicos daneses aparece por todas partes (en el hotel tenemos a aquel danés que le decía, que nos lo ha traducido todo), y no cabemos en nosotros de gozo. ¡Ése es el triunfo de la voluntad sobre la fuerza moral! Qué pena que no haya venido a Suiza.

He leído el artículo de ese miserable de Loyson. ¡Menudo mentiroso! Usted sabe que, durante quince años, fui íntimo de Verhaeren y jamás oí que llamara amigo a ese individuo. Pero más triste que él es Hervé, que permite la publicación de semejante basura en su periódico.

En Alemania, el partido de la paz ha vuelto a perder. Si se leen los discursos del Parlamento, uno podría pensar que el pueblo está unido en un sentimiento de fuerza y de triunfo. En verdad, el país se encuentra en un estado moral terrible:

el robo y la falsificación campan a sus anchas, la corrupción gana partidarios cada día. ¡Tras la guerra, viviremos una catástrofe moral sin parangón!

Disculpe mis palabras contra la vejez. En mi país, los ancianos han sido los peores, y Clemenceau es un buen ejemplo de ello. Lo que me da esperanza, allí y en Francia, es la juventud, quienes están entre los veinte y los treinta. Los demás ya se han hundido en la ciénaga a la que llamamos sociedad. Los jóvenes aún son libres, sólo ven al hombre y el mundo.

¿Ha oído usted algo sobre el número especial preparado por la *Friedenswarte* en el que se pronunciarán los autores alemanes residentes en Suiza? Hesse dudaba, pero pude hablar con él y se ha puesto de nuestro lado.[1] Espero que no falte nadie. Hemos estado a la defensiva durante demasiado tiempo, ahora hay que atacar. El ejemplo de Nicolaï nos ha reconfortado, no se quedará en Dinamarca para guardar silencio.

¡Le deseo, de todo corazón, un pronto y duradero restablecimiento!

Muy fielmente suyo,

STEFAN ZWEIG

Acabo de recibir una carta de mi hermano; le acaban de robar en medio de un restaurante, en su mesa, una pitillera. Ha sido un joven camarero, a plena luz del día, pero el dueño del restaurante le ha rogado que no lo denuncie. Me cuenta que cosas como ésta suceden cada día, y la policía no tiene tiempo para ocuparse de ellas. ¡Ya ve, una anarquía total! No para de haber robos porque la gente sabe que la ley ya no existe, porque el hambre lo excusa todo y porque las prisiones están *a rebosar*. Podría referirle cientos de ejemplos como ése. He ahí la purificación a través del *Stahlbad*, el baño de acero.

[1] Finalmente escribiría para esta edición especial el artículo «Mein Standpuntk» ('Mi punto de vista'), publicado en el número de *Die Friedenswarte* de julio-agosto de 1918.

Y en Hamburgo, en una conferencia, un diputado ha dicho: «De rodillas damos las gracias a Dios por que nuestros enemigos no hayan aceptado nuestra oferta de paz hace dos años». ¿Alguna vez han insultado a Dios de tal modo desde que se cree en su existencia?

243. ROMAIN ROLLAND A STEFAN ZWEIG

[Matasellos: Villeneuve, 5.7.1918]

Querido amigo:

Si no le escribo es porque llevo dos semanas metido en un nido de vívoras, no sólo por mi propia defensa, sino, todavía más, por la de mis amigos, la de uno en concreto que se encuentra muy amenazado.[1] Por razones diversas, no puedo ponerle al tanto de estas intrigas. Nuestras respectivas situaciones nos imponen, ante ciertos asuntos, una reserva mutua que mucho me pesa: me gustaría poder desahogarme un poco en privado con usted, hablarle de mi indignación y repugnancia de estos últimos tiempos. Pero, moralmente, lo tengo prohibido.

La gente se imagina, desde lejos, que aquí se vive una vida bucólica. No reparan en que llevamos la existencia más desencantada, más vacía de ilusiones, pues vemos la otra cara del heroísmo. Estamos entre bambalinas de la epopeya y sabemos a qué precio canalla se pagan el idealismo y la gloria.

¡Que así sea! Los que hayamos resistido tendremos un baño de un noble metal. No les habremos escatimado el temple.

Por seguir hablando de vilezas menores («*Paulo minora canamus*»),[2] ¿ha leído el artículo del *Freie Zeitung* en el que

---

[1] El 11 de julio, Guilbeaux fue arrestado y encerrado en St. Antoine de Ginebra acusado de violar la neutralidad suiza, pese a que su encarcelación fue obra de las presiones francesas (*Europe: revue mensuelle*, 1923, p. 201).

[2] 'Cantemos sobre cosas menores', adaptación del comienzo de la

salen corriendo en auxilio de Diodore-Loyson y Debran?
¡Vaya papel más glorioso están desempeñando! Al menos los
cómplices se vuelven visibles. Hace poco vi a Fernau,[1] que se
ha desligado de ellos y que, con toda ingenuidad, me contó…
todo lo que yo quería saber. ¿Ha leído usted el panfleto? Vale
la pena que se conozca. Madame Debran vierte acusaciones
de una ridiculez poco habitual. ¡En las *pp. 26-27* me reprocha haber trabajado para la Cruz Roja! ¡Parece como si yo le
robara el puesto (y el pan, cómo no) a «centenas» de candi-
datos excluidos! (Ya verá, un día de éstos me acusarán de haberme quedado con el dinero que yo mismo doné a la Cruz
Roja).[2] En la *p. 8* Diodore denuncia mi «propaganda», que
empezó el «29 de agosto de 1914». Se cuida bien de decir
el porqué: la carta a Hauptmann. ¡Hermoso artículo de
«propaganda»!

¿Y qué me dice de esa magnífica argumentación de padre
jesuita? *Primera página*: «El sr. R. R. *puede* que no esté involucrado *de manera directa* en las intrigas que han fomentado
los círculos militares, financieros y diplomáticos del enemigo. ¿Por qué no?». *Pp. 19-20*: «*Está probado*: sus amistades
(¿?), su literatura (¿?), su vida cotidiana (¡!), todo indica que
el señor R. R. conoce los entresijos de esta conspiración tan
grande como el mundo…», etcétera.

¡Mi «vida cotidiana», amigo mío! ¡Es para hartarse a reír!

Pues bien, ¡no crea que los buenos ginebrinos, que me conocen, que me han visto trabajar en la Cruz Roja, que me han
leído (y respaldado antaño) en el *J[ournal] de Genève*, han hecho justicia con esta necedad! Responde tan bien a sus pa-

---

Égloga IV de Virgilio: «Sicelides, Musæ, paulo maiora canamus!» ('¡Mu-
sas sicilianas, cantemos asuntos un poco más elevados!').

[1] Hermann Fernau (n. 1883 o 1884-¿?), periodista y pacifista alemán,
se exilió en Berna en 1915.

[2] El montante que recibió por el Premio Nobel fue donado íntegra-
mente a la Cruz Roja.

siones del presente que se la han tragado con los ojos cerrados. Y el otro día, al recomendar a un comité de socorro italiano a un pobre compatriota suyo aquejado de tuberculosis en Leysin, bastó oír mi nombre para que le denegaran la ayuda a ese desdichado, se vengaron de él porque lo había presentado un «derrotista». ¡Ay, menudos corazones más grandes tienen!

Ahora mismo es impensable una traducción alemana de «Más allá de la contienda». Mi editor de París se niega, igual que a firmar contrato con Rascher. No es que tenga nada en contra de esta editorial, pero le ha entrado el canguelo. En general, les ha entrado a todos por allí. El canguelo heroico. Dispuestos a morir mil muertes. Siempre que sea *como* los otros. Ser *diferente*, pensar *diferente*, vivir o morir de un modo *diferente*... eso sí que los hace temblar. Hay millones de personas así en Europa. No me sorprendería ver coagularse repentinamente a esos millones de glóbulos humanos y formar un queso cuajado. Pero yo soy el suero. A mí jamás conseguirán cuajarme.

Suyo, de todo corazón,

ROMAIN ROLLAND

Me alegra saber que la señora Von Winternitz se encuentra con su otra hijita. Le devuelvo el ejemplar de *Le temps viendra*. Solamente he podido hacer retoques de detalles. No tenía la cabeza del todo metida en el tema ahora mismo. Volveré a darle vueltas en otro momento.

Le envío también un articulito sobre las *Hormigas* de Forel.[1] En ese mismo número hallará una respuesta a algunas de las burdas mentiras del panfleto.

[1] «Leyendo a Auguste Forel», 1.º de junio de 1918, *Revue Mensuelle*, Ginebra, agosto de 1918 (MP, pp. 282-290).

Rüschlikon, Hotel Belvoir
10 de julio de 1918

Querido y gran amigo:

He pasado unos días recorriendo el Berner Oberland [las tierras altas de Berna] y me he quedado maravillado sobre todo con Wengen. Pensaba en usted y me preguntaba si acaso este enclave, por su aire vigoroso y su gran tranquilidad, no le convendría más que el lago de Ginebra. Allí me he sentido más fresco, más libre frente a las montañas, incluso más optimista.

De regreso pasé por Berna y compré el folleto de esa miserable de Debran. Es tan zote, tan rencorosa que sólo puede avergonzar a sus enemigos. Respondiéndole se le daría valor. Sus amigos, que han leído el artículo del *Freie Z[eitung]*, querían hacer una proclama suiza. Me he opuesto, ya que eso sería concederle demasiados honores a semejante criatura, haciéndole saber que su folleto lo han leído los hombres más destacados de Suiza (se trataba solamente de los neutrales). Y se equivoca al ocuparse en estos momentos de tamaña basura. No conozco nada más elogioso para su vida privada y pública que el hecho de que, tras cuatro años de estancia y combate aquí, no puedan sacar nada más contra usted que esas estúpidas historias. Lo único que quiere esa tipeja es provocar una disputa, poner su innoble nombre al lado del suyo. Obviarla y no responder es la única manera digna de proceder. Y quisiera que Jouve y otros amigos no le «defendieran». Usted sabe que, cuando lo atacaban en Alemania, yo tampoco le «defendí», salvo en una ocasión en la que envié una carta privada a Thomas Mann, quien había dicho que usted se había marchado de Francia durante la guerra y que se excusó tras ser informado. Pero esa carta, y la respuesta, permanecieron inéditas. En una época en que el mundo, cuan vasto y anchuroso es, está inundado de mentiras, ¿conviene responder a un par de insinuaciones menores? Soy plenamente consciente de que ese panfleto ha podido ser un mero globo sonda, la primera fase de una gran campaña, pero cuanto más la ignoremos, más difíciles serán sus maquinaciones.

Además, si se le queda el sambenito de iniciador del derrotismo, mejor que mejor. Pues un día eso le honrará. Leerá en el excelente número de la *Friedenswarte*, que reúne a todos los intelectuales alemanes que hay en Suiza (salvo Schickele, que se muestra «prudente»), una declaración mía sobre el «derrotismo» y mi propuesta de aceptar esta palabra como lema.[1] Tras mil quinientos días de masacre, ya no es hora de ser prudente. Hay que gritar. Ya no es hora de defenderse, hay que atacar. Siento cómo crece la revuelta en todos los países. Ha cobrado vida, y el estruendo de los cañones apenas acalla su voz. El miedo pinta de blanco los rostros de los poderosos. Pasa lo mismo en todas partes. Lo siento con la cabeza, el corazón y los nervios, siento que se avecina la crisis. Podría darle detalles, pero ya sabe que no afirmo nada sin pruebas.

Por eso le digo que no permita que esos viles ataques perturben su tranquilidad. Son los últimos coletazos de la bestia moribunda. El peligro ya ha pasado, y creo que ha pasado también para usted y para nuestros amigos. Por la forma de esos ataques, se ve que han perdido fuelle, y quizá allí esperan de nosotros más de lo que hacemos.

Le agradezco muchísimo el ejemplar corregido de *Le temps viendra*, lo acabo de recibir, así como el ensayo sobre Forel, que es todo belleza. Sobre lo que me escribe acerca de Rascher, casi me alegro. Siempre sufro un poco al ver a la gente hacer negocios con su gloria. No me cansaré de decírselo: espere a comprometerse con la reconciliación y

---

[1] Stefan Zweig, «Bekenntnis zum Defaitismus» ('Acto de fe en favor del derrotismo'), *Die Friedenswarte*, julio-agosto de 1918 (*Klawiter I*, p. 319).

con los innombrables ensayos que le pide Alemania. Muchos querrán tapar su vergonzosa actitud con un celo fraternal, permitido a la vez que favorecido por el gobierno. Y temo su casi excesiva bondad (por mucho que yo la estime) ante aquellos que no la merecen. Esperemos tranquilamente, junto a cien millones de hombres, el día de la palabra libre: ¡llegará!

La señora Von Winternitz le envía sus respetuosos saludos. Fielmente suyo,

STEFAN ZWEIG

245. ROMAIN ROLLAND A STEFAN ZWEIG

Domingo, 14 de julio de 1918

Querido amigo:

He leído su hermoso artículo de la *Friedenswarte*. Me ha gustado su franca audacia y la afirmación de lo humano, lo *allmenschlich*. Pero debo decirle que no puedo seguirlo en su reivindicación del «derrotismo». No, jamás veré en esa injuria un título de honor y, por lo que a mí respecta, lo rechazo con todas mis fuerzas. El «derrotismo» se sitúa en el plano de esta contienda de odios y avaricias de la que pretendo desligarme. Y éste ocupa el lugar más desafortunado, pues parece resignarse a la pasividad. ¡Mejor actuar que ser pasivo en medio del mal! No soy un «no-resistente», un budista, un tolstoiano. No me resigno en absoluto a que me venzan. Y jamás lo aconsejaría a otros. Pretendo contribuir a construir para todos los hombres la elevada torre del espíritu—los jardines colgantes de Babilonia—desde donde se vea la contienda, desde donde se vea más allá, una torre que sobrevivirá a la guerra. Mi actitud es la que he descrito al final de *Le Triomphe de la Raison*, no bajo la forma del grande y puro «derrotista», Adam Lux de Maguncia, sino de los dos miembros de la Convención, Hugot y Faber, cuyas últimas palabras son: «Me he adelantado a la victoria, pero venceré». Yo le digo a la fuerza que nos aplasta: «No vencerás al espíritu. El espíritu te vencerá».

Sé que en el fondo estamos de acuerdo, pero creo que ha escrito el artículo de la *Friedenswarte* en un arrebato de pasión combativa, como en el duelo al final de *Hamlet*, cuando el príncipe arranca a Laertes su florete y lo vuelve contra él.

He leído también su encantadora necrológica por la muerte sin gloria del viejo Hotel Schwert y me uno a su lamento.[1] ¡Estúpidos ayuntamientos! ¡Qué fácil les resultará vivir de rentas con los recuerdos que vendan después!

No le digo nada del caso de Ginebra. Hace semanas que estoy preocupado por lo que veía venir. Recientemente, he hecho algunos viajecillos por Suiza para intentar esclarecer ciertos rumores. Hasta que no se demuestre lo contrario con pruebas absolutas, creo en la completa integridad y lealtad de G[uilbeaux]. Sin embargo, no me asombraría que su fanatismo social y su extrema imprudencia a la hora de hablar le hubiesen puesto en apuros. En todo caso, podemos esperarnos una erupción de barro y basura contra él.

Hasta pronto, querido amigo, su devoto servidor,

ROMAIN ROLLAND

¿Se habla mucho en su región de la supuesta gripe española?[2] Está causando estragos en Ginebra y por aquí está en todas

---

[1] Stefan Zweig, «Nekrolog auf ein Hotel» ('Necrológica de un hotel'), *National-Zeitung*, Basilea, 13 de julio de 1918.

[2] La gripe española (también conocida como la gran pandemia de gripe, la epidemia de gripe de 1918 o la gran gripe) fue una pandemia de inusitada gravedad. A diferencia de otras epidemias que afectan básicamente a niños y ancianos, muchas de sus víctimas fueron jóvenes y adultos saludables, y animales, entre ellos perros y gatos. Hasta hace poco se la consideraba la pandemia más devastadora de la historia humana, ya que en sólo un año mató a entre veinte y cuarenta millones de personas. Tras registrarse los primeros casos en Europa, al parecer en Francia, la gripe pasó a España,

partes. Se ha reproducido su artículo de *Demain*, con grandes cortes, en algunas revistas jóvenes de París.

Avergonzado me doy cuenta de que todavía no le he mandado el libro de Knut Hamsun. Se lo reenvío con mis agradecimientos. Me ha parecido elevado y decepcionante a la vez; refinado y muy artístico en ciertas partes, de un excesivo romanticismo e inverosímil en otras. Mis preferidos son los primeros capítulos. El epílogo me parece bastante malo. En general, creo que lo «natural» de esta obra (en sus mejores páginas, cuyo aroma es exquisito) no es un mero fruto de los bosques, sino de un jardín muy cultivado.

246. STEFAN ZWEIG A ROMAIN ROLLAND

Rüschlikon, 31 de julio [de 1918]

Querido y gran amigo:

Acabo de leer su excelente carta en favor de G[uilbeaux] y le doy las gracias. Cuando aquel ataque apareció en el *Neue Zürcher Zeitung*, tuve la intención de responder de inmediato. Pero mi posición como austríaco no le hubiera hecho ningún bien a G., por eso sólo hablé con un redactor a quien el asunto también le parecía muy desagradable. ¿Cree que resultaría útil exigir públicamente que se dé a conocer el motivo de su encarcelamiento? Podría hacer que se interesaran por el caso mis amigos del *National-Zeitung*, un diario que para nada es *bochéfilo*. ¿O cree que incluso eso podría perjudicar a G.? Tengo la convicción, hoy más que nunca, de que su arresto se ha debido a un error o a una maquinación de sus enemigos, pues este misterioso silencio es incomprensible. ¡Menudos tiempos!

---

un país neutral en la guerra y que no censuró la publicación de los informes sobre la enfermedad y sus consecuencias, de ahí que, pese a ser un problema internacional, se le diera este nombre por parecer en las informaciones de la época que era el único país afectado.

Le enviaré un ensayo que se publicará en el *Neue Zürcher Zeitung* del domingo y que me parece necesario.[1] Creo que he logrado expresar lo que realmente pienso, no tan virulentamente como en la *Friedenswarte*, pero sí con mayor claridad. Será lo último que diga hasta dentro de mucho tiempo. Quiero descansar un poco. Acabo de terminar mi obra teatral, el trabajo ha sido titánico y veo poco margen para llevar una vida tranquila. Tengo miedo del invierno aquí en Rüschlikon. No podré quedarme, la casa no tiene calefacción, y la idea de volver a Zúrich, de vivir apretado en una pequeña habitación de hotel, rodeado por todo ese torbellino de palabras e intrigas, me parece insoportable. Mis nervios, además, están peor. Puede que me vaya a Lucerna, puede que vuelva a Viena, si bien el peligro personal que correría allí sería bastante grande. Pero aquí la impotencia moral es mayor. Se ha dicho de todo. Se ha intentado hacer de todo. Y sabemos que no somos nada ante la locura de las cosas, pues, después de tanto tiempo, ya no se trata de la locura y la estupidez de los hombres, sino de la locura destructora de las cosas, de la voluntad absurda del destino, que prolonga la ruina de la humanidad. Siempre temo que la rabia que reprimimos dentro de nosotros acabe saliendo. En mi país he visto a la gente volverse mezquina por esa sorda venganza de la impotencia. Y puede que uno se vuelva perverso sin saberlo. Ahora mismo, para solazarme, tengo ganas de leer a Rabelais, a Cervantes, las obras maestras de esa sagrada libertad del corazón, y comprendo *la necesidad* que le ha empujado a escribir su *Liluli*.

Le comunico que el *Berliner Tageblatt* ha vuelto a publicar cartas suyas, encontradas en Saint-Quentin en casa de una dama; esta vez se trataba de cartas auténticas que concernían

---

[1] Se refiere a la carta abierta en respuesta a Fried, publicada con el título «Die Entwertung der Ideen. Eine Antwort an Alfred H. Frieds Aufsatz "Der Vernunftmeridian"», *Neue Zürcher Zeitung*, 4 de agosto de 1918.

al músico Dupin. Por buena que sea la intención, considero que la publicación de una correspondencia privada, sin la autorización de los autores, demuestra falta de tacto. Así que le pregunto—pues jamás haría algo por su interés sin habérselo consultado antes—si cree que debería escribir una carta privada al *Berliner Tageblatt* diciéndoles que publicaciones como ésa me parecen fuera de lugar. No conocen las dificultades que entraña su posición y todo el mal que le causan creyendo «defenderlo». Aquí, como en todas partes, la buena fe hace más daño que la mala fe. Véase, por ejemplo, el artículo de Feldner en *La Feuille*, donde anuncia el número de la *Friedenswarte* como un manifiesto «revolucionario» para recomendarlo… a los denunciantes. Pero, con todo lo que hacemos, debemos contar con la estupidez, la mala fe y los malentendidos. Actuar según la conciencia de cada uno, no pensar en las consecuencias, ése es el único camino transitable en estos momentos. Es ya de por sí difícil vivir sin esperanzas. ¡Pero hemos de aprender a vivir esa nueva vida, y quizá ésta tenga una belleza diferente a pesar de todo!

Con afecto, mi querido y gran amigo. Suyo,

STEFAN ZWEIG

Los mejores deseos de la señora Von W., que está aquí por unos días.

247. STEFAN ZWEIG A ROMAIN ROLLAND

[Matasellos: 31.7.1918]

Mi querido y gran amigo:

Le agradezco su excelente carta y el ensayo sobre Empédocles. No sabe el bien que me hizo oír su voz. ¡Y cómo ve usted el alma a través de la obra! Lo que dice de mi arenga en la *Friedenswarte* es del todo cierto: la escribí con pasión. Tengo verdaderamente la impresión de que este instante es crucial: *hay que* gritar, actuar, pues estas semanas deciden la suerte de nuestra época. Ahora mismo se libra un combate invisible en Alemania; el pueblo, asfixiado por las mentiras, empieza a desconfiar. Y la desconfianza es un sentimiento nuevo en Alemania. No sé por qué se reprocha tanto a los alemanes creer a pies juntillas en sus líderes; en esa actitud hay una fuerza religiosa, un sentimiento muy noble y profundo, que es la verdadera fuerza de todo lo que produce ese pueblo. El ateísmo y el escepticismo jamás han tenido su momento en Alemania. Este pueblo vive y muere creyendo. Que esa facultad, que ese don para creer haya sido miserablemente aprovechado por sus líderes es algo de lo que el pueblo comienza a darse cuenta (incluso los intelectuales), y habrá un gran despertar. Ya sabe, los que han sido creyentes son los escépticos más acérrimos cuando se extingue su fe. Alemania quedará irreconocible tras esta guerra. En estos cuatro años, habrá cambiado más que de 1870 a 1914. *Sentimos la crisis en estos instantes*; la duda se ha vuelto fuerza, una fuerza desconocida hasta el presente, pero que quiere actuar... o destruir. Comprenderá usted por qué ahora todos nosotros sentimos, de manera repentina, recuperadas las ganas de hablar y de actuar: sentimos que debemos ayudar en este parto cuyos filosos gritos sajan el universo. Las palabras de Kühlmann[1] han sido el primer grito del alumbramiento y, aunque sofocado de inmediato, ya no se podrá meter de nuevo al niño en el vientre de la madre, del mismo modo que tampoco podrán acallar la duda. Y es nuestro deber protegerlo, amamantarlo, sentimos que la palabra es *necesaria* en estos

[1] Richard von Kühlmann (1873-1948), secretario de Asuntos Exteriores alemán. Estuvo tanto en la firma del tratado de Brest-Litovsk como en la firma de la paz de Bucarest. Zweig se refiere a su discurso de julio en el Reichstag, donde declaró que la guerra no se acabaría por las armas, sino que requeriría de diplomacia. Su postura encontró una fuerte oposición, sobre todo por parte del ejército, y tras reunirse con el emperador Guillermo II, presentó ese mismo mes su dimisión.

momentos. Y ya que no contamos con hombres representativos, dado que Hauptmann o Dehmel siguen callando, nos vemos obligados a gritar más fuerte de lo que nos gustaría. *Es preciso provocar la disputa.* He escrito esa arenga *para que me ataquen.* Ha reconocido usted que la virulencia era exagerada. Pero hay que provocar esa discusión en Alemania ahora mismo, a toda costa, pues el pueblo está preparado y, *por primera vez, tenemos una oportunidad de encontrar la fe.* Hasta ahora, bastaba un comunicado de Hindenburg para poner fin a cualquier llamamiento, por humano o poético que fuese.

Usted, mi querido y gran amigo, tiene la admirable serenidad de quien ha reconocido lo necesario que es el error que genera la verdad. Compartía más su visión cuando yo mismo vi que había perdido toda esperanza de poder cambiar algo. Pero ahora veo la posibilidad de *acelerar* un movimiento moral e intelectual. Y esas ganas me arrastran a la palestra. Me entran dudas cuando leo una obra como su ensayo, donde todo se refleja como en el espejo de un lago: vemos la cacería furiosa de las nubes, a veces agitada, a veces inmóvil. ¡Qué modo de sentir cómo se pierde, en la inmensidad del espacio y del tiempo, el horror de esos días! ¡Qué manera de respirar el aire de sabiduría milenaria con los pulmones del alma! ¡Y qué bien sabe usted unir, sin que nos demos cuenta, la erudición con la visión libre y poética!

Quería preguntarle si conoce el admirable fragmento dramático de nuestro gran Hölderlin *La muerte de Empédocles.*[1] Posee una belleza poco frecuente, y eso le confiere el ritmo místico de Hellas que no ha conseguido ningún otro poeta alemán, ni siquiera Goethe. ¿Lo conoce? Como no lo menciona, probablemente no; me gustaría enviárselo.

Espero que esté usted bien de salud. Por aquí la gripe es casi desconocida, en Rüschlikon no ha habido un solo caso,

---

[1] Existe edición en español: *La muerte de Empédocles,* trad. Feliu Formosa, Barcelona, Acantilado, 2001.

y en la propia Zúrich, muy pocos. No temo por mí, ya que paso todo el día al aire libre, pero quizá haga usted bien yéndose un tiempo a las montañas. Pensé que quizá Wengen le podría resultar conveniente. Es el lugar donde Byron concibió *Manfred*, y todo lo que tiene de grandioso se encuentra en el paisaje, sólo que menos lúgubre y triste. Me gustaría tanto poder estar cerca de usted en estos momentos. Temo que sufra con el caso de G., que nos impone silencio en tanto que callan los acusadores. Se lo repito: si juzga oportuna una acción por mi parte, me pondré a ello de manera inmediata. Sólo que no quiero estropear nada: en *La Feuille*, que con cada día que pasa se vuelve más germanófila, lo defienden, a mi entender, demasiado pronto, pues no tienen detalles y hablan sin saber. En cambio, he leído con mucho regocijo el puntapié que propina el *Journal de G[enève]* a esa buena pieza de madame Debran. Quedará en ridículo por un tiempo y será tonta para siempre.

Me he enterado de que se ha publicado *Jean-Christophe* en una revista húngara. Quería decírselo, aunque no sepa mucho más. Parece que la edición alemana de *Beethoven* se está vendiendo muy bien. En el futuro, no debería dejar que cierren tratos sin reservarse un cierto porcentaje de la venta, porque son los editores o mercaderes alemanes como W. Herzog quienes sacan provecho. Usted tiene una enorme reputación en Alemania; tras la guerra, todos se echarán a sus pies para convencerlo de que apoye sus asuntos o ideas. ¡Cuánto detesto el industrialismo de la literatura alemana contemporánea! Tres cuartos de todos ellos son marchantes de su literatura. Nunca se había visto tanta sagacidad unida al talento y tan poca conciencia y convicción. La gran prueba, la guerra, ha sido terrible. Se forman ahora, por doquier, grupos activistas. Son los patriotas de ayer y los futuros aedos de la revolución (si acaban triunfando). Y en plena guerra, fundan revistas en masa, revistas de lujo, y no para dar expresión a una conciencia, como hacen muchos en Francia, sino para imprimir sus poemillas en papel verjurado. Ese industrialismo, en vísperas del diluvio, tiene algo de atroz. A mi juicio, es la antigua ceguera que precede el desastre. Un mundo se derrumba, y mientras se desliza por la pendiente, ellos siguen difundiendo sus poemas y su miserable vanidad. Ha habido momentos en los que comprendía perfectamente la necesidad de *no actuar*, de abstenerse de la política y del combate, pero no para librar un combate literario. Y ahora—ya le he explicado las razones—es el momento crítico para toda Europa, para todos nosotros. En cuestión de semanas se decidirá todo, no por las armas, como dice usted, sino por medio del espíritu. Que acabe la era del Odio, aunque no sea la era del Amor la que le ponga fin. ¡Pero que llegue el fin, el fin de la esclavitud humana! Su fiel

STEFAN ZWEIG

248. ROMAIN ROLLAND A STEFAN ZWEIG

[Montreux-Bon Port]
Jueves, 1.º de agosto 1918

Querido amigo:

En estas dos últimas semanas he estado bastante ocupado con todos esos desagradables asuntos que trato de arreglar. Por lo que a G. respecta, no creo que se le pueda acusar, por la parte suiza, de nada serio. Creo que lo que quieren es, sobre todo, amordazar la única voz que transmite en Occidente noticias fidedignas de los bolcheviques. El odio y el miedo hacia los bolcheviques es el *único* sentimiento que comparten todas las burguesías neutrales, imperiales y ententistas. Ahora bien, G. era el *único* representante oficial y reconocido del bolchevismo en la prensa suiza.[1] Temo que lo dejen a la sombra hasta que no hayan aplastado el movimiento. Ten-

[1] En julio de 1917, Henri Guilbeaux se convirtió en corresponsal oficial del diario *Pravda* en Suiza.

go noticias por su mujer, persona muy valiente que ha estado dos veces en Berna por él. Hasta me ha llegado una carta de G. (naturalmente, no podía decir gran cosa). He sabido que, tras haber emprendido la aventura, haciéndose el valiente, está ahora muy exaltado y amenaza con hacer «huelga de hambre». El *National Zeit*[*ung*], que ha hablado generosamente en su favor, podría volver a la carga. De manera general, me parece indigno que se establezca en todos los países la costumbre de practicar estos arrestos y detenciones preventivos que pueden durar meses sin que se dignen a dar a conocer los motivos de la acusación y mucho menos a verificar su validez. Es el arma más peligrosa que preparan las tiranías. Si no acabamos con ella de inmediato, adiós a la libertad.

Por mi parte, tengo toda una banda de agentes provocadores y monteros pisándome los talones. No cabe duda de que quieren implicarme en el caso de *Demain*, que prospera en Francia. El tal Loyson, al parecer, dice que quiere mi pellejo. Vaya gustos más raros. A mí no me gustaría el suyo: ni tan siquiera me gusta el mío. En todo caso, si tuviera que regalárselo a alguien, no sería a él.

Querido amigo mío, habla usted, con toda la razón, de mi serenidad interior: la poseo, pero está desprovista de ilusiones, y si a pesar de todo amo la humanidad, es porque siento por ella una profunda conmiseración, hecha de mucha piedad y mucha ironía.

En estos momentos, tengo a mi lado a un joven amigo japonés (no sé si se lo había comentado), con el que mantengo correspondencia desde hace años y es el traductor de mi *Vida de Tolstói*.[1] Ha viajado a Europa en parte para verme, pero tuvo que hacer una larga escala en Estados Unidos y luego en Francia. Es muy inteligente y simpático. Me ha revelado muchas cosas del espíritu actual de Japón, y eso legitima

---

[1] Seichi Naruse (1892-1936), escritor y académico japonés, especialista en el romanticismo francés, mantuvo amistad con Rolland.

todas mis instintivas aprensiones ante el futuro inmediato. Al menos allí también hay un puñado de almas supranacionales (entre ellas, algunos grupos de tolstoianos); por lo general, entre los jóvenes varones de veinte a treinta años, que sufren y tendrán que sufrir aún más que nosotros «la Era del Odio». Nosotros, amigo mío, no veremos el fin de esa era. Somos como Plinio y Séneca (aunque también con visiones virgilianas), precursores aún rodeados por las tinieblas. Pero ¿qué más da? Toda era es buena para quien sabe que no es más que un período de tránsito. Hace tiempo ya que no tengo en el presente más que una pequeña parte de mí, el torso con el corazón. La cabeza y los pies están en otra parte; unos, sobre una base más firme, la otra mira a la lejanía.

A veces, mi amigo japonés me recita haikus (poemas cortos de tres versos: cinco sílabas, siete, cinco). ¡Qué pureza! ¡Qué calma! Creo que cuando se produzca el gran choque de los dos mundos, nosotros, los europeos (un número muy reducido), recogeremos el legado del pensamiento de Asia, y los asiáticos el nuestro.

He leído la publicación del *Berliner Tageblatt*: esta vez es auténtica. No vale la pena decir nada: caería en saco roto. Los periodistas son iguales en todos los países. Por fortuna, aquellas cartas no eran de carácter íntimo (aunque esa bestia, con púdica reticencia, da a entender al final, cuando ya no hay nada más que decir, ¡que calla sobre lo más interesante!). ¡Pero qué temblores al pensar en otras cartas, verdaderamente íntimas, que hemos sembrado por aquí y por allá en nuestra vida!

Malwida v. Meysenbug me habló en su día del *Empédocles* de Hölderlin tras haberle leído unos fragmentos del mío (el primer drama que escribí en Italia). Pero, si bien admiro profundamente los poemas del Hölderlin, no conozco todavía su *Empédocles*.

Ha sido una revista polaca, de Cracovia, *Maski*, la que ha publicado mi *Jean-Christophe*. (Desconozco si se ha hecho una traducción húngara: en ese caso, sería sin mi autorización). En cuanto a la traducción polaca, se han limitado a continuar el trabajo emprendido por la señorita Sienkiewicz, mucho antes de la guerra, que interrumpió en el cuarto volumen. En todo caso, le recomiendo la revista *Maski*: me parece harto interesante, trasluce un gusto fino auténtico y un modernismo vivo. He conocido, gracias a ella y por medio de reproducciones, los vitrales de Stanisłas Wyspiański.[1]

Hasta la vista, querido amigo. Espero que su región siga más o menos a salvo de la epidemia. Está siendo gravísima en Berna, Ginebra, La Chaux-de-Fonds y en algún que otro lugar de Suiza. Lo hablaba ayer con Ferrière. No cabe duda de que es *más* que una gripe. O bien es una gripe que está muy cerca «de un fiero mal, que horror infunde»,[2] que dice La Fontaine. Cabe temer que esto no sea más que un preludio para Europa.

Tenga a bien decirle a la señora Von W. que responderé en breves a su amable carta y transmítale mis respetuosos saludos.

Suyo, afectuosamente,

ROMAIN ROLLAND

Fíjese en el elocuente silencio de la prensa romanda, tan hostil—en cambio—hacia G. Evidentemente, la consigna es no llamar la atención sobre su encarcelamiento para poder prolongarlo.

[1] Los vitrales modernistas del polifacético artista y arquitecto polaco Stanisław Wyspiański (1869-1907) están en la iglesia de San Francisco de Asís de Cracovia.

[2] Jean de La Fontaine, *Fábula IV*, «Los animales enfermos de la peste», trad. Bernardo María de Calzada, Madrid, Imprenta Real, 1787.

Rüschlikon, Hotel Belvoir
[Matasellos: 6.8.1918]

Querido y gran amigo:

Le agradezco su amable carta. He escrito de inmediato a mi amigo del *National-Zeitung* para que sondee la cuestión de G. Temo verdaderamente por él, cuya salud es tan delicada, pero sobre todo temo por lo mal que le sentará la soledad a su carácter violento. El silencio generalizado me asombra. Esperaba ataques virulentos de ciertos periódicos. Pero este silencio es todavía más peligroso.

Acabo de descubrir una noticia en el *Journal de Genève* que concierne a un ensayo mío sobre los prisioneros.[1] Tuve la valentía de señalar (creo haber sido el primero) que incluso aquellos afortunados [*sic*][2] siguen siendo seres humanos que sufren por verse apartados de sus vidas, y que, aunque nos exaspere su dicha, siguen aislados, y ni los cuidados más tiernos podrían devolverles lo que han perdido. ¡Fíjese cómo se desfigura (¡sin citar!) cuando se habla de esa «vagancia» que supuestamente yo he descubierto! Además, la noticia era muy educada y demasiado acomodada como para adoptar la forma de un ataque. Usted sabe que si de vez en cuando escribo sobre asuntos suizos no es porque me plazca; es el pretexto para estar aquí, lejos de mi cuartel. Por ese precio, acepto estos contratiempos menores y trato, al menos, de mostrar de tanto en tanto que la piedad es la única fuerza de los neutrales, la única excusa para muchos. Y como aspiro a la verdadera libertad de poder decir cualquier

---

[1] *Le cœur de l'Europe; une visite à la Croix-Rouge internationale de Genève*, Ginebra, 1918.

[2] Así en el original. Por lo contradictorio que resulta el referirse a unos prisioneros como «afortunados», creemos que se trata de un error de Stefan Zweig al escribir en francés.

cosa del modo que considere, en aquel texto hablaba de la sexualidad de los prisioneros. La censura quitó la mitad, pero, en todo caso, logré llamar la atención sobre el problema. El erudito doctor berlinés Magnus Hirschfeld[1] me ha contado cosas conmovedoras al respecto: parece que esos hombres están envenenados por un erotismo desenfrenado, a falta de poder practicarlo. Su cerebro alberga todos los vicios, y el doctor me ha comunicado los pronósticos que ha hecho para la posguerra, que son terroríficos. ¡Y ese punto de vista se esconde siempre, se prohíbe hasta la mera alusión! Con apenas dos líneas he conseguido meter el dedo en la llaga.

Dentro de unos días le haré llegar el *Empédocles* de Hölderlin. No estaba en la librería. Es un gran fragmento, oscuro y órfico, pero lleno de grandiosas visiones. Hölderlin ha sido una de esas figuras de la vieja Alemania, tímido, sencillo en su vida y heroico en sus ideas. Murió loco, y existen poemas suyos de aquella época que son de una extraña e incomparable belleza, dictados por el Espíritu Santo, sin coherencia alguna, pero llenos de música y de un ritmo misterioso.

He visto que se ha incriminado a Malvy por haber dejado pasar un folleto suyo.[2] No cabe duda de que se prepara un

---

[1] Magnus Hirschfeld (1868-1935), médico y sexólogo judío-alemán, fundador del Instituto de Estudios sobre la Sexualidad y un ferviente luchador por los derechos de los homosexuales, en contra del infame artículo 175 que criminalizaba la homosexualidad, sobre todo masculina.

[2] Se pueden leer diversas noticias al respecto en la prensa de la época. Un ejemplo clarificador se publica en *La Lanterne* del 4 de agosto de 1918, p. 1, donde se explica que Louis Malvy (entonces ministro del Interior y encargado de la censura) había anulado la orden de incautación de un «peligrosísimo folleto» de Romain Rolland, «La Civilisation». En su diario, Rolland refiere que el procurador general, Mérillon, en su requisitorio, acusa a Malvy de ser cómplice de diversos tratos, reuniones y actuaciones entre las cuales se incluye «la propaganda pacifista de Sébastian Faure [...] de Romain Rolland, de Mauricius, etcétera» (JAG, p. 1558).

ataque contra usted, pero no me parece temible. Es un honor que a uno lo ataquen en estos días, y me acuerdo de mi propio entusiasmo en la época en que Zola fue abucheado por los patriotas y los calumniadores. Su obra es tan abierta que no se puede cegar al mundo entero. Habrá respuesta. Ese infeliz de Loyson, que se arrima a cada gran nombre para engrandecerse, caerá en la nada de su falta de personalidad. Él vive del presente, y su obra, amigo mío, de la eternidad.

Lo que queda por delante es el trayecto más duro. Pero estamos llegando al final. No volveré a perder el coraje, y trabajando siento la vida como nunca antes.

Suyo, lealmente, mi gran y querido amigo,

STEFAN ZWEIG

250. ROMAIN ROLLAND A STEFAN ZWEIG

Domingo, 18 de agosto de 1918

Querido amigo:

¿Tendría la amabilidad de leer esta carta que he recibido? ¿Conoce usted a ese joven, Heinz Thies? ¿Se podría hacer algo por él ante los editores de la Suiza alemana? Me gustaría que me diera su consejo antes de hacer nada. (Le rogaría que, tras su lectura, me devolviera la carta y los poemas).

El 5 de agosto me llegó la carta de una dama, la doctora Aline Furtmüller, de Viena, a quien usted, según tengo entendido, ya conoce. La señora se encontraba en Zúrich y me preguntaba si yo podía recibirla. Añadía que tenía permiso para quedarse en Suiza hasta mediados de agosto. Contesté de inmediato diciéndole que estaría encantado de verla, pero no he vuelto a tener noticias suyas. ¿Se habrá marchado? ¿Acaso no ha recibido mi carta? Espero que no haya enfermado nada más llegar a Zúrich. ¿Ha sabido usted algo de su viaje a Suiza?

Tengo tantas cosas que escribirle, pero las tareas que se van sumando cada día absorben mis mejores fuerzas. Ni tan siquiera he respondido todavía a la señora Von Winternitz, y me siento avergonzado y triste.

Hasta la vista, querido amigo, espero que siga estando bien. ¿Ha explorado ya el otro lado del Albis? ¿Albisbrunn, donde resuenan Wagner y Kappel, con su hermosa iglesia? Cuando estuve en Schönbrunn, paseaba a menudo por esa región.

Suyo, afectuosamente,

ROMAIN ROLLAND

251. ROMAIN ROLLAND A STEFAN ZWEIG

[Villeneuve]
Martes, 10 de septiembre de 1918

Querido amigo:

Me alegra saber que está pensando en venir por estos lares. No creo que le cueste encontrar un hotel agradable y lo suficientemente tranquilo. Al parecer, Vandevelde y algunos amigos más quedaron satisfechos con el Hotel Mirabeau, en Clarens. Por su situación, el hotelito Richelieu, en Veytaux, ubicado entre Chillon y Territet, me ha atraído en diversas ocasiones, pero creo que ahora hay muchos oficiales franceses internos allí. Tampoco escasean las pensiones agradables en Montreux, directamente a orillas del lago. Todo depende del enclave que prefiera, junto al agua o sobre la colina.

Tiene razón en que la postura de los independientes es más difícil en Francia que en Alemania. Siempre lo será. ¿Hace falta añadir que hay ciertos independientes alemanes que también contribuyen a ello? Esos niños viejos que descubren la República—cuando nosotros nos hemos divorciado de ella unas cuantas veces y saboreado durante demasiado tiempo la existencia conyugal como para conocerla bien, incluidos sus sinsabores—se enfadan porque no compartimos su confianza ciega en las virtudes milagrosas de la mera palabra *república*. Poco falta para que nos denuncien por imperialistas. No se dan cuenta de que, para nosotros, la República burguesa es una etapa que ya superamos hace tiempo. ¡Ellos ni han llegado a ese punto! Sin saberlo, siguen siendo hombres del pasado. En el fondo, el bolchevismo ruso los exaspera. Lo odian tanto como a sus Hohenzollern.[1] Su ideal es el de una burguesía ideóloga y rentista. Lo conozco demasiado bien. Soy hijo de su clase. Pero soy *fuoruscito* ['expatriado']. Su artículo de la *Friedenswarte* se ha reproducido en francés en diversas ocasiones; de manera íntegra, en el *Mercure de France*. Pero, naturalmente, estas cosas no se hacen nunca con intenciones del todo puras. A veces es para demostrar el desconcierto de las potencias centrales; otras veces (como Debran en su diario), es una declaración de *nuestro* derrotismo *francés*: pues usted es nuestro amigo. Por mi parte, tras mi respuesta a Longuet,[2] estoy a merced de las injurias de la prensa nacionalista, de las amenazas de Action Française y del lodo de las cartas anónimas. Me alegro de haber vivido cincuenta años. No me consolaría tenerlos por vivir en lugar de haberlos dejado ya atrás, en medio de esta especie humana.

Hasta la vista, querido amigo, con afecto para usted y su buena compañera, afectuosamente,

ROMAIN ROLLAND

---

[1] Dinastía de la nobleza alemana. El emperador Guillermo II, así como sus predecesores Federico III y Guillermo I fueron de la casa de los Hohenzollern. Este mismo año, 1918, Guillermo II se vio obligado a abdicar tras la Revolución Alemana.

[2] Jean Longuet (1876-1938), periodista y abogado francés, miembro de la Sección Francesa de la Internacional Obrera (SFIO). Representó la tendencia antibelicista del partido y Romain Rolland tomó partido por él publicando una carta de apoyo en *Le Populaire* el 15 de agosto. El escritor concedió una entrevista a la revista suiza *Wissen und Leben*, de la que se envió un extracto reducido y distorsionado a Francia. Las dos tendencias socialistas, en plena batalla por el control del partido, polemizaron mutuamente sobre el tema y Rolland se vio obligado a enviar un telegrama a Longuet reafirmando su solidaridad.

17 de septiembre de 1918

Mi querido y gran amigo:

Gracias por su amable carta. Iremos hacia allá alrededor del 19-20 de septiembre y nos instalaremos en Territet o en Veytaux. Veremos los detalles ya *in situ*. Me alegrará volver a verle. Tengo muchas cosas que contarle. He visto al diplomático aquel (que sin duda ha desempeñado un papel muy importante en esta nueva oferta de paz), a aquel personaje oficioso, y he tenido con él una conversación que ha sido única. Me invitó a que charláramos y, con maneras de auténtico jesuita, y también con una mezcla peligrosa de gestos amables y amenazas larvadas (preguntándome en dos ocasiones cómo se arreglaría mi postura militar), intentó que dejara de escribir en Suiza. Se quejó de mi artículo de la *Friedenswarte* y me dijo que la embajada había querido iniciar una persecución, pero que «él» había intervenido y planteado que prefería «hablar» directamente conmigo. Le hice ver que estaba muy a gusto en Suiza, que me negaba a decir que aquel artículo o cualquiera de los demás me parecían reprochables, y que mi fe internacionalista era inquebrantable. La conversación fue harto curiosa. Al final, la amabilidad se convirtió en frialdad educada y tuve el sublime sentimiento de saberme odiado por un poderoso que se sentía impotente. Pocas veces en esta vida he pasado una hora tan intensa. En aquel hombre estaba concentrada toda la Austria jesuita, alguien que, con una pericia indiscutible, trataba de atemorizarme y calmarme al mismo tiempo. Puedo decirle sin reparos (alertado por un amigo de la rabia del agregado militar contra mi persona) que estuve a la altura de la situación. Le contaré todo esto *en detalle* y le ruego que no lo comente con nadie. No soy de los que se enorgullecen de inspirar inquietud entre los oficiales, jactándose de ello, pero sentí gran felicidad al ver cómo temen al hombre libre. Se parecía un poco al diálogo entre Raskólnikov y Porfirio Petróvich: al mismo tiempo un juego de espíritu y de voluntad concentrada, lo paladeé como si fuese un exquisito manjar. ¡Hasta pronto pues!

Suyo, con toda mi lealtad,

STEFAN ZWEIG[1]

253. ROMAIN ROLLAND A STEFAN ZWEIG

Jueves por la noche, 19 de septiembre de 1918

Querido amigo:

Me alegra saber que vamos a ser vecinos. Mañana viernes tengo visitas ya concertadas, pero sería un gran placer tenerlos a usted y a la señora Von Winternitz en casa el sábado, para tomar el té, sobre las cuatro y media de la tarde.

Suyo, de todo corazón,

ROMAIN ROLLAND

---

[1] Ya instalado en Suiza, el día 20 de septiembre, Zweig retoma su diario tras una larga interrupción. Escribe sobre Rolland: «En plena guerra y en la cima de su fama, Rolland sufre dificultades económicas, porque mantiene a toda su familia y ayuda a muchísimos amigos […] La ayuda que presta a sus amigos es una de las cosas más conmovedoras que quepa imaginar, y cuantas más cosas me cuentan de él más convencido estoy de la singularidad de su persona, que aúna un vasto saber con un amor incondicional a los seres humanos. Su carácter infatigable tiene algo de heroico, lo mismo que la enorme soledad de su existencia. Siempre que hablamos de él quedamos profundamente emocionados» (DZ, pp. 352-353). Más adelante, el lunes 23 de septiembre, Zweig, que para entonces ya está escribiendo la biografía de Rolland, añadiría: «Es difícil describir su terrible soledad en estos años y la tragedia de su lucha (no cuenta con un solo compañero que esté a su altura en ningún otro país) […] Cuando veo la ternura, y al mismo tiempo la gravedad, con que me mira siento el deber de procurarle la grandeza que merece» (DZ, p. 357). Cuatro días más tarde, el 27 de septiembre, se reúnen de nuevo para que Rolland le cuente cosas de su infancia y juventud.

Lunes por la mañana
[Matasellos: 29.9.1918]

Querido amigo:

Pasaré a visitarlo esta tarde, alrededor de las cinco. Si ya tiene otra cosa prevista, que mi visita no lo importune; no cambie ninguno de sus planes: no tiene ni por qué avisarme. Vivimos tan cerca que este paseo no es molestia.

Mis saludos afectuosos para ambos.

Suyo,

ROMAIN ROLLAND

255. STEFAN ZWEIG A ROMAIN ROLLAND

Hotel Breuer
Jueves, 26 de septiembre de 1918

Querido y gran amigo:

Quizá se dio cuenta ayer, cuando estaba con usted, de que tenía algo que decirle, pero que no me atrevía. No sé hasta qué punto tengo derecho a involucrarlo en el libro que preparo sobre su obra. A usted no le gustaría, sin duda, que se escribiera bajo su inspiración directa, y considero que sería peligroso para el conjunto de la obra. Usted adora la independencia no sólo para usted, sino también para todos los demás.

Pero no creo que se niegue a charlar conmigo sobre el plano a partir del cual quiero levantar este pequeño edificio de admiración y reconocimiento. Ahora mismo está planteado de tal manera que ya puedo empezar ciertos capítulos sin por ello ir en detrimento de otros que, en estos tiempos que corren, continúan en perpetuo desarrollo. Usted mismo es autor de obras biográficas y críticas, y sabe perfectamente que todo depende del punto de partida, de la claridad de la línea interior, del ritmo. Y creo haber encontrado eso. Mi Dostoievski no lo tuvo, y es algo que me sigue atormentando incluso siete años después. Siempre interrumpido, carece de una arquitectura clara y convincente. Lo he terminado, pero es un tocón, no un árbol derecho de copa alta. Y a mí me gustaría que su libro fuese definitivo, como lo fue mi obra sobre Verhaeren hace siete años, un libro con mucha forma, pero un poco denso, que muestra el esfuerzo de convertirse en documental. Su libro será menos doctrinario, más vivaz. Es la materia lo que da ritmo al sujeto. El propio Verhaeren era un poco denso y un poco sistemático. Quizá tome prestada la forma del *Jean-Christophe*, pero me cuidaré de conservar su ritmo vivo (en esto se opone diametralmente a los libros de Seippel y Gillet, quienes han hecho una vivisección literaria). Además, eso no se explica. Se hace o no se hace. Pero me hará feliz poder mostrarle el primer esbozo arquitectónico, vagamente trazado. Si nos concede el honor mañana, con mademoiselle, su hermana, le rogaría que subiéramos a su habitación después del té y que me permita desarrollarle un poco el croquis. No quiero importunarlo con los detalles; quizá, durante el trabajo, confeccione una lista de preguntas y hechos sobre los que necesite aclaraciones. Y seguramente someteré a su valoración bien sean algunos capítulos, o bien el conjunto. Sus libros los tengo todos, o los tendré; solamente me falta (salvo las obras teatrales inéditas) *Vida de Händel*, *Millet* y el folletito *El teatro del pueblo*. En cuanto a los estudios *sobre* usted, prefiero no leerlos ahora, sino una vez tenga el manuscrito definitivo.

He leído esta noche buena parte del libro de Bloch. Qué rotundo y qué vivaz, qué dominio y qué veracidad. Siempre le he tenido estima por su personalidad, pero su *Lévy* no satisfizo mis expectativas. Sin embargo, ésta es una *obra*, una obra que perdurará.

Me alegraría mucho si pudiera estrecharle la mano mañana.

Devoto y leal servidor suyo,

STEFAN ZWEIG

Territet
Viernes por la noche
[Matasellos: 27.9.1918]

Querido amigo:

Había olvidado que tenía una visita ya anunciada el lunes por la tarde. Si lo tiene a bien, venga mejor el domingo con la señora Von Winternitz a tomar el té.

¡Me ha conmovido tanto el trabajo que se impone su afectuosa amistad hacia mi persona! Pídame toda la información que necesite. Está a su disposición.

Suyo, afectuosamente

ROMAIN ROLLAND

De la mejor—o menos mala—de mis obras teatrales de juventud, *Le Siège de Mantoue* ['El asedio de Mantua'], sólo existe un manuscrito, depositado en los Archivos de la Sociedad de Autores y Compositores Dramáticos de París. Tomé esa precaución, porque justo acababa de perder el único manuscrito en un coche de plaza y lo rehíce de inmediato, de memoria, con ayuda de mis borradores. Data de la época de *St. Louis*, un poco antes.

En una suerte de coro con el que concluye la pieza, veía el desastre hacia el que se encaminaba el viejo mundo, el nuestro, que se destruye con sus propias manos.

257. STEFAN ZWEIG A ROMAIN ROLLAND

Montreux, 30 de septiembre de 1918

Mi querido y gran amigo:

¡Le doy las gracias de nuevo por las magníficas horas pasadas con usted! Le ruego que no se preocupe más de la cuenta; comprendo que ciertos asuntos hayan podido perjudicarlo a ojos de sus enemigos, pero creo firmemente que nada podrá destruir jamás la confianza del mundo entero. Y las decepciones personales: ¿acaso no nos habituamos a contar con ellas? Me asombra siempre encontrar gratitud en alguien, ya no la espero, como solía hacer en mis años de juventud, tan llena de confianza. Usted seguirá estando solo en Francia, como siempre lo ha estado, ése es su sino; y si en cierta época antes de la guerra parecía que esto pudiese cambiar, inmediatamente sentí que ello no podría más que dañar su personalidad. Quien ama a la humanidad vive siempre una vida dura con los hombres. Y sólo hay un remedio: la resignación exterior y la conciencia interior. No permita que esos asuntos y ataques importunen su obra: nos corresponde a nosotros, sus amigos, responder y sufrir por ello. Comprendo muy bien el fardo moral que pesa sobre sus espaldas, la responsabilidad enorme y el combate secreto (que todos conocemos) contra los propios antepasados consanguíneos, contra las ideas de nuestros padres y abuelos. Todo esto a veces nos altera, escapando a nuestra voluntad, pero yo sé que es usted una persona fuerte y recta. Que no le atormente el ejemplo que tiene que darnos, que sea el *Jean-Christophe* el que transforme sus pesares en obras de fuerza y de grandeza. Nos resulta usted tan necesario que, si pierde las fuerzas, las perderíamos todos. ¡Cuánta falta nos hace! Quizá no se hace una idea de cuánta.

Regreso a Rüschlikon (tras haber estrechado la mano a Jouve y a los amigos por allí) y me gustaría ponerme manos a la obra. Quisiera ver a cuanta menos gente mejor, avanzar todo lo que pueda en el libro sobre usted. Traduciré al mismo tiempo *Liluli,* a fin de entrar más profundamente en el ritmo de la obra entera. A la señora Von Winternitz le gustaría traducir a la par *Más allá de la contienda* y los nuevos ensayos, pero no con la idea de una publicación inmediata. En cuanto su editor o usted negocie algo, se encontrará la traducción ya culminada, y no le quepa la menor duda de que estará perfecta. Así pues, este invierno viviremos en Rüschlikon con usted, sin más compañía que la suya. Yo mismo no tengo muchas ganas de ponerme a trabajar en mis obras. He terminado mi pieza teatral y me asquea un poco ocuparme de mi persona mientras el mundo se viene abajo. Ahora se nos viene encima la verdadera avalancha. Y puede que la palabra sea libre dentro de poco, y el mundo nos sea devuelto. No es tanto que albergue esperanzas, sino que *quiero* albergarlas. Y la voluntad lo es todo.

De nuevo, gracias por todo. Transmítale a su señora madre y a su hermana todos mis respetos. Su devoto y fiel servidor,

STEFAN ZWEIG

De martes a miércoles estaré donde Jouve, el jueves con Masereel. Si tiene cualquier recado para alguno de los amigos de allí, ellos me transmitirán sus deseos. De regreso, iré directo a Rüschlikon, sin rezagarme en Berna, urbe que detesto por sus trampas invisibles.

258. STEFAN ZWEIG A ROMAIN ROLLAND

Rüschlikon, cerca de Zúrich
[Matasellos: 4.10.1918]
De viaje

Querido y gran amigo:

Regreso de Ginebra, donde he pasado ratos excelentes con el bueno de Jouve y con Arcos. Desafortunadamente, Masereel está aquejado por la gripe, y ni siquiera mis sentimientos de amistad hacia él han podido franquear esa invisible barrera.

También vi a G[uilbeaux] por la tarde en la redacción de *La F[euille]*. Tiene un aspecto lamentable. Está tan abatido como lleno de una execrable violencia. Sigue con ganas de emprenderla contra Gr[aber], y yo hice todo lo que estaba en mi mano por retenerlo. Le dije que puede defender la *causa*, pero no entrar en rencillas personales (en las que, de todos modos, tendría las de perder, porque Gr. tiene todos los periódicos y a toda Suiza de su parte, mientras que G. cuenta sólo con un puñado de gente).[1] Le hice ver que, en caso de conflicto, no cabe confiar en que un solo obrero vaya a la huelga por él, ya que en este momento el nacionalismo pesa más en el socialismo que la solidaridad internacional. ¡Pero es como hablarle a un loco! La única consecuencia de mis esfuerzos por hacerlo entrar en razón, por hacerle entender la soledad trágica de su situación y las consecuencias contraproducentes de una polémica eterna, es que acabará arremetiendo también contra mí. Su enajenación agresiva reparte golpes a ciegas. No piensa en nadie salvo en sí mismo. En el fondo, creo que su falta absoluta de tacto y bondad será su propia ruina. No comprende que para seguir con *Demain* no tiene *más* opción que someterse a las órdenes estrictas del fallo. Temo que un día incumpla su arresto domiciliario o cometa otra locura que acabe por echarlo a perder del todo. En el fondo, la culpa sería suya: quiere poner su ínfima personalidad en el centro de un gran combate sin tener la fuerza de un gran solitario o la fe desbordante del gran pensador. No tiene más que un dogma: Karl Marx y el leninismo.

He hecho todo lo posible. Por otro lado, con la mediación de Chap[iro], hemos intentado disuadir a Gr. de prose-

---

[1] Sobre la base de unos documentos falsificados, el gobierno francés había acusado a Henri Guilbeaux de colaboracionismo con los alemanes y solicitado su extradición a Francia. En Suiza lo arrestaron y, tras un mes en la cárcel, fue puesto en libertad bajo fianza y en arresto domiciliario. Stefan Zweig se reunió con él en la redacción del periódico pacifista *La Feuille*, suplemento de *La Nation* de Ginebra. Guilbeaux estaba muy enfadado con un diputado socialista suizo, Paul Graber, a quien reprochaba haberlo traicionado. Romain Rolland hizo cuanto estuvo a su alcance por prestarle su apoyo. El 20 de septiembre de 1918, Zweig anota en su diario: «De todos los gestos que [Rolland] ha tenido con los otros, hay uno sobre el cual se guarda silencio: en Berna ha ido directamente al consulado francés a obtener información sobre Guilbeaux para poder defenderlo *à fond*, llegado el caso» (DZ, pp. 352-353).

guir con esas discusiones inútiles y *ridículamente personales* en medio del desastre que vive el mundo entero. ¡Ah! ¡Vea usted cómo el orgullo se encuentra por doquier en la raíz de todo conflicto, de todas las desdichas!

Le ruego que no se preocupe por los derroteros que tome este asunto. Usted queda fuera de toda responsabilidad hacia él. ¡Si polemiza, que sea él quien combata! De usted necesitamos ahora la serenidad de su alma y de su obra.

De todo corazón, su fiel

STEFAN ZWEIG

259. STEFAN ZWEIG A ROMAIN ROLLAND

[Entre el 4 y 14 de octubre de 1918]

Querido y gran amigo:

Necesito escribirle en estos momentos de tensión universal. Parece que nada detendrá ya la paz, pero dudo mucho de que esta paz merezca siquiera el nombre, porque ¡menudos combates empezarán a librarse entonces en el seno del Estado! Lo que está ocurriendo en Alemania y en Austria no tiene parangón en la historia, es una crisis de repentino desaliento. Toda la enorme energía pasada, atiborrada de palabras y voluntades múltiples, se ha desmoronado y lo ha destruido todo: el orgullo, la pasión, el cálculo. ¡Sólo quieren que acabe! En nuestro país, Viktor Adler, el socialista, lo ha proclamado a viva voz en el Parlamento. Ha dicho: «Nuestro pueblo no llama traidores a los búlgaros, simplemente los envidia por haber puesto fin a esto».[1] Usted es historiador, pero no creo que haya visto nada parecido. Se trata de la inmensa fatiga de una inmensa guerra que se quiebra de un solo gol-

---

[1] Bulgaria, que había sido aliada de las fuerzas austroalemanas, vio desmoronarse la resistencia de su ejército en el frente de Salónica a partir del 15 de septiembre de 1918. El 25 de septiembre el gobierno pidió el armisticio, que fue firmado en Tesalónica el día 29 de ese mes.

pe. No me pregunto cuáles serán las consecuencias. La idea de que no se verterá más sangre humana por las ideas (tanto las funestas como las grandiosas) me sienta muy bien. Empiezo a revivir.

Por aquí esperamos a nuestro amigo Lammasch. Se niega con tenacidad hasta el momento. Cuánto lo comprendo: es muy consciente de que a partir de la frágil materia de los hombres no puede construirse una obra justa. Y él lo que quiere es justicia, erigir una imagen platónica de la comunión de los pueblos y dejar construir a los demás. La política lo necesita, necesita su prestigio, y él no quiere prestarlo a obras lábiles. No tiene ese mezquino orgullo de querer ser presidente del Consejo, ni de entrar en la Historia. Quiere justicia, que es algo que vive fuera de la realidad.

Y usted, querido amigo, ¿está bien? Temo que sus padres ya no estén entre nosotros. Se cuenta que la gripe causa terribles estragos en París (como en Viena y, sobre todo, aquí). No podemos odiar esta atroz enfermedad, pues ha hecho un buen papel acelerando la paz. Según mis informaciones, es esto lo que ha ejercido una gran influencia sobre la opinión pública, lo que ha hecho que disminuya en todas partes la resistencia.

He comenzado el libro sobre usted. Espero también a que me escriba para decirme si está de acuerdo con que la señora Von Winternitz (que le envía sus mejores y respetuosos saludos) traduzca los ensayos que escribió usted durante la guerra.

Su fiel servidor

STEFAN ZWEIG

Gr[aber] está muy ofendido porque he intentado apaciguar su furia agresiva. ¡Pero mire en qué poca cosa ha quedado su polémica ante el inmenso horizonte de sucesos que empieza a abrirse, con mil astros de problemas, de tormentas y auroras!

[Villeneuve]
Lunes, 14 de octubre de 1918

Querido amigo:

Me apena escribir en estos momentos. Me asombra la poca alegría que siento ante los albores de la paz. Resulta no ser nada grande para el espíritu, tampoco para el corazón. En el menor de los casos, es el cese de un estado de cosas atroz, una felicidad negativa. Ni tan siquiera es seguro que llegue, pues los gobiernos tienen cuentas pendientes con sus pueblos y, una de dos: o bien no las rinden, y entonces nada habrá cambiado, todo lo que habrá serán veinte millones de víctimas inútiles, o sí que lo hacen, ¡y quiera Dios entonces que la cifra de sacrificados no aumente! Me resulta imposible apartar la vista del aparente duelo actual entre Alemania y los Aliados. Su duelo, más que considerable por todas las consecuencias sociales que acarrea, se perfila en el horizonte. No creo que los hombres de nuestra generación tengan ya oportunidad de hallar «la paz duradera» más allá de su alma enclaustrada. ¿Significa eso que apruebe que alguien como Lammasch rehúse el poder? Puede que no. Si aquellos que ven mejor y más lejos se retiran de la acción común, se vuelven un poco responsables de los errores que los demás, abandonados a su suerte, no podrán evitar.

Mis padres se marchan el miércoles. Puede que retenga a mi madre todavía un mes: sigue estando muy delicada de salud. Temo mucho por la gripe cuando vuelvan allá.

Disculpe que no le haya respondido todavía acerca del asunto de la traducción de los artículos que escribí durante la guerra. Estaría encantado de que la señora Von Winternitz tenga a bien ocuparse de ello. Le ruego que le transmita mi agradecimiento y mis saludos respetuosos.

Hemos estado muy preocupados por el pobre Masereel. Espero que ya haya pasado el peligro. Pero nunca las vidas humanas se vieron tan amenazadas. Caen como las hojas en otoño.

Hasta la vista. ¡Protejámonos! ¡Y protejamos a nuestros pueblos del hastío! No todos los habitantes del universo están agotados. Los estadounidenses están todavía en la fase «romántica» de la guerra. Si ésta termina ahora, sólo les quedará la parte de aventuras heroicas y deportivas, y el deseo de volver a empezar. En cuanto a los asiáticos, todavía no han empezado.

Suyo, afectuosamente,

ROMAIN ROLLAND

261. STEFAN ZWEIG A ROMAIN ROLLAND

Rüschlikon, 21 de octubre de 1918

Querido y gran amigo:

Mis pensamientos, alarmados ante las nuevas de la política, buscan refugio en usted. Tengo ahora mismo en mi habitación el *Marco Aurelio* de Renan y, al leerlo, a menudo le recuerdo. Ahora mismo somos tan inútiles en este mundo, el cual se halla completamente en manos de un puñado de ambiciosos, que casi entran ganas de callar para siempre. Mi desconfianza ante esas grandes palabras como *Libertad, justicia*, deviene cada vez más una obsesión moral. Ya no puedo oírlas, pero sí los gritos desesperados del mundo entero.

Creo haber atajado todo el nacionalismo que mi corazón albergaba y, sin embargo, sufro al ver que Austria lo acepta todo y no se defiende, que reniega de sí misma, se divide y hace todo lo que se le pide sin poder cumplir su deseo de deponer las armas. Si no me equivoco, ya ha dado comienzo la desmovilización, ya no se trabaja en las fábricas de munición, no se fabrican más cañones, se espera al carnicero, pero éste *no viene*, se hace de rogar. Ésa es la terrible situación. Para Alemania es trágica de otro modo: Alemania sigue apretando los dientes para no dejar escapar una frase: «Hemos sido vencidos». Abre los brazos, los alza para capitular, pero aún tiene el orgullo de negarse a hacerse tal confesión. Las cosas que me llegan de Berlín son horribles, el desconcierto en los medios oficiosos es indescriptible, todo el mundo odia al emperador y nadie osa darle caza. Yo me digo que es necesario que Alemania venza su orgullo. El orgullo es la fuente de todos los males. Mientras se conserva el orgullo, no se es del todo humano. La verdadera humanidad (como el amor, que está más allá del pudor) comienza más allá del orgullo personal y nacional. He ahí por qué no quiero sufrir con esos desdichados que no tienen el arrojo de ver con claridad y siguen sin confesarse con absoluta sinceridad. Aún buscan un agujero por el cual salir, para algún día poder decir: «No fuimos vencidos. Fue nuestra buena voluntad la que puso fin a la guerra». Pobre pueblo, asesinado por culpa de patrañas, y moribundo aún con la mentira en los labios. ¡Ojalá pudiéramos aplastar las palabras *honor*, *victoria*, esas palabras que a lo largo de los siglos han matado más que Atila y Gengis Kan! ¡Si pudiéramos encontrar una palabra que los consolara, del mismo modo que Jesús halló su palabra para los pobres! Nunca ha sido más necesaria que hoy la *Umwertung aller Werte* ['transvaloración de todos los valores'] que soñó Nietzsche, aquella mente imbuida de una sagrada locura y que presentía el mal; hubiese sido del todo distinto en estos momentos a como se lo imaginaban los buenos apóstoles de la guerra.

Francia, Inglaterra y la América moral guardan silencio, y lo entiendo: Foch[1] es quien tiene la palabra, es el nuevo Hindenburg. Ahora tendrán los monumentos, los discursos y el orgullo, toda esa atroz peste de orgullo que viciaba el aire en

[1] Ferdinand Jean Marie Foch (1851-1929), mariscal francés y comandante en jefe de los ejércitos aliados durante la Primera Guerra Mundial. Paul Reynaud le atribuye la célebre y profética frase: «Éste no es un tratado de paz, sino un armisticio de veinte años», en referencia al Tratado de Versalles.

nuestro país. Comprendo muy bien su sufrimiento moral. Todas las naciones y todos nosotros seguimos sufriendo una crisis de conciencia, quizá la más pesada teniendo en cuenta lo exhausta que está nuestra alma. Contemplamos horrorizados los nuevos problemas del porvenir, la siguiente guerra, la batalla social. Pobre generación la nuestra, impotente ante la catástrofe por falta de autoridad, impotente quizá también más tarde por cansancio moral, por repugnancia. Está en nosotros mismos, en nosotros, que hemos visto pasar todas las corrientes de lo sublime, de lo terrible. Nuestra vida ha sido más intensa en estos años para no consumirse. Sin saberlo, tal vez estemos ya desgastados para el nuevo mundo. Encerramos en el alma demasiados recuerdos de esta época, destruida ya para siempre. Ardo en curiosidad por ver ese mundo nuevo, pero no creo que pueda seguir siendo un espectador, quizá dé algún que otro consejo, pero *ya no comprendo* lo que sucede ahora mismo. Me aferro a la vida, pero sin pasión, sólo por el horror del diluvio y, sin duda, no por el afán de ver la tierra prometida. A menudo estoy triste, pero siento el inmenso espectáculo, la mayor tragedia del mundo viniéndose abajo con un estremecimiento en todo mi ser. Quizá dentro de muchos años recordemos, con un vago remordimiento, la inmensa intensidad de nuestra alma en estos días de 1918. Que pase bien este momento, cuídese mucho para no coger la gripe (es preciso conservar las fuerzas). De todo corazón, su fiel

STEFAN ZWEIG

262. ROMAIN ROLLAND A STEFAN ZWEIG

[Veytaux-Chillon]
Viernes, 25 de octubre de 1918

Querido amigo:

En estos días, pienso en su profético *Jeremías* y creo que Alemania verá en él, más adelante, el poema más hermoso sobre su caída.

Se ha hecho un folleto en Francia con un llamamiento al odio, una idea del miserable Rösenmeyer, y se distribuye gratuitamente a los obreros de las fábricas de guerra del Sena. Sin embargo, el efecto ha sido el contrario al deseado: están indignados, y Merrheim ha escrito en *La Verité* un artículo estremecedor en el cual censura tal ignominia y amenaza con convocar al pueblo obrero si se prosigue con esa propaganda de odio contra la paz. El mismo tono entre las nuevas mayorías socialistas. No, lo mejor de nuestro pueblo no se dejará emponzoñar por la gloria.

Acabo de leer el primer número de la nueva revista de Nicolaï: *Das werdende Europa – Blätter für zukunftsfrohe Menschen* ['La Europa que será. Revista para optimistas']. Es un tónico. Almas como la suya dan confianza en el porvenir. Estoy convencido de que, en todo caso, una elite alemana sí que saldrá regenerada del conflicto.

¿Ha leído la historia del «germanoderrotista» parisino?[1] No me ha llegado el número de la revista [*Les*] *Humbles* donde se han publicado los poemas y las cartas en cuestión. Me parece que sería positivo dar a conocer el asunto en Alemania también. Wullens (el director de la revista) es un muchacho valeroso, que no teme decir a viva voz a quién desprecia y a quién admira. A pesar de la censura, se ha empecinado —en dos números de [*Les*] *Humbles*—en publicar su artículo para *Demain* (la carta a los amigos franceses).

La gripe campa a sus anchas por aquí, y ha llegado hasta nuestro hotel. Veo que causa estragos en Zúrich con ver-

---

[1] Como se puede leer en las cartas que intercambió Maurice Wullens (director de *Les Humbles*) con Paul Magnette (director de la *Nouvelle Revue Wallonne*), Magnette se indigna hasta tal punto que le escribe a Wullens: «Tras la lectura del número de junio de *Les Humbles* no quiero tener más relación con una revista germanoderrotista». Las demoledoras respuestas de Wullens y Adam también se reproducen en este intercambio publicado por *Les Cahiers idéalistes français*, pp. 19-20, agosto-septiembre de 1918.

dadera crueldad. También es harto grave en París. Intentemos protegernos. Jamás seremos tan necesarios como el día de mañana.

De todo corazón, suyo y de su buena compañera,

ROMAIN ROLLAND

263. ROMAIN ROLLAND A STEFAN ZWEIG

[Villeneuve]
Miércoles, 30 de octubre de 1918

Querido amigo:

Latzko me había contado su tragedia.[1] Es horrible. Y absurdo. ¡Pobre gente!

Hablando de Latzko, me acaban de enseñar un ejemplar de su *Friedensgericht* ['Juicio de paz'], y falta la dedicatoria. Parece haber existencias. Se supone que se distribuyen estos ejemplares en los campos de prisioneros (como el libro de Franck). Aunque no me creo que Latzko esté al corriente. Pero si lo ignora y el asunto acaba demostrándose (cosa que habrá que comprobar), el editor le está jugando una mala pasada.

Un amigo francés me dice que una tal señora Zur Mühlen pide traducir al alemán una de sus obras y que ésta va a publicarse próximamente.[2] Me pide que le diga si conozco a esta mujer y si es alemana o suiza. El nombre no me resulta del todo desconocido, pero no puedo decirle más. ¿No

[1] Zweig escribe en su diario sobre el encuentro con Latzko: «Paso la tarde en casa de Latzko, que está en cama. La tragedia de su mujer es terrible: le ocultó sus dolores para no estorbar su trabajo y ahora está en las últimas. No le permiten verla a causa de la gripe» (DZ, pp. 376-377).

[2] Hermynia Zur Mühlen (1883-1951), escritora y traductora austríaca, de familia aristocrática. Tradujo más de ciento cincuenta obras a lo largo de su vida (del ruso, el inglés y el francés). Destacan sus traducciones de las obras completas de Upton Sinclair.

sabría usted darme alguna información más sobre este asunto?

¡Me da que sí conozco bien el libro de Kropotkin! Lo tradujo mi excuñada al francés bajo el título *L'Entr'aide* ['El apoyo mutuo'].[1] Pero *todo* está en la naturaleza: lo mejor y lo peor. Además, la clave la debemos esperar de nosotros mismos. Los ojos ven lo que guarda el corazón.

Mi editor de París se ha decidido por fin a publicar mi *Colas Brugnon* con un subtítulo de rabiosa actualidad: «Aún queda sol en las bardas». Me lo acaba de comunicar por telégrafo.

Creo que voy a reunir en un tomo todos mis artículos publicados en estos últimos dos años para, de ese modo, cerrar este período de mi vida, y también, quizá, para condensar su sentido en un artículo introductorio.[2]

Hasta pronto, querido amigo, me alegra saber que lo visita Masereel. Cuento con recibirlo también a lo largo del invierno. Suyo, con todo mi cordial afecto,

ROMAIN ROLLAND

Acabo de recibir el último volumen de Pierre Hamp: *Le Travail invincible* ['El trabajo invencible']. Como siempre (e incluso más que de costumbre), es impresionante por la exactitud documental de nombres y cifras. Tiene la trágica estadística. Por cierto, ¿ha recibido nuevas de sus manuscritos?

---

[1] Piotr Kropotkin, *L'Entr'aide, un facteur d'évolution*, París, Hachette, 1906. Traducción de Louisette Bréal (n. Guiyesse). La tesis de la obra del científico ruso era demostrar que la ayuda mutua había sido una ley natural a lo largo de la historia, lo que había permitido encarar el futuro con coordenadas diferentes a las que ofrece la ley del más fuerte, con lo cual se oponía a las tesis del darwinismo social.

[2] La futura compilación de *Los precursores* (ed. en esp. en MP).

[Veytaux-Chillon]
Sábado, 2 de noviembre de 1918

Querido amigo:

Gracias por la tarjeta postal colectiva y por la carta del día 31.[1] Le agradezco enormemente que haya escrito a Rütten & Loening diciendo que *no hacía falta* publicar una traducción del folleto de Guilbeaux. Nada sería tan inoportuno ni se interpretaría de manera más desagradable que eso. Qué afortunado que Rütten haya pedido su consejo.

Me parece increíble que, ante la actual convulsión, los editores y los lectores alemanes tengan la tranquilidad interior de publicar, comprar y leer tantos libros. Todavía me asombra más ver, por medio de ciertas crónicas (*Rundschau*) del *Nat[ional] Zeitung* con qué querellitas y chismorreos se entretiene el mundo de las letras y las artes en Alemania. (Ej.: la discrepancia del bufón de Richard Strauss con un editor). Por mucho que me repugnen los asuntos de la política y los políticos, por mucho que odie al emperador, a la corte y a la camarilla militar, si fuera alemán estaría conmocionado y me sentiría desgarrado en lo más hondo de mi ser por la tragedia de los días presentes. Entre nosotros le digo: sufro mucho más que muchos alemanes. No soporto ver cómo algo tan grande se viene abajo—por enemigo u odioso que sea— sin emoción religiosa y fúnebre. Me inclino ante quien muere. Nosotros, nosotros también morimos.

Su artículo sobre Lammasch es muy hermoso.[2] Admiro que pueda escribir sobre la marcha estudios tan perfectos.

---

[1] Estas cartas no se han encontrado.
[2] Stefan Zweig, «Heinrich Lammasch», *Neue Zürcher Zeitung*, 29 de octubre de 1918. Heinrich Lammasch (1853-1920), jurista austríaco, primero y último en servir como ministro-presidente en la mitad austríaca de la monarquía austrohúngara.

Yo, por mi parte, sería del todo incapaz. Pero el pobre de Lammasch se ha sacrificado de manera inútil, en la *duodécima* hora, por una obra imposible.

Igual que a usted, los artículos de Otto Bauer en el *National-Zeitung* me parecen notables, pero temo verlo provocar la acción conjunta de la Entente y las Potencias Centrales contra Rusia. Es más que evidente que asistiremos, más pronto que tarde, a una espantosa cruzada de toda la burguesía «liberada», «democrática» y «republicana» de Europa contra la gran Revolución. Y cuando hayan consumado ese acto tan vergonzoso, la Europa deshonrada volverá a sentarse sobre sus desechos: la hipocresía burguesa de grandes principios y grandes capitales «democráticos» no sólo sojuzgará a las masas, sino a la elite, a los cuerpos y a las mentes.

Mis respetuosos recuerdos a la señora Von W. y un afectuoso apretón de manos para usted y para Masereel.

Suyo,

ROMAIN ROLLAND

Trate de procurarse la revista de Nicolaï, *Das werdende Europa*. Yo me he suscrito y he enviado un artículo.

265. STEFAN ZWEIG A ROMAIN ROLLAND

18 de noviembre de 1918

Mi querido y gran amigo:

Disculpe la extensión de la carta que sigue. Tengo mucho que compartir con usted y que pedirle. El tiempo vuela, y veo cómo llega el fin de una época de mi vida. Quizá los mismos deseos nos llevarán pronto hacia otros países, más enemigos, aunque nos quedan lejos por mucho tiempo. Creo que volveré pronto a Austria para quedarme tres semanas, puede que dentro de quince días. No quiero estar tanto tiempo sin hablar con mis padres, hay muchos asuntos en los que he de poner orden. Y, además, quiero ver de cerca ese viejo imperio que se viene abajo y... alejarme un poco de Suiza. Francamente, la he odiado en estas dos últimas semanas. No se hace una idea de cuánta bajeza había en los medios burgueses de aquí. Temblaban por su dinero y hacían gala de una gran perfidia contra todos los obreros, contra cada grito libre, y he tenido que refrenar mi cólera. Masereel le contará nuestros paseos por Zúrich, una ciudad llena de ametralladoras, de la vil esperanza de cierta gente seria de que «disparen contra esos canallas bolcheviques», gente que aclamaba a los soldados cuales héroes. Nos necesitábamos el uno al otro para contenernos. Tengo ganas de respirar otro aire. Ahora ya no tengo ningún escrúpulo moral en pedir mi pasaporte. En Austria ya no hay control militar. Ahora somos una república socialista (suena bien, pero no resuena en mi corazón).

En todo caso, regresaré. Dejo aquí a mi mujer y mis manuscritos como prenda de cara a mí mismo. Pero ¿podré verle en enero? ¿La misma corriente que me arrastra no correrá igual por su alma? Me hubiera gustado volver a verlo.

He avanzado mucho con los esbozos del libro sobre usted. Lo hago con regocijo. Será una tarea ardua domeñar la abundancia de material. Se me ofrecen constantemente fórmulas para ceñir la forma, pero las rechazo, si bien algunas son tentadoras. Quiero evitar cualquier palabra que aprisione. Quiero dejarle esa libertad que usted tanto ama. No quiero otra cosa que comprenderlo y amarlo en la medida que le comprendo. Pero, sobre todo, quiero mostrar los valores morales y la unidad entre la obra y el hombre. Solamente la primera parte, la biografía, está ya compuesta. Quizá se la envíe antes de partir. Es en este caso, más que en otro, donde mis errores pueden ser absolutos y no personales. Quizá pueda darme indicaciones útiles.

En cuanto a la obra entera, necesitaría conocer un poco sus dos nuevas novelas. En todo caso, no urge, supongo que acabará pronto *L'Un contre tous*. Ahora es un buen momento para ponerle punto final. Comienza un nuevo mundo, nuevas luchas. Siento la ebriedad en el aire, esa ebriedad sagrada de la dicha y, al mismo tiempo, la de las masas, ahítas del olor de la sangre. Se arrebola el horizonte: ¿es ésa la nueva aurora? ¿O es acaso el relumbre de la enorme pira en la que arderá toda nuestra cultura? No lo sé. Pero siento con cada fibra del cuerpo que una crisis como ésta no acabará en una pacificación. Aún contemplaremos, cual conmovidos espectadores, las nuevas escenas de una tragedia nueva. Trato de recuperar todas mis fuerzas para conservar la fe ante los posibles eclipses. La tragedia de hoy, la de una Alemania vencida, no me conmueve. La he visto en mis sueños desde el primer día de la guerra, y *Jeremías* da fe de ello. Lo que ahora ocurrirá no es más que un regateo descomunal, un combate más material que moral. No le presto mucha atención, pues lo que enterramos es un mundo viejo, y no me gusta asistir a los entierros. Yo miro a la lejanía, allá donde el cielo encarnado del horizonte me anuncia el nuevo mundo que asoma.

Es demasiado pronto para decirle adiós, aún tendrá noticias mías. Enviaré *Le temps viendra* a Alemania en cuanto se firme la paz. Escribiré un breve prefacio para indicar la fecha exacta de su creación y diré que me opongo a cualquier representación donde no se imprima en el cartel la indicación de: «Este drama no incrimina…», junto con la fecha. Además, querido amigo, aún no hemos hablado del embarazoso asunto de los derechos. Me da vergüenza hablarle de eso, pero, por desgracia, es inevitable en este mundo material, y es mejor que lo haga yo en lugar de todos esos editores o traductores que le roban. ¿Considera adecuado un setenta por ciento de las ganancias del libro y las representaciones? ¿Basta con hablarlo entre nosotros o es necesario tratar el asunto con la Sociedad de Autores? No conozco en detalle esta clase de asuntos, ya que con Verhaeren siempre lo arreglamos entre ambos, de buena fe.

En cuanto a los ensayos que está traduciendo la señora

Von Winternitz y la nueva novela, transmítame las condiciones de Ollendorff. Pero le aconsejo que no permita que se limite a una suma fija para él, sino que pida también un porcentaje para usted. No hace falta enriquecer a los editores que, hoy en día, no arriesgan nada publicando un libro suyo. En cuanto a *Liluli*, ya he empezado, espero todavía las partes restantes.

Pero basta por ahora. Tenía que decirle esto, pero me repugna mezclar lo que siento por usted, todo lo que me gustaría decirle, con estas consideraciones y estipulaciones que también son menester. Usted disponga como considere y que no se hable más.

Para mi estudio, he leído los recuerdos de juventud de Péguy, y he entendido muy bien la lucha de Dreyfus, lo he comprendido por primera vez en un sentido moral y no político, como se le presentó a usted. Qué hermoso era entonces combatir por una sola vida y no por la de cien millones. Sin embargo, el precio moral, el esfuerzo humano era el mismo. Es el corazón lo que se seca y no el número. He leído también *El teatro del pueblo*. No creo que siga teniendo tanta fe en el pueblo, pero sí más piedad. En todo caso, ¡cuánto me gusta la pasión de este esfuerzo! Ay, aquellos buenos tiempos de combate por unos valores inmateriales. ¿Acaso volverán? ¿No será ello el pábulo más importante para estos próximos años, más que todos los ideales? ¡Los famélicos vientres del mundo entero, los cerebros inflamados por el mal! ¿Cómo apaciguarlos con la palabra? ¡Si pudiésemos hallar un motivo por el que soñar para todas esas pobres gentes, para esos millones de pobres que vivirán con más necesidades materiales que todos los que los han precedido! ¡Ojalá encontráramos la fórmula mágica! ¡Escribir en el presente un libro *para el pueblo*, un libro que *todos* pudieran leer, comprender y amar! Daría veinte años de mi vida por un libro así, aunque fuese malo desde un punto de vista artístico. Un libro que sea como el pan nunca ha sido tan necesario para nuestra pobre humanidad.

No me despido todavía de usted, mi querido y gran amigo, no me marcho todavía. Además, quién sabe si podremos viajar. Antes de ayer llegó un mensajero, todo desvalijado, con un ojo reventado. Las rutas de los ferrocarriles están sembradas de muertos (soldados que trepaban a los tejados de los vagones y se golpeaban la cabeza contra las bocas de los túneles o se caían de cansancio, los pobres; gente cuya razón está obcecada por el deseo de volver a casa). Viena es terrible ahora mismo, y justo por eso siento la necesidad de no pasearme por Suiza, de ver la desgracia, a fin de poder describirla y combatirla. Para ayudar, primero hay que conocer, y nadie lo ha demostrado mejor que usted con sus obras y su vida.

Suyo, fielmente,

STEFAN ZWEIG

266. ROMAIN ROLLAND A STEFAN ZWEIG

[Veytaux-Chillon]
Martes, 19 de noviembre de 1918

Querido amigo:

No le he escrito en estos días históricos porque los clamores, los triunfos me incitan a guardar silencio, al recogimiento. Todos mis pensamientos están puestos en los sufrimientos y los duelos pasados, presentes y futuros. Apenas confío en el porvenir. El «Nuevo Mundo» es como el mesías de los judíos: siempre está por venir. Pero no lo veremos llegar.

El pueblo está demasiado agotado, necesitará años para recomponerse. Además, América tiene a Europa en sus manos. Orden burgués o muerte por hambruna. No se hará de rogar el momento en que Liebknecht se reintegre en su célula y las repúblicas amigas formen la segunda cruzada contra el proletariado de Rusia y Europa.

Comprendo que desee volver por un tiempo a Viena. Su pueblo ha sido derrotado: su gente le necesita. El mío no precisa de mí, ahora se embriaga con su júbilo. En todo caso, me quedaré hasta la primavera en Suiza (a menos—y todo es posible—que me hagan la vida intolerable).

Ollendorff publica *Colás Brugnon* dentro de un mes (salvo obstáculos imprevistos). No espere, para *Liluli*, a que el resto de las partes estén escritas. La publicaré por separado en cuanto se restablezca la libertad en Francia. Es probable que le sigan otras sátiras. El espíritu de la época que se avecina requerirá que azotemos su abatida torpeza o su odiosa complacencia de sí misma. Publicaré también la novelita *Pierre et Luce* (o *L'île des Calmes*) ['Pierre y Luce (o La isla de los tranquilos)'], pero *L'Un contre tous* esperará. No me satisface nada. Como mucho, entregaré fragmentos, la primera parte. ¡Ay, amigo mío, no creo, al contrario que usted, que ahora sea un buen momento para ponerle punto final! Nada ha terminado, no son más que visos de un final.

Para *Le temps viendra* habrá que esperar a que el libro (agotado en Francia y vuelto a comprar a Hachette por Ollendorff) lo reedite este último (o bien a que éste me diga que renuncia a publicarlo ahora, en cuyo caso recuperaré mi libertad). En cuanto a las representaciones, dependo de la Sociedad de Autores Dramáticos, donde fui inscrito de oficio por el mero hecho de que mis primeras obras se representaron en teatros vinculados a esa sociedad. Por tanto, es ella quien negocia los derechos de las funciones. Aunque es de fácil trato. (De todos modos, ¿no considera prematuro pensar en representar una pieza semejante?). La edición, todavía; pero el público del teatro ve el uniforme más que la idea.

En fin, en cuanto a los artículos, hay que distinguir entre el volumen de *Más allá de la contienda*, que pertenece a Ollendorff, y los que se publicaron después, que reuniré próximamente en un volumen de L'Action Sociale (La Chaux-de-Fonds).

Pierdo mucho tiempo haciendo una selección entre mis veintiséis cuadernos de notas sobre la guerra y pasar a limpio los documentos. Tengo en mente, cuando me vaya de Suiza, hacer una copia de lo más importante: sería demasiado arriesgado llevarlo todo conmigo. Quiero dejar los originales en un banco o en otro depósito suizo, a la espera de hacer una donación a una biblioteca pública (quizá a la Biblioteca Nobel), con la condición de que no los pongan a disposición del público hasta pasados treinta o cincuenta años de mi muerte. Yo sólo conservaré copias.

Tras la paz, la gran obra será estrechar lazos internacionales entre elites (populares e intelectuales) de todos los países. Ahí estará mi lugar, y quizá tenga un papel activo que me haga correr el riesgo de robarme muchas fuerzas y tiempo. Pero no tengo el derecho a desentenderme.

Estoy muy contento de saber que el libro sobre mí va avanzando y que no le resulta tedioso. ¿Hace falta que le diga que estoy a su entera disposición para todo lo que quiera saber?

Hasta pronto, querido amigo, cuento con que, si se marcha, se alejará por poco tiempo y que a su regreso nos reencontraremos aquí. Transmita mis fraternales recuerdos a todos nuestros amigos de allá.

Suyo, afectuosamente,

ROMAIN ROLLAND

El 9 de noviembre envié una «Carta abierta al presidente Wilson».[1] Creo que la habrá publicado ya *Le Populaire* en estos últimos días. He dirigido una copia a la embajada de los Estados Unidos, que por el momento no me ha hecho acuse de recibo.

Me habla usted de *El teatro del pueblo*. Acabo de ver, en un informe oficial de Moscú, que un Comité de Instrucción Pública y de Bellas Artes recomienda su estudio y la aplicación de sus principios.

[1] Se publicó en *Le Populaire*, París, 18 de noviembre de 1918 (véase MP, pp. 307-308).

21 de noviembre de 1918

Querido amigo mío:

Acabo de leer su carta a Wilson y admiro su elevada cualidad moral de ser pesimista en la intimidad, de guadarse las dudas para sí mismo y de dar, al mismo tiempo, esperanza a los demás. Creo que sólo hay dos tipos de hombres que pueden alimentar el idealismo de la humanidad, aquellos que son sencillos a la vez que apasionados y los que son un poco escépticos y lo esconden. Usted es de los que sufren por no creer, pero ama a los demás, a los que sí creen. Fue el inmenso sacrificio de Dostoievski, que predicaba la fe aun cuando le corroyese la duda, que sabía el precio terrible de ver siempre claro y no querer que la humanidad sufriera tanto como él. Renan, por el contrario, era más creyente que él y no lo mostraba, sólo transmitía su escepticismo. No creo que vayan a venir tiempos mejores. La batalla se trasladará a otra parte, nada más. Pero habrá un momento de descanso, un momento no de dicha por el mundo, sino de *esperanza de dicha.* La desilusión no se hará esperar. Siempre hay un instante de fe antes de la desilusión, del mismo modo que existe, antes de la muerte, un fugaz momento de bienestar. La conferencia de paz no será un dechado de fraternidad y justicia, pero todavía tenemos *esperanza* de que así sea. He ahí ya un motivo de dicha. Por eso digo que esta hora es una buena hora (¡qué profundo es el espíritu de la lengua francesa, la palabra *bon-heur* lleva en sí la limitación temporal!). No sé exactamente por qué quiero marcharme. Es cierto que quiero ver a mis padres y que tengo ingentes asuntos personales de los que ocuparme. Pero, en el fondo, se trata de la *esperanza* de ser útil. Y, al mismo tiempo, sé que acabaré desilusionado (no puedo decir otra cosa, a pesar de que—ya lo ve—no me hago ilusiones). El viaje ahora mismo es imposible, quizá vaya por Múnich: el nuevo embajador de Baviera, el profesor Foerster, no me negará el pasaporte. Y allí me aguarda el infierno. Me escribe hoy mi madre que no han podido poner carne en la mesa desde hace *diez* días. Y eso que mis padres no son de los que escatiman en gastos. ¡Imagínese a los pobres! Admirará usted la bondad casi estúpida de este pueblo, que aún no se ha dedicado al pillaje y a destrozar la ciudad. Si París hubiese sufrido durante cinco días lo que Austria ha pasado, habría hecho barricadas.

En cuanto a los «negocios», le ruego que ponga al corriente a Ollendorff del permiso que me ha dado para traducir *Le temps viendra*, *Liluli* y—si quiere—la novela. La señora Von Winternitz traducirá los ensayos. Se trata solamente de que no autorice a otros sin preguntarle antes a usted. Yo mismo compraré los derechos o buscaré quien los compre, y quiero que usted se lleve una parte personal de la venta, no como en el caso de Herzog o Rütten & Loening, donde se enriquecen con cada edición. Si pudiera darle un consejo, éste sería que tenga solamente un editor, tanto en Francia como en Alemania. Rütten & L[oening] sería, a mi parecer, la mejor, pues ya tiene *Jean-Christophe*. Pero ya se arreglará. Solamente le ruego que reserve los libros en Ollendorf y que me diga algo cuando haya dispuesto lo que tenga que disponer con *Le temps viendra*. No quisiera que hubiera representaciones este año. Además, créame, temo más que usted que traten de abusar de su posición.

Acabo de ver a Schickele, que regresa de Alemania. Como siempre, estamos en las mismas: la acción busca a los hombres, y los hombres buscan acción, y no se encuentran. No hay líderes en Alemania (por ejemplo, nadie que sea el presidente de la nueva república), y las mejores mentes han sido expulsadas del partido. Es el juego de siempre, que acaba, sin excepción, con la victoria de los ambiciosos que saben aprovechar el momento justo. Latzko quiere ir a Alemania, no lo entiendo. Quiere dejar a su mujer, que se está muriendo... Todo por ir allí, por necesidad de actuar. Estamos todos un poco locos en estos momentos. A esta nueva democracia le harían falta... *demócratas*, hombres que hayan sentido la necesidad y la belleza de esa idea desde hace años. Pero no los hay: [Philipp] Scheidemann propugnaba aún hace tres semanas la monarquía, y [Maximilian] Harden igual. Todos, todos. Y nosotros, los desdichados amantes de la idea de democracia, nos sentimos ahora un poco decepcionados, por su carácter masivo tan poco cautivador. Lo que me mantiene alejado de la acción es que ahora hay que declararse socialista o bolchevique o burgués. Y yo lo que quiero es seguir siendo un hombre, un hombre libre. ¡Me avergüenza comunicar al pueblo mi afecto, porque éste ahora detenta el poder! Nunca me sentí así cuando el pueblo estaba oprimido. Por cierto, ¿ha recibido mi respuesta al Sóviet? Temo que se haya perdido. Seguiré escribiéndole antes de marcharme; la idea de no tener a mano mi pluma me resulta muy triste. Fielmente,

STEFAN ZWEIG

Trabajo bien en su libro. La parte biográfica estará acabada dentro de poco, en un primer borrador.

268. ROMAIN ROLLAND A STEFAN ZWEIG

Miércoles, 27 de noviembre de 1918

Querido amigo:

Muchas gracias por haberme dejado leer las galeradas de su nueva obra.[1] Es una pieza preciosa, muy íntima y humana. La estimamos, y estimamos también a quien la ha escrito. El segundo acto me ha parecido particularmente redondo. Todo en él es cierto, solamente (en el desenlace) hay un poco

---

[1] Alusión a *Legende eines Lebens* ('Leyenda de una vida'), obra teatral en tres actos escrita en 1919 y protagonizada por Leonore Franck y Maria Folkenhof, en la que se mezclan elementos biográficos de Friedrich Hebbel, Wagner—de ahí la alusión de Rolland a la villa donde residía, Wahnfried—y Dostoievski.

más de belleza que de verdad: pues no creo que las Leonores que he podido conocer hubiesen perdonado así como así que Maria Folkenhof pusiese sus célebres cartas en mano de la nuera que le imponen. Pero, aunque conozco bien los entresijos de Wahnfried, no estoy nada al corriente de la biografía de Hebbel. Admiro que pueda abstraerse de las convulsiones públicas para vivir de manera tan profunda esta hermosa *Kammerspiel* ['pieza de cámara'].

Ando un poco aquejado de una antigua bronquitis, que con el regreso de la aciaga estación despierta casi siempre—y en particular este año—la opresión.

La atmósfera moral no es propicia para solazarse. Los hombres son lobos.

Consiga, por favor, *La Revue* de Finot, n.º del 1-15 de octubre (n.º 19-20). Encontrará en ella un artículo de Loyson que se sale del tono ordinario. Ya no se trata de simples injurias, sino de un expediente policial para un juicio por traición. El individuo es otro Casella.[1] Pero, dejando de lado lo que me concierne, constato que la campaña policial desplegada hace ocho días contra Longuet, con ayuda de Action Française, llevaba dos meses en marcha (hay periódicos que incluso azuzan las agresiones contra Longuet). Se trata de:

1. Perder a Longuet y arruinar el partido socialista internacionalista.

2. Aplastar el bolchevismo ruso.

3. Mancillar, condenar y abatir de manera definitiva a los independientes que quedan.

Entonces, la reacción ya no tendrá obstáculos en el camino. Duros años en el horizonte. Pero tenemos un hermoso papel.

Le he escrito a Ollendorff para reservarme el permiso de

---

[1] Georges Casella (1881-1922), escritor y periodista de *Le Matin*. En su diario, Rolland refiere que estuvo siempre próximo a las autoridades y que por ello fue condecorado con la Legión de Honor y nombrado consejero primero de la embajada de Berna (JAG, p. 1444).

la traducción alemana de *Le temps viendra*, *Liluli* y mis nuevas obras.

He tenido una gran alegría. El joven compositor Albert Doyen me ha enviado la partitura que ha escrito a partir de la escena final de *Le Quatorze Juillet*,[1] bajo el título: *Le Triomphe de la Liberté, fête populaire* ['El triunfo de la Libertad, fiesta popular']. Tiene una savia y una dicha admirables. Estallé de júbilo leyéndola. Daría un magnífico espectáculo, y se diría que está escrita para la victoria actual (bien entendido, para el ideal que podemos hacer a partir de ella): es la apoteosis de un pueblo libre y liberador.

Hasta pronto, querido amigo. Con afecto y con respetuosos saludos para la señora Von W.

Suyo,

ROMAIN ROLLAND

¿Quién es la *Gräfin* ['condesa'] Harrach Arco que me escribe desde Oberhofen Thonne?

Releyendo mi texto de este final de *Le Quatorze Juillet* me he divertido con algunos parlamentos, más actuales hoy que hace dieciocho años. Cloots: «Ya no hay Prusia. Se la otorgo. ¡Háganla libre!».

Sólo que hoy diría: «¡Primero denle pan!».

269. ROMAIN ROLLAND A STEFAN ZWEIG

[Montreux-Bon Port]
Lunes, 9 de diciembre de 1918

Querido amigo:

Gracias. ¿Podría escribirle a Herzog diciéndole que, enfermo como estoy, no puedo responderle, que lo haré cuando me recupere?

---

[1] Romain Rolland, *Le Quatorze Juillet. Cahiers de la Quinzaine*, serie III, cuaderno 11, marzo de 1902.

(Además, toda acción internacional en los dominios del espíritu es prematura mientras reine el estado de sitio que une a todas las jóvenes mentes de los países beligerantes. No hace falta comprometerlos en balde. Demasiadas personas desean aplastarlos a la sombra de estos últimos meses de guerra).

Sigo un poco febril y en cama. La gripe no es fuerte, pero sí pertinaz. Hay que armarse de paciencia. Jouve sólo se ha quedado unos pocos días, volvió a marcharse el miércoles pasado. Mi madre, por fortuna, no se ha contagiado y me cuida admirablemente.

Hasta pronto, cuídese bien de esta insoportable enfermedad.

Suyo, de todo corazón,

ROMAIN ROLLAND

¿Sabía usted que el doctor Ferrière, que acaba de volver de Grecia y Macedonia, se ha marchado a Innsbruck y Viena para una misión con la Cruz Roja y ver los hospitales? ¡Qué hombre más valiente! Y su nombre nunca aparece en los periódicos.

270. STEFAN ZWEIG A ROMAIN ROLLAND

10 de diciembre de 1918

Queridísimo amigo:

Me alegra saber que está mejor. Ojalá pudiéramos protegernos también de esa enfermedad moral que debilita el cuerpo y el espíritu: ¡el hastío, el terrible hastío! Devoro los diarios cada día para hallar algo reconfortante, una esperanza. Nada. Cada día nos trae odios nuevos. La respuesta de Claudel en el último número de *Mercure* (respondiendo a la noticia *errónea* de que se iba a representar *Partage de midi* en Viena) lo rebasa todo. Y la marea sigue subiendo.

En cuanto a mí, los conflictos se agravan cada día. No sé qué nacionalidad tendré (*legalmente*, ya que niego la existencia de la nacionalidad como sustancia del ser). En Austria, se pide un certificado *por escrito* de adhesión a la nación alemana para devenir ciudadano. Quizá sea ésa mi manera de escapar a la necesidad de convertirme en ciudadano de un Estado. Quizá pueda elegir la nacionalidad judía, una idea que me tienta bastante, si bien no soy sionista. Pero esto tiene un sentido de internacionalidad, de patria en el espíritu. ¡Oh, una isla, una isla en alguna parte para fundar la libre república de los *Weltbürger* ['ciudadanos del mundo']! Lo pienso con toda seriedad. Todo lo que sucede en Alemania—la separación, la república, el bolchevismo—no son más que intentos por evitar pagar los costes de la aventura. Cada clase, cada provincia quiere aliviarse a expensas de las demás. No veo idealismo en ninguna parte, sólo arribismo, demasiado arribismo. Se ha despojado a los poderosos para heredar el poder, ésos han sido todos los avances de las últimas semanas. Bendita mi decisión de mantenerme al margen.

Le aconsejo que no responda todavía a Herzog. Aún no es el momento. Se mezcla el problema de la reconciliación en Alemania y en Francia con las cuentas financieras que es preciso poner en orden. De ahí que se aspire allí a una unión, y que ésta se rechace en la otra parte. Tras la firma del tratado, todo estará más claro, porque estará menos entremezclado con la política. Ahora, lo que hay que combatir en Francia es el odio, y tras la firma tendremos que hacer lo mismo en Alemania. No crea que allí nos humillamos en balde ni que el amor es sincero. Cuando se vea lo aplastada que ha quedado Alemania, el odio brotará. Y ése será nuestro momento. Yo estaré donde me corresponde.

Pronto le enviaré una parte de mi libro. No puedo marcharme. Viena está imposible en estos momentos: no hay luz, no hay comida, no hay carbón ni hay trenes. Sólo miseria y oscura desesperación.

Espero que se encuentre mejor. Se dice que a una gripe le sigue un estado de bienestar. Se lo deseo de todo corazón, tanto a usted como a su señora madre.

Fielmente suyo,

STEFAN ZWEIG

271. STEFAN ZWEIG A ROMAIN ROLLAND

18 de diciembre de 1918

Querido y gran amigo:

Espero que esté ya del todo recuperado del reciente ataque de gripe, pero creo que el estado moral de Europa entera no está como para insuflarle ese buen humor que tan necesario parece cuando uno está convaleciente. No soy capaz de expresarle la repugnancia que me provocan los periódicos. Hay momentos en los que me pregunto si vale la pena vivir los próximos veinte años. Me aplasta el doble peso de un odio por el que no me siento culpable, odio a Alemania, causante de esta guerra; odio hacia los judíos en Austria por sacar beneficio de la guerra. Sabe Dios que no soy causante ni beneficiario de nada. De todos modos, no pienso abandonar a ninguno de los dos ante el peligro. La vida, sin embargo, será insoportable allí para quienes no sean ambiciosos ni violentos. Los hombres de mi naturaleza son aniquilados, perderán el poco aire que hace falta para vivir. ¿Y adónde huir? El mundo nos cerrará sus puertas, y no puedo vivir en la prisión de un Estado que me aborrece como extranjero y enemigo. Es imposible hallar en los últimos siglos una situación tan crítica como la de un judío austríaco y autor en lengua alemana. Los hay que lo ignoran todo. Acaban de llamarme de Berlín para que participe en nuevas acciones: lo he rechazado, pues no asumo ninguna responsabilidad en tanto que mi fuerza no sepa con qué fin será usada. Veo que aún no ha llegado el momento para la razón. La locura ha de destruirse a sí misma. Espero que me comprenda: no es la derrota lo

474

que me atemoriza (al contrario), es la prisión, la prisión quizá eterna, la imposibilidad de aislarse, la obligación de pronunciarse. Todas mis fuerzas se tensan ahora en la resistencia a esos elementos invisibles que oprimen la libertad del
hombre. En este momento me doy cuenta de que sólo hay
una verdadera libertad, la del individuo. La libertad de los
pueblos es mendaz, porque los pueblos encierran a los hombres, y nunca el Estado se había convertido en el elemento
del hombre. Lo que viviremos será el estado espiritual de Japón antes de 1846, cuando se mataba al intruso y nadie podía
salir de sus fronteras, cuando el hombre era asunto y propiedad del Estado, esclavo del Estado. Y estoy harto de esa ser-
vidumbre feudal. Quiero pertenecerme a mí mismo también.
No quiero pasarme la vida con «permisos» y «certificados», no
quiero ver mi vida supeditada a mil fajos de papel. Creo que
emplearé todas mis fuerzas en el combate. Vaya espectáculo:
una nación de setenta millones de personas, aislada, aprisio-
nada, devorándose a sí misma como arañas en un frasco cerrado. ¡Ay de vivir con un pueblo consumido por el odio, un
pueblo sin dicha! ¡Vivir y no poder actuar, porque nos consideran extranjeros, enemigos de ese mismo pueblo cuyos
crímenes expiamos! ¿Acaso hay un conflicto más complejo?
   Soy plenamente consciente de que debe de estar padeciendo mucho, pues la actitud de Francia tras la gloria excede los
peores presagios. Es una majadería, pero una majadería que
no tiene la desesperación como excusa. Lo que me aterroriza es el cinismo desnudo de la fuerza. Ya ni se intenta escon-
der los instintos más brutales, no se colocan ya los útiles de
tortura, como antaño, en los sótanos, sino a pleno día, y me
viene a la mente la descripción que hace Tharaud de la ejecución de Ravaillac,[1] que se enlentecía para complacer a los
espectadores. Wilson, por su parte, se doblegará—de eso es-

---

[1] Alusión a *La Tragédie de Ravaillac*, París, Émile-Paul Frères, 1913, escrita por los hermanos Jean (1877-1952) y Jérôme (1874-1953) Tharaud.

toy seguro—en las curtidas manos duras del viejo Clemenceau. En Inglaterra, tras la ejecución, las buenas gentes se alzarán en el Parlamento y dirán (como tras la conquista de las Indias, la primera de las guerras de los bóeres): «Actuamos de manera deshonesta». Bernard Shaw mostrará triunfalmente la hipocresía, pero nada cambiará, serán los amos del mundo. Lo que nos repugna es que se abuse con ese fin (pues no es más que la *victoria*) de las palabras *libertad*, *justicia*, que tan queridas nos resultan. He vuelto a leer su *Triomphe de la Raison*, y la verdad es que el mundo no cambia: quien conoce la historia conoce también el presente y el futuro. Y cuando ya sea demasiado tarde, nos daremos cuenta de la lucidez con la que había usted previsto esta comedia.

¡Tristes fiestas, querido amigo! ¡Triste porvenir! Pero tiene usted al menos una gran tarea: ser el que represente la razón francesa, la razón mundial con una autoridad mundial. No flaquee en estos momentos, no deje que el disgusto quebrante su voluntad. Usted tiene la sublime satisfacción de ser necesario, como esperanza, para miles de personas, un faro en medio de la inmensa noche de Europa. Su presencia invisible es, para todos nosotros, la esperanza personificada, y para mí, casi la última que me queda.

Ya sabe que Rütten & L[oening] me ha enviado *Colás Brugnon* en alemán para que yo haga la crítica de la traducción. Ese mismo día me volvieron a pedir el manuscrito. Grautoff me escribió también, se lamenta amargamente de que no le haya escrito a Suiza y de que forme parte del «complot contra él». Le he respondido que no podía mantener correspondencia con él mientras estaba con mis amigos franceses, ya que él era informante del Auswärtiges Amt ['Oficina de Exteriores'] y no quería valerme de la amabilidad del consulado alemán para hacerle llegar las cartas. Cree con toda honestidad que se puede ser moralmente independiente y, al mismo tiempo, servir a un gobierno imperial. No creo que haya hecho nada malo, pero me vi en la obligación de interrumpir la correspondencia en interés de todos ustedes. Su mujer, además, quiere venir a Suiza para visitarle a usted.

Suyo, fielmente,

STEFAN ZWEIG

272. ROMAIN ROLLAND A STEFAN ZWEIG

[Villeneuve]

Viernes, 21 de diciembre de 1918

Querido amigo:

Ya no estoy en cama, pero sigo un poco débil. Espero haber recuperado mi vida normal dentro de una semana.

Sufro por usted y con usted. Su situación es dolorosa. La mía tampoco será fácil. Mis amigos de París me confirman los enconados rencores que se han acumulado contra mí y que aguardan mi regreso para manifestarse. El porvenir político y social inmediato está plagado de amenazas. La firmísima actitud de nuestros socialistas, el despertar del espíritu revolucionario (esa reciente manifestación de los treinta mil mutilados en París), pueden redoblar, en un momento dado, los rigores de la reacción. (Sobre todo cuando se trate de la expedición de Rusia).

A menudo siento el corazón lleno de amargura y desprecio por la humanidad entera, que me parece un «fracaso» de la naturaleza, y espero algún día ver el universo liberado de ella. ¡Oh, música de las esferas! ¡Hermoso silencio de la naturaleza sin el Hombre!...

Pero ese otro yo que llevo bajo la piel no cede ni un palmo de terreno ni descuida el trabajo para el que está destinado. Y hasta el último aliento lucharé por el ideal de la razón y el amor fraterno del que me siento, en cierto modo, investido. ¡Cuánto me sostendrán, a pesar de todo, todas esas almas que llegan de todas partes a suplicarme ayuda! ¡Pobres, pobres corazones desenfrenados, hambrientos de una palabra esperanzadora! Hoy por hoy lo veo claro: Jesús ya no creía en él cuando fue crucificado. Pero calló para salvar a los que sí creían en él.

No entiendo por qué Rütten & L[oening] le ha pedido de nuevo el manuscrito nada más habérselo enviado. (¿Ha podido cerciorarse de que el estilo tenga cierto tono arcaico?). Supongo que se habrán enterado de que Ollendorff iba a publicar la edición francesa. ¿Sabe lo que me ha pasado? Un abogado de apellido Brugnon se opone a que emplee su apellido. Humblot, que es ridículamente timorato, me ha enviado un telegrama desconsolado. Lo he mandado a paseo, pues *brugnon* es el nombre de un fruto (entre el melocotón y el albaricoque) y, por ende, pertenece a todos. En lo máximo que pienso ceder es en sustituir *brugnon* por su equivalente *breugnon*. Pero ya veo venir los problemas. Ya que le hablo del título, ¿podría decirle a Rütten que el apellido no debe pronunciarse en alemán? No *Brugnon*, sino *Brügnon* (*Bruegnon*) o *Brœgnon*; y quizá no estaría de más una nota para indicar que es el nombre de un fruto, particularmente apreciado, de nuestras espalderas borgoñonas: carnoso y aromático como el melocotón, pero más prieto, más duro y, si se me permite, más robusto.

Hasta pronto, querido amigo. Suyo, afectuosamente,

ROMAIN ROLLAND

Mis escritos me dan muchas preocupaciones. Me gustaría publicar algunos, *Liluli* entre ellos. Pero, por una parte, es prácticamente imposible en Francia; y, por la otra, Humblot es tan timorato que no quiere arriesgarse a publicar por el momento *ninguna* de mis obras nuevas, ni tan siquiera el compendio de artículos (quizá se lo confíe a L'Action Sociale de La Chaux-de-Fonds). Por otro lado, las imprentas de Ginebra, cuyos presupuestos me han enviado, piden precios exorbitantes. (Y es que me hubiera gustado publicar por mi cuenta, porque todas las editoriales suizas son, en mayor o menor medida, sospechosas). Seguiré buscando. Mi intención era publicar *Liluli* bajo un seudónimo que llamase la atención. No comente este asunto. Que quede entre nosotros.

No tengo intención alguna de retomar mis relaciones con los Grautoff. No han hecho nada que les pueda reprochar personalmente y no quisiera hacer nada en su contra, pero tampoco podré olvidar su actitud durante la guerra. Tanto en Alemania como en Francia, no puedo recuperar los lazos de amistad con aquellos que han tomado parte *voluntariamente* en la guerra (y, sobre todo, en la peor de las guerras, la de la retaguardia).

Ayer leí en una revista francesa, *La Voix des Femmes*, que su «Lettre aux amis français» había hecho saltar las lágrimas a no pocos lectores. Puedo asegurarle que su nombre resulta querido allí entre mi pequeño grupo de elite. Y más que lo será.

¡Ánimo, querido amigo! No ha perdido usted su patria. Su patria está en todas partes.

273. STEFAN ZWEIG A ROMAIN ROLLAND

[Probablemente finales de diciembre de 1918]

Querido amigo:

Le agradezco de todo corazón sus generosas palabras. Y aquí tiene (en borrador) la primera de las cinco o seis partes del libro sobre usted, la parte biográfica hasta 1914. Es que, como ya le dije, quiero mostrar por separado su vida personal en contacto con los escritos durante la guerra. Le ruego que me indique los errores, las partes flojas. No sé, por ejemplo, si querría más detalles sobre su juventud o sus años en París. Todo está en borrador, a menudo le falta ritmo, pero así puede ver ya la forma general. He evitado cualquier palabra que pudiera ser «literaria»: me gustaría escribir este libro de manera que puedan entenderlo también los lectores simples, que tan bien le estiman. Mi gran libro sobre Verhaeren adolece de ser un ensayo estético: me gustaría que este libro fuese fácil, que se leyese sin dificultad, que se divida de manera tan clara que cada cual pueda tomar de él lo que quiera. Ayúdeme, se lo ruego. Dígame *con franqueza* qué partes le parecen flojas, estoy al principio del todo y estoy a tiempo de cambiarlo *todo*. Además, me gustaría que me indicase los detalles importantes. Perdóneme por involucrarlo como colaborador, pero quiero hacer un libro tan auténtico como sea posible, sin que sea confidencial (no empleo el material de las cartas privadas como Seippel). Aún tengo una copia, no se apure. Ahora estoy escribiendo la parte sobre los dramas y otras primeras obras.

Instigados por Grautoff, de Rütten & Loening han vuelto a pedirme por telegrama el *Colás Brugnon*. Parece que les pone dificultades y entretanto mercadea con otro editor. La traducción es arcaica, sólo que el arcaísmo alemán le confiere cierto cariz de pesadez, es una traducción en barroco de una obra en rococó. Está bien trabajada, pero, a mi juicio, es demasiado pesada, demasiado plúmbea. No sé si es culpa suya, pues, en cierto sentido, el libro es demasiado francés para poderlo traducir como corresponde: su cariz alegre se torna un poco bufón y disparatado. Pero le reconozco que se ha esforzado mucho. Lo que le falta (como en *Jean-Christophe*) es el nervio musical. Sus obras «[*sind*] *geboren aus dem Geiste der Musik*» ['nacen del espíritu de la música'], que decía Nietzsche, por lo que hay que tener alma de músico para trasladarlas. El bueno de Grautoff intenta ahora, como es natural, volverse internacionalista: no ha hecho nada malo durante la guerra, pero tampoco ha hecho nada por nuestras ideas. Veo ahora por doquier, en este desdichado país, el esfuerzo por hacer olvidar. Pero el silencio fue una fuerza muy activa durante estos cinco años, quien no tomó parte claramente tomó partido en contra.

Lo que sucede en Alemania y en Austria es terrible. Y lo

más terrible es que los obreros, ignorando su fuerza política, dejan de trabajar o piden salarios ridículos. Los propietarios cuyas fábricas trabajan aun con pérdidas, viéndose amenazados por la confiscación de sus bienes, también dejan de trabajar: por ejemplo, el *Berliner Tageblatt* y el *Vossische Zeitung* no se publican debido a las descabelladas exigencias de los obreros, que, en lugar de llevar a cabo antes que nada la lucha política, buscan beneficios. Ese materialismo les costará caro, a ellos y a todo el país. Ahora se siente lo artificiales y malsanas que son, en términos morales, las grandes ciudades. Las grandes verdades de Tolstói se muestran ahora con toda su formidable perspicacia. ¡Qué adelantado a su época era ese hombre! Su muerte fue una profecía que ahora se materializa: el industrialismo ha matado el alma y ha arruinado la justicia, creando una igualdad artificial. Nunca amaremos tanto la buena tierra como en los tiempos que vendrán. Bendito sea el día en que no vea más que árboles y la nieve pura y clara; antes diñarla que volver a uno de esos infiernos que abrasan el alma y la vuelven dura como el acero.

Estoy escribiendo un cuadernito en verso (muy personal, probablemente no lo edite): un canto de revuelta contra los Estados que aprisionan la libertad personal. Es preferible ser esclavo de uno mismo que de una sociedad burocrática, antes vivir bajo el yugo del clericalismo español que bajo el socialismo prusiano de Liebknecht (que era grande mientras fue el mártir, pero ridículo desde que hace de dictador y se pasea con ametralladoras por Unter den Linden). Siento asco de una libertad que es fuerza bruta. Comprendo el brío de esa fuerza, la explosión de una libertad como la de la Revolución francesa, pero me niego a aceptar un mecanismo de libertad, un Estado opresor, un terror reglamentado. Ay, si la unión mundial de los proletarios fuese *más allá* de los Estados, si fuese una unión sagrada de obreros, ¡no una dictadura nacional! Y para mí, que conozco a estas gentes personalmente, ¡qué espectáculo ver a estos nuevos pretendientes

del poder! Guilbeaux, por lo menos, era valiente, un fanático. Pero éstos, estos nuevos Espartacos, son gente descon-
tenta y llena de odio que huele el dinero y el poder. Y, en el
fondo, son (cosa que no les perdono) nacionalistas, particu-
laristas incluso: para ser internacionalista hace falta amar a
todos los pueblos, no sólo odiar a los ricos, algo que también
es internacionalista, no lo niego, pero es el hígado amarillo y
no el rojo corazón del internacionalismo. Yo sólo me entrego
a éste, al internacionalismo de la fraternidad, no al del combate social. Ésa es mi tarea, la única que quizá aún me haga
útil, si es que consigo salvar, de mis momentos de flaqueza,
la fuerza suficiente para actuar y combatir.

¡Felices fiestas, querido amigo, recuerdos de ambos, y respetuosos saludos para su señora madre! Suyo,

STEFAN ZWEIG

En cuanto a *Liluli*, le aconsejo que deje en manos de sus *amigos* (Jouve, Masereel) una edición por suscripción de tres-
cientos a quinientos ejemplares, así cubre los costes y, en un
primer momento, restringe el alcance a un pequeño círculo.
La obra existirá para la elite, no para la multitud.

274. ROMAIN ROLLAND A STEFAN ZWEIG

Sábado, 28 de diciembre de 1918

Querido amigo:

He leído sus páginas. Gracias por su tierna piedad. Necesito abstraerme de mí mismo para leerlas. Pero me resulta muy
fácil. Lo que he sido me parece un amigo íntimo hoy desaparecido, y lo miro un poco con los mismos ojos que Malwida
v. Meysenbug y mis otros muertos queridos que convivieron
con él. Su largo esbozo es excelente: simple, claro, armonioso.

Si me lo permite, le indico las pequeñas correcciones (o
eventuales añadidos) que he anotado leyéndolo:

- P. 1. Clamecy: una raza muy gala, de hablar salaz. La ciudad de Claude Tillier, de quien siempre quise terminar *Mon oncle Benjamin* ['Mi tío Benjamin'], inacabado. La «flema» sigue vigente. Aunque también una población obrera, bulliciosa a ratos: los «flotadores», los obreros de las canteras del río Yonne, los que fabrican y dirigen (o, mejor dicho, dirigían) los grandes «trenes» de madera flotante que vienen de Morvan y pasan por el Yonne y el Sena hasta París. Cuando tuvo lugar el golpe de Estado de 1851, Clamecy fue una de las pocas ciudades de Francia que se sublevó. Hubo una insurrección durante la cual asesinaron de un cuchillazo, en brazos de mi abuela, a uno de mis parientes.

La vida familiar fue muy tranquila y afectuosa, pero muy pronto llegaron los duelos (la muerte de una hermana pequeña) que, de muy niño, me impregnaron la idea de la muerte. (Es algo que me obsesionó hasta la Roma liberadora). El alma religiosísima de mi madre.

N. b. Creo recordar que, en un folleto publicado por el doctor Paul Stefan en honor de Mahler, escribí algunas páginas sobre mi infancia musical. En aquellos tiempos, apenas conocía a Beethoven. Los que me gustaban eran Mozart y los italianos (los de 1820, los de Stendhal).

- P. 3: No me parece que el instituto Louis-le-Grand merezca el honor de dar título a un capítulo. Lo que fue clave para mí: el brusco paso de la provincia a París, el angustioso descubrimiento de la vida real y sus fealdades, la obligación de luchar por la vida, una cruel crisis moral en la que me distancié de la religión y me sentí aspirado por la nada: devoré *Hamlet*, tengo (tenía) un cuadernillo lleno de notas febriles sobre él. El refugio: los conciertos (véase *Antoinette*). Y la luz reveladora al fin me advino, en una pequeña estancia, un día de invierno gris y frío, en una página de Spinoza. (Sin duda, porque esa luz ya estaba en mí, pero no conseguía salir).

- P. 4: Renan no fue estudiante ni maestro en la École Normale. En el lugar de su nombre he puesto el de Jaurès (también se podría nombrar a Michelet, Berthelot y Pasteur), quien volvía de vez en cuando a l'École, como compañero, mientras yo estaba allí. (Era un «archícubo»—así se llaman los antiguos alumnos de l'École—bastante joven como para asistir a la ceremonia burlesca que ponía fin a la chacota de ingreso a mi sección). (Chacota de ingreso, *id est*: novatada).

No me ocupé de Empédocles en la École Normale (sólo años más tarde, en Italia, en Sicilia). Spinoza seguía siendo mi hombre. En historia, estudiaba por aquel entonces con mucho ahínco el siglo XVI. Las pasiones y los personajes me atraían. Escribí diversos trabajos (bastante buenos, según el parecer de Monod)[1] sobre la época de las guerras de religión. Soñaba con escribir una historia psicológica, una historia de los pensamientos y las pasiones escondidas de Catalina de Médici y de su época. En resumen, era un proyecto de novela real, la clarividencia imaginaria de una sociedad pasada.

Fue durante el primer año de l'École cuando tuve el atrevimiento de ir a ver a Renan, quien me recibió con su habitual amabilidad y me dijo ciertas palabras que se quedaron grabadas en mí. (Véase el artículo: «El camino que asciende serpenteando»).[2]

- P. 9: La Escuela Francesa de Roma no está en Villa Medici. Se encuentra en el gigantesco y sombrío Palazzo Farnese, cerca del Campo dei Fiori. Villa Medici la habitan los pintores, escultores, arquitectos y músicos.

Durante mis años de escuela en Roma no escribí ninguna

[1] Gabriel Monod (1844-1912), historiador francés y profesor de Rolland en la École Normale.

[2] Publicado en *Le Carmel*, Ginebra, diciembre de 1916 (véase MP, pp. 145-151). Aquí Rolland se refiere a estas proféticas palabras que Renan pronunció en 1887: «Aún veréis venir una gran reacción. Todo lo que defendemos parecerá destruido. Pero no hay lugar para la inquietud. El camino de la humanidad es un sendero montañoso: asciende serpenteando, y por momentos parece que volvemos hacia atrás, pero nunca dejamos de ascender» (MP, p. 150).

de mis tesis. No se permitía que uno se ocupase de música o musicología en el Palazzo Farnese: no les parecía serio. Tuve que rendir tributo a las Cartas, consagrando unos meses a desnudar en los Archivos Vaticanos los registros de nunciaturas (escribí una memoria sobre el nuncio Salviati y el saqueo de Roma). El resto de mis meses de escuela los empleé vagabundeando por Italia, soñando días enteros, escribiendo mis primeras obras de teatro (*Empedocles, Orsino*), conversando con Malwida v. Meysenbug, sin por ello dejar de observar la sociedad romana, donde el salón de *donna* Laura Minghetti, amiga de Malwida v. Meysenbug, ofrecía a mi joven curiosidad ejemplares ricos y a veces singularísimos.

El despertar de Shakespeare lo provocó el ciclo de representaciones de Ernesto Rossi en Roma y también la fascinación por el Renacimiento, cuyo fuego pervive latente en las piedras y las obras de todas aquellas ciudades del Quattrocento y el Cinquecento. Pero la gran impresión que me dejó Italia fue la luz y la serenidad. Fue por hallar un reflejo de ésta en los ojos y en el alma de Malwida que ella me resultó tan querida. Esa armonía de las cosas que penetra tantas almas italianas sin que lo sepan fue la hechicera que transformó mi vida y desencadenó una crisis decisiva en mi arte y en mis ideas.

No hay que olvidar que, tras mis dos años de estancia en la Escuela Francesa de Roma, volvía constantemente a Italia para sumergirme otra vez en aquella armonía y aquella serenidad. Fue durante el siguiente viaje, en 1892-1893 (recién casado) cuando reuní en Italia los elementos de mis dos tesis sobre la pintura italiana y la ópera. Hasta que sobrevino la guerra, no pasaban ni dos años sin que volviese por unos meses a Italia. Conocí a muchos artistas: a D'Annunzio y a la Duse, con quien mantuve lazos de amistad; también el joven grupo florentino de *La Voce*, que me descubrió y recomendó ante los hombres de letras franceses—los jóvenes compositores—y los salones políticos.

- P. 14: A mi regreso a París, el bueno de Gabriel Monod

me puso en contacto con Mounet-Sully, que quedó fascinado por mis dramas italianos (mucho más de lo que merecían) y batalló, en la Comédie-française, para que aceptasen *Orsino*, los *Baglioni* y *Niobé*. Los dos primeros fueron rechazados por el lector del teatro. *Niobé* llegó hasta el comité de comediantes, presidido por Claretie, ante quien Mounet-Sully hizo la lectura de la obra: yo asistí también. Fue rechazada.

- P. 15: He hecho descubrimientos musicales más importantes para el arte que el de *Orfeo* de Luigi Rossi. Sobre todo, el de uno de los grandes compositores italianos, completamente olvidado, Francesco Provenzale, de Nápoles, maestro de Alessandro Scarlatti y fundador de l'École napolitaine. Publiqué algunas páginas, al final de mi tesis, que tienen toda la grandeza de Gluck, aunque con mayor riqueza, y que datan de 1670.

No se puede evitar tocar el asunto del matrimonio. Pero es importante anotar que la familia en la que entré era del todo europea, que tenía relaciones de parentesco con Alemania, Inglaterra, Italia, y contribuyó muchísimo a ampliar—o, mejor dicho, a precisar—mi visión de la Europa contemporánea. Mi existencia material de aquellos tiempos no era ni pobre ni dificultosa, como parece usted creer (al final de la página 15): bien al contrario. Fue después de 1900 que pasé de nuevo, por mi divorcio, de la riqueza a la verdadera *pobreza*. De 1892 a 1900, si me aíslo es para defenderme. Pero, a mi pesar, estuve en contacto con círculos de lo más variopinto, y no hubo año en el que no hiciera algún viaje: a Alemania y a Austria, a Inglaterra, a los Países Bajos, a Italia.

Algo curioso que define mi vida es que soy un solitario (por voluntad propia) a quien, constantemente, las circunstancias lo han relacionado con una gran cantidad de personas de todos los países. Por lo demás, a mi pasión por la soledad, que me hace encerrarme durante meses con mis libros y mis sueños, se le ha añadido siempre, como correctivo, una necesidad imperiosa de evadirme de mi casa, de mi hogar, de mi país durante algunas semanas o algunos meses, y de ver hombres, mujeres, el mundo viviente *en la lejanía, en el extranjero*; un gusto por el exilio voluntario que me poseerá hasta que muera. (Pienso que Poussin—por francés que fuera—no podía vivir en Francia y debió de sentir esa nostalgia por una *patria más grande*: Poussin sigue siendo uno de mis sueños. No lo cumpliré jamás, me hubiera gustado revivir su gran alma, su medio y su época en una obra artística).

N. b. No volví a ver a Renan en casa de Michel Bréal. Acababa de morir. Pero Michel Bréal, un hombre libérrimo, finísimo y un escritor tan puro como el gran erudito que era (y de quien cada vez aprecio más su inteligencia y carácter, a medida que su figura se desdibuja en la distancia), tenía relaciones no sólo con gente como Lavissse, Albert Sorel, Gaston París y Max Müller, sino con otros como Anatole France y el mundo de las letras.

- P. 17: Antes de la colaboración con Péguy (durante los últimos años de mi matrimonio), va el período del teatro popular, que me ocupó con mucho fervor. Amigo de Maurice Pottecher, había visto en Bussang los primeros ensayos de su *Teatro del Pueblo*. Durante algunos años, formé parte de la directiva de la *Revue d'art dramatique*, y es allí donde publiqué mis artículos sobre el teatro popular (recopilados más tarde en un volumen). Allí se publicaron también, en un primer momento, *Dantón* y *Le Triomphe de la Raison*.

A partir de 1901 empieza de verdad una nueva etapa: la colaboración con los *Cahiers de la Quinzaine*; llevo entonces una vida monacal, pobre, oscura, interior—entremezclada aquí y allá con algunas escapadas a Italia (cuando ganaba un poco, poquísimo dinero). Este período va hasta el final de *Jean-Christophe*. En cuanto al período de los *Cahiers de la Quinzaine*, le recomiendo la lectura de un excelente librito recién publicado de Daniel Halévy: *Charles Péguy et les Cahiers de la Quinzaine* (editado por Payot). Le encuentro un valor histórico de primer orden. En dos capítulos, habla con nobleza de mi obra anterior a la guerra, aunque se alejó completamente de mí a partir de entonces y desaprueba mi actitud durante la contienda.

- P. 23: El accidente tuvo lugar en los Campos Elíseos.

Me he dejado llevar escribiéndole estas notas a vuelapluma. No cabe duda de que muchas son inútiles. Haga con ellas lo que considere.

Y ahora, querido amigo, gracias de todo corazón, especialmente por ciertos capítulos que me han emocionado en particular, como los que consagra a Tolstói, a Malwida v. Meysenbug, así como las líneas tan afectuosas que sirven de prefacio a la obra.

Los retrasos en el correo y el paro del domingo harán que no le llegue esta carta hasta la víspera del primero de enero. Que estas líneas traigan consigo, para usted y para su querida compañera, mis mejores deseos. Los tiempos de duras pruebas no han terminado. Sin embargo, en el horizonte se filtran algunas luces nuevas. Y digamos, querido amigo mío, que entre todo lo que hemos sufrido—y de lo que aún quizá tengamos que sufrir a manos del destino—, se nos ha conferido la gracia de ser amigos y poder intercambiar libremente nuestros pensamientos: basta con eso para no serle ingratos. Veo arribar un tiempo en el que se nos aparecerá la belleza de estos años de exilio.

Le estrecho muy afectuosamente la mano.

Su fiel y agradecido

ROMAIN ROLLAND

275. STEFAN ZWEIG A ROMAIN ROLLAND

30 de diciembre de 1918

Querido amigo:

Conozco su gran bondad y habrá de perdonarme la ambición (respetuosísima) de querer darle un consejo para su obra futura. Estoy trabajando a pleno rendimiento en los dramas y me asombra su actualidad, su fuerza moral y la sagacidad social que contienen. Me pregunto si acaso no será el momento de volver al *Teatro de la revolución*, retomar el plan con nuevos bríos. El presente arroja (como el caso Dreyfus a *Los lobos*) luces estremecedoras; nunca como ahora hemos comprendido la Revolución francesa, con sus grandezas y errores. Y lo que le dejó resignado ya no existe: con esta oleada social y moral, esos dramas tendrán una resurrección triunfal en Francia y en todas partes. E incluso se representará *El teatro del pueblo*. Usted se ha «adelantado a la victoria», sólo tiene que culminar su obra.

Si consigue componer las seis piezas que faltan, su obra tendrá una armonía asombrosa. *Jean-Christophe* y los dramas, con diez volúmenes cada uno, conformarán una imagen completa del presente y del pasado, y los veinte años que separan los nuevos dramas de los que están ya terminados no le harán ningún mal. Acabo de releer *Fausto*: nada hay más bello que una obra que refleja los años de uno mismo, que abarca la vida entera porque ha consumido toda la vida de un hombre. Quizá haya más escepticismo en los nuevos dramas, pero también mayor perspectiva.

Con toda franqueza, creo que le haría un flaco favor a su obra dejándolos aislados. Me alegraría poder dar a los lectores la esperanza de que la idea de una continuación no le parece absurda. No se trata de un paso atrás, sino de un paso hacia nuestra época. La revolución es la idea que predomina en esta hora. Y quien comprenda esta época hallará en esos dramas fórmulas admirables. Más que en sus ensayos, podrá hablarle a su nación, a todas las naciones.

El momento es dramático. Que la obra lo sea también. Lamentaría profundamente, por la humanidad y por usted, que el *Teatro de la revolución* se quedase descabezado. Vuelva a leer usted mismo los cuatro dramas, se lo ruego; estoy prácticamente seguro de que despertará el deseo en usted. Conozco y comprendo la repulsión que genera volver al pasado de uno, pero en ese pasado está contenido el momento actual.

Otra petición: ¿sabe si en la Biblioteca de Ginebra se encuentra la *Revue dramatique*? Me gustaría leer *La Montespan*, pues no la conozco, y también *Le Siège de Mantoue*. No corre prisa, ya que aún tengo mucho que hacer. Pero ahora estoy en el camino, esperemos que ningún acontecimiento repentino me lo obstaculice.

De Alemania, noticias terribles. Por doquier ambición (Eisner, Liebknecht, por desgracia, ¡unos vanidosos!) y lo que también es terrible: que la idea republicana y revolucionaria haya sido corrompida por el dinero. Se gana mucho arrimándose al poder; por eso se pelean entre ellos, no por las ideas. Hampones, juntaletras insignificantes, histriones, obreros que se casan en Berlín, con la cartera a rebosar de billetes, y los hombres honestos que están en el poder incapaces de librarse de esos vampiros. Alemania está emponzoñada por la idea del dinero; durante la guerra igual que durante la revolución, esas ansias han nublado la razón. Estoy contento de hallarme lejos de esta caricatura de lo que habíamos soñado. Debo combatir en mi interior la secreta idea de que Ludendorff era mejor, pues no mentía.[1] No metía la mano en bolsillo ajeno, sino que, bien abierta, la estampaba en la cara de sus enemigos. Y no se pavoneaba con sus ideas. La revolución que yo esperaba con todo el fervor de mi ser se ha visto comprometida, la ambición la ha violentado. Y el único ideal que queda es la soledad personal, la fraternidad invisible más allá de los Estados y lejos de la realidad. Enteramente suyo,

STEFAN ZWEIG

¡Feliz año!

---

[1] Erich Ludendorff (1865-1937), general alemán en la Primera Guerra Mundial, encabezó, junto con Hindenburg, las tropas alemanas. Más tarde, fue un destacado líder nacionalista, participó en el Putsch de Múnich.

LISTA DE ABREVIATURAS

BF: Cartas de Stefan Zweig a Bahr, Freud, Rilke y Schnitzler: *Briefwechsel mit Hermann Bahr, Sigmund Freud, Rainer Maria Rilke und Arthur Schnitzler*, ed. J. B. Berlin, H. A. Lindken y D. A. Prater, Fráncfort del Meno, Fischer, 1987.

BS: Correspondencia completa de Stefan Zweig (tomo II, 1914-1919): *Briefe*, ed. K. Beck, J. N. Berlin y N. Waschenbach-Feggeler, Fráncfort del Meno, Fischer, 1998.

CHR: Correspondencia entre Hermann Hesse y Romain Rolland: *D'une rive à l'autre, correspondance, fragments du journal et textes diverses*, París, Albin Michel, 1972.

CHZ: Correspondencia entre Hermann Hesse y Stefan Zweig: *Correspondencia*, ed. Volker Michels, trad. José Aníbal Campos, Barcelona, Acantilado, 2009.

DZ: Diarios de Stefan Zweig, *Diarios*, trad. Teresa Ruiz Rosas, Barcelona, Acantilado, 2021.

JAG: Diario de Guerra de Romain Rolland: *Journal des années de guerre, 1914-1919: notes et documents pour servir à l'histoire morale de l'Europe de ce temps*, París, Albin Michel, 1970.

MP: Dos volúmenes que reúnen artículos escritos desde Suiza y una selección de la correspondencia con insignes personajes de Roman Rolland: *Más allá de la contienda y Los precursores*, trad. Núria Molines, Barcelona, ContraEscritura, 2017.

NF: Nota proveniente de la edición francesa de las cartas: *Correspondence 1910-1919*, ed. Jean-Yves Brancy, trad. Siegrun Barat, París, Albin Michel, 2014.

ÍNDICE ONOMÁSTICO

ÍNDICE ONOMÁSTICO

ESTA EDICIÓN, PRIMERA, DE «DE UN MUNDO
A OTRO MUNDO», DE STEFAN ZWEIG Y ROMAIN
ROLLAND, SE TERMINÓ DE IMPRIMIR
EN CAPELLADES EN EL
MES DE JUNIO
DEL AÑO
2024

Colección El Acantilado
Últimos títulos